文化与城市研究译丛

李建盛　主编

文化规划
一种城市复兴?

[英] 格雷姆·埃文斯（Graeme Evans）　著

李建盛　译

Cultural Planning
An Urban Renaissance?

北京师范大学出版集团
BEIJING NORMAL UNIVERSITY PUBLISHING GROUP
北京师范大学出版社

内容提要

　　20 世纪末，新建的和改善的文化设施出现了复兴：从艺术中心、剧院、博物馆到多功能电影院和公共艺术作品。世界各地的城市都在致力于改变自己的形象和经济。工业城市已经成为文化之都，例如"毕尔巴鄂古根海姆博物馆"。新泽西和新加坡也效仿巴塞罗那和巴尔的摩，通过新建和升级的文化设施和开发滨水区重建城市中心。甚至像伦敦、巴黎、柏林和维也纳这样的古老世界城市也创造了新的千禧文化中心。

　　《文化规划：一种文化复兴？》运用历史和当代的分析方法，考察社会如何和为何对艺术进行规划。从古典的雅典帝国、罗马帝国和拜占庭帝国的古老根源到今天的欧洲文艺复兴和娱乐活动，公共文化在艺术设施和具有文化活动的位置和选择，以及它们在城市的形式和功能中的作用，都表现出显著的连续性。无论是作为福利供给和人权延伸，还是作为创意产业和文化旅游，艺术都是后工业时代城市、社会和经济发展日益增长的要素。然而，新的"宏大工程"和文化资源高度集中，牺牲了当地的文化设施和具有文化多样性的社会。随着文化场所、博物馆收藏、管弦乐队和流动文化的环境变得自由宽松，艺术的受众却一直在减少。

《文化规划：一种城市的复兴？》是探讨艺术规划和国家艺术政策、文化经济和城市规划之间关系的第一本著作。它运用欧洲、北美洲和亚洲的案例研究和实例，把文化、经济地理与艺术、城市政策结合起来。本书呼吁对城市规划采取一种文化方法，使文化供给和城市设计的分配和整合更加平等，以防止现有的地理和文化鸿沟进一步增大。

作者简介

格雷姆·埃文斯：北伦敦大学休闲和旅游研究中心主任。他曾任伦敦艺术中心协会主任。他就文化政策、趋势、影响向文化、媒体、体育部、欧洲委员会、艺术委员会提供咨询建议。

目 录

图版

2.1 赫尔辛基，芬兰馆，阿尔瓦·阿尔托（1999）（Finlandia Hall，Helsinki，by Alvar Aalto，1999），67 页。

3.1 圣保罗伊比拉普埃拉航空与民俗博物馆（1998）（Museums of Aeronautics and Folklore，Parque do Ibrapuera，Sao Paulo，1998），105 页。

3.2 西约克郡布雷顿森林大厅的公共艺术（1999）（Public art at Bretton Hall，West Yorkshire，1999），107 页。

3.3 里约热内卢植物园的"金属折纸工艺"公共艺术（1998）（Public art，"metal origami" at the Botanical Gardens，Rio de Janeiro，1998），107 页。

3.4 伦敦西区霍兰德公园（原霍兰德伯爵庄园和花园，1605）的公共艺术——千年展览的一部分（2000）（Public art at Holland Park，west London——part of Millennium Exhibition，2000），108 页。

3.5 伦敦北区，芬斯伯里公园，废弃的前兰克电影院和摇滚场馆，彩虹电影院（2000）（Rainbow Theatre，redundant former Rank Cinema and rock venue，Finsbury Park，north London，2000），116 页。

3.6 伦敦北区前市镇规划办公室，转化为交流工作室艺术中心，老哈姆镇（小礼拜室）大厅（1878，列为二级市）（2000）[Old Hamp-stead Town（Vestry）Hall（1878，grade Ⅱ＊ listed），former borough planning office，converted Interchange Studios arts centre，north London，2000)]，120 页。

5.1 米兰：衰败的电影院(1998)(Cinema in decline，Milan，1998)，191 页。

5.2 里约热内卢：衰败的电影院(1998)(Cinema in decline，Rio de Janeiro，1998)，191 页。

7.1 纽约曼哈顿，意大利街头节(Italian street festival，Manhattan，NewYork)，290 页。

7.2 伦敦西北部尼斯登的印度教寺庙(1998)(Hindu Temple，Neasden，north west London，1998)，290 页。

7.3 芬兰西部图尔库瑞典语剧院(1999)(Swedish Theatre，Turku，west Finland，1999)，298 页。

7.4 南约克郡谢菲尔德国家流行音乐中心，"暂时关闭"(2000)(National Centre for Popular Music，Sheffield，South York shire，"temporarily closed"，2000)，320 页。

7.5 赫尔辛基玻璃媒体宫(1999)(Glass Media Palace，Helsinki，1999)，321 页。

8.1 纽约古根海姆博物馆(Guggenheim Museum，New York)，339 页。

8.2 纽约巴特里公园(Battery Park，New York)，363 页。

8.3 里约热内卢尼泰罗伊美术馆，奥斯卡·尼迈耶设计(1997)(Art Gallery，Niteroi，Rio de Janeiro，by Oscar Neimeyer，1997)，389 页。

8.4 巴塞罗那当代艺术(MACBA)博物馆内部装饰(1998)[Inside the Museum of Contemporary Arts(MACBA)，Barcelona，1998)]，390 页。

8.5 巴塞罗那当代艺术博物馆(MACBA)广场(1998)[Plaza，

Museum of Contemporary Arts（MACBA），Barcelona，1998］，390 页。

8.6 蒙特利尔新世界剧场（1999）（Theatre of the New World，Montreal，1999），398 页。

8.7 盖茨黑德波罗的海面粉厂，改建的艺术馆（2000）（Baltic Flour Mills，Art Gallery conversion，Gateshead，Tyne and Wear，2000），400 页。

8.8 圣地亚哥德孔波斯特拉加利西亚当代艺术美术馆和人民博物馆（2000）（Galician Contemporary Art Gallery and People's Museum，Santiago de Compostela，2000），400 页。

9.1 伦敦南岸皇家国家剧院免费演出（2000）（Free performance at the Royal National Theatre，South Bank，London，2000），410 页。

9.2 瓜达拉哈拉镇广场的自由表演（1998）（Free performance at the towns quare，Guadalajara，1998），411 页。

图

图 V

表

表 IX

396 页。

　　Ⅰ.1 艺术、文化和娱乐政策——行政区统一发展规划分析
（Policies for the arts，culture and entertainment—borough UDP
analysis），446 页。

　　Ⅰ.2 按行政区统一发展规划频率排列的艺术规划政策（Plan-
ning policies for the Arts，ranked by frequency in borough UDPs），
453 页。

前 言

正如优秀的文化新产品和良好的社区规划一样，本书酝酿了很长的时间。我于 20 世纪 80 年代初在一家市内艺术中心工作，第一次体验到了社区应如何回应艺术以及文化在教育和城市环境中的作用。从行动研究与示范项目开始，其中包括城市农场、周末艺术学院、社区媒体、成人和青少年的巡回剧院，许多社区、观众与组织的愿望和对其的宣传工作都自然而然地使人们向从事艺术和文化发展的地方团体提供技术援助，以及提出基于场所设施的建议。这必须与社区建筑和规划的同事们一起工作（在它变得时尚、被主流设计公司和政治家挪用之前）。在把青年、社会工作者与地方当局的规划者、艺术家聚集在一起的组织发展过程中，运用当时的新技术，可把低成本的信息技术（IT）和媒体设施带给当地团体和创意艺术家。这一时期正值国家关注和应对各种形式的城市经济、社会和环境衰退形势之时，这给了我与利物浦（时间上较晚）、哈德斯菲尔德等城市以及其他国家的社区和机构一道工作的机会，尤其是在以色列的移民城市阿什凯隆。在伦敦，艺术和城市复兴之间业已形成的牢固联系孕育了两个富有创造力的"智库"：艺术与城市复兴（the Arts & Urban Regeneration）团体、规划伦敦艺术与文化（Planning London's Arts & Culture）团体，由区域性艺术团体与包括我本人在内的志愿成员组成。这些成员来自建筑、规划、艺术政策和金融机构。所有这些都是由英美艺术联合会开展的案例研究提供的，它们提供了一系列的例子——好的和坏的——其中包括艺术如何能与城市更新结合起来，艺术家和当地社区如何投入这个过程之中，以及投入多伦多地铁正在进行的艺术和城市计划（City Plan）之中。出自这些工作小组的艺术文化和娱乐示范性指南，为艺术和城市规划如何可以更好地互动提供了许多的思考基础，由此产生的指南也第一次为本地区在其法定的土地利用开发规划范围内加强文化规划提供了机会。在20世纪80年代末，我担任伦敦艺术中心协会主任的时候，关于文化供给的空间分布、艺术发展和公平的问题对我来说变得更为清晰，在英国、欧洲和北美所积累的艺术中心运动经验为本书的许多详细分析提供了基础。特别是通过艺术教育、社区和职业实践，这种观念出现了一种艺术设施和文化资源的层次——大、中、小规模的层次，从当地社区艺术中心到国家文化旗舰的层次。在几个主要的再生场所与城市设计行动小组一起工作，也为处理公—私发展过程、地方治理，以及在复杂的和经常引起争议的场所和社区身份的设计和规划中解决一些棘手关系提供了深刻的见解。

20世纪90年代，我作为一所大学的研究中心主任，涉猎了娱乐与休闲政策和规划研究的广泛领域，从城市与文化旅游、对"遗产"的日益关注，到艺术规划和战略，以及基于场所的发展方案，都进一步地帮助我在一个更加包罗万象的生活便利设施传统和政治经济中找到各种文化观念，以及把艺术和文化产业视为经济发展和就业增长主要方面。微观层面的影响研究和制图工作提供了大量的经验数据，而为英国、欧洲和国际上的地方和中央政府的文化、规划和环境部门与机构进行的政策研究，也同样把文化置于公共政策和意识形态领域之中。尤其是为文化媒体和体育部、艺术委员会、地方政府协会和欧洲委员会进行的研究和比较政策分析，同时提供了政策制定与实施的机会，同样获取了比较和纵向的数据。

我在伦敦基地寻求的国际视野，已经通过田野工作以及与这些国家——尤其是加拿大、美国、巴西、加勒比海地区的国家、墨西哥和欧洲大陆国家——的研究人员、机构和社区进行交流而得以实现。还有我的部门同事们，他们为我的工作带来一些区域性研究、政策、规划和社会人类学的维度。因此，本书在学科和概念术语方面的基础是非常宽广的。在某种意义上，这反映了与文化规划本身，与理论上日益增长的需求相一致的方法。如果不是在实践上的话，那么，在社会科学和人文科学之间提出了更多的跨学科方法和框架，来理解城市现象、文化和城市规划实践。这在地理学领域及其城市研究、社会学和经济文化地理学分支，以及文化政策研究和治理、公共政策和设施资源管理等更广泛领域里也同样有效。因此，我的目标一直是在城市形态和功能中用各种形式提出、解释历史的和当代的文化方法范围。这既不是一部关于文化的论著，也不是关于城市规划的论著。然而，我希望本书能综合各种支撑性要素，而这些要素是以对艺术与城市的社会关系的经验和概念分析为基础的。我相信，对于城镇和城市规划、艺术政策和《文化战略家》(*Cultural Strategists*) 的研究人员、学生和从业者，以及那些从文化角度对城市历史和演变感兴趣的人来说，这是有用的，并且在某些方面是富有思想性的资源和工具。冒着使用一种机会主义陈词滥调的风险，已经在文化住宅和小区建设中已经看到"新千禧年"（new millennialism）高潮合乎时宜地促成了这个文本。同样，对从政府城市特别小组，市长、环保人士到联合国教科文组织和世界银行的"城市复兴"（urban renaissance）来说，给予了政治上和经济上的高度关注；对于当地社区和创意工作者来说，他们希望在日常生活中了解全球的文化，并继续渴望能有拥有文化设施、参与文化活动和娱乐的机会。

致　谢

我过去的和现在的许多同事，都为我提供了灵感、有利条件和机会，并且我本人在这里已经汲取了思想并得到了拓展的交流。有关城市、城市规划、艺术和文化政策的主要作者都将在本书和大量书目中注明。我会挑出几个人，他们在这一时期直接（有意或无意地）发挥了作用和产生了重要的影响：伦敦的帕特里克·博伊兰、约翰·皮克（近期均在城市大学任教）、肯·沃洛尔（传统媒体等）、菲利达·肖（艺术研究文摘）、尼基·加夫隆（伦敦副市长、前伦敦规划咨询委员会主席）、约翰·蒙哥马利（城市文化公司）、乔·福德（多语种通信环境工程），爱丁堡的弗雷德·科尔特，悉尼的托尼·维尔，蒙特利尔国家科学研究院的赫伦·拉佩尔和丹尼尔·拉图什。

作者和出版者感谢以下各方允许在本书复制线状图。

图 8.1 来自 T.C. 张（2000）：《重返文艺复兴：新加坡作为"全球艺术之都"》，载《国际城市和区域研究杂志》，24(4)：822，牛津：布莱克韦尔科学有限公司。

图 6.1 来自 D. 伯滕肖，M. 贝特曼和 G. J. 阿什沃思(1991)：《欧洲城市：一种西方视野》，165 页，伦敦：大卫富尔顿出版社。

表 5.2 和图 5.3 的使用的数据参考了伦敦消费者咨询公司亨利预测中心的日常会议开支情况。

图 3.1 来自 E. J. 霍布斯鲍姆：《资本的时代：1848—1875》，371 页，奥赖恩出版集团有限公司。

图 6.4 和图 6.5 来自斯科特(2000)：《城市文化经济》，伦敦：塞基出版社。

已尽一切努力寻找版权持有者：任何引起出版商注意的疏漏都将在以后的版本中得到更正。

第一章　导论

那些辛勤劳作的人不知道那些规划人的梦想。

——弗里茨·朗：《大都会》

集体和公共文化活动发生的场所，在审美、社会、经济和象征方面对城镇和城市的形态和功能有着重要而持久的作用。在它们最具综合性的地方，艺术在不同的社会生活和城市设计模式中起到了一种核心的作用，涵盖了世界上各种各样的古典、文艺复兴、工业和后工业时代。在与富裕、科技和社会变化相一致的地方，城市的文化经济也支持艺术和工艺生产、创新和繁荣的文化产业，反过来又能创造强大的比较优势，并有助于建立和加强认同感。

土地利用和文化是根本性的自然和人文现象，但是，文化和规划的综合观念和实践又在脑海里浮现出一种张力。这种张力不仅存在于传统、抵制和变化之间，以及遗产与当代文化表达之间，也存在于理想的文化权利、公平与生活福利设施之间。在赞

Cultural Planning:
an urban renaissance?

成公共文化和"文明化"的地方，在国家、民族或城市自豪感要求被重视的地方，公共纪念碑、广场、文化建筑和事件就得到了使用和促进，无论是出于举办仪式、宣传的动机，还是场所营造的目标。这些表现，往往经过很长一段时间后，也成了一个地方、一个小镇、一个城市，甚至一个社会或国家的象征。因此，怎样以及为什么规划文化反映了艺术、文化在社会中的地位和在城市规划传统以及城市社会发展中的人类居住区的设计和规划方法：

> 场所和文化始终交织在一起，因为任何一个给定的场所……都是一个密集人类关系的所在地（在某种程度上文化就从中生长出来），而且文化是一种现象，往往具有强烈的地方特色，从而有助于把一个地方与另一个地方区分开来。
>
> （Scott 2000：30）

尽管"文化城市"（cities of culture）在过去曾与帝国、城邦、贸易和工业城镇中心联系在一起，但是，城市复兴把文化作为一种消费、生产和形象的战略已显而易见。如今，在发达、欠发达、新兴和重建国家的城镇和城市区域中，在历史城镇和新兴城镇中，在所谓后工业时代（或者更准确地说是新工业时代）中，那些致力于维持它们的未来的城市战略也显现出来。文化的这种象征性和政治性经济从来没有如此紧密地联系在一起。也许，这并不奇怪，在全球联系不断增强的语境下，晚期资本主义把象征性商品看作有利可图的市场，而艺术和文化——对本地、国内市场以及国际和旅游业来说就是大买卖。从这个意义上说，文化规划采用工业和经济资源的规划和分配，而公共文化的物质层面——设备、设施、公共领域：一种文化基础设施——则直接有助于城市设计以及土地利用、交通和运输之间的关系，即城市的规划过程。尽管从历史的和当代的角度看，文化旗舰以及选拔的和自封的文化城市和产业都得到了极大的关注，但是，创造、规划和主要为当地社区、艺术家本身提供的文化设施支持（如教育、培训、小规模生产、工作室），都具有更为广泛的应用范围和传统。在20世纪，这表现得最为明显，文化"权力"平等的观念和日益加快的城市化进程、世界主义把艺术和文化看作社会福利供给。这不仅明显地出现在最标准的社会主义社会模式（人民宫）中，而且在过去，大众娱乐和大众（与非大众）文化也发生在聚会场所、节庆场地、集市、休闲庭院以及艺术和娱乐性建筑里。文化规划同样包括的就是这些地方艺术中心、文化大厦、文化宫，无论是共享的村庄大厅、社区中心、工人和协会俱乐部，还是从博物馆、剧院、文化设施、市民歌舞厅到电影院、当地节庆的市政和商业文化设施。

因此，对于这本书力求提出的对文化规划的批评，需要同时考虑到不同地方和不同时代的高雅艺术和地方文化以及大众文化。同时，国际视野提供了一种比较的基础，社会中的文化和城市住宅区的设计在不同的国家里和不同的制度下会有不同的影响，并受到了不同的对待。因此，无论是复制、塑造和融合行为在当前的和先前的国际化国家和帝国的例子里的明显程度，还是社会和规划政策对此产生了多大的影响，都是本书需要反复考虑的问题。

当然，可以认为，在一个文化消费和文化生产日益世界化、逆向的但并非无关的个人主义和新千禧年（new millennialism）兴起的时代，出一本关于艺术规划的书是不合时宜的。由技术驱动的、以家庭为基础的娱乐休闲活动的扩张，趋向于24小时的城市和夜间经济，相关工作、家庭和游戏的社会原子化，以及传统的集体文化参与形式的碎片化，因而都可能需要对艺术规划做一些多余的、至少是历史的而不是当代层面的研究。尽管，或许是因为媒体和文化产品、图像与社会表达的世界化，在 20 世纪末，已经似是而非地在新建和改善的文化活动发展中看到了一种复兴——从艺术与媒体中心、剧院、博物馆、美术馆、教育性娱乐

3 　(edutainment)中心到公共集会、入门舞会和节日、公园里的帕瓦罗蒂(Pavarotti in the Park)，再到公共艺术作品、城市设计和公共领域的方案——以及提升文化产业区和工作区来吸引和支持世界范围内的新媒体和文化经济。这可以在那些致力于改变自身形象和魅力从而第一次获得"文化之都"称号的城市中看到，如"毕尔巴鄂古根海姆博物馆"。那些已建成的工业城市也正在通过升级的和新建的文化设施重塑形象，如从格拉斯哥、巴塞罗那、法兰克福，到巴尔的摩、蒙特利尔、新泽西等，以及柏林、维也纳、北京和新加坡在 20 世纪末都大规模地发展了文化博物馆区。佐京认为："无论是对还是错，文化战略都已经成为城市生存的关键……这些文化策略如何界定它们，社会批评家、观察家和参与者们如何看待它们，都需要进行明确的讨论。"(1995：271)这不仅仅是西方的现象，尽管其基础可能源于古雅典、罗马和拜占庭帝国至文艺复兴时期的城市——因为它已经在像克罗地亚到非洲南部的发展中的和新兴的民族国家中被复制和采用。作为这方面的一个迹象，世界银行的使命就是向发展中国家和后冲突/重建地区提供贷款，它最近启动了一个文化与可持续发展计划，不仅着眼于保护工作和遗产（如遗址和文物），而且也关注"文化与城市"(1998)。因此，发展的文化维度——土地利用和经济规划的形式和功能——被看作经济和社会政策的一个重要组成部分，

而不是一个边缘化的社会层面，或者充其量是政治经济和公共领域的附属品（McGuigan 1996）。

　　事实上，正如这本书将要提出的那样，国家、区域和城市政府对文化重大项目的发展和资助，既模仿了和仿效了欧洲 15 世纪和 17 世纪之间已见证了的城市复兴，也模仿了和仿效了随后的公共建设工程以及格鲁吉亚人、后来英国的维多利亚人和其他地方的人所倡导的理性重建政策。国家参与和促进文化设施的基本原理，既显示出一种历史的连续性，也体现了对经济和社会变革的当代回应。这并没有反映在打破传统的规划假设和必要性上，在过去的二元性工业城市中，就业、休闲和居住的功能是分离的，这些社会领域之间存在一道明显的空间鸿沟。这不仅体现在打破传统的规划设想和要求上，而且也体现在过去分离的就业功能上，体现在二元性工业城市休闲和住房上，这些社会领域之间有明确的空间划分（Weber 1964，Doxiadis 1968）。正如查理斯·詹克斯对现代城市规划的失败所做的评论："总体规划的编制与城市部分被整齐地分成工作、生活、娱乐、流通的功能类别。"但是也如他接着所说的那样："不可避免的是，这些机械的模型不会起作用；它们的功能区分过于粗糙，它们的几何形态过于简略，从而无助于城市肌理的细密增长和衰退。一座有生命的城市的脉搏不能用机械的模式来获取。"（1996：26）但是，物理上的邻近性并会不克服社会和文化的排斥性，而与此同时，模糊性的过渡带区域模糊了边界，并提供更多的多孔界限，让人们倾向于和重建与社会经济变化相一致的重建城市区域，因为城中村的后工业概念以及"相互联系的区域的复杂模式已经形成"（Seregeldin 1999：52）。因此，文化规划，还有市容规划的一个方面发挥了作用，尽管这是一个例外。这个方面越来越多地被后工业时代

4

的会议经济和物理性再生以及"场所营造"的具体目标（Ashworth and Voogd 1990，Ward 1998）所采用，并且成了设计城市以及规划更加综合的城镇和城市的一种方法。

涉及城市、城市化和全球视野的规划师、"城市战略家"（Landry 2000）和作家们，当然对决定论和碎片论的氛围起了推波助澜的作用，这并不完全是以约翰·拉斯金和后期工艺美术运动及其规划继承者、城市花园和乌托邦运动的姿态，而且用一种城市化失败和后福特主义经济变化的有害影响的情感。在这方面，我们在埃尔·高乐的《边缘城市》(also Evans 1998d)、德扬·苏迪克的《100 英里城市》(1993)、《技术社会》以及卡斯特《信息时代》（1989，1996）所分析的核心、所划分的外围中，还有在彼得·霍尔(1988)这样的总体规划师和其他人引发的去城市化和郊区扩张行为中都可以看到。同时，美国的城市社会学家和分析人士，如安东尼·金、萨斯基雅·萨森和莎朗·佐京等，都根据土地利用、景观与开发以及文化经济本身（Scott 2000），把象征经济——"符号、图像和象征贸易"(King 1990)——与后工业城市联系起来。

晚期资本主义阶段、后工业时代与早期殖民地、以商品贸易为基础的经济全球化时期的区别就是社会的世界化程度，而不是文化消费的同质化程度，以及文化设施被持续复制的程度。有些人认为，19 世纪末 20 世纪初激烈的经济全球化前期带来了国家联盟和权力结构，以及一种随之出现的"故意怀旧"的民族主义，都要求同质化和整体性的所谓共同文化，以消除民族文化和地域身份。（Robertson 1990，also Adorno and Horkheimer 1943，Adorno 1991)20 世纪 30 年代到 50 年代见证了好莱坞电影和观众观看电影的鼎盛时期，尽管由于多元化的发展（如果不是电影生产和选择的话）而加速了，但是，今天的影院上座率有所回升。
同时，阿多诺、霍克海默（1943）在纳粹德国反对的文化产业，在
文化和民主方面表现出了重要的收获——人民调节、运用和创造
他们自己的文化形式以及获取相关技术的能力（如视听、台式印
刷、摄影、数字艺术和多媒体）就是这方面的一个衡量指标。文
化的杂糅和融合的过程则是另一个方面。正如斯图亚特·霍尔
（1990）和其他人（Cooke 1990，King 1991）坚持所认为的那样，它
越来越成了文化规划中的规范和假设，人们必须考虑到这一新的
现实。借用霍米·布哈的话（1994）来说，文化有许多的定位：
"一种有许多成员的对话……我们不得不说不同城市的不同文化
（the cultures of cities），而不是整个城市的一种统一的文化或者
一种多样性的异国情调的亚文化。"（Zukin 1995：290）因此，正如
威利斯非常乐观地认为的那样："我们需要把自己看作只是文明
化的历史时钟的开始。所想、所说、所写、所创作、所创造的最
好的东西，一定还没有到来，并且它必定来自我们的生活文化，
而不是来自一种向后看的、自我宣传的'艺术'。"（1991：8-9）

本书的重点和范围

　　本书的重点是考察文化政策及其制定与城镇规划之间的作用
和关系，利用关键性的范例和方法介绍从古典、前工业时期到工
业和后工业时代不同国家和城市的规划体制和案例研究。一方
面，根据艺术和文化设施的舒适性层面或者文化作为"社会福利"
的一个方面以及这种制定的空间方法来考虑文化规划；另一方
面，在城市规划、城市复兴和局部和整体关系的更大语境中来定
位文化规划。从 20 世纪 70 年代末以来，欧洲、美洲以及蔓延到

5

亚洲所采用的艺术和城市更新政策与城市经济的策略，就是用一种坚固的核心——边缘和文化活动与便利设施的社会分化，一种经济全球化和世界主义的双重运动的原型表现来提供城市复兴的一个特别版本。城市的文化权利、身份的问题和实践，以及城市作为产生于 20 世纪末的文化生产与消费的一种转移场所，都试图对城市进行改造和重新定义。

这个相关但又有所不同的城市地理学分支，也在文化群体和景观符号学中提出了一种有关空间、象征变化的方法和知识体系，用段义孚的文化定义来说，就是"本土的做事情的习惯方式、地理学家书写的生活方式"（1976：276）。然而，公平地说，地理学家、城市居民和城市规划师，往往没有考虑到艺术、创造性活动或文化发展这些因素。这方面的一个例子就是在城市规划的立法和实践中都没有一个关于"舒适性"的定义，除了通过消极的、反城市化的情绪。与公园、娱乐场所、保护区和遗产文化区等更为良性的区域，以及住宅区、工业区和其他地方的设施相比，并没有艺术设施方面的规划标准。因此，毫不奇怪，直到最近，规划还没有像其他领域的社会政策和城市发展那样，更深入地理解艺术实践和参与的需要，或者说，完全拒绝与"文化"接触。所以，本书试图针对这些反规划（"非规划"）的倾向，介绍和分析一些文化和规划已经与可能被整合的方式。

艺术与规划的界定

在一本关于艺术规划以及艺术和文化设施于便利设施规划中的地位的书中，对无处不在的"规划"术语本身就需要做进一步的描述。因此，在这些相关但又分离的语境中，一些规划的核心定

义在现阶段可能是有用的。像"文化"这个术语一样，一般的"规
划"被广泛地使用，并且与人文地理学——现代城市规划学科的
根源一系列的功能和学科相关；城市设计——就像在居住区规划
中所做的那样，如总体规划，计划经济和现代政治经济学——
"马歇尔计划"、五年计划，以及相关的社会政策和公共管理、商
业管理（企业与战略规划）和组织管理理论。规划就是科学方法的
应用——一些字典把城市规划持续地或者累计地定义为一门科学
和艺术——不管有这些东西对政策的制定是多么粗糙，都与"公
共政策和选择"理论密切相关（Dunleavy 1991）。规划也被定义为
"通过一系列选择来确定适合未来的一个过程"（Davidoff and Rei-
ner 1973：11）。因此，在设施规划的情况中——正如蒂茨在他关 *6*
于设施定位的开创性著作中所认为的："公共决定的设施……在
塑造城市的物理形态和城市里的生活质量中［具有］一定的作用。"
（1968：35）下面这些定义，尽管是分离的，但是，也可以相互结
合来使用，并且在实践中可以是重叠的："在所有的可能性中，
获得该概念的更严密的定义的困难就在于其形态的特征。然而，
在最后的分析中，所有的人都会同意，它的目的就是组织城市，
从而令居民感受更多的幸福。"（Cohen and Fortier 1988：12）因
此，所有的规划定义都推断出一些未来的考虑和特定的目标或者
最终状态的实现，无论是物理的、环境的、社会的方面，还是经
济的方面：可以说这些都是文化的所有表现和影响。如今，"策
略"和"战略计划"这些术语也得到了广泛应用，也许，可以说它
们反映了 20 世纪 60 年代以来从美国输出的商业和科学管理方法，
以及借鉴了技术和军事上的术语——例如，文化战略（Zukin
1995）和城市战略家（原来的"规划师"）（Landry 2000）。基础设施
的概念在城市规划（包括文化领域）中进行了具体的调整——最早

是由法国铁路公司创造出来的，然后是在军事设施和公用事业供给方面得到应用。在 20 世纪 80 年代以来的艺术管理和政府政策与实践中，这些概念受到了青睐并且得到了运用（如艺术委员会 1984、1993a），成了新的管理和合理的公共服务的常规术语（Pick 1988，1991，Evans 2000b，Adorno 1991），并且，在地方、区域和城市艺术的规划和策略中——都肯定一种面向未来的资源分配和决策的规划方法。

1. 城市规划——在英国，从 1947 年起，城乡规划在城乡法案中全面立法；在美国，城市规划和微观层面上的分区制全面立法。它包括宜居性的规划、娱乐、保护以及经济发展。包括便利设施规划——重建、保护和经济发展。主要是一种人口功能，土地利用和发展控制（分区、土地利用类型）以及后来的遗产/区域保护。国家（与超国家，如欧盟）规划政策和指导驱动，但实施和解释却是法定的当地规划部门的一种地方职能，基于区域规划（如市、镇、区）和区域结构或者县域规划（即 1943 年伦敦规划、1969 年大伦敦发展规划、1991 年多伦多城市规划中的县）。

2. 战略规划——公共部门的宏观经济资源分配、投资和长期规划（如基础设施等）以及私营企业公司规划和战略业务规划。它既包含社会福利规划和国家/地区的土地利用与城市规划和事业发展，即城市规划的高层次"结构规划"（上面第一点），以及美国的全面战略或者总体规划（So and Getzels 1988）。因此，"战略规划是为了确保在恰当的地方出现恰当的发展，并且通过所需的基础设施供给来匹配和支持"（Smith，in Englefield 1987：29）。

3. 艺术规划——资源的配置、公共补贴的分配和一系列指定和规定的艺术活动——"艺术形式"(即剧院、画廊、博物馆、音乐厅、舞蹈工作室、艺术与媒体中心、电影展等)的设施,以及对艺术家和文化工作者的支持,包括教育和培训。它发生在国家(旗舰、艺术政策)、区域(区域或省级艺术区)以及当地社区和艺术设施等层面上。因此,区域性或地方性艺术规划所指的是一种艺术资源——创意艺术家/工作者、设施、资金、市场/受众和某一特定地区或社区的参与者的战略计划(上面第二点)。它包括艺术发展和获取(以及文化"权利")的概念——往往通过各社区和地方的干预来激励需求和参与,在某些情况下,也有助于增强诸如文化民主和发展的观念。

4. 文化规划——一方面是指"城市规划的艺术"(Munro 1967),另一方面是指城市社会中更为广泛的艺术和文化表达的融合。它也被描述为"城市、区域和国家综合发展的文化资源的战略运用"(DMU 1995)。当把这些东西组合在一起的时候,就会产生一种城市规划的文化方法,该方法使用了一种艺术规划的基础设施体系。它所采用的机制包括考虑城市设计、公共艺术、交通、安全、文化工作区和产业区,以及创意生产链和设施规模等级结构的连锁概念。考虑到文化发展和文化民主是文化规划方法固有的作用,在规划过程中实施地方治理和社区参与,不仅包括设施选址和城市设计,还包括房地产规划(*Planning for Real*)、社区规划(Community Planning)和意义不明确的活动(delphic exercises),例如,美国和英国为主要发展区域或场所而运用的城市设计行动或援助小组(UDATs)。

Cultural Planning:
an urban renaissance?

正如我已经指出的，规划是指对资源、当前和未来的规划，因此，文化规划涉及构成一个社会文化资源的活动、设备和便利设施。这种规划的框架已经得到了发展，在一定程度上体现了从文化规划视角为政策制定提供的不同领域："一个监测并对城市文化资源的经济、文化、社会、教育、环境、政治以及象征意义发挥作用的过程"。（Comedia 1991b：78）（见图 1.1）

图 1.1　文化资源规划前景

来源：Comedia（1991b：78）

　　例如，在澳大利亚最近发展的一个文化规划与地方发展指南中，文化规划被看作"完全是一种有目的的、战略性的文化发展方法……其研究方法就像任何其他形式的规划一样：对现有状况的全面评估；设定清晰的目标和目的；确定明确的问题和优先事项，以及制定和实施切实可行的行动过程"（Guppy 1997：8）。兰德里还根据文化资源和政府管理（Bennett 1998）提出："文化规划是确定项目、制订计划和管理实施策略的过程……它并不意味着一种文化的规划……而是作为任何形式的公共政策的一种文化方法。"（Landry：173）这种明显的官僚术语，也许夸大了这样一种方法的"简单性"，夸大了社会、文化发展、创造性本身（如艺术家的作用）以及"优先"选择——谁的文化？谁的优先权？——过程中的复杂性和张力。后来，这个指南得到了更现实的表述：

文化规划和政策阐明了在竞争性规划环境中的文化评估和行动的一种持续作用。它们也为法定的规划框架提供了一种正规话语，并为当地社区渴望保护和发展它们地区的文化身份提供了一个非正式的但充满活力的切入点。

(Guppy 1997：54)

为什么艺术而规划

因为城市规划的需要和机制被应用于文化，因此，也至少要求它对现有的和过去的"规划"艺术有一些考虑。首先，它指向一种积极变化的规划（"发展"和"进步"）在实践中体现了公共文化、规定的因而合法的艺术（上文中艺术规划的第三点）的规范做法，因此，它也是社会中的文化场所的规范做法。现代地方—区域—国家层次意义上的环境规划，以及早期的城市—国家和居住区规划，都具有促进和提升文化的性质的作用，不论是良性的还是作为一种意识形态的表现，抑或是作为宗教的基础、庆典和宣传，都是如此。同样，规划包括控制和审查方面，因此，文化也会被排斥、禁止、抑制甚至被忽略。（应该记住，城市规划的功能往往也是其被授权和许可的根源，如公共娱乐、跳舞、酒等）分配方法也审视艺术设备和设施的空间公平，因此，这种在规划和城市设计实践中发现自身的艺术，不管如何界定，在很大程度上都来自与"文化"有关的国家立场（Titmus 1974，Pick 1988）。今天的文化政策与城市文化所表现的东西究竟是什么呢？

不同的社会形态贯穿整个欧洲的历史，设想可以用不同的方式为艺术家找到一个地方，对他的工作提出要求，并为

9

> 他提供资源和生计。希腊的城市国家、中世纪的教堂、文艺
> 复兴时期的教皇和君主，18 世纪的王子，19 世纪的导演、
> 经销商和出版商……今天，所有这些功能……都是由委员会
> 来实现的，得到了国家和市财政的资助。
>
> (Pick 1980：27)

因此，正如意识形态/信仰需要政策、方案和行动一样，建成环境的规划，对不同社会形态中包容文化实践和表达，以及谁的艺术会得到表现、会被"被容纳"和为谁提供的问题，就由此出现了。当然，文化本身的概念和定义是令人担忧的、不固定的。正如伊格尔顿提醒我们的那样："据说文化是英语语言中较复杂的两三个词之一。"（2000：1）不同文化观念之间、不同思想文化之间、艺术与非艺术之间（流行文化、低俗文化等）之间的辩证张力可以概述为三种变化形式：（1）其反资本主义批判；（2）一个整体生活方式的概念（阿诺德、威廉斯、艾略特等人），因而文化就是文明/文明化；（3）它构成艺术（Arts）标准的形式和实践的专业化。（Eagleton 2000：15）

艺术实践的目录和分类（Munro 1967）、艺术设施和媒体类型、符合国家资助的艺术、教育和培训的规定和评审，所有这些共同形成了霸权和中间权力结构的主流。可是，这些东西并不容易转化为规划的过程，它较少关注艺术的结构层次本身，但是，在公共与私人部门（因而受到赞助商/顾客的影响）、政策与政治领域，公共领域观念与美学、参与和消费以及文化在日常生活的地位之间都具有差异性——正如上文在文化规划第四点中所界定的那样。例如，德国社会学家巴尔特看到了中世纪后期欧洲城市中的公共领域的起源，因为市场是产生新的社会交换形式的组织

原则(1969)。早期的世界贸易中心通过市场展示的匿名性社交活动，同样为文化交流和庆典创造了场所。塞内特认为，早期的城市国际化与新兴的资产阶级和公共空间建构是一致的(1986)，但是，在那里，公共领域不仅仅通过经济交往而产生，而且通过"更多的政治和社会交流……咖啡馆和沙龙、剧院和歌剧院聚会中自由公民之间的辩论"(Burgers 1995：151)而产生。因此，下面的章节将用一种反复出现的主题，来讨论前工业、城市复兴、工业和当代社会中的文化场所和空间的演变和创造。这个主题体现了商业与文化、作为设施的艺术与文化经济以及不同主导理念之间的关系和张力。它有效地选择和评价了不同的时代和不同的社会认为值得考虑的艺术。

文化公平和"权利"与总体规划

然而，我们刚才描述的文化规划观念和实践，一方面，可能不太适合文化理想，特别是不太适合那些与文化权利和表达自由有关的文化理想；另一方面，不太适合可能无视(假如不是完全抵制的话)指令性规划的创作过程。例如，批评家们指出，独裁政权中的公共规划和文化之间的有害联系，既控制文化生产，又通过设计、审查，限制文化的多样性和多元化的社会观。因此，这种自由主义观点抵制的是国家对文化的良性参与，提倡"保持一定距离的"文化机构结构，并以此作为国家与艺术之间的一个缓冲区。单一文化的宣传在民族主义政权中也很明显。例如，在阿塔图尔克时代的土耳其，它在20世纪30年代试图净化真正的土耳其民间音乐，把歌词和乐曲研究都标准化了，追求一种西化的和官方的安纳托利亚(Anatolia)版本，而真正的民间和宗教音

10

乐都丧失殆尽了（实际上是为了统治者的享受而被保持的，即"宫廷文化"）。例如，殖民影响催生了加纳（Ghanaan）合唱音乐，也在不知不觉中确保了部落艺术转入地下，并且使其"未被融合"而存活了下来。而在种族隔离的南非，部落舞蹈被禁止，艺术家因在公共场合演出而关被押。一个后曼德拉的文化发展计划以及在四十个黑城和乡村创建的社区艺术中心，指望重建本土的文化实践与表达，就像在新独立的津巴布韦那样，20 世纪 80 年代规划了一种以村庄为基础的文化中心。

虽然对艺术和城市规划进行更大的空间考虑和整合的论点已经提出来了，正如本书将要探讨的那样，但是，获得和参与艺术和文化表达的平等概念也预设了一种能够回应和满足当地——社区和艺术——需求的民主制度。文化独立的单方面声明可能是不切实际的（虽然文化和区域独立是一个 20 世纪末的现象），但是，以有利的文化政策和规划重申文化设施的所有权，这既是可行的，也是可能成功的。事实上，艺术规划标准可以促进这一目标，如比安基尼和斯温格尔认为："只有通过创造条件，对城市的未来进行真正公开的政治讨论，才能以民主的形式重新想象城市，这应该超越由新一代的市政推动者和市政营销者所制定的各种循规蹈矩、陈词滥调的'美景'。"（1991：234）鉴于这种权力已向全球扩展以及中心化双重力量所导致的二元论——尤其是在文化生产和"自由"（原文如此）贸易、区域主义重申、新兴折中主义（"全球村"）、世界主义和"世界地方化"中——文化表达，特别是城市文化的规划，对调节和局部驱动可能相互冲突的制度和愿望做出反应来说，是至关重要的。

旷日持久的乌拉圭回合（1986—1993）之后的关税及贸易总协定（GATT）中包含的服务，即服务贸易总协定（GATS）[1]，在自由贸易立法中，首次提出了文化服务和无形"商品"的问题——服务业占世界产量的60％以上和20％的国际贸易（Buckley 1994：13），以及1999年总额超过135000亿美元的跨境服务贸易。然而，正如斯科特所指出的那样，把文化当作单纯的"商品"来对待是有问题的——在评论美国商务部对关贸总协定的立场时，他说："文化产品的自由贸易暴露出根本无法理解当前问题的全部复杂性。"（2000：212） *11*

在中央和地方政府之间的紧张关系中，由于解除了管制实行内部市场（如通过竞争性考察/招标），以及20世纪末的公共开支的减少，这已经成为一个缩影，公共选择和民主的"辅助性"原则和实践，对公共/优质商品原则的延续性——无论是免费的还是补贴的，非排他性的和对所有人开放的服务——因此，都对各个层面的地方设施和文化供给具有根本的重要性。由此，正如《经济学人》所认为的那样：

> 一个关键就是揭穿地方税应该支付那些显然具有国家重要性的服务假象……（但是）要满足那些只能合理地允许在地方性质上有很大差异的服务费用……在这些范围内，各地方政府此时都应该不受限制地劝说选民为其赞成的一切买单——不管它是一个新音乐厅还是冥想课程。
>
> （*The Economist* 1991：18）

一种文化的和国际化的精英统治，被埃伦赖希（1979）描述为高雅艺术消费、民族表演与视觉艺术受众中的"职业经理阶层"，从布尔迪厄所说的文化资本家和小资产阶级，到后工业城市中心的艺术旗舰和文化区的炫耀性消费者和居住者，一直都具有国家合法化文化的持久特征。尽管毕尔巴鄂被誉为新的文化旅游目的地（Evans 1998），但是，美国建筑师弗兰克·盖里设计创作的具有特许经营权的古根海姆博物馆，连同纽约出借和展览的收藏品，在巴斯克艺术家、记者和区域的政治家中都引起了负面的反应。在这种情况下，博物馆变成为了一个竞争性的场所（MacClancy 1997）。文化政策与规划方法的缺乏，正如 20 世纪 80 年代以文化主导的许多城市更新版本一样，表明了它们新确立的文化城市地位，在后事件（post-event）阶段将不会持续下去[或者会保持它们的经济发展和"滴入论（trickledown）"目标]。城市复兴的支持者所赞成的都市繁华与岛屿文化——公共的和私人的——在许多情况下，都已经把它们的居民与住在通常更贫穷的毗邻区的那些人（即巴尔的摩海滨，伦敦，洛杉矶，甚至巴塞罗那；见第七和第八章）完全隔离开来了。按照罗宾斯的说法，各种具有高度选择性的城市"碎片"的复兴，确确实实"把后现代闲逛者（flaneur）的生活空间消费与城市废弃区的'无产者'完全隔离开来了"（1993：323）。

在《肉身与石头》中，理查德·塞内特同样提供了对于城市中心—城镇边缘出现的必然结果的评论。他在参观了纽约城外购物中心的电影院之后说："如果郊区购物中心的剧院是在舒适的空调屋里欣赏暴力的愉快的一个聚会场所，那么，人们在碎片空间中的这种重大地理转变，就在弱化触觉实在感和抚慰身体方面产生了较大影响。"（1994：17）具有讽刺性的是，1966 年，文图里已经观察到了一种类似的社会空间现象。他说，美国人不需要广场，因为他们应该待在家里看电视（和吃比萨……）。因此，文化公平的观念必须符合财政、经济的发展战略以及文化和城市的规划政策，特别是在地方设施和文化设施中的空间鸿沟和社会排斥。正在加强和扩大（如在汽车拥有量方面）以及空间关系质量正在恶化的情况下，更是如此。

毫不奇怪，在纽约、洛杉矶、圣保罗等城市，在巴黎和马德里等首都城市，真正的和被感受到的国家文化生产和艺术场馆的"过度集中"，都已经推动了区域性城市文化的再生，抵制了根深蒂固的中心主义。例如，在伦敦，抵制了对较早时代的效仿，那个时候：

> 休闲中心经常从大都市引进戏剧和音乐表演者……而且它们的音乐俱乐部被率先在首都机构中建立起来——大都市为省级城市生活的诸多领域提供蓝本。以至于在 1761 年，据说几个大城市……似乎都普遍地受到了启发，雄心勃勃地想成为它们所属地区的小伦敦。
>
> （Borsay 1989：286-287）

在这种情况下，继承性、持续性的政治和文化霸权，在全国艺术院校、决策者、商业媒体生产和总部运营的定位中，都直接引起了其他城市文化规划的反应，例如，在英国——谢菲尔德、伯明翰、格拉斯哥和曼彻斯特，都以一种不同寻常的高调姿态追求文化产业和基础设施建设的政策（Fisher and Owen 1991，Bianchini et al. 1988，Worpole 1988）。在欧洲，针对核心—边缘的漂移，已经建立区域和"二线城市"网络，包括制定文化政策、规划方法和区域组团的发展，它们同时反映了文化和地理的共性。

同样，正如有关城市信息化和科技城的作者们所观察到的那样（Sassen 1991，1996；Castells 1989，1996），全球城市区中强大的跨国企业空间集聚的趋势，如纽约的时代广场、洛杉矶的伯班克、伦敦的索霍区的广播和印刷媒体，与后福特主义、制造业

Cultural Planning:
an urban renaissance?

和其他服务业活动分散的自由行为形成了对比。对此提出的建议
是，世界的文化(及其不拘一格的人力资本)应为这些全球媒体运
营商提供一种竞争优势，否则就会动摇和分化低端劳动力、土地
和资本/准入成本的地位。然而，公共文化的资源配置(通常在一
个国家文化规划缺席的情况下)也会继续向国家首都倾斜，继续
导致大城市和小城镇等方面之间的不对称。在巴西的 5000 个城
市中，3000 个以上的城市没有一个公共图书馆，而特大城市圣保
罗和里约热内卢的公共图书馆的数量则占了绝大多数。同样，在
希腊，在专业性文化设施方面，雅典居于首要地位 (Deffner
1993)。在加拿大，蒙特利尔和多伦多这些城市和行政首都渥太
华，拥有最大份额的主要文化设施和文化活动。相比之下，法国
和西班牙对首都和中央政府的抵制也同样强烈，从巴塞罗那和巴
伦西亚到格勒诺布尔、雷恩和蒙彼利埃，区域和省级城市对文化
13 投资的自豪感都已确立 (Bianchini and Parkinson 1993)。因此，
法国人有充分的理由对被认为与世界化(mondialisation)并行不悖
的美国"特洛伊木马"进行抵制，这也体现在限制多功能电影院的
发展与保护法语的文化表达和生产的计划措施上。在巴黎郊区的
17 个屏幕、3000 座的巴斯蒂德影院开放之前，文化部部长宣布
了为小镇中心电影院规划增加补贴的计划——法国政府通过立法
把新影院限制在 2000 座之内 (Evans 1998d)。相比之下，世界第
三大电影综合体，计划建设在伯明翰臭名昭著的复式立交桥附近
的前电站遗址上，并计划建造允许 24 小时经营、30 个屏幕的复
式影剧院(明星城)。而有一位来自伦敦北部的规划官员多愁善感
地说："这个区以前有七个电影院，而现在却只有一个在发挥作
用。"(Evans 1998d)这反映了在一个自由的规划体制中，人们对公
共领域和地方性设施的衰落都听天由命，并屈从于全球市场(在

这种情况下，就是听命和屈从于美国电影生产、发行和放映的纵向一体化和主导地位)。

因此，文化与地方治理和身份的概念有着千丝万缕的联系，更不用说在身份和族裔受到威胁或压制的时候了。正如在巴尔干半岛的内战中，以及在库尔德人和本地的"第四世界少数群体"(Graburn 1976)等丧失权力的族裔群体中那样，从中美洲到澳大拉西亚(Graburn 1976)莫不如此。1936 年，当西班牙南部城镇阿尔穆内卡尔认为其共和自由得到保障的时候，农民和渔民接管了这个村庄，并宣布了他们在新千年的计划："这里将是文化之家，还有学校、卫生和农业中心。"(Lee 1969：168)但是，很遗憾，这个为自由而呐喊的前佛朗哥昙花一现。这种自由仍然没有得到保证。甚至在今天的欧洲，在奥地利也见证了国家对艺术家的审查和起诉，以及对被认为与极端右翼的政治意识形态格格不入的文化表达的攻击。在这里，从现有艺术机构中撤出的资金，只是被那些与政治含义更加一致的东西取代了(见第八章)。相反，例如，在古巴推行的促进文化发展政策，通过音乐、舞蹈和建筑却产生了一种对民族文化和身份的颂扬。正如库克在《回到未来》中所认为的那样："现代观点被低估了……少数共识、地方性、非西方思维，这是应对差异性、多元文化和现代生活的世界主义的一种能力。"(1990：11)例如，在通过国际机构，如在联合国教科文组织(UNESCO)、国际古迹遗址理事会(ICOMOS)、世界旅游组织(WTO)和世界银行推广遗产方面，这是显而易见的。在极端但绝非唯一的情况下，沙克利甚至警告说："拥有一个世界遗产地和发展文化旅游可以创造长期稳定的[欺骗性的]形象和建立民族认同的基础，否则也可能成为一种新的民族主义的焦点。"(1998：205)文化遗产应该在何种程度上优先于当代的文化和生活艺术，这是一个复杂的并且最终是政治的问题。就像尽管有国际机构和基金会的干预，哈瓦那老城区、西班牙城镇的殖民区、牙买加仍在忽视中失去了活力一样（Evans 1999c）。在这些社区里，人们较少关注和支持当代艺术、文化表达和设施需要（Willis 1991：8-9，如上文提到的），文化规划可以提供一种城市与资源规划的过程和框架。在这里，这些冲突的世界观和便利设施需要都可以得到调和，从而变得更为均衡。可以说，由于推动单一文化、大众品牌的文化、政治霸权主义、全球资本，以及加强规范和发展控制的传统规划过程的良性性质，文化主导的规划可能为促进文化多样性、保护文化身份以及鼓励地方性和本土方言提供一种基本的对策。

此外，规划我们的小镇和城市，考虑社会便利设施的供给，以及赞成和发展文化权利——在欧洲，在马斯特里赫特条约（CEC 1992，cited in HMSO 1993，Fisher 1993）和欧洲的城市宪章（欧洲委员会，1992）中都得到重申——可以说，需要规划的要素——空间、资源和"文化"——从而满足不断变化的社区和创意过程的需求。因此，城市生活和消费的必要性，同样期待着一种后工业社会文化方面的更为复杂和综合的办法。所以，无论是在发达国家还是在发展中国家，在这方面究竟已经发展到了何种程度是这里所要探讨的。因此，带着这样一种辩证思考，并根据前面表述的规划定义，本书结合公共文化设施和艺术设施来分析城市规划的发展，并对艺术规划的方法和文化规划的概念框架提供一种批判。在这个框架内，城市规划与艺术规划是密切相关的。所以，刘易斯·芒福德1945年的申辩在今天同样是中肯的：

> 技术和经济研究已使城市规划者将生活中的其他因素排

除在外，而其必然会在未来的时代里让位给个人和群体需要的主要研究。次要的问题——产业和家庭生活的空间分离，或者在每英亩（约 4046 平方米）里不能明智解决的房屋数量，直至更为基本的问题都需要做出回答：我们究竟要促进和培育什么样的人格，什么样的公共生活？我们的生命中的优先秩序究竟是什么？

（Olsen 1982：12）

因此，越来越多的城镇和城市、地区和国家——已建立的和兴起的——都指望文化重申它们的身份（identity/ies）；吸引和留住它们的文化产业（和旅游）份额；参加"竞争性城市"的比赛，为设计和适应城市社会的公共领域和消费做出贡献。对于如何界定这些文化战略，"我们如何理解它们"（Zukin 1995，如上面引述的），本书力图做出明确的讨论。自从芒福德的人道主义辩护以来，《富饶的城市》保持了五十多年的时间：

> 今天，按照定义，任何形式的城市规划，在其最广泛的意义上，都是一种文化规划的形态。因为它不能不考虑人们的宗教和语言身份，他们的文化制度和生活风格，他们的行为方式和愿望，以及他们对城市面貌做出的贡献。
>
> （Worpole and Greenhalgh 1999：4）

本书内容概要

15

文化及其在规划和城镇生活中的地位自然遵循一条渐进的、进化的道路，包括在社区、社会内部以及在社区和社会之间传递

Cultural Planning:
an urban renaissance?

和传播艺术产品、风格和经验。因此，在接下来的两章中，本书
对包括雅典、罗马和拜占庭在内的某些早期古典社会中的公共文
化场所和形态，以及如前哥伦比亚时期的墨西哥等大都市的范例
进行历史的分析和综合。在城市形成和规划模式中具有文化影响
的证据和支撑理论，是在文化、商业、贸易与人口密度、规模问
题之间的，因而也是在这些早期体制中的文化自治与公共领域兴
起之间的新兴关系语境中来思考的。第三章论述了在文艺复兴时
期的欧洲和工业时代的早期城市文化经验中出现的问题。通过场
所的形式化和文化设施与工艺品贸易的类型，研究从本质上属于
精英主义的、来自宫廷的私人艺术供给向普遍公认的状态的转
变，及从商人到中产阶级消费艺术者的转变。对伊丽莎白一世时
期的伦敦戏剧和歌剧公共空间、欧洲的宫廷、19世纪文化建筑蔓
延的聚焦，不仅证明了场所的象征意义和连续性，同时也证明了
日益分层的艺术的观众，因为文化活动、供给的阶级划分和国家
干预已经建立起来了。因此，对工业化和从农村到城市的大众文
化形式的发展的思考，关系到国家规划和计划控制，19世纪理性
重建运动的回应，以及它对新建和重建设施所产生的影响。这些
形式包括博物馆、剧院、图书馆、休闲庭院以及它们的后来者，
杜松子酒宫殿、音乐厅和电影院前身。电影的兴起、衰落和回潮
是它不断变化的建筑类型和定位的一个因素。这集中体现在多功
能影剧院中，并且就像它的前身一样，它预示了饱和度。伦敦和
柏林这样的城市及其模仿城市，其文化设施的国际化，通过殖民
和贸易的消费，举些具体的例子，如歌剧、剧院和图书馆，正如
第一届世界博览会（The Great Exhibitions）那样，第一次在全球
经济的理念下汇集了文化和商业。

鉴于集体文化活动的发展形式和定位要受到国家政策对重建

及民族认同这些方面的影响，第四章将思考城市规划的起源以及新城镇、城市区域发展和去中心化的相关方法。这些问题是在以下语境中来探讨的：便利设施在新兴城乡规划立法中的地位、艺术和娱乐在战后的重建、福利国家中的特殊地位以及人民宫和文化宫的社会主义表现。然后，通过比较法国和英国的国家艺术政策以及艺术中心和文化之家的发展，把文化供给分配政策的概念和案例研究作为地方和城市文化供给中的一种逐渐普遍的现象。在法国、英国、美国和其他地方，艺术中心的发展都记录在案，是艺术发展的一种渠道，是社区和社会行动的一种网络——不论是乡村大厅还是新建场地——但确切地说都是一种地方设施。本书探讨的一个主题是，既没有娱乐设施的定义，也特别不愿意为艺术做规划以及应用规划的标准和规范，因为这些标准和规范被广泛用于其他娱乐设施，如体育、游戏和开放空间供给。因此，第五章结合较为完整的艺术供给政策与局部地区发展规划的实例，概述了制定艺术和文化设施的发展规划标准的模式和技术。文化消费和观众在各种艺术活动中的规模，都证实了它们不成比例的社会经济和空间集中度。同时，第五章提供了限制大多数人外出和广泛参与文化活动的环境和感知障碍方面的证据。根据局部地区和城市艺术计划以及文化战略的案例研究，第五章阐述了规模等级和金字塔机会的关键概念。为此，我认为，尽管艺术规划标准在执行方面存在着缺陷，但是它在一定程度上将有助于确保更广泛的分布，从而获得文化的经验和表达，并消除文化城市所强化的空间核心和边缘以及体制上的不平衡。因此，第六章从社会福利艺术即设施（arts-as-amenity）的休闲体验出发，探讨文化经济日益受到关注的问题，以及艺术作为城市文化资产商品化的问题。这个讨论批评了艺术主题的经济重要性、高雅文化和大

16

众文化的转换，尽管文化旅游和文化产业是城市和国民经济的主要的、日益增长的元素。对文化供给和其他生活质量因素在雇主定位/重新定位所具有的重要性，为它们对城市环境和后工业社会的价值和贡献提供了另一个理由。传统的城市/中心与城外/边缘城市之间漂移的紧张关系考虑到了购物中心和休闲零售的娱乐周边地带对文化消费产生了一种具有根本性的空间影响。而相反的是，文化的生产和更高规模的设施则继续集中在处于核心位置的城市内部和市中心地区。关于城市、国家和区域文化经济的数据，比较了若干艺术和文化部门的就业情况，和在世界/文化城市以及娱乐、旅游和文化工业区内明显出现的聚集现象。文化活动作为一种普遍的经济发展和就业战略，有必要密切关注它的形式，预测它的增长前景。对文化产业的定义性分析既是在概念、经济层面上的，也是在政治层面上来讨论的。包括生产链，因为它适用于艺术和各种创意实践。针对政治上所谓创意和知识产业以及异质性文化产业的粗略合并提出了一些问题，包括其创意内容、就业概况，以及电子商务和"数字艺术"对传统文化实践和传播形式产生的影响。因此，特殊类型的文化生产设施、艺术家工作室和创作室，是根据这种传统性的和象征性的艺术在欧洲和北美城市中的地位、城市复兴对艺术家和公共艺术的综合处理情况来思考的。

城市区域在文化经济、身份认同和对自治的政治诉求方面的重要性是第七章的主题。本章审视通过区域发展计划而提出的欧洲"共同文化"以及遗产概念和推广。这些计划有利于南欧、爱尔兰等较弱经济体的城市、农村地区以及正在经历后工业再生的北部工业区的发展。从欧洲规划体系的概况出发，比较欧洲各国的规划制度以及各自的文化设施方法。除了一个国家的或是欧洲的文化政策、文化框架之外，还有艺术和遗产、以文化为主导的重大重建工程，都体现了一种主要的核心—边缘和文化之都的重要性，其中有从巴塞罗那到伯明翰的艺术和城市再生之间进行合作的典型例子。例如，格拉斯哥和都柏林，还有赫尔辛基和维也纳等新的欧盟成员国的城市，都表明了欧洲艺术和城市复兴已经被采纳和复制的程度。第八章的主要议题是文化和旗舰艺术项目在主要商业区、城市中心和重建场所中所具有的地位。以北美洲和欧洲，包括柏林和维也纳的主要文化区为例，考察了艺术和城市复兴的原则以及发展中国家特别是东南亚、拉丁美洲的情况。在许多发展中国家中，西方化的城市生成和建筑结构模式是显而易见的，这反映了通过世界银行进行遗产开发的普遍做法。在发展中国家和转型国家的文化促进活动中，西方发展机构的介入提供了另一个例子。在这里，文化规划可能涉及社区和文化需要，而不能用来复兴遗产旅游战略，就像在后工业城市、更发达的国家中所做的那样。本章还比较了两个欧洲世界城市——在伦敦和巴黎的主要复兴区之间——它们具有鲜明对比性的城市规划和治理制度，以及在不同情况下采用的以文化为主导的方法和相关结果的语境。即使在更多的节庆复兴例子和城市文化中，我认为，这些战略规划的解决方案，事实上都以本地设施、名副其实的建筑与遗址混合用途为代价，强化了分裂的城市，包括更多不同的文化表达、生产和公共领域形态。与早期的大型博览会和公民文化纪念物形成鲜明对比的是，具有典型性的当代大型活动和世界博览会的情况也同样如此。本章对巴黎、伦敦和蒙特利尔的千禧年和《大巴黎计划》项目所引发的规划问题——它们的可持续性发展及其对城市文化地图的影响进行了批判性的考察。

在文化战略方面，艺术作为公共物品的概念以及对规划的抵制破坏了许多更综合的和以社区为基础的规划和资源分配的方法。规划，特别是文化和更多协商形式的规划在多大程度上在这些城市中已经变得显而易见，是最后一章需要考虑的一个持续性主题。贯穿这些章节的是以文化为主导的规划主题，不同环境和地点的文化规划所提供的具体方法和机制。本书认为，这些要求是为了对付单纯的经济和基于地产的"解决方案"在应对城市和文化衰落方面的失败，以及应付经济和文化地理学、城市社会学和制度分析所提供的解释，以确保后工业社会的生存和增长，确保那些渴望有更大的文化发展和多样性以及在文化供给方面有更大空间的人公平的生存和成长。

18　　**注释：**

[1]该协定(1993)1995年创立了世界贸易组织(WTO)，还为所谓知识产权保护(TRIPS——知识产权贸易)确立了一个新的框架。尽管为了避免破坏1993年的关贸总协定(GATT)，好莱坞电影对法国的进口问题并没有得到解决。

第二章　城市艺术与城市规划的历史转变

在费多拉(Fedora)那座灰色石头的大都市中心，耸立着一座每个房间里都有水晶球的金属建筑。当你往每一个水晶球里看的时候，你都会看见一个蓝色的城市，一个不同的费多拉模型。如果由于某种原因，它没有成为我们今天所看到的那样，那么这些就是城市可以采取的形式。不同年龄的人都会把费多拉看成它现在这个样子，都会想象一种使它成为理想的城市的方式。但是，当在他建造他的缩小模型时，费多拉已经不再是以前的样子了……有水晶球的大楼现在是费多拉的博物馆。

(*Znvisible Cities*，Calvino 1979：28)

引　言

　　有意识的和深思熟虑的规划在多大程度上影响和预示了文化设施的定位和供给，这既是对土地使用的控制也是对建筑的控制，这既取决于国家或由其他组织（如教会、王国或"部落"）或一种民主共识制度，又取决于艺术在一个特定社会或社区中的位置，因此在人居环境中的规划也是如此。本书既不论述古往今来的城市设计和形态，也不对"文化"或者它的具体表现形式和建筑类型做一种社会历史的描述，尽管这两者都涉及对城镇和城市规划与文化设施和发展之间的演变关系的评估。把产业、新马克思主义和后工业（如经济全球化）理论，政治经济和公共领域的观念运用到前工业的过去是危险的，最终不会有什么结果。同时，跨文化的比较也遭受到欧洲中心主义和怀旧的普遍主义的折磨，在"文化"领域尤其如此（Aitchison 1992，Schuster 1996）。然而，过去的社会如何在城市的发展中规划公共文化和便利设施场所，对随后时期的社会的传承态度和范式确实提供了特别的洞见。可以说，城市设计的"经典"方法以及对纪念性和大众文化形式的思考和定位，在城市和城市文化的形成过程中提供了一个连续性的和变化的鲜明例子。在凯文·林奇看来，这种连续性和变化是必要的，这样，过去的舒适生活方式就可能成为未来的支柱。（1972）

　　尽管现代和早期的城市规划采用了以网格或区域为基础的各种形式的便利设施和文化交流场所（包括用于政府、广播、试验、节日等的建筑），但是，早期的居住区也逐渐发展出文化规划的方法。它体现了日常生活和特殊活动所具有的开放性和赞赏性程度——今天我们称为"公共领域"的东西。历史上的居住区和城镇设施也常常建立在继承以前的社会、帝国和政权的基础上。因此，它们虽是不断增加的，但在新的和调整的艺术设施规划中受到了更多的限制。这越来越加剧了城市地区和遗产保存之间的紧张关系。随着过去"积淀"和"保护"的迫切性加剧，对新的发展和当代休闲设施和文化的需求也越来越强烈。特别是体现在这样的情况下，在历史悠久的世界城市中，如伦敦和巴黎；在具体的设计解决方案中（如贝聿铭设计的卢浮宫玻璃金字塔和丹尼尔·里伯斯金提出的扩展维多利亚和艾伯特博物馆）；在有争议的历史地区和"分裂"的城市中，如贝尔法斯特、耶路撒冷、尼科西亚甚至蒙特利尔语言上的民族，以及在其他的后殖民帝国城市中，文物建筑和与现代建筑同时并存（如赫尔辛基、圣地亚哥-德孔波斯特拉、圣保罗、墨西哥城）。

在新的城镇和城市已经发展起来的地方，设施的布局和选址却很少受到限制。但令人惊讶的是，高规模的文化设施往往仿效传统的核心或"中心辐射型"（hub-and-spoke）的设计形式，主要的文化机构位于中心区，作为政府/机构和公共广场的一部分。柯布西耶心目中的"光辉城市"和"当代城市"（1929）就是其中的典型例子。例如，在实践中被应用于奥斯卡·尼迈耶设计的巴西利亚联邦首都——他们崇敬"神圣"建筑的古典几何学的一种标志。颇有影响力的德国城市规划师卡米洛·西特（见下文）因尊重"社区文化"而被看作"文化主义者"，他把中心广场或广场提升为欧洲对城市设计的主要贡献（Burtenshaw et al. 1991：25）——迪芬多夫称之为具有一种保守审美观的现代主义。西特参观了欧洲的古老城市，他力图从城市空间的历史先例中收集材料以寻找有利的观点："他花费多年的时间从尖塔和城墙上仔细地往下看，看一看过去的匿名建设者究竟是如何在市民广场上设置入口的，并看

一看在它们之间放置的令人瞩目的建筑物。"(Sudjic 1993：14)

雅典——文化之都？

典型的文化规划"模式"中，工作、家庭生活和"游戏"的融合构成了公民身份的本质，这当然是古典的雅典（公元前 750—前 450 年——"古代"和"古典"时期；Pomeroy et al. 1999）。社群主义、国家供给以及个人对艺术、体育和政治参与，给市政社会主义者和当代规划师提供了一种文化规划的版本（cf. Mumford above）。正如基托认为的那样："宗教、艺术、游戏、问题讨论——所有这些都是生活需要的，只有通过城邦才能得到充分满足——而不是像我们这样通过志愿协会或者企业家吸引个人（这在一定程度上解释了希腊戏剧和现代电影之间的区别）。"(1951：78)从古希腊开始，城市演变的线性解释被人们驳斥为欧洲中心论，霍尔的文集《城市与文明》对此提出了批评(1998)。梅西等人(1999)也认为，第一世界的城市演变是一种"典范"（原文如此），是等级集团，不仅在很大程度上忽视了从中美洲到欧亚大陆的文明，而且也忽略了 20 世纪后期的城市化已经转移到了这些地区及其大城市而远离第一世界的现实（King 1990，Potter and Lloyd-Evans 1998，Seabrook 1996）。

尽管有关于人类发展和城市演变的扩散论等："但值得注意的是，世界各地的古代城市在社会结构、经济功能、政治秩序和建筑纪念性方面却是那么相似。"(LeGates and Stout 1996：17)另一方面，必须认识到，土著社会，无论是农村还是城市居住区，甚至是游牧社会，都认为互不关联的西方戏剧、舞蹈、音乐、"艺术"或建筑观念之间几乎没有或者根本没有什么区别，通常没有单独的概念或者词语来描述这些实践或"艺术形式"（"与西方人不同的是，尽管没有建设城市，但是都精心命名了每一个地方"；Greed 1994：74）。事实上，在撰写戏剧史的时候，邵真认为："在审视伦敦西区或者百老汇剧场的过程中，无论是在巴黎、孟买还是在大阪……这一切都是开始于 10 世纪的基督教礼拜仪式，这确实是不可信的。把它的起源放在古希腊的打谷场上就更没有说服力了。"（着重号为作者所加，1962：37）例如，印度的戏剧历史就比古雅典要早，因为早期的评论，如梵语语法学家和学者帕尼尼，在公元前 9 世纪，他就已经在他的作品（*Natsuras* Modi 1998）中表示，戏剧是公民生活的一个组成部分。巴拉特·穆尼的《戏剧学》，是记载公元前 400 年至公元前 200 年剧作家创作的古老的文献之一，是比亚里士多德的《诗学》更深广的著作，包括了对表演理论、表演、美学，甚至对表现空间结构的重要讨论。尽管邵真提出了质疑：先于舞台拱门和酒神狂欢场地的原始仪式是否可以恰当地被称为"剧院"？——没有言语、没有游戏、没有表演、没有讲究的表演场所，没有剧院、舞台布景，甚至没有聚集在一起的观众——即便在一个神圣的空间里为一个封闭性团体表演的"穿着戏装的演员"和在某个特殊的时间和地点进行的戏剧表演提供了根源。随着时间的推移，面具被词语和后来的诗歌所补充，然后，随着迷信面具的消失和人类角色的发展，圆形表演场所开始用于表演。这种节庆，如收获时节在西藏进行的节庆中，在 14 世纪和 15 世纪的哑剧中，在英国和法国，在"圆形"或中心平地区——街道（platea，拉丁语）或者场所（placea）举行的神秘剧中都可以看到。因此，用中世纪戏剧的说法，"场所"指的是围绕中心平地，围绕它用帐篷搭建而形成的演员"舞台"。

　　回到雅典的问题上，代表古希腊社会城邦的男性精英，不仅将妇女和奴隶排除在外，其中大约有 125000 人在阿提卡——其中有一半以上的人在家政服务方面，而 18 岁以上的雅典男性公民约有 45000 人——而且把工匠、手艺人和艺术家也排除在外。"Techne"这个词，是"technique"的词根，用来指艺术和工艺。手艺的从业人员是体力劳动者，不同于诗人和剧作家，他们不能被看作"绅士"。建筑师——"arkhitetron"或"工头（masterbuilder)"——也在努力工作，薪水很低（类似于工匠），没有今天的设计师、建筑师渴望的那种地位，尽管"设计和建造"的趋势（有些人可能会说是"傻瓜化"）与当代建筑师和开发商之间的关系具有相似性。建筑师同时也是雕塑家，这是一种平常的组合，特别是因为希腊建筑主要是一门公民艺术(Cook 1972)。殡仪馆和石碑的传统维持着城墙（内外）边缘的墓地陶工区(Sennett 1994：37)。这种安排在墨西哥的特奥蒂华坎也很明显，那里有超过 150 个的陶瓷作坊、15 个专门制作陶俑的作坊占据着这个城市围墙的一部分(Davies 1982)。

22

　　为城内工匠提供住房是中世纪的一种做法，后来才建立了强大的手工业公会。在这里，商人可以规范质量和成本，相应地提取费率、税收和许可证付款，最终将手工艺（以及后来的剧场）从业人员驱到了城外，并导致了伦敦等城市的行会受到控制："在城墙的大门，城市居民和非居民之间的区分最为明显。在这里，进入城市的物品要经过检查和征税。通常，非居民被要求在黄昏时分离开城市，到城墙外去寻找住的地方。因此，郊区、近郊，意味着'堡垒之外'的崛起。"(Jordan-Bychkov and Domosh 1999：395)这种与他们的客户密切接触的工匠惯例体现了与公众的开放性关系。作坊位于市中心，往往靠近市场。不同的工艺类型聚集在一起，分别是"区"和"行"："就像在旧伦敦一样，当你拐进齐普赛街的时候，你就会发现自己在巴克勒斯伯里房或者或伍德大街、铁器商(行)或皮革巷。所以，在一个古老的希腊城市里，当你慢慢地远离集会广场(Agora)的时候，你就可以通过噪声或气味，通过锤子的铿锵声、锯子的刺耳声或制革厂的刺鼻气味儿，告诉你在闯入了谁的领域。"(Zimmern 1961：267)在今天的旅游地雅典，鞋巷是对这个古老的集市传统的延续，其后面有一群鞋店的正面作坊。现代城镇规划者和开发商将拥有这些分散的而具有竞争力的位置。在雅典，这些手艺人就是"伙计"——当有足够的需求时，他们就是公会成员而不是对手，并且在需求波动的时候，他们都倾向于共同得利或受苦。而在13世纪的巴黎，大约有一百个皇家特许的工艺品组织构成的行会(corps de metiers)，分为六种业务：食品、珠宝和美术、金属、纺织和服装、毛皮、建筑(Summerfield 1968：58)。在14世纪的佛罗伦萨，已成立的手工艺行会成员代表了选民本身。

　　雅典的规划，尽管它过于具体化(例如，Kitto 1951)，但是，它的建筑用途和空间的关系都提供了一个蓝本。城镇和城市，尤其是在新古典主义复兴的时代，在城市与文化空间和建筑定位中都长期模仿它。现代的(大)规划师，如勒·柯布西耶、阿尔瓦·阿尔托，在芬兰都把这种蓝本当作他们的基础。一直到希腊化时代，希腊本身并没有考虑到艺术城市规划(Zimmern 1961)——哈弗菲尔德明确地认为，希腊的城市规划实际上开始于"队列行进的方式"(1913：28)——因此，这意味着第一次有意识地把城市当作一件艺术作品来思考。第二次世界大战之后，在英国制定了全面的城市规划立法后不久，城市规划的"艺术"才再一次得到了认可。当时，芒罗试图将哲学和科学的分类结合起来，并列出了一个百种"视觉和听觉艺术"实用指南(1967)。除了可以预见的艺术形式、工艺品和装饰作品外，包括了城市和区域规划（also Bo-yer 1988）。而德国的规划师西特，则影响了英国的恩温和盖迪斯、赫尔辛基的恩格尔、马德里的扬森和科隆的亨利希，他"强调城市规划是一种创造性的艺术"［这是对 1889 年维也纳的豪斯曼化（haussmannisation）的一种反应］。因此，"建设和规划可能会再一次成为一种艺术形式"（Burtenshaw et al. 1991：27）。

公共文化设施

希腊建筑的主要类型有庙宇、国库、托洛斯（tolos）、山门（propylon）、柱廊（stoa）、泉水屋、体育场、体育馆、会议室和剧院。这些公共设施中有许多存在于今天的城镇中，它们的基本设计和布局往往没有什么变化，因此，它们是提供文化设施的早期例子。希腊城市及其模仿者的形态——到公元前 600 年，希腊城市和岛屿上有超过 500 个城镇和城市——也把这些不同社会设施所体现的功能区域联系起来。两种不同的使用区域就是卫城（acropolis）和集会广场（agora）。卫城包括庙宇、仓库和权力中心；集会广场是公众集会和聚会、司法和教育交流的场所——是市民中心和雅典公民的民主生活中心（Jordan-Bychkov and Do-mosh 1999）。后来，集会广场包括了商业和零售活动，因为世俗之物的增长超过了神圣的东西。并且，它作为官方戏剧场所的功能从 5 世纪中叶以后就衰落了，因为许多音乐都在剧场（odeion）里，即在一种供音乐比赛用的有屋顶大厅里上演（Sennett 1994：57）。这样的发展并不是现代意义上的规划，但是，礼仪区域的设计却参照了规定的视线、轴线以及参考自然的景观，就像埃及和中美洲的宇宙论城市那样（如特奥蒂瓦坎，见下文），它们分别处于神圣的和战略性的防御位置。然而，后来的希腊帝国的殖民城市是按照正式的规划来设计的，例如，在土耳其的米利都，在不规则的陆地区域和半岛上运用严格的网格系统。会议厅(council chamber)是城邦里的关键性设施，因为在世界范围内，它仍然是在行政区和市政服务机构里(如被转换到艺术中心、歌舞厅、剧院——第四章)。其他类似的为音乐表演和宗教性表演提供的结构也将建立起来。最初是一个柱顶式的长方形规划，它的发展是为了方便坐在或站在三面的分层长凳或台阶上的观众。然而，这就使干扰观众视线的内柱成为必要的东西——直到最近的建筑技术才允许大跨度的结构的存在，这就避免了这个长期存在的剧院问题。最后，剧院成了一个公众集会和创作戏剧的地方，它最初是一个空心山坡，后来被堆积和挖掘，并带有可移动的木制座椅，在节日气氛中可容纳 14000 名观众。有一部分模仿莎士比亚的表演仍在伦敦和今天的意大利进行现场演出，在维罗纳圆形剧场举行的(不扩增的)歌剧表演每年吸引着 16000 名观众(Evans 1999e)。直到公元前 5 世纪末，才建造了第一个按部就班规划的石头剧院，因此它仍是类似于露天剧院前身的场地。管弦乐队表演的圆形空间(即舞池)，以及到了公元前 3 世纪的"平台"或者舞台建筑上的一个平台，便成为演员们的舞台。其他功利性建筑，如国库，就是现在和过去辉煌的奢华代表。包括其他(城市)国家的建筑，就像今天在首都的更宏伟的外国大使馆，有时也是它们的文化中心和前哨。

因此，逐渐对从前"常住"的文化和社会艺术表现形式进行增加和调整，是古代城市和现代城市一个长期存在的特征。它们已经被战争和其他破坏(包括革命、市民和"种族清洗")中断，而不是由于社会的变化中断。以印度为例(Modi 1998，见上文)，由于希腊人和莫卧儿人的入侵，梵语戏剧在 10 世纪、11 世纪之后就失去了它的中心地位。他们破坏了知识和文化的中心，把戏剧活动推到了乡村，从而导致了表演场所和表演语言的区域化。直到 19 世纪，英国统治印度时期（Raj）的加尔各答（现在根据其孟加拉语的对应词更名为加尔各答）还没有引进西方的表现概念，然而，主要城市里空荡荡的大厅却让位给了帕西剧院，由于其被商业化了，很快就失去了它的艺术风格。20 世纪 20 年代初，印度的古典戏剧重新出现，并且在独立之后，印度性（Indianness）得到了进一步确立，今天，在乡村"撤退"后的几个世纪里，在较大的城市里综合了一种混合的西方风格，即本土生产与戏剧（Nat-yashastra）的现代改编。正如梅西等人指出的："一个城市的建成环境所揭示的奇怪并置现象也表现了它不同的历史。特别是建筑能够传递过去相互作用的踪迹，以及具有不同文化和记忆的人们如何在同一个城市里相互照面，假如不在同一条街上。"（1999：75）礼拜建筑的转化和再利用——在从犹太教会堂到卫理公会会堂中，如今，还可以在伦敦东区的清真寺和其他世界性的社区里看到。在 18 至 20 世纪，音乐厅转变成了电影院，然后又转变成了宾果游戏大厅——就是这种现象的例子。另一个例子是，在欧洲和北美的城市里被用作艺术家工作室和画廊的多余工业建筑。从一个更悲观的角度来看，有争议的空间和权力斗争明显存在于巴勒斯坦和南美洲的城市之中（Selwyn 1995，Evans 1999c），对圣地的控制和利用体现了文化规划在多样性和地方治理方面的缺失。而当地文化设施利用和供给的衰退，则可以在音乐和舞蹈厅的没落中看到。接着，电影院变得越来越少，变得越来越大（并且单用），而且变成了日益增多的远程多功能放映厅影院，这是另一个有益的事。就艺术家的"殖民地"而言，商业性和单一用途开发所带来的压力，并没有得到规划法规文件和权力的配合，并没有保护中产阶级和房地产开发区的文化用途和活动，正如我在第六章里所讨论的那样。

罗马化

　　罗马帝国统治时期的城市发展最初沿袭了后期希腊城市的网格模式，后来被中世纪城镇的弯曲的、蜿蜒的小巷打破和"软化"了，就像罗马本身那样。在这个市的两条主要道路——南北轴向（cardo）及东西轴向（decumanus）——的交叉口，这个集会公共场所把集市区和卫城区连接起来，不仅有庙宇、用于行政和储藏的建筑物，还有图书馆、学校、市场、浴室和剧院。宽阔的中央大道或广场（Plateia）建设了大量的有顶的柱廊和商店，一直延伸到有围墙的防御工事，并在城门结束。到了公元 1 世纪，这种网格模式被一种更加灵活的城市"规划"所取代，它不是在开发之前就进行整体规划的，而是有机地形成的，并且随着时间的推移得到了细化和扩展。公共建筑——剧院、教堂、露天剧场、寺庙、图书馆、音乐厅和马戏院——"遍布整个城市结构之中，所以没有一个街区没有公共纪念碑"（Kostof 1999：214）。与今天的做法一样，剧院建筑往往建立在早期遗留下来的场地和设施之上，包括在大城市里的竞技场，尽管希腊的体育馆大多被遗弃了，几乎没有露天剧场幸存下来。这些公共建筑用绘画、雕塑和喷泉点缀和装饰，它们是市民自豪感的泉源，正如后来的城市之父和市民们在七个世纪之后要效仿的那样。戏剧依然是一种受欢迎的活动，有从中午开始并持续到晚上的节目。可是，希腊的城邦和文化融合的概念在这些大的、基本上是功能性的殖民城市中并不明显，

25

这些城市的位置取决于（军事、贸易）交通和便利条件。在得益于希腊化城市规划的影响的同时，霍尔指出："我们几乎不知道是谁制定了这些［城市］规划，尽管我们知道有专业的农耕者或土地测量师（agrimensores）。"（1998：623）

罗马本身就避免了这种网格化城市的规划，并且是有机而混乱地发展起来的。正如 1600 年后伦敦所经历的那样，在罗马，同时是因为城市的密度导致了它的毁灭性结果的一场大火，为它提供了一个重建和规划的机会。在接下来的 250 年里，重大的公共工程计划见证了罗马成为一个（对精英来说）宜居的城市的历程。公元 113 年，罗马终于有了一个连贯的中心，包括建设了一个巨大的露天剧场、斗兽场（容纳 60000 人）。到了公元 356 年，它拥有 28 个图书馆，11 个露天剧场，2 个圆形露天竞技场，3 个剧院，2 个马戏团（Hall 1998）。到了这个时候，它的总人口可能有 100 多万人，从公元 100 年开始下降，到目前为止仍然是人口最多的城市，甚至新罗马的君士坦丁堡也比不上它。到了公元 5 世纪，君士坦丁堡的人口达到 3 万人以上，这又成了一个明显不同于乡村的世界性存在，这产生了对文化设施的需求，促使人们建造文化设施。因为"城市而且唯有城市才提供一些被人们认为是文明生活的重要组成部分的设施"，并且，这呼应了雅典的"城市生活是非常公共的"的说法（Mango 1998：63）。在 5 世纪中叶，这个城市被划分为 15 个区域（"区"），包括 9 座王子宫殿、8 家公共（还有 153 家私人）浴室、4 个广场（fora）、2 个剧院和 1 个跑马场、20 个公共（120 个私人）的面包房和 14 座教堂（Mango 1998：77）——给了"面包和马戏"巨大的空间！这种道德上和政治上的张力，从那时起就在社会上发挥着一种程度的作用，特别是促使国家（国王和教会）对公共表演和戏剧进行控制和审查。在拜占庭，大众娱乐、戏剧、斗兽、野兽搏斗[1]和竞技场的权力，"都是教会谩骂的主要目标……要是我们的牧师叹息一声，就有可能废除剧院！……很显然，正是这个魔鬼在城市里建设了剧院"（Mango 1998：63）。更简单地说，教父把剧院看作商业竞争对手，认为剧院抢走了他们的客户和教堂的募捐基金。"尽管基督教教会从城市中获得了资源、它的领导人以及花言巧语，但是，从根本上说，它所传递的信息是反城市的。它讨厌的不仅是剧院、浴室、音乐和舞蹈……而且[也]有这个事实，即在公共场所里走到一起的人。"（Mango 1998：229）

随着城市生活的衰退，罗马的美就成了掩蔽其极端肮脏和贫困的本质的"皮毛"，与富裕的生活形成鲜明的对比（Hibbert 1985，Hall 1998）。除了帝国之外，还有几个罗马的卫星城市在这些遗址上被重建起来，后来成了伦敦、维也纳和高卢-罗马巴黎的"文化之都"。然而，在今天，巴黎人对"罗马化"的恐惧与大众文化旅游的威胁和他们的城市被抛在后面的风险联系在一起，因为一个"历史悠久的世界"之都很快就会作为一个宏伟的遗迹而存在，到处都是旅游巴士和 T 恤店（Connolly 1998：49）。受到摩尔人影响的新兴的拜占庭帝国在南地中海逃过了这一次衰退之劫。亚历山大大帝建立的、他的继任者进一步扩大的第一大都市（一个城邦组成的世界），主要以亚历山大市为中心。它是这个帝国的世界性象征，托勒密"努力使之成为希腊世界的文化中心"（Pomeroy et al. 1999：457）。它包括献给九位女神的第一"博物馆"，它有一个收藏不同的希腊出版物（70000 册纸莎草卷）的图书馆，一所对学者来说印象深刻的大学——所有这一切都是由政府资助的（埃及政府在 19 世纪与 20 世纪之交用一种新的高度选择性的和控制馆藏的将伊斯兰图书馆进行了重建）……伊斯兰城

26

市——巴格达和科尔多瓦凭借它们自身的能力成了权力中心，而北方的城市则萎缩了。然而，其他文明，如中国文明和玛雅文明却仍然保存着它们的伟大城市。也许，最伟大的城市是墨西哥的特奥蒂瓦坎。这座古老的城市是奥尔麦克文化和后来的阿兹特克文明的故乡，它比雅典还早，并且证明了"希腊第一"这个简单的说法是不靠谱的（Hall 1998：24）。对此，建造了城墙和网格城市的古代埃及和中国（如商和周）王朝也会提出这种说法。公元前1200 年以来，占据中美洲大部分的奥梅克（Olmecs）"发明了礼仪性的建筑、纪念性的雕塑和壁画"（Davies 1982：63），在它的古典阶段，就以一种围绕广场的规划综合体设计了礼仪中心和建筑，这些建筑为宗教信仰、仪式舞蹈游戏和广泛商业网络服务。这种影响深远的城市，即特奥蒂瓦坎的发展，"在中部美洲的古典时代不可一世……并且当代文化将在它们与大都市的语境中得到处理"（Davies 1982：65）。这个城市占地 20 平方千米，比罗马帝国还大。它的中心部分由台阶隔开的一系列矩形广场构成。南部区域包括大院、主要市场。在它的顶峰时期（公元 350 年和公元650 年之间），这个城市有 200000 人口，可与安提俄克和君士坦丁堡的拜占庭"特大城市"相媲美。（特奥蒂瓦坎）几乎所有的墙面都用壁画装饰，与佛罗伦萨的湿壁画不同，这些壁画是在城市中心和城外的富人区和穷人区的墙壁和建筑物上发现的。虽然民众的日常生活单调乏味，但是群众性的节庆却经常举行，包括装扮、舞蹈和唱歌等活动，庆祝作物和生育的周期。就像雅典一样，特奥蒂瓦坎既是一个国际性的大都市，也是中美洲的城市乃至更大的玛雅地区的样板。这是引人注目的，并且，从这个意义上说，它的工艺和文化产业也是独一无二的。据估计，这些行业涉及三分之一的居民（不包括家庭生产的工艺品，如纺织品和陶瓷等）。这个城市的许多节庆都吸引了来自其他地区的成千上万的游客。

正如戴维斯认为的："关于一个家或都市区的概念，一个广泛共识就是，它的文化就像母城（parent city）的文化一样。"（1982：91）当然，这并不只是通过军事或行政控制而产生的，而且也是"创新"或"创造性氛围"（Hall 1998）、贸易（如文艺复兴；Jardine 1996），甚至是在文化城市与省会城市之间实施的文化霸权（如罗马帝国，19、20 世纪的伦敦，20 世纪的纽约和洛杉矶）的产物。事实上，这些过程的结合促使了文化实践和文化产品向更广区域的传播和分布。在今天，这当然已经扩展到了全球范围。然而，交叉交易、迁移以及由此产生的交流是一种形成已久的现象——例如，与欧洲巴洛克的出现有关的哲学和科学的"范式转变"，不仅鼓励了 14 世纪意大利首都城市的发展，也鼓励了欧洲其他地方，如马德里、阿姆斯特丹、巴黎、哥本哈根和柏林等首都城市的发展，而且也是游学旅行（Grand Tour）的先驱："这一通过艺术院校的世界性文化传播往往属于统治者，它为巴洛克美学创造了国际性的受众。艺术家们在首都之间游历，有关建筑与城市的书籍得到了广泛的研究。"（Kostof 1999：215）霍尔认为，以 14 世纪的佛罗伦萨为例，"财富创造者和知识人士不仅来自相同的社会群体和相同的家庭，［而且］贵族并不仅仅赞助艺术和学问，而是积极地参与其中"（1998：89）。

27

文化与商业

正如第一章所提出的，前工业时代的文化设施受公共领域和社会相对自由的程度影响，当然，也取决于参与文化活动的时间和金钱。正如最近论述各种欧洲"城市复兴"的作家们（霍尔、贾丁、博尔赛、格雷厄姆-迪克森、约翰逊），甚至如古代风俗习惯和古代城市的观察家们所认为的那样，不仅仅是经济机遇和信心、剩余的"休闲"时间和花销、对经济稳定和增长的预期，都是文化生产和供给在城市中发展起来的基本条件。例如，"[佛罗伦萨人]花更多的钱买奢侈品，因为他们有更多的钱，因为他们对其经济前景很乐观"（Hall 1998：96）。霍尔还认为，文艺复兴时期"标志着精英与大众之间的鸿沟……即便那些具有更谦逊地位的男人也有多余的钱购买'特级品'，包括艺术……从而出现了一种装饰艺术市场"（Hall 1998：96）。在随后法国和英国的城市复兴中，这种模式得到了复制。因此，正如皮雷纳所肯定的那样（1925），正是这种大型贸易城镇所具有的经济功能，促使其实力日益增长并（与封建主义分离的）实现了政治独立。战利品给古希腊和罗马帝国的纪念碑式迸发提供了资金，就像殖民地的税收为英国、伊比利亚、欧洲其他帝国的统治暴君提供了资金一样。通过对公共纪念碑和艺术作品的投入确立了它们的地位，这是文化设施和集体消费能够蓬勃发展的一种商业基础。确实，这是霍尔《城市与文明》中的主要论点，佛罗伦萨、伦敦、维也纳、柏林等城市的全盛时期，与它们的经济优势和创新、创造力有着千丝万缕的联系，反之亦然。这种关系也在贾丁的《世俗物品》中得到了印证。"文化产业"的能力——技能、创新、规模经济、建筑/城市设计、市场需求——都为这些城市和国家创造了竞争力和相对优势，反过来，文化经济又促进了经济的增长（国内和出口）。现在，这是在世界各地的城市/区域和宏观经济水平上促进后工业经济发展和文化政策制定的一个参数（见第六章）。

　　霍尔对城市作为"文化熔炉"的实质性批判和案例研究，以及他对于城市创意氛围的贡献，（对于"一个规划师"来说）让人惊讶的是，他并没有认真地考虑城市规划和城市设计，或者说，他没有考虑到文化设施与娱乐消费场所、城市政策与发展之间的空间关系和定位问题。当然，在现代社会福利/公平意义上，没有文化民主化的要求，或者说，在这些前/工业文化之都中，没有我们可以确定为文化政策证据的东西。帝国的精英、宫廷和教会（寺院，见下文），通过授权和指定场地、组织方案和内容，实际上把专业演出、艺术、建筑私有化了，并且控制了大众"娱乐"。例如，在广场、桥梁和庭院上重建的乡村"庙会"，作为中世纪城市货物和生产的市场，曾经与宗教、丰收节庆以及相关的娱乐结合在一起，但是，它逐渐地衰退了。具有讽刺意味的是，由于贸易的扩大，它们转移到了"分区或专业化贸易的富丽堂皇的大厅里，遍及各个广场和骑楼小巷"（Lopez 1971：88）。随着业务被不断地转移到作坊和私人零售领域，为了他们的（薪水）主人的利益，手工艺行会的权力基础已经牢牢形成了（Sennett，1996）。

在 15 世纪晚期的拜占庭，公共领域也有所衰退，对于基督教会的满意度来说："由于城市的崩溃，教会的梦想一定会成真。假如圣巴西尔能够死而复生，并且在九世纪十世纪造访凯撒里亚要塞城堡，那么，他就会发现没有了剧院，没有了模仿或小丑。"（Mango 1998：229）因为在罗马帝国衰落之后的大部分中世纪时期里，欧洲是一个所谓文化回潮的地方（LeGates and Stout 1996：17）。城市的公共娱乐和公民文化，必须"等到"14、15 世纪的意大利和法国、后摩尔人的（犹太人的）西班牙，蔓延到伊丽莎白时期的伦敦以及 16 世纪和 17 世纪柏林的城市复兴才会出现。因此，欧洲中世纪基督教与早期现代的文艺复兴时代之间这一个时期，在历史上被称为中世纪或黑暗时代——按照乔尔乔·瓦萨里

(1550)说法就是"退化期"，对大多数人来说，这也是一个限制休闲娱乐的时期：

> 普通百姓能够获得的休闲娱乐几乎没有，大致只有体育比赛、摔跤、球类、斗鸡和纵狗咬牛……贵族自己有充足的资源，有休息、庆祝、欣赏艺术和娱乐的机会。他们辩论、演讲、唱歌、跳舞、赌博。有时，其中一些休闲体验只能通过观看节庆、比赛和活动扩展到普通人。
>
> （Searle and Brayley 1993：12）

当基督教传遍欧洲的时候，教会与国家的二元对立"笼罩着政治、宗教和文化生活，因为它贯穿于中世纪"。并且，就像泰勒等人已证明的那样："知识分子的权力就是管好新的宗教和新的文化，与之相伴的就是寺院。"（1998：4）寺院的贡献，它们的基金会和教育机构无疑触及了文学（包括作为早期的图书馆藏书之家）、建筑和物质文化，但是，它们的贡献当然不是像前基督教世界那样是可获得的或开放的：学到的许多东西都已被遗忘，保存在偏远的修道院图书馆中的未被翻阅的手稿里（Kelly 1998）。然而，在第一个千年之交，中世纪的城市"成为真正的中心商务、文化和社区中心"（Kelly 1998）。早期的市民、资产阶级、宣传和"保护"工艺品和建筑技能的从业人员，在主教和贵族两种封建势力之间发挥了一种有效的缓冲作用。考虑到佛罗伦萨文艺复兴早期的城邦，霍尔证实了"文艺复兴文化是由新兴的城市中产阶级资助的，他们作为赞助人取代了贵族和神职人员"（1998：88）。到了 19 世纪，因为有了五个世纪的实践，霍布斯鲍姆把创造性天才看作一种实质上的资产阶级社会发明，从而为物质文化提供了无尽的需求："很少有人愿意在艺术上如此大方地花钱。就单纯的数量而言，以前没有任何社会（中的人）像这样购买大量的旧书和新书、绘画、雕塑来装饰砌体结构，买门票观看音乐会或戏剧表演。"（1977：327）

这种关系——建设性的、挑剔的或良性的——霍尔首先把它看作创造性之间的一种明确的"因果"关系：创新氛围、优势城市的文化经济，既不是线性的关系，也不是一种容易证明的关系，尤其是因为没有给真正的"控制实验"提供机会。霍尔还注意到了洛佩兹的建议（1959，1971），即艺术的发展也发生在经济衰退的时期。因为与货币贬值和其他投资相比，以及作为对货币贬值和其他投资的风险防范（今天，集中在伦敦和纽约繁荣的艺术和古董市场证实了这一点），艺术作品被人们认为能够保持其真正的价值。对此，有人可能会补充说，阁楼里的贫困艺术家的陈词滥调，受压迫、受苦难（Lopez 1959）和社会动荡时代生产的艺术的质量，与在稳定的、不变的时期和社会之间形成对比。一直有严肃的批评家、文化悲观主义者批评文化的商品化（Cowen 1998）——威廉·布莱克认为，实际上是商业扼杀了创造性："凡是金钱观存在的地方，艺术就无法进行。"（Porter 1982：260）但他是少数派，因为在英国，"大多数作家都认为这是很自然的事情，就像在奥古斯都时期的罗马或文艺复兴时期的意大利那样，安逸的生活应该救助文化"（Porter 1982）。波特引述了霍加斯、蒲柏和约翰逊的话，他接着写道："文化的雄狮就是厚颜无耻地把艺术转变为有利条件。"当然，还有一种严肃的说法，即创造性天才、艺术家和创新者等的出现，并不都伴随容易确认的环境、社会和经济因素，尽管商品化、文化表达及其作品的开发（Evans，2000b）如此自然地密切联系在一起，即它是以需求为导向

Cultural Planning:
an urban renaissance?

的。这也是城市发展和规划方面的案例，惠特利指出："一个单一的、自主的、因果的因素是否会在社会、经济和政治变革的关系中被发现，从而是否会导致城市形态的出现，这是值得怀疑的。"（Kostof 1999：32）也正如泰勒在论述柏林的文化发展时所认为的那样："'文化'……与它从中产生的历史、政治、社会环境之间的关系是一种复杂的关系。各种条件可能都有利于艺术的培*30* 养，也可能阻碍艺术的发展。艺术家可能会迎接时代的挑战或者忽略它。艺术有其自身的内在动力，可以应付它自身产生的压力，而很少关注外面的世界。"（1998：119）这一论点经常被用来回应国家对艺术和文化上的更大资助和干预的要求，中央计划社会（"国家批准的艺术"）的艺术产品和质量与自由主义（即资本主义）制度的保持距离的艺术政策之间形成了对比。因此，皮克认为："在英国，大量的艺术活动从未依赖于国家的资助，而一直是通过各种各样的其他经济手段来保持……来自私营部门的支持至少持续了150年之久。"（1991）因为表演、视觉艺术、建筑和工艺品都依赖于从梅第奇到美孚石油公司的个人委托和企业赞助，当然，私人支持——个人的和集体的——和艺术赞助具有"文化和商业"的性质。因此，就像今天一样，艺术与商业之间的关系并不是良性的："钱袋子的权力塑造了艺术和文学的内容。许多作品都要歌颂阶层、财富和地位。"（Porter 1982：264）在纽约，大都会歌剧院、美孚石油公司等赞助的接受者，都被指责通过"降低"它们全部剧目的质量，或者演出"安全剧目"（如西区的"音乐剧"）来吸引低俗的观众，类似于公司接待客人和用户（Evans 1999e），尽管，可以说在公司赞助出现很久以前，所有公司都为了取悦它们的赞助者和顾客而安全行事。社会结构，正如社会学家认为的，是艺术家与社会之间的地位和关系的决定因素，并且在 19 世纪产生了浪漫主义艺术观。沃尔夫指出，在这一发展中有两个因素："与工业资本主义发展相伴而生的个人主义的崛起。第二个是艺术家与其他明确的社会集团或阶级和所有安全庇护分离开来。"(1981：11)因此，从这个有说服力的立场来看，文化"就是一种内在的建构，它的形式和内容只有根据与其息息相关的更为广泛的人类关系系统才能得到理解"(Scott 2000：31)。

　　当然，这并不意味着艺术必然屈从于主流的社会秩序。后来所说的先锋派、对立和另类的艺术和社会运动，也体现了对传统以及"文化部门"的市场和先驱霸权的反动和排斥，从达达主义者到本雅明都认为，文化充满了血与战争："没有任何文明的记载同时也是野蛮的记录。"(Glancey quoted in Jones 2000：5)一方面，正如科学把"进步"看作对过去的一种逻辑上的增进一样，当代艺术也在寻找新的表现形式，从而拒绝了波德莱尔所说的"成为现在的本质特征"。无论先锋派艺术与革命和政治运动是否有关，霍布斯鲍姆都坚持认为，它们的出现"标志着试图生产一种理智上与(尽管经常受批评的)资产阶级社会相一致的艺术的失败——这种艺术体现了资本主义世界的物理现实、进步和实证主义构想的自然科学"(1977：346)。它体现了一个"颠倒的经济世界"的文化观念，也是构成布尔迪厄所说的文化资本概念的一个重要因素，正如他在《区隔》(1984)和其他著作(1993：306-309)中所阐述的那样，文化资本涉及一个世纪之后巴黎人消费的高、中、低档艺术。具有讽刺意味的，但并不令人惊讶的是，19 世纪 *31*巴黎的波希米亚人形成了集群或特殊地区，如拉丁区、蒙帕尔纳斯和城市外围的蒙马特区——这些中心为生产者和消费者提供了一个世纪后被称为地下的或者"反文化"的东西，并且是前卫艺术的一种资源，在 20 世纪六七十年代，它构成了布尔迪厄所说的文化分层、趣味和预期消费的一个关键部分。就像霍布斯鲍姆所指出的那样："资产阶级日益增长的把艺术紧紧抱在怀里的愿望，使其热情的候选人成倍地增长——艺术学生、有理想抱负的作家……是现在的西方世界和艺术中心的人间天堂，意大利不可能再与它竞争了。"（1977：347）这些另类的文化区还创造了艺术家聚居区的基础，巴黎市继续通过规划和区划法规来保护和控制。霍尔提到了1870年巴黎的6000名艺术家（1998：232），其中有四分之一在蒙帕纳斯，还有辅助性的艺术供应商、经销商和学者。然而，霍布斯鲍姆（1977：347）引述了在巴黎有10000到20000人"自称为艺术家"的事实，可以把它跟另一个慕尼黑波希米亚艺术家集中区进行比较。《慕尼黑观察家报》报道说，当时有4500名成员（1977：387）。在城市的边缘，在伦敦的克勒肯维尔工艺品区，1861年的人口统计记录显示，男性人员中，有877位时钟和手表制作者、725位金匠、720位印刷工人、314位书籍装订工、164位雕刻家、97位乐器制造商；女性人员中，有1477位女帽制作者/裁缝、267位书籍装订工、23位刺绣工（Olsen 1982）。130年之后，这个文化产业区仍然保留了900多个小型工艺品公司，将近有50％在印刷/设计和珠宝/金属工艺行业（Evans 1990）。然而，由于持续性的地产和使用压力的变化，20世纪70年代以来倾向于更高的使用价值，如办公室、私人公寓——"阁楼生活"。到了1993年，由于这些传统的工艺和工作室的大量减少，企业的总数大体上以15％的速度在减少，只有通过部分媒体和设计实践以及设计师制作软工艺的增长来补充（如纺织——女帽、编织）。正如一个创业管理工作公司所观察到的那样："人们可以在过去的两百年里的伦敦地图上跟踪艺术家的迁移，而不是受舒适的环境或时尚的驱使，而仅仅是为了寻求廉价的空间。"

（ACME 1990）本书的第六章将对这种现象做更深入的探讨。

城市形态与规划

因此，在城市规划和文化发展方面，这与霍尔的论点相反，而泰勒的看法却是中肯的："任何选择性的历史或政治连续性的分期都不一定与艺术发展方面的合理分期相一致。"（1998：120）艺术史作为一门独立的学科，把它的实践归因于文艺复兴和启蒙运动的伦理和哲学问题（Smith 2000），以及对线性年代学和风格时期分类（如在博物馆和画廊策展中）的困扰——恩瑟把这称为"分类心态"（1998：184）。不过，特里维廉认识到了这种原因与结果的猜想所具有的局限性："精神在它栖息的地方膨胀——社会历史学家不能自以为是地解释艺术或文学为什么在某个特定的时期兴盛，也不能妄自说其是遵循某种特定的过程而发展起来的。但是，他可以指出有利于高水平趣味和生产的一般条件。"（1967：411）一般来说，中世纪这个词本身就代表了一种西方的、历史主义的建筑。艺术史学家所使用的"文艺复兴""哥特式""罗马风格""巴洛克"等风格时期，并没有充分反映城市、宗教或社会变革的运动（Graham Dixon 1999），或是说，并没有反映出实际上的城市发展和城市规划形态，虽然它们有可能与技术（如建筑）、政治和经济的变迁和里程碑相一致。例如，据说巴洛克城市可以追溯到西克斯图斯五世。1585年，卡罗·丰塔纳委托设计了街道规划，赋予了这个城市以前从未见过的宏伟和规律的面貌——丰塔纳的罗马成了许多新古典主义城市的样板，特别是巴黎，以及从卢浮宫到杜乐丽花园皇家轴线上的作品（Cohen and Fortier 1988）。20世纪早期的作家，如韦伯和最近的布罗代尔

（1981，1985），都用一种历史主义的方式把城市典型化为"开放"
（即希腊和罗马）、"封闭"（中世纪），以及从文艺复兴时代开始被
王国和国家征服的城镇（Kostof 1999）。史乔博格（1960）运用前工
业、工业和社会主义/中立主义城市的区分（对此我们必须添加后
工业城市，也可以说是卡斯泰尔所说的信息化城市），把这些阶
段与人口规模、二元性的阶级划分以及重要的土地利用和交换价
值系统联系起来。因此，尽管现代工业城市在传统上与工业革命
有关，但是，资本主义预示的城市、独立的城市土地利用和食利
阶层的出现，可以从 15 世纪后期以来的发展中看到："史乔博格
把前工业欧洲的城市看作其社会的产物，无论它们是在市场行情
上的商人社区，还是以农业为基础的初级文明，抑或是行会和政
治竞争创建的中世纪城市。"（Burtenshaw et al. 1991：8-9）同样，
尽管缺乏真正的民主共识和共同文化的规划方法是共同的特征，
但是，城市规划的传统也并不符合时间的顺序或社会学的类比。
五种不同的、但是越来越融合的规划类型已经得到人们的认可，
并且在某种程度上与史乔博格的城市形态相匹配：专制的、有机
的、浪漫的、技术乌托邦的、空想的，以及相关的功利性和社会
主义运动。其中的许多规划类型都是个性化的（因为独裁主义者
和乌托邦主义者被理解为"空想的"，见下文），不论其与王权或
总体规划师、财阀和哲学家（如柏拉图、托马斯）是否有关。正如
伯金肖等人指出的："这就是一些评论家的基本观点，即许多运
动都是它们的时间的产物，并且强调引领运动的个人把错误的重
点放在个人的身上。"（1991：13）对规划理论和城市设计运动的讨
论超出了这里的范围，但是，除了本书突出了影响深远的城市设
计师、规划师和作家之外，还特别介绍了考斯多夫（1999），参见
法鲁迪（1973）、伯金肖等（1991）、肖艾（1969）、贝尔等（1972）、

奥尔森(1982)和切利(1972)关于欧洲城市的论述。

当然，社会主义城市与东方集团和其他共产主义国家的中央规划制度相一致，土地利用反映了国家的优先性，而不是使用(定位)价值和交换价值的结构层次："正是政府决定着公共空间的规模和外观、住宅的数量、居住单元的大小，交通模式和分区问题。"(Kostof 1999：27)中央规划在索菲亚和东柏林等城市的应用，确实创造了一个巨大的行政/政府的核心，尽管是无神论的，却与雅典和罗马帝国(包括高水平的社区)相呼应。"仪式性的巨大公共空间，另外还有一个为劳动人民娱乐而建造的文化和休息公园，有长廊、茶室、野餐区以及纪念碑……引人注目的存在物，是一座公共福利商品和服务建筑。"(Kastof 1999：29)为大众提供公共供给品、参与文化的时间和空间，以及娱乐设施——包括那些在工作场所和度假区提供的(如温泉)设施，是社会主义市容规划的一个特征；另一个特征是为国家支持的表演艺术场所提供服务，为艺术教育机构提供网络设施。可是，各种形式的参与内容、艺术教育和培训的文化规划，无论是在自由主义国家里还是社会主义国家里都为人所熟知——它们在何种程度上构成了文化民主和"准入"政策的一部分，或者服务于哪个精英群体(即私人的和具有高度选择性的)，或者如何通过供给水平和等级(即设施的结构层次)将社区艺术中心和艺术学院区分开来，而这些都与普遍的政治哲学无关。

例如，在苏维埃共和国，教会和君主的宫殿被重新命名为劳动宫，专门提供给新的集体的"领导者"使用——这些工人中心是服务大型的代表大会、群众大会、会谈和戏剧生产的场所，与它们的前身19世纪英国的所谓人民宫相比，它们承担了更加严肃的任务。其中的第一个场所就是为紧扣1923年莫斯科建筑竞赛

33

的主题而营建的。并且这种形式也在其他城市和地区得到了复制，后来被称为"俱乐部"。现有的民用建筑被改建，新的设施得到了发展，尽管剧院、电影院、通道和其他无关用途的建筑群为这种新秩序带来了问题。这些文化、娱乐和休憩场所被设置在居住区的中心，沿着两条垂直轴线或交叉干道通往公共的核心区。这些核心区容纳着体育和娱乐设施，大大小小的戏剧会堂以一种放射状和螺旋状的形式展开，有开放的和封闭的房间以及流通区域供公众和小团体灵活使用（Lissitzky 1970）。在居住和工作的地方形成了一种功能性的建筑和场所类型（即独立的），而市政充当了社区在一个地方联合举办其所有活动的场所，因此，工作、"俱乐部"（文化和社区中心）、餐厅和住宅被组合成一个单一的综合体——这是以色列的基布兹所采用的一种模式。在共产主义的苏联，人口和生产地点（农业、制造业、公共服务）的分布规划，摒弃了罗马化的向心性扩展方式，因为资本主义城市以市场为中心，把土地利用和社会经济阶层明显分离开来。用德国规划师厄恩斯·梅特在 1931 年所写的话来说就是：

> 把人安置在尽可能接近他们工作的地方，这项任务包括公平分配所有公共职能，以使每个人都能平等地享受……托儿所、幼儿园、学校、商店、洗衣房、救护车、医院、俱乐部、电影院和其他设施的分布应与住所在舒适和功能方面保持最佳距离。

> (quoted in Lissitzky 1970：198)

公共文化与城市设计的纪念碑风格（Monumentalism）（如巴格达的萨达姆·侯赛因的"胜利拱"）也可以在极权主义政权和独裁

统治中看到。它们往往建立在前殖民时代和占领地的基础上，随后通过独立后的城市化和工业化进行调整和改造。正如考英所认为的那样："极权主义政权可以教给我们一些有关资本主义艺术的具有解放性质的东西。……法西斯政府一再对文化市场施加压力。希特勒和戈培尔都花了很多的时间来规划帝国（Reich）的新艺术秩序。"(1999：210)19 世纪的殖民地占领者也"有意识地操纵城市景观来象征和强化他们声称的合法性统治"（Jordan-Bychkov and Domosh 1999：412）。例如，在结合了前工业/前哥伦比亚殖民城市的特点的拉丁美洲的国家首都和区域性城市中，这样的例子是很明显的，它们已经适应了现代化，如波哥大和圣保罗。"新世界"（原文如此）中的大多数西班牙城市都是按照印度群岛的法律(1573 年起草的)来布局的，具体规定的网格铁街计划已经在城市中实施。例如，在 16 世纪 30 年代的普埃布拉，在城市范围内对中心广场、教堂/大教堂和带围墙的建筑群以较小的规模进行复制，以便进行宗教崇拜和控制。格里芬和福特的这种城市模式体现了这样一种混合方式，其中"拉丁美洲文化的传统因素与改变它们的现代化过程已经融合了在一起"(1980：397-442)。这种模式突出了从中央商务区（CBD）拓展的强大商业/中心区，随之而建的是重要的经济、社会和文化设施："住宅区，各种设施，如剧院、酒店、餐厅、著名机构，民营医院、博物馆和休闲设施，都位于或者靠近'林荫大道'。"（Potter and Lloyd-Evans 1998：129)"林荫大道"两边的高级艺术场馆、高档住宅、办公室和酒店的组合和位置，在雅典、阿姆斯特丹等许多城市里都是一个熟悉的文化集群。然而，在文化和历史区，居民（原文如此）之间的关系是复杂的，但是其中一个发现是，很少有（如果有的话）居民居住在核心历史中心。当然，有少量服务旅游和文化设施的工作人员，他们通常来自周边和城市的边缘地区(Evans 1998a：13)。

随着住宅郊区化逐渐地呈现去中心化特点，并且在成熟的城市中产生了核心/内外城市与边缘的划分和"区域"，中等收入的群体居住在逐步得到改善的区域，各种层次的设施越来越反映出社会阶层和土地使用价值。所有这些都吸引了一定程度的休闲设施和设备，与衰退和不舒适的地方形成更鲜明的对比。在发展中国家特大城市的棚户区、贫民窟和违章建筑区中，这种最极端的情况太熟悉不过了。正在(人口和地理区域)扩张的城市中心和同心发展，没有比墨西哥城更为明显的。从 1900 年的 34.5 万人，到现在已有 1900 万人，预计 2010 年将达到 3000 万人。传统和象征性的核心集中在宪法广场，这是 14 世纪在阿兹台克的特诺奇蒂特兰的遗址上以矩形网格为基础建立起来的，它一直留存到 1821 年墨西哥独立。宪法广场和建有国家宫殿和教堂的区域，与通往宪法广场西边玫瑰区的改革大道，形成了新兴的中央商务区(CBD)走廊，这里有城市的主要商业机构/总部、酒店、影院、品牌零售店和大都会餐厅。这使得历史的宪法广场成了政治游行、节庆活动、宣告和旅游的文化遗产和象征性场所，并成为低
35 收入群体转换廉价公寓的住宅区。在最经典的西班牙殖民城市普埃布拉，宪法广场、附近的拱形建筑物都可以追溯到 16 世纪，它们曾经是市场或行刑、斗牛的场地或剧院，但是今天仅限于街头艺人为游客表演。占据中心广场的整个街区，面对大教堂的南面，前主教的宅邸现在为政府、旅游局和文化之家共同使用，就像首都城市一样，高档娱乐区和夜生活区位于宪法广场的西边，即艾斯梅拉达区。这种模式在建筑遗产的历史中心是人们非常熟悉的，曾经的功能已经变得陈旧过时，如传统的医院建筑、政府办公楼、修道院和教堂、老图书馆，甚至火车站(如巴黎的奥赛

博物馆、瓜达拉哈拉的文化小屋）。当高收入的住户离开了历史中心区，商业和服务活动开发了大型的地面空间，便宜的租金也西迁并转移到了次要的城市增长圈的时候，它就让位给了低收入居民和贫民住宅的边缘性用途。如今，后工业时代的中产阶级遵循着这种周期。例如，在巴黎，1970年的《城市遗产保护和再利用》(*de Sauvegarde et de mise en valeur*)规划编订了修复的技术，它们具有把特色酒店转化为文化和城市用途，包括博物馆、展览馆、档案馆以及著名的办公室和银行房产，现在已经成了许多历史城市房屋改造的常见用法（如威尼斯）。

现在，在发达国家以及发展中国家的历史中心区，保护运动和遗产再生计划都得到了延续。在欧洲，这种"保护伦理"的产生可以归因于越来越需要——来自国内和国外的——传统旅游业，越来越需要"一种心理需求、社会和知识时尚、消费繁荣的综合体……一种对城市生活质量的关怀，一种对城市形态价值的再评价"(Burtenshaw et al.，1991：145)。在普遍主义框架（遗产保护、自由贸易，如旅游）下的这种保护压力，是从国际文化遗产组织，如联合国教科文组织、国际古迹遗址理事会的欧洲总部，输出到许多正在开发中的世界遗产地或者渴望获得这个称号的地方。它们与介入的开发银行（世界银行等）和强大的私人基金会一道，正在形成有效的帮助方式，无论其是否有意这样做。在19世纪豪斯曼的巴黎林荫大道和今天许多城市文化区的发展过程中，大家都看到了这种资产阶级化的重复现象。在基多、秘鲁、皮鲁林霍、巴伊亚（萨尔瓦多）的历史中心区里，这些重复现象也是显而易见的，各种旅游活动挤掉了曾经生活在这个历史中心区的居民和手工艺人(Rojas 1998：8)。在这里，为了吸引顾客到这个区来，巴伊亚文化和历史遗产研究院赞助音乐团体和戏剧公司的免费演出，世界各地的后工业世界城市，都用一种滨水区和节日市场的气派，以及一种高度自觉的努力夺回广场（agora）和市场（fora）。但是，这一现象更多属于房地产，而不是城市—国家。在富人住宅区和相关用途的西部走廊中，这种模式同样很明显，以墨西哥城为例，它一直延伸到同样具有象征性的查普尔特佩克公园区。这里有八个博物馆，包括国家人类学博物馆、著名的前哥伦布艺术收藏馆、国家历史博物馆、现代艺术博物馆和"人民的历史博物馆"——卡尔科尔博物馆。在熟悉的集聚区或者公园环境中建立"博物馆岛"（见第三章）。这样一种东—西（或者对称的）划分形式，在巴黎和伦敦等欧洲城市发展中，一直是被认可

36 的一个特征，而劣质的住房和工业财产以及活动都"顺着风向"被限制在东边，中产阶级住宅、商业地产和公共文化设施（原文如此），即艺术区（beaux quartiers）则在西边延伸。这种根深蒂固的划分方式，例如，东伦敦码头的公共部门主导的再生计划，已经推动了在维莱特盆地以及在贝西、巴黎东北部和巴黎东南部各自进行的重大开发项目（见第八章）。

公共领域

因此，在古典、前工业和新兴工业城市中，公共文化的影响范围、定位、文化规划的证据都为推动更高规模的文化设施的定位和基本原理提供了一些必要的指示，无论其是新建的还是事实上是从以前的城市社会继承来的。不管这些公共设施和服务如何；公共文化活动和消费在何种程度上是公共的或事实上是私人的/私有化的，在这些历史的例子里，都主要取决于这种"公共"包括的究竟是谁，或者更重要的是它是如何被包括的。例如，受

宫廷支持的著名的英国戏剧表演，就像在意大利和法国那样，也在私人住宅里举行。特别是在公共演出中断期间，当清教徒关闭剧院驱逐这种活动变得越发闭门造车的时候，它便通过"幕间表演"——一个小演员的单一主题的小型演出和喜剧的发展对表演本身产生影响。即使是在伊丽莎白时代的戏剧、新兴导演、演员管理者和新"剧场"支持者的全盛时期，豪宅和贵族家庭里的私人演出也为伯伦勋爵对公共场所的严格控制提供了一个漏洞。此外，尽管雅典为公民与文化交流创造了一种整体环境，正如麦奎根在进行比较时所表达的，这"不具有资产阶级公共领域所声称的普遍性……（这）是理论上假设的无限平等"（1996：23-24）。尽管在约翰逊博士所在的 18 世纪的英格兰，"艺术也是日常生活和贸易的一部分"（Trevelyan 1962：412）。在资产阶级权力达到高潮的 19 世纪，霍布斯鲍姆认为："官方文化的霸权，不可避免地与胜利的中产阶层联系在一起，它对下层人民的统治是肯定的。在这段时间里，几乎没有什么减轻那种臣属性程度的情况。"（1977：353）

对公共文化、艺术作品和工艺品的赞助，创造和维持了前工业文化产业和一定水平的建筑建设，因此，与"下层社会"喜欢或者参与的流行娱乐、愉悦和消遣活动几乎没有什么联系。西方历史（相对于传统口述史）提供的是非正式和没有影响的报道，并且考古学也没有发现有关人类文化机构的"有力"证据。因此，我们根本不了解这个方面的城市生活，除了 19 世纪以来出现在英国的社会历史的特殊例外（Evans 1997），特别是麦考利的《英国史》，以及普拉姆、后来的特里维廉（麦考利之侄子）、波特和布里格斯的著作。20 世纪 70 年代以来，霍布斯鲍姆（1971）创立的社会史在其他国家建立起来了，包括欧洲。它的风格与社会和革命运动

37   的联系更为密切。正如伊万斯指出的："不只是无产阶级，而且还有其他的社会阶层，从拥有土地的贵族以及有产和职业资产阶级，到农民群众和罪犯的下层阶级，都进入了它的视野。社会机构，如家庭、俱乐部、社团、休闲组织等都进入了这个图景之中。"（1997：168）随着广播媒体的出现：广播、电影/电视和最近的互联网/网络、视觉和口述历史都已经扩展了社会史的范围，并得到了传播，由于重大事件（如千年庆典——Evans 1998f，1999d）保证了它们自己被扩大了的广播覆盖和传播范围，并且并没有终结历史的改造（如格雷厄姆-迪克森的《文艺复兴》，1999）。

高雅艺术和大众文化的二分法在大众文化景观——各种形式的公共广场（agora）和剧场（odeon）——中，从某种程度上可以被看作文化规划的一种手段，就像在古罗马和拜占庭的城邦中，军队采用的处理阶级矛盾的方法——"面包与马戏"一样。增长装饰性和物质性文化经济，涵盖了比教会、贵族、行会和富商人所拥有的更广泛的市场，这可能是另一个考验，特别是因为艺术家和手工艺人的作用和地位已经确立（包括国内生产的工艺品和娱乐），可支配收入的拥有和文化消费的倾向被扩大了。然而，在新兴的市政厅里，霍布斯鲍姆认为："世俗的公共部门几乎是那些巨大的、具有里程碑意义的建筑物的唯一顾客，这些建筑物存在的目的是要证明整个时代，特别是城市的财富和辉煌。"（1977：329）这是20世纪末的宏大工程所延续的一种观点和情感（Home 1986：184），一种我会在后面第八章回过头来讨论的现象和矛盾。用格里德的话来说："为上层阶级创造精美的建筑和广场的目的，就是把它们当作城市生活的舞台。"（1994：85）19世纪的这种在目的上功利主义成分很少的大规模公民运动（甚至当恢复教堂和教堂纪念碑时）在城市中更为明显，例如，在奥斯曼的巴黎，林荫大道、公共建筑和纪念碑取代了成千上万的工人阶级住宅和暴乱的潜在温床(豪斯曼被本雅明描述为巴克莫尔斯的一个"拆除艺术家",1995:89)。此前,在路易十四(1638—1715)统治下,"他对艺术、建筑、音乐、舞蹈、文学和城市规划的支持,是为了要创造一种文明化的文化错觉"(Greed 1994:85),但是回想起来,这体现了城市规划的失败(Sutcliffe 1970)。豪斯曼创造了一种城市景观,街道是由配有雕刻元素的大楼来定义的,并且聚焦于地标性的建筑和远处的景色。这一经验在遥远的芝加哥和布宜诺斯艾利斯引起了热切的关注,并且"它为尼古拉·齐奥塞斯库如此幼稚的(half-baked)自大狂提供了模型"(Sudjic 1993:16)。罗马通往圣彼得广场的道路也同样使居民流离失所。早在 19 世纪中期,维也纳就已经把防御工事夷为平地,后来又用一条巨大的环形林荫大道和公共建筑取代了这片具有宏伟风格的空间——一个证券交易所,一个大教堂(Votivkirche),三所大学院校,一个市政厅、司法和国会大厦,八个剧院、博物馆和学院。19 世纪公共文化纪念碑的合理性依据,正如迈尔斯所说的,"在教育和改进的计划中"是"一个说服过程,占统治地位阶级似乎顺理成章地继承了历史"(即葛兰西所称的霸权的东西)。(1997:66)

凡是在有机会规划全新城市的地方,宏伟的或纪念碑性的轴线就会被用来区分各种活动之间的象征性和功能性,就像在新的联邦首都巴西利亚一样。落成于 1960 年,并且与旧殖民地里约热内卢的贫民窟和混乱区形成鲜明对比,巴西利亚遵循激进的意识形态和早期城市的对称性,位于滨海大道一边的是具有重要功能的大使馆、商业、医院、公共服务、银行和旅馆,而位于其另一边的是"休闲性的"地区。然而,实际上,正如里克沃特认为的那样:"所有这一切不可避免地意味着,任何区域的大多数行人都必须步行，有时进入一个不同的环境要走相当长的一段路程。"
（2000：178）

在重新设计主要的欧洲和殖民地城市时，文化设施意义上的
规划概念是否已经得到了思考这点我们并不清楚，正如科斯托夫
认为的："城市形态是中立的，直到它对特定的文化意图留下了
深刻的印象。"（1999：11）例如，尽管罗马帝国在其人口峰值约为
100万的时候，它提供了公共文化的范围和交流场所，但是，"有
那么多的大型公共大教堂、庙宇、马戏团、浴池和剧院，那么多
的皇家花园，那么多的土地，因为人们害怕得罪神而不敢居住，
以至于大多数人都不得不住在高高的公寓楼里，即围屋（insulae）
里，它们有六层楼高"（Hibbert 1985：53）。在巴黎——一个更加
受到控制（如果不是规划的话）的城市之一——其开发项目和规划
很少来自集体决策或选举产生的议会的决策（Cohen and Fortier
1988），而是深受具有政治意志和财政支持的"有远见的人"的影
响。从菲利浦·奥古斯都、路易十四到路易十六、拿破仑、豪斯
曼男爵、乔治·让·蓬皮杜和弗朗索瓦·密特朗（"Mitteramses
I"），适用于他们的是自大狂（megalomaniac）这个词："在每一个
城市里，我觉得像一个皇帝或建筑师；我决定，我仲裁。"（Scal-
bert 1994：20）然而，这些市政博物馆和剧院是由谁来服务
的——公共补贴是一个长期存在的因素，无论是来自政府、赞助
人还是公开认购——并不局限于伟大和美好的事物，就像手工艺
品和其他奢侈品一样。因为"少数有竞争力的富商人足以让少数
画家和艺术商人的发财，但是，即使数量不多的公众同样也足以
维持大量的艺术产出"（Hobsbawm 1997：330）。1851年至1901
年，在伦敦、格拉斯哥、利物浦和巴黎举办的早期大型展览，以
及在美国举办的世纪之交的展览会和博览会的成功，也部分归功

于它们广受欢迎的吸引力和对整个社会经济的反复参观（Green-halgh 1988，Rydell 1993）。早期的戏剧表演和生活场所，特别是在伊丽莎白时代的伦敦发展起来的公共艺术与娱乐、城市同化了的乡村集会，如产品展销会和盛装游行，以及随后出现的早期音乐和歌舞厅，还有伦敦的客栈，后来人们都在节日场地、人民宫殿和休闲庭园里进行庆祝活动。所有这些活动都为巨大而成功的公民文化庆典象征行为与城市中的大众消遣和娱乐场所形式提供了一种平衡。

公共文化也指物理上和经济上的权利，正如我们已经指出的，这意味着政治上的"权利"观念。除了伴随人口增长所需要的基本的基础设施外，这些前工业城市很少包括民主规划和资源配置制度，这就产生了特定分区和早期的结构规划例子。哈贝马斯认为，公共领域（网络）应该"让那些欣赏私人艺术的公众有可能参与文化的再生产，让作为国家公民的公众参与公共舆论调节的社会融合在一起"（1987：319，also McGuigan 1996：176）。因此，公共文化与社会的概念和"公共物品"的福利经济学概念有关，其中一种文化规划方法将致力于把资源、设施和土地利用配置分配——运用包括文化地理学家克朗所认为的"每个人都可以进入的空间概念，人们可以在这些空间中满足形式上的平等"（1998：164）。这让人回想起罗马的市场。其他重要的和具有象征性的聚会场所，比如咖啡馆，有可能发挥这样一种作用。到1700 年，伦敦已建有 1700 家咖啡馆："在英国，伦敦的咖啡馆相当于巴黎的沙龙，并且成了展开'理性批判辩论'的有教养的环境。"（McGuigan 1996）而且，正如波特指出的："如果清教徒教堂已经成为 17 世纪的自由堡垒，那么，到了 19 世纪，咖啡馆就是英国自由的场所……与教会不同，它们对所有的教派开放。"

39

Cultural Planning:
an urban renaissance?

（1982：244）但是，这种咖啡馆协会在它们的成员方面仍是极度排外的、所谓精英主义的（几乎不接纳女性）场所。这种新的城市网吧（cyber-cafés）同样要求通过"虚拟辩论"来发挥咖啡馆的作用。然而，鉴于在那些能够上网的人与那些被边缘化的或"被排除"的人之间所存在的技术上的鸿沟，那么，这又可以被看作一种精英的场所和惯例。正如克朗所坚持认为的那样，受教育、其他限制和预先决定因素（文化资本）以及参与的经济、环境障碍的影响，"机会"的真正平等则受到了破坏，我将在之后的章节中回应这个问题。此外，80％的互联网传播（信息通信技术——ICT）是英语，尽管说英语的人只占世界人口的10％。例如，在美国，发现在收入超过75000美元的城市家庭中，有62％的家庭能够上网，而在贫穷/乡村家庭中却只有2.9％的家庭能够上网。唐尼认为，在明显的空间划分方面，这反映了卡斯特尔所说的核心—外围的极化（1996）：

> 虽然似乎信息通信技术的大量使用在生产率、GDP（国内生产总值）增长和就业方面都有很大的好处，但是，这些好处也很可能不会被均等地分布。因为核心区域增加了它们对全球经济的控制，因此，核心区与周边地区之间的不平等程度将会增加；城市内部的不平等程度也将扩大。
>
> （Downey 1999：137）

在"前规划"时代，这些城市的空间和物质性遗产，从大众的和公开的表演和展览的性质和举办地点来看，在古典的拜占庭城邦、中世纪城市及其不断重建和发展、衰落与复兴的生命周期中都是显而易见的。这种中心—核心、中央商务区（CBD）/走廊和同心布局，这些早期工业城市的增长都在新城和居住区中得到了体现，无论是由纪念碑性的和象征性的目标所驱动的，还是由工作场所、住宅和娱乐活动，以及日益增长的重要性和公共交通系统所驱动的。这种非凡的、纪念碑式的城市及其公共领域的演变，通过城市化、阶级切分、就业、土地使用和世界主义，都在来自芬兰的建筑师、设计师，即阿尔瓦·阿尔托的现代主义["古典人文主义（classical-humanist）"]中得到了富有成效的体现。在最初写于 1921 年的文章中，他深思熟虑地表达了他本人的风格演变和建筑目的——"形式与功能"——这反映了这个重心的转变（芬兰建筑博物馆，1978：107-108）：   *40*

> 从前，一个国家需要巨大的而且首先是美的建筑来满足它们对美的渴望，象征着它们的精神愿望。寺庙、教堂、集会的公共场所、剧院和宫殿，比古老的羊皮纸卷更清楚、更敏感地在讲述着历史。世界上只有一种艺术——建筑，各种形式的绘画和雕塑，都是其中的和谐部分。就连音乐也像是哥特式大教堂拱顶结构的一部分。
>
> （*Painters and Masons*，Jousimies）

20 世纪 30 年代，他在微观层面上写道：

> 满足一种最低限度的住宅需求是有可能的，因为其中的一些活动被转移到了外面——公共领域，如学校、运动场、图书馆、电影院、音乐会和演讲厅……在另一种功能面前，城市建筑体现旧帝国主义的要求已经让路。之前，男修道院院长柯伊纳德十分庄严地坐在特区主教图书馆里他那把有细

密的装饰的椅子上。现在，这个图书馆却成了所有那些没有
图书馆，甚至家里没有空间的人所共享的公共图书馆。

(*The Minimum Dwelling*)

到了 20 世纪 50 年代，他回到了更深刻的公民秩序中，以呼应芒
福德(1945)。并且，五十年过去了，霍布斯鲍姆(1995)写道：

> 然而，如果我们不想让我们的社会在它自己的交通中搞
> 砸，在心理上变得令人不愉快，在身体上变得疲惫不堪，那
> 么，在社会中耸立的城市建筑就必须像人体的主要器官一样
> 重要。社会必须恢复正常的秩序感(更准确的术语是"重新创
> 造"秩序，这对于社会组织的共同体来说至关重要)。我们应
> 当说，这个以无阶级的名义形成的社会，甚至比法国革命建
> 立起来的资产阶级社会更加敏感，因为它是由人类群体构成
> 的，他们的身体健康、公民教育和日益增强的文化实力都密
> 切地依赖于具有良好秩序的服务普通大众的机构和领域。

(*The Decadence of Civic Buildings*，Arkkitehti 1953)

阿尔托本人的影响，在赫尔辛基、于韦斯屈莱以及其他城镇和城
市(包括奥地利的)的城市规划和文化设施方面——建筑和室内
家具——的设计和布局是很有帮助性意义的，尽管像勒·柯布
西耶一样，如印度的昌迪加尔以及最近的理查德·罗杰斯，在
南岸区/泰晤士河，他的完整的总体规划和大型场所规划几乎都
没有实现，就像在赫尔辛基的芬兰艺术建筑群一样(见图版
2.1)(见第七章)。

41

图版 2.1　赫尔辛基，芬兰馆，阿尔瓦·阿尔托(1999)

人口规模和城市密度

　　人口规模及其集中程度，也是设施供给和文化规划中不可忽视的一个因素。现代城市规划作为人文地理的延伸，在评估社会需求和把它应用于空间维度时，都是以人口统计和人口分布为基础的。尽管有罗马、君士坦丁堡和中美洲的早期特大城市，但是雅典对"共同文化"公共参与的实现，却依赖于数量非常少的(只有男人)市民(citizenry)。今天看来，古典城邦基于数量更少的常住人口，不到 10000 人。伯里克利时期的阿提卡估计有 120000人，其中有 55000 名奴隶(其中又有 20000 名矿工)和 24000 名外地人。所以，实际上只有 40000 多人是"公民"(Zimmern 1961)。史乔博格的前工业城市的人口数量很少超过 100000 人；拜占庭的每个区域性城市的人口数量都在 5000 人到 20000 人之间。正如霍尔指出的，佛罗伦萨尽管比当时的意大利其他城市都小，但也达到了 95000 人："一个较小的英国城镇，或者一个加利福尼亚州的村镇的人口，如贝克斯菲尔德。"（1998：69）尽管"只有 5000 到 10000 人口的许多城市都有真正的自治独立性"（1998：78）。正如已经提到的，不到 10％的人口是"公民"，文化和其他市政设施是为他们建设和保持的——柏拉图的 5000 人的理想城邦（polis）："这种乡里乡亲的基础，邻里社区的概念被运用于 20 世纪的新城镇中。"（Greed 1994：79）鉴于其社会结构和空间结构（公共/私人和性别的空间），外推其人口总数往往是这个量的倍数。列宁的五年计划设计的城市不再超过 150000 到 200000 人（伦敦各区的平均人口），以寻求人口和经济的扩散以及隔离的乡村和主要城市过度集中之间的平衡。恩斯特·梅曾经建议设置 8000 至 10000 人的人口"区"（quoted in Lissitzky 1970）。

城市密度是另一个因素。再加上精英阶层的观念和实践，这些因素揭示了这个小城市国家成功的秘诀。在这里，密切接近和相互作用使实现一定程度的文化交流和拥有"所有权"（或"归属感"）成为可能，这是大城市永远无法实现的。尽管大城市试图通过社会主义的中央计划和设施规划标准（如设施供给的规模等级）以及最近重新发现的"城中村"（Aldous 1992）来实现这一点。"有围墙的城市"所控制的心理和规划要求也几乎失败了，因为这种控制因素由于卫星城、郊区、农村地区的扩展而被打破了，并且交通的流动性超越了旧城本身，超越了霸权和财政控制（协会、税务、发展）。正如萨科所说的（1976），社会文化与城市景观之间的关系是共生的："城市的形态不仅是一种它所容纳的文明的产物，而且也是那种文明创造中的一个因素。"（Burtenshaw et al. 1991：8）在许多作者认识到这一点以前，把一种共同文化和同质性公民的模式应用到世界性的国家中就已经成了标准(Said 1978，1994，Hall 1990，Bubha 1994)，这也让我们得出这样的结论，即古典的文化规划具有历史性的(甚至是情感性的)意义，但不具有当代性的意义。塞内特引用了历史学家莫里斯·伦巴德的观点，后者把中世纪小镇的资产阶级(和德国市民)描述为世界性的，由于这个城市的商业和贸易："一个男人站在十字路口，不同的城市中心重叠在这个十字路口，他就是一个向外界开放的男人，他接受来自他自己的城市以及其他城市的影响。"(1996：186)

在对《当代城市》(1929)进行总体规划的时候，勒·柯布西耶把一个拥有 300 万居民的城市作为他的模型，但是，不同的密度分布在能够容纳 1 万至 5 万名员工的摩天大楼里。这些居住区建有公园和花园，建筑物内有餐厅、咖啡厅和商店，在那里也建有剧场和公共大厅。他的"激进城市"由小地块和四十英亩(约 16 万平方米)的地段构成，人口在 5 万到 6 万人之间，所有这一切都取决于它们的基本的商业或住宅性质："因此，精英都居住在靠近城市中心的高层公寓里，附近是行政、文化和娱乐中心。而其余的人口则居住在郊区的卫星城镇。这种棋盘式的城市，其特点是绿地面积占公园面积的 85%，是一种休闲性以及生产性的城市。"(Burkinshaw et al. 1991：31)这就是柯布西耶规划的诱人的高标准。丹麦作家拉斯姆森在修订他的《伦敦：独特的城市(第 3 版)》时写道："勒·柯布西耶在其艺术形式上是一个现代主义者，但是，在他对一个城市的规划方面却是一个保守主义者。当他计划重建巴黎的时候……他只是保持了波旁王朝和波拿巴王朝的旧传统。"(1948，quoted in Sherlock 1991：14)最后，埃比尼泽·霍华德在 1898 年提出了 3 万人的花园城市的设计构思，这是他不久之后在莱奇沃思发展的模式，该城被划分为 5000 人(超过城邦)的居住

Cultural Planning:
an urban renaissance?

区，这是围绕着当地设施，如学校、社区中心和周围的绿化带而设计的。这种居住区提供了一种低密度的、高环境质量的生活空间。地方治理和身份认同的问题和实践，不可避免地强调了曾经的自然人口"群体"和密度。如 20 世纪早期的协商式民主模式，1925 年，在爱沙尼亚被少数民族"文化自治政府"所采用。这使任何超过 3000 人的少数群体都有权要求文化自治和设立民选委员会，这些委员会有权在教育和文化领域立法，包括学校、图书馆、艺术和遗产等方面，并有权提高税收（Lipjhart 1977）。

结　论

这里简要概述了艺术和文化以及过去和现在的城市规划如何相互作用，并如何通过公共表演场所、文化交流机构和市民文化交流中心加以体现，突出了一些共同的特征和因素。在下面关于 18、19 世纪与 20 世纪初之间的城市工业时期以及直接的前城市规划时代和后城市规划时代的章节中将对这些问题展开进一步的探讨。那时，公共文化和设施变得越来越正规，并且回应了城市的人口增长与社会变迁问题。共同的和传承的特征包括：文化活动和供给结构层次方面的核心/中心与边缘划分；"公共领域"与"物品"（协会、地方治理提供的）的概念；"城市与乡村"以及在城市中进行的乡村社区文化（城市的与乡村的，希腊语为"asteios"与"agroikos"——"聪明的"与"乡巴佬的"）之间的张力；文化（产业）经济的重要性；最后是空间效应问题，如文化设施与消费和生产场所的密切性。现在，相似的或互补性的生产和消费活动的集聚，是后工业城市在促进文化和文化产业区中可以采取和培育的一种策略。第一种情况围绕以游客活动（零售市场、艺术场馆、餐厅）为基础的场所展开；第二种情况是充分利用那些容纳许多小规模文化生产者的工作区，从前工业工艺品和设计师作品，以及媒体和文化产业活动，如第六章所要讨论的。因此，马歇尔区形成的趋势（1925）是专业化的产业集群集中在某一特定地方。这是长期以来为人们所公认的，如今，明显地体现在服务业、后工业生产和文化消费形式上。

在它们的影响下，所有这些情况都或多或少具有随着时间推移而变化的特征，与 20 世纪的城市文化和社会以及后工业城市产生了共鸣。一方面，它们的遗产在文物建筑和遗址中是显而易见的。例如，在伦敦和纽约的博物馆和美术馆区——南肯辛顿和中央公园（"博物馆大道"；Rosenzweig and Blackmar 1992）；到马德里的普拉多博物馆和墨西哥城的人类学博物馆——所有这些都是它们对各自的大城市公园的扩展，但仍然是陈列和展览（并且是持续的再发现和再创造）的场所。另一方面，是"文化馆"的关键数量，如在伦敦西区和纽约百老汇这些中心区域，里约热内卢的影院用地，从巴黎、柏林到赫尔辛基和多伦多新老城市中的艺术区。剧院、博物馆和美术馆这些场所的意义都特别值得被重视，因为它们在大都市的发展中具有文化的象征性和经济的重要性，在城市文化的形式和功能中具有悠久的历史。

这种从规划角度进行考虑的方式以及国家机构对其供给和计划的干预行为，为我们提供了一个具体的例子，即文化规划如何在政治、经济、社会领域以及大众娱乐追求和理性重建之间架设桥梁。因此，第三章将更深入地探讨城市文化发展的这个方面，并对这种传承自早期艺术发展规划的内容进行探讨。一方面，这里将包括成规模的产业和福利计划时代的设施规划方法、流行艺术和娱乐场所与空间。另一方面，是"教育性的"文化供给，包括

44

Cultural Planning:
an urban renaissance?

文化岛、休闲公园和娱乐场所。它们分别反映了城市和乡村对新兴的高雅艺术和大众文化辩证关系的追求。

注释：

[1]在伊丽莎白时代的公共剧院发展之前，伦敦已经保留了两个圆形场地，即泰晤士河南岸的斗牛场和熊园(两个地名仍然存在于这个扩展了的河岸文化区，包括重建环球剧院和泰特现代艺术馆)。动物纵斗(Animal-baiting)会被逐出伦敦城，就像剧院的临时命运也将由清教徒掌握一样(Hall 1998：129)。

第三章　城市文化与早期工业社会

45

引　言

　　在现代城镇和城市规划形成于战后重建时期之前，与建筑规划和控制不同，艺术设施的性质和定位来自早期的城市设计和当时的社会、经济制度。自然的多样化程度在文化活动和城市发展中是显而易见的，或是按照霍尔(1977)、切希尔和海(1989)的看法，"趋同发展理论"把城市社会放在不同的位置上，以一种不可避免的线性路径走向工业城市化、郊区化、后工业化的国家。正如伯滕肖等人所认为的："这种独特性是不同历史经验作用的结果，它们为公民生活、工作和娱乐的物理性结构做出了贡献。"(1991：1)随着发展的权利、土地使用和公共文化在官方、教会、商人/赞助人和假定的"国家"之间发生变化，横向的(例如，在同一阶层/集团—贵族[1]、行会)、纵向的(如授权、权力下放原则)，最后是民主性的分散，在一个日益城市化和世俗的社会中，公共的和私人的概念在文化经济、"市场"和文化民主（即"身份""权利"）两个方面变得越来越重要性。正如沃尔在记述复辟时期的伦敦时所认为的："18世纪的文学对城市的重视描绘了公共利益与私人利益、商业与娱乐空间、国内贸易与国内生活之间相互交织的边界。"（1998：150）因为这种权力的再分配，不仅是诸如政治、革命和民族国家运动等所导致的周期性断裂的结果，而且在人口增长和城市扩张的比例上，文化的公平性和规划的必要性也在不断增强。因此，政体（polity）和政治经济之间的分离和张力是文化政策及实践的一个日益突出的特点，也是新兴工业城市文化规划的一个日益突出的特征。

正如第二章所强调的，商业和公民文化也共同存在，并且在描绘城镇和城市今天所继承的文化活动和设施地图方面共同发挥了一种重要的作用。即使是在新城镇和城市居住区已经为它们本身提供了机会的地方，它们也都倾向于效仿，而不是从根本上背离第二章讨论的在古典城市形态中体现的规模等级、中央行政和文化区域。然而，在不同的国家、社会和城市之间，对艺术和文化设施的对待、处理的方法会有所不同，因此，把这一方面的城市发展视为普遍现象是一种高度的概括（Burtenshaw et al. 1991）。反过来，公民身份和宪法权利的观念表明，土地利用和规划控制是其中的一个关键方面。比如说，它把盎格鲁撒克逊社会与拉丁和拿破仑（《法典》）社会区分开来——从以规划为主导的制度走向更为自由的、更加"轻松"的规划制度。对城市生活的赞扬或谴责则是另一个重要方面，它千篇一律地表现在欧洲大陆对英美城市化和城市生活的回应之中（Jacobs 1961，Bianchini and Parkinson 1993）。某些艺术形态和实践的相对流行和成功，同样取决于它们受支持和供给的程度，而已经得到强调的某种文化生产和表演的比较优势则取决于文化活动的规模，这往往是基于历史的。例如，巴黎的艺术和时尚，意大利和德国的歌剧，英国的戏剧和文学，美国的电影和流行音乐，俄罗斯的芭蕾舞，以及在更"本土化的、完整的"社会中的综合表演（如加麦兰——巴厘、非洲音乐）和前工业品的生产。因此，莫洛托奇认为："产品的形象与地方的肯定性联系产生了一种垄断性地租，它与地方、它们的标志以及可能与之有关的品牌名称联系在一起。"（1996：229）在经济上保持这一优势方面，国内市场和文化氛围的力量也是必不可少的因素，尽管如霍尔所表明的（1998），这种"集聚"并不能保证永久的成功——看看那些熙熙攘攘的文化城市的鼎盛时期吧。恰如霍布斯鲍姆所指出的那样，文化霸权也有其局限性："想一想意大利音乐在 17 和 18 世纪的主导地位吧。它没有任何政治、军事或经济上的支持，然而，它就是全部。不过，到最后，它还是消失了。"（2000：47）可是，20 世纪末的世界化和后福特主义的联合力量已经对文化活动产生了影响，尽管并不均衡，且抒情艺术并不像批量生产的艺术和媒体所经历的那样一直受制于这个过程，但它也已经在其他生产领域产生了影响（Lacroix and Tremblay 1997）。然而，"创意熔炉"（霍尔 1998）至今仍幸存于洛杉矶的好莱坞、伦敦西区和索霍区以及纽约的曼哈顿——尽管有残酷的竞争，高端领导者、文化中介机构仍然在那里发挥作用。可是，实施创意产品的硬件却早已过时了，如索尼（du Gay 1997）。当然，大众文化中的美国文化霸权是通过英语语言（如在标准化的计算机技术中）日益增强的作用而得到强化的，这可能会使它的优势超越其文化的保质期（shelf-life）。但是，这并不意味着创造性的源泉必然会存在于美国（或者说文化的城市，如纽约——见第六章），即使通用的表达方式都是英语，如英国 19 世纪的体育霸权和男性时尚一样，"今天，世界各地的人还在踢足球，男人们还穿英国风格的服装，但是，大不列颠已不再是足球或时尚的引领者了"（Hobsbawm 2000：48）。

城市戏剧

研究文艺复兴时期的批评家安妮·巴顿认为，"与任何其他艺术形式相比，戏剧更依赖于城市"，因为在城市里，"戏剧能够建造它自己的房子"。（1978）就像沃尔所认为的那样，"城市提供足够的观众并因此为剧院的建设提供资金"（1998：150）。在规划方面，科斯托夫指出："作为剧场的城市并不是宏伟风格的专属领地。在每一个时代，城市空间——街道和广场——都充当舞台景观，全体市民作为演员和观众参与其中。如果没有戏剧，城市生活就什么都不是。"（1999：222）戏剧建筑数量的增长在当时的柏林也是很明显的，但是，与满足不断增长的娱乐场所的需求相比，"却并不适应生气勃勃的新剧"（Taylor 1998：196）。需求导向的模式将不断地出现在音乐和舞厅之中，因此宫殿般的建筑连续几个世纪都繁盛不衰。不仅是人口的增长，而且也由于特权阶级的增长刺激了伊丽莎白时代的人们对剧院和生活娱乐的需求："涌入伦敦，他们有时间和金钱光顾剧院。"（Cook 1981）就像霍尔指出的那样，在《货币论》中，凯恩斯也观察到了对文化消费的这种影响：

当莎士比亚现身的时候，我们刚好能够负担得起莎士比亚的作品……到目前为止，世界上大部分伟大的作家和艺术家都是在浮华、兴奋和不受统治阶级忧虑影响的氛围中茁壮成长起来的。

（1930：4，quoted in Knight 1937）

并且，在经典的例子中，"佛罗伦萨之所以成为佛罗伦萨，就因为它的艺术家在城墙内找到了他们需要的所有的赞助人和观众"（Laperièrre and Latouche 1996：1）。

在通史和社会史中，在对城市和城市发展的论述中（如 Rasmussen，Mumford，Hall）以及在有关剧院的专业性文本中（Southern 1962，Pick 1988，Mulryne and Shewring 1995），卓越的世界城市伦敦的剧院历史和演变（Fox 1992）都得到了有益的探讨。他们的规划，从宫廷、私人住宅到公共场所，都遵循从文艺复兴时期、复辟时期到工业革命的不断增长的城市化模式，这一演变与已经提到的社会和经济变化密切相关。在某种程度上，它们的发展定位和基本理由，都依赖于早期已经建立起来的现有的公共聚集地点和场所（见第二章），即便在今天，中世纪的市场和行业协会也透露出剧院的起源——海马基特、吉尔德霍尔、谷米市场、交易所，还有那些带有宏伟的、古典的理想场所——阿波罗，希腊智慧女神帕拉斯神像、体育场、竞技场等。例如，在1576 年至 1623 年——新的公共剧院创业的五年里，伦敦建立了希望剧院。这是一个"两用"剧场和斗熊竞技场——按照 1613 年的合同，这就要求建造者"自负费用，拆除泰晤士河畔的斗牛和斗熊场以及马棚，建设一个适合玩家和斗兽的游戏厅，同时还是一个满足休憩的大厅，有可移动的舞台和立式栈桥……要在它原来所在的地方附近或者上面建设这个剧场或游戏厅"（Southern 1962：176）。后复辟时期的剧场发展着眼于重新利用现有的娱乐设施，如网球场、骑术学校以及象征性的公共私人区域，如林肯旅店（以前称圣吉尔斯）。尽管菲尔兹皇家地产就在"伦敦司法的边上"，并且它们今天已被律师包围（Thorold 1999）。

当詹姆斯·勃贝奇 1598 年在一次租赁纠纷之后拆除了他在　　*48*

肖尔迪奇区的戏剧院时，他的新剧院（重新使用旧木材）也坐落在城墙之外的泰晤士河畔。在一系列场馆中，他的环球剧院拥有多达 3000 个座位："在混杂和挑剔的首都观众面前进行表演；市民们带着他们的妻子，学徒们带着他们的心上人，市民们走过伦敦桥来这里看戏，而上流社会的男人们则坐船来。"（Trevelyan 1962：217-218）。就像房地产经纪人所说的，位置就是一切："这些河畔剧院对那些过河来看戏的特权观众来说更是好位置……到了 1614 年，据计算有 40000 个船夫，大多数为剧院提供服务……船夫说他们每天下午都把约三千或四千人运送到剧场。"（Hall 1998：135）到 1867 年，还有不到 30000 个船夫，但这仍是铁路工作人员的两倍（Best 1979）。公共场所也由一种规划控制的形式来决定——即由王国和后来的国家和城市/地方政府的官员们持有的执照和许可证来决定，又一次由英国皇家的命名来显示——皇家歌剧院、"皇家剧院"、国王剧院、女王剧院、公爵剧院和剧场等。这个头衔仍然被国家公司追慕，例如，英国的皇家莎士比亚、芭蕾和国家戏剧公司，还有世界各地君主制度下的各种"皇家"公司——从柬埔寨、泰国到瑞典和荷兰——即便是皇室的头衔早已传给了国家的时候也是如此。因此，作为一种企业活动，剧院和娱乐场所的规划得到了对这些许可和其他控制的回应，受到了投机取巧的演员经纪人、演员公司和经理本身的影响。在城市里，这些剧院场所开辟的新场所和有影响的公共领域同样具有一种物质性的维度。正如曼利所认为的那样，它具有一种"空间定位，因为它创造的这些流动性在任何一个关键时刻都开启了一些可供选择的可能性"（1995：394）。

　　到了 15 世纪，大城镇里举办演出的非正式和神圣的场地已经从中世纪的圆形剧场和场所变成了由帐篷结构构成的宗教节日场地。或者在城镇广场中，例如，在瑞士的卢塞恩上演的圣迹剧、举办的复活节。流动的演出也符合主要城镇和城市之外的表演需求。例如，英国圣迹剧巡回演出所使用的"流动舞台"，主要是公会的表演，即业余演出。新出现的专业剧团或演员可能使用了这种车轮上的舞台以及舞台剧场的前身，即"摊位舞台"（一种临时结构）："这个解决方案纯粹是根据剧场人数本身来设计的，差不多跟民间艺术的解决方案一样，没有任何外来的专家——无论是建筑师、画家还是工程师。"（Southern 1962：160）在英国，较早的专业公司之一，就是由莱斯特伯爵的男人们创立的。他们在负责人詹姆斯·勃贝奇的带领下，建立起了第一个永久性戏剧结构。詹姆斯·勃贝奇"除了是一个演员外，还是一个生意人和工匠"，他做出要建一个特别的木结构剧场的决定，是为了"容纳常规的、付费的、普通的广大观众，并向他们展示一种新的、极具吸引力的五幕剧的策略，不受任何皇室的指挥，也不受任何广泛传播的宗教意图的影响"（Southern 1962：171）。这种脱离了宫廷和宗教认可的世俗剧院，为伊丽莎白时代的传统在国内和国际上的传播奠定了基础，第一次使剧作家和观众建立起一种直接的关系。

　　因此，当时经营的三种戏剧形式是：宫廷剧院、私人剧院、公共剧场。正如已经提到的，私人住宅，在"复辟时期"前后的时间里曾经充当了戏剧表演的场所。邵真指出："在许多早期的戏剧仪式中，这种活动的背景通常是社区的普通住宅的外墙。"（1962：98）1574 年，伦敦市通过了一项市议会法案，对管辖区内的戏剧演出进行了严格的限制。然而，如果不向公众收取门票费，私人作品就不会受控制，举办婚礼和朋友集会也会被允许，这就给勃伯贝奇这样的早期演员经理提供了一个漏洞。还有，戏剧、音乐也是常见的表演。例如，在 18 世纪中期之后的柏林：

"富裕家庭的音乐修养和业余的音乐社团形态都呈现出前所未有的繁荣。"(Taylor，1998)作为一种私人娱乐形式，也是一种赞助形式，它们能逃避许可证管制和审查制度。私人表演也类似于任何有宫廷的地方的宫廷表演，无论是在乡镇还是在乡村。伊丽莎白一世雇用了一个"狂欢会的大师"来组织宫廷演出，包括场所、舞台、场景等，她的父亲亨利八世已经"维持了两个有八个人的剧团"(Hall 1998：129)。正如特里维廉所说："一条通往财富和荣誉的道路已经向演员和剧作家们开通了……旅游公司有文学贵族的赞助，他们像受欢迎的客人一样参观城堡和庄园，在大厅或画廊里进行表演。"(1962：217)一幅1581年的法国作品描述了一场宫廷表演的画面，被称为《皇后舞剧》："在这里，国王坐在大厅的一端，观众坐在下面两个走廊的边上，也可能是坐在国王的后面。'房子'——一片树林和一座云亭——就建立通向大厅的半道上，一边一座；接近最远端的地方有一处喷泉。"(Southern 1962：150)宫廷也是举办选美、舞会、化装舞会、婚礼和生日聚会的地方，如戴面具的化装表演和假面舞。但是，"这些绝不是公共娱乐。它们是私人的和礼节性的娱乐；其中的大多数都是由朝臣们自己来表演的"(Southern 1962：144)。然而，宫廷、私人和公共活动之间的界限却开始变得模糊起来，主要是因为职业演员本身的志向以及正在发生改变的趣味。

　　例如，在17世纪初德国的宫廷里，王储的婚礼是由一家有40多人的法国演员公司操办的，"他们可以在镇上长期工作，在保证演出他们在法国戏剧和芭蕾的全部节目基础上，每周为宫廷表演两场……还有其他的暑期游学"。但是，正如泰勒接着说的："在其他的星期天里，他们获准在大型文艺复兴建筑后面搭建的公共剧院里演出……而且收取入场费。从另一个角度来看，宫廷里的表演对那些有资格参加的特权圈子来说也没有什么损失。"
(1998：49)今天，在欧洲和其他的城市里，仍然保持着对引进的　*50*
高雅艺术演出的补贴。随着国家取代了王国的作用，把纳税人的
钱用于歌剧、戏剧和舞"厅"和公司，在很大程度上是有钱人的利
益——从贵族到精英。在文艺复兴时代，宫廷也试图吸引外国
人："来自其他宫廷的来访的显贵，他们需要得到人们的尊重，
并提供适当的刺激……为了这个目的，诗人和作曲家被保留下来
了。"(1998：48)而今天，需要吸引的人就是文化游客——商务和休
闲——他们占到了伦敦剧院观众的 25％至 33％（Gardiner 1998，
MORI 1998）。

　　以潜在的和供给为主导的现场娱乐市场（相对来说）不受城
墙、私人宫廷和豪华建筑的影响，这是 16 世纪伦敦的缩影。而
且值得注意的是，这个城市几乎完全主导了戏剧的发展，除了其
他少数城镇例外，如诺福克的金斯林（见下文）。意大利以及后来
法国宫廷的歌剧、音乐和戏剧以及它们的随行人员都一直是"符
合皇室"的主要出口商。例如，在弗里德里希一世的宫廷里，"法
国文化价值的先进性很快就成了不可抗拒的东西，最后使它自身
都感觉到在宫廷里基本上还是要坚持德国的东西"（Taylor 1998：
49）。正是这种条件建立和支持了戏剧和新的伦敦剧场，反过来
这又在本国的其他地方和欧洲大陆找到了一拨忠实的观众
（Borsay 1989）。例如，回到德国之后，"英国式的喜剧演员们，
他们的小丑剧及其即兴表演的喜剧风格，在某种程度上仍然是被
需要的。德国剧团也步入他们的后尘"（Taylor 1998：48）。因此，
公共剧场既影响了表演，也影响了编剧。然而，伊丽莎白时代剧
院建筑的全盛时期不到五十年，也就十来个剧院，尽管"到了
1629 年，巴黎建立了自己的第二家公共剧场，而此时伦敦已经有

十七家"（Hall 1998：136）。这一时期的剧院建设年表揭示了它在
空间和运营上的集中程度：

> 1576 年，詹姆斯·勃贝奇在东伦敦肖尔迪奇建造的剧院
> 1576/1577 年，附近建设的帷幕剧院
> 1587 年，泰晤士河畔建造的玫瑰剧院（泰晤士南岸）
> 1595 年，弗朗西斯·兰利在泰晤士河畔建造的天鹅剧院
> 1598—1599 年，用拆除的剧院木料在泰晤士河畔建造的
> 环球剧院
> 1600 年，基于全球剧院设计而建的财富剧院（伦敦城）
> 1600 年，在克莱肯威尔（就在城墙外）建造的红牛剧院
> 1613 年，环球剧院被烧毁
> 1614 年，基于天鹅设计而建的希望剧院
> 1614 年，环球剧院重建
> 1621 年，财富剧院被烧毁并于 1623 年重建
>
> 来源：Southern（1962：172）

这些建筑项目并不便宜，也不是粗制滥造的（与它们的照明不同，
因此容易被火摧毁）："建造这些剧院花费了巨大的资金……剧院
（1576 年——译者注）的价值为 666 英镑；环球剧院的建造费用是
1400 英镑。"（Hall 1998：136）正如邵真所说的："伊丽莎白时期
的剧院内部看起来都很美，它用一种巧妙的足以欺骗好奇旁观者
的方式进行描绘，并用大理石纹来装饰。"（1962：181）这种文化
发展出现的条件也是重要的。16 世纪欧洲大陆的城市复兴，从
17 世纪初开始蔓延到伦敦，尽管可以说，"与伟大的意大利文艺
复兴相比是微不足道的"（Borsay 1989：viii）。而在德国，意大利

51

文艺复兴"只是一种发育不良的影响，而且在天主教国家又比新教国家的影响小"(Taylor 1998：37)。然而，到了16世纪初，早期意大利文艺复兴时期的艺术的影响（如教堂、大教堂、绘画）在波兰和俄罗斯（如克里姆林宫）出现了(Kauffman 1995)。这一时期也见证了戏院的世俗化，因为允许剧院上演莎士比亚剧作和"合法戏剧"——莎士比亚时代的第一家伦敦剧院一直是在城市的东边，后来是在泰晤士的南沃克（南岸）。然而，戏剧的世界一直由于奥利弗·克伦威尔对剧场和游乐宫的清教徒式的封闭而被彻底破坏。1660年，公共剧院只有在恢复君主政体之后才重新获得许可证（虽然在这场镇压中偷偷摸摸的活动仍然发生在私人住宅里，包括威廉·达文南特爵士的剧院，见下文）。在这一年，查理二世给他的家庭成员威廉·达文南特和托马斯·基利格鲁爵士颁发了两项剧院专利，建立了一套行之有效的双强垄断体系。戏剧表演和建筑的性质——加盖屋顶，也发生了莎士比亚以及它的时代以来的变化，它们被人为地点缀着风景和窗帘。而且，这是女演员们第一次在训练有素的男孩面前扮演女性的角色："在很大程度上，这是一种新的剧场和新的戏剧艺术，既有新的可能性，也有新的风险。"(Trevelyan 1942：275)（见表3.1）

表 3.1　复辟时期的剧院发展和伦敦的双强垄断集团　　　　　*52*

基利格鲁公司（国王的人）	达文波特公司（公爵的人）
1660年，吉本网球场开放，名为皇家剧院（平台舞台）	1660年，索尔兹伯里网球场开放
	1661年，迁到莱尔网球场（布景舞台），名为公爵剧院，林肯旅馆牧场
1663年，在废弃的骑术学校开放布里奇大街皇家剧院（布景舞台）	
1665—1666年，因伦敦瘟疫和大火而关闭	

续表

基利格鲁公司（国王的人）	达文波特公司（公爵的人）
	1668 年，达文波特公爵逝世 克里斯托弗·雷恩设计的新剧院开放，名为公爵剧院 多塞特花园
1672 年，布里奇大街被烧，公司搬到废弃的公爵剧院 1674 年，在雷恩设计一个新剧院开幕，名为特鲁里街皇家剧院 1682 年，两个公司特鲁里街合并	1682 年，公爵剧院被废弃
	1695 年，公司再次独立，新剧院在林肯旅馆由男主角贝特顿开幕
	1732 年，专利剧院转移到达文波特花园

来源：Southern（1962：238）；see Wall（1998：151-152），Weightman（1992）and Hall（1998）。

特鲁里街和考文特花园的皇家剧院是西区的发祥地，并且，这个地区"不仅吸引了戏迷，还吸引了成群结队的妓女……在夜间的大街上，还有许多抢劫和打斗的团伙……富人们继续参观考文特花园，但他们是作为游客来赌博室或者作为顾客来妓院的人"（Thorold 1999：102）。对剧院的敌意也持续存在于"许多虔诚的、思想高尚的家庭，高教会派和低教会派之中……一直到 19 世纪末，还有相当多有教养的年轻人一直都不允许造访剧院"（Trevelyan 1942：276）。1737 年，戏剧和剧院的许可证传到了理查德·张伯伦勋爵的办公室。1757 年以来，法官们也给音乐和舞蹈颁发了许可证。这些适用于专利剧院（Southern 1962）、"皇家剧院"的初期形式、爱德华和格鲁吉亚剧院公司的许可证，都是由一套不同且混乱的规定构成的（Pick 1985、1988，Fox 1992），这已经体现了高雅艺术（如戏剧）与大众艺术（如音乐厅和舞厅）之间的区别。16 世纪末和 17 世纪初，这种城市复兴也蔓延到了省级城镇和城市，如西南部的巴思和东英吉利的金斯林（Bell 1972，Borsay 1989），它们往往效仿伦敦的发展和那些具有吸引力的事物。在今天，（文化的）首都与省级城市之间的这种关系是一种具有特殊意义的关系，它既是一种复制的"模式"，也是一种受到抵制的原因。正在兴起的区域主义已经力图通过利用它本身的文化复兴、区域身份重申和自力更生来发展——从伯明翰、巴塞罗那到里昂和匹兹堡莫不如此（见第七章和第八章）。

　　1766年，在金斯林，一个中世纪的同业公会会所已被转换为完整的格鲁吉亚剧场用房。许多18世纪的省级剧院都是两用的，既是多用途的社区中心的前身，也是业余的和巡回艺术的与没有专门的艺术中心的——即没有乡村大厅使用设施的小城镇共用的大厅。就像波特所说的："小型谷仓受到了巡回演员的冲击。"（1982：256）较大的省城建立了公司，巡回演员总是在乡下四处游走，在谷仓和市政厅里面对乡村的观众进行表演（Trevelyan 1962）。这些早期的省级剧院大多是季节性的，只有在流动剧团巡回演出的时候才使用，其余的时间都是空着的。然而，许多表演场所都是临时搭建在地面上的，弄出一块平坦的舞台区和土坑，就在那里举行舞蹈和其他的活动。它们仿照金斯林，在诺维奇附近建立了其他区域城市和集镇的剧场。1769年的诺丁汉，1775年的曼彻斯特皇家剧院和特鲁里街的皇家剧院有超过3000个座位。这些地方性剧院有许多都以翻新的形式仍然存在于今天，能坐1000多人。因此，大众娱乐在很大程度上都是商业性的娱乐。从休闲花园到音乐厅和剧院（Bailey 1986，Crowhurst 1992），都是在国家许可和控制不断增长的影响下于私营部门中发生变化的，指导并且限制了它们的定位、运营和安排（Pick 1988，Weightman 1992）。一方面，是公共领域的增长；另一方

53

面，是企业文化生产者一起拓展了艺术、娱乐和物质文化的渠道和参与范围。正如波特认为的那样："市场力量——财富、休闲和图书贸易——使高雅文化成为可能，即使不是对大多数人，但也对不少人来说确实是这样的。"（1982：248）因此，他总结说：

> 曾经一度为行家所使用的技术的大众化进程往往是分阶段进行的。例如，公元17世纪的文物和自然历史藏品被私人所占有，但是物主把它们展示给参观者。到1759年，大英博物馆以展示汉斯·斯隆爵士藏品的形式开放了，大英博物馆成为欧洲第一个公共的、可免费进入的博物馆。在这个世纪的后半叶，人们看到了私营博物馆在伦敦和各省都可作为商业企业开门营业。同样，所有的私人住所和豪宅业主都把这些场所及其庭院向参观者，包括陌生人开放（1982：248）。

大陆的歌剧院

虽然说18世纪是欧洲巴洛克歌剧院建设的伟大时期——当然，意大利时期创造了大量的歌剧院——歌剧院发展的一个更长的历史，尽管有宫廷和私人的资助（如在瑞典），但是，下面的选择所表明的却是跨越三个风格时期的歌剧发展历程（Horowitz 1989）：

> 1618年，阿里奥梯设计的帕尔马法尔内塞剧场（最早的"舞台口"剧院）
> 1670年，德国的策勒剧院
> 1731年，马耳他瓦莱塔的马内剧院（仍在使用）
> 1737年，那不勒斯圣卡洛剧院

1742 年，柏林皇家歌剧院

1748 年，朱塞佩•加利设计的拜罗伊特剧院

1752 年，德国施韦青根城堡剧院

1752 年，慕尼黑居民剧院

1766 年，捷克斯洛伐克克鲁姆洛夫剧院

1766 年，瑞典的德罗汀罕宫（私人剧院）

1770 年，加布里埃尔设计的凡尔赛宫

1781 年，瑞典的格利普霍姆堡（私人剧院）

然而，正如邵真所指出的："这些都是专业剧院，并因偶尔为王 *54* 公贵族表演而保留……也许，在 1875 年，当国家和人民团结起来庆祝查尔斯•加尼叶设计的世界闻名的巴黎歌剧院落成的时候，达到了高潮。"（1962：249）因此，话剧、音乐剧、轻歌剧以及成熟的"古典"歌剧之间存在张力和竞争关系，这一直是上面提到的宫廷与大众戏剧传统相对立的一个特征。"戏剧处于为争取皇家和大众认可的竞争之中。"（Taylor 1998：66）但是，到了 1700 年，在德国柏林的宫廷之家，"话剧、演奏音乐的歌剧，歌唱剧〔白话歌剧〕——就并存于同一个剧场里"（Taylor 1998：48）。大众戏剧以及容纳大众戏剧的剧院的发展是无法抗拒的，就像从前在伦敦一样："变化就像在表演艺术中所经常发生的那样，是通过一种同时存在的能量迫使自己走向一个共同的目标。从一方面来说，戏剧制作人和决策者决心要为他们的表现方式赢得一种新的尊重；而从另一方面来说，又要以优越的材料为基础来提升他们的地位。"（Taylor 1998：67）

1760 年，柏林效仿其他城市，在菩提树大街后面的住宅庭院里建了第一家专用商业剧场，可容纳 800 名观众。首先上演的是

莎士比亚的译本和其他的英语剧，后来上演的是歌德等本土作家的作品（他本人一直是一位向外发展文化影响的倡导者，而不是持有狭隘民族主义艺术观的人）。这个剧场的位置具有象征性意义，它靠近而实际上并不位于菩提树大街的皇家大道。1742年，大道南边建造了国王的新歌剧院，与皇宫相连，穿过蒂尔加藤公园，一直到夏洛滕堡宫。英国皇家歌剧院的地址"已经由国王选定，但并没有进行公开的讨论"（Taylor 1998：69）。这些建筑是一种洛可可和新古典主义风格的宏伟建筑群，用描绘阿波罗、缪斯、阿里斯多芬的图案和雕塑进行装饰。这是一种彰显宫廷气派的铺张行为，其资本和运营费用全部由君主承担。门票是免费的，在礼堂内保持严格的隔离，却自认为这并不是针对"下层阶级和普通群众"的（Taylor 1998：70）。它是短命的，到了七年战争之后的1760年，这个歌剧院资金短缺，并且遭受了俄罗斯和奥地利对这个城市的轰炸。1778年，腓特烈大帝的剧院停止了经营。八年后，剧院在腓特烈·威廉二世的统治下才得以重新开放。他把它更名为国家剧院："现在，剧院是一个国家关切的重要的问题，承担着解决公共道德和公共文化的使命……［而且它］成为一种国有化企业。它的资金由国家提供。"（Taylor 1998：102）随着1871年第二帝国的崩溃，一种不同的但仍然是民族主义的文化看法故态复萌，此时，新的共和国宣布"皇家歌剧院、剧院和博物馆已经成为普鲁士的国有财产"，而且，正如泰勒指出的那样，新的普鲁士科学、艺术和国家教育部都采用了"文化属于人民的"文化政策（1998：254）。在不到130年的时间里，高雅的艺术场所已经从宫廷玩物、民族主义象征转向了人民宫。然而，歌剧的扩张程度却不仅遍及了欧洲城市，并且在19世纪的第三个25年的时间里，也传到了美洲、澳大利亚，甚至开罗。

从剧院到音乐厅和休闲花园

56

　　歌剧、"正统"剧以及其他形式的表演艺术剧、音乐、哑剧和舞蹈之间的区别——是一种人为的但很有影响的区别，这是根据伊丽莎白时代和复辟时期的专利剧院规则在伦敦确立起来的，在随后的雅可比和格鲁吉亚时代仍然保持着。在格鲁吉亚的"黄金时期"，一种建筑热潮不仅推动了建筑和工艺品行业，也是推动了一种新的服务经济："城市的更新意味着产生了更多的旅馆和商店、教练房、社会中心，如剧院、会议室、音乐厅，它们创造了服务就业、消费和商业交易。"（Porter 1982：225，着重号为原文所加）然而，对剧院运营的实际垄断以及这种对艺术形式本身的限制，则继续导致了没完没了的纠纷、非法操作以及对解释权和授权责任的争斗。当一家新的剧院建成时，"专利遭到了反对，并在法律中提出了要求，这项法律一直得到了维护。多年来，许多剧团的演员，因为胆敢蔑视专利剧院而上演莎士比亚剧作或其他戏剧，而遭到抓捕和罚款"（Weightman 1992：21）。对音乐和舞蹈来说，另外一种形式的许可证是由法官颁发的，这种选择允许了音乐厅的发展，因为两种许可证（戏剧或"娱乐"）不能同时持有，也就是说，它们是相互独立的。

　　在1843年（和1871年的《交易法》）简短的《剧院管理法》（只有5页）通过之后，这个法案承认以前的专利制度的不可行性和反竞争性质。尽管它们演出的戏剧仍然需要查德·张伯伦勋爵办公室的批准，但是，各种各样的场馆都可以申请许可证。关键的问题是含酒精的食品和饮料不能在剧院演出合法戏剧的时候提供（并且禁止吸烟），而酒馆、客栈以及后来的杜松子酒馆和歌舞厅当然是可以提供以上东西的，而且确实如此，但是，它们却不能表演正统剧！这些规则无论是对有细微的违反其规定的行为，还是对藐视这些单独的许可证和标准的行为，都毫不例外地不留情面。例如，在霍克斯顿的大不列颠剧院，伦敦东区拥有一种剧院牌照，它允许吃东西、喝酒和吸烟，而伦敦西区的剧院则强调了这项禁令——这似乎是一种有效的东西分水岭。东区的低端市场被允许在严格的许可规则之外运营，一直到 1911 年，新开了帕拉丁剧院。而西区的一个剧院，尽管允许开展音乐和舞蹈这样的娱乐活动，但是它因为表演了《尤里乌斯·恺撒》的节选部分而遭到了罚款（Weightman 1992：29）。也正如韦特曼认为的："除了1843 年法案和双重许可证制度的模糊性之外，剧院和音乐厅没有任何理由独立发展。"（Weightman 1992：29）然而，这种做法低估了教会、清教徒及其支持者、戒酒协会和理性娱乐主义者对大众剧场及其社团对堕落、卖淫、酗酒和普遍的不良行为在现实中和感觉上的极度反感程度，还有国家对群众集会的天然恐惧："伦敦城里有清教徒、很会赚钱的人、顽固的团体。这个伦敦城与有教养的城市宫廷生活又有什么关系呢？"（Wall 1998：152）

　　戏剧和娱乐之间的这道鸿沟促进了音乐和杂耍厅的发展。在格鲁吉亚时期之后，戏剧的发展在很大程度上仍然没有什么变化。这种增长是通过流行音乐和舞蹈的现有场所的自然延伸——酒馆和酒吧，以及它们引入的乡村前身，即集市和休闲花园来推动的。对于这些城市绿洲，韦特曼引用了 A. 松顿《伦敦的唐璜》（1836）中的话："花园美丽而广阔，有各种形式的步行道，灯火通明……并且以透明的油画结束，一切都那么的饶有趣味和富有效果，让参观者们产生一种近乎迷人的感觉。"（1992：19）1830年，没有了音乐厅，或者后来所说的杂耍剧场[2]。到了 1870 年，伦敦已经有 36 个大厅："经理们认识到，在伦敦有一个新的市场，这个市场所对应的人们拥有更多的金钱，更多的休闲空间，以及对相对精致的环境和建筑风格的品位。"（1992：30）凭借工人阶级受众基础，很快就开始致力于增加他们的客户和体验。例如，有一个画廊在伦敦朗伯斯区的坎特伯雷（莫尔顿）音乐厅里开业了："当大厅为他们提供天真活泼的享受的时候，美术馆则可以成了提高他们的高贵和高尚思想的媒介。"（Chanan 1980：157）因此，音乐厅是投机取巧的，是企业家的产品和对国家控制文化消费的务实反映，但它并不是一种原创性的生产来源，它不同于莎士比亚时期的剧场："随之而来的是其他支流进入了音乐厅：哑剧、'杂耍'、酒馆音乐会，完全是男性歌唱集会或'歌曲晚餐室'……这大概就是它繁荣发展的一种确定无疑的社会经济决定论氛围。"（Best 1979：235）另外，人们可以在跑马场和竞技场中看到更具有历史性的再创造活动，它与音乐厅没有什么联系，这是一种城市混合体。这些大型而富有技术性的独特场馆从马戏团和展览会上获得了灵感，但是它们的发起人实际上却把它们清除掉了，因为寻欢作乐的音乐大厅变成了综艺和家庭娱乐场所。

集市和游乐场的衰退以及向音乐厅、沙龙和杜松子酒馆的转变体现了劳动者处境的变化——城市经济意味着一种有更高的工资、有便利照明的、有多样性的趣味和丰富的娱乐性的富有活力的夜生活。杜松子酒馆的规模性的增长就是为了适应那些上下班行走在回家路上的工人。它们沿交通路线发展——街头、车站、有轨电车及巴士总站，公园的入口处和其他大门口。到了 19 世纪后半叶，它们还在争夺周边地区的顾客：在伦敦东区的怀特查佩尔路，有超过 48 家的杜松子酒馆；在斯特兰德街，在不到 1600 米的区域内就有 46 家。城市社会也带来了更大的控制、治安和道德问题，它得到了阶级区分的支持："场所、娱乐和行为之间的社会分工的增长，是广大劳动人民可以接受的，是勤劳的人们能够接受的东西。但是，越来越被细化为专业人士阶层……娱乐需要得到尊重，就像它在其他领域一样，而这种尊重反过来又和酒有很大的关系。"(Weightman 1992：13)音乐厅招致了类似于剧场所受到的羞辱，这一直持续到 20 世纪："那些在他们的生命中从来没有进过音乐厅的高尚的人强烈谴责它们。所有的社会罪恶，尤其是年轻人中的罪恶，都归咎于它们的出入口（人们说这就类似于同样的电影院）。"(Willis 1948：163-164)19 世纪 30 年代，退却的乡村狂欢招致了越来越多的鄙视，被人们看作一种社会公害。例如，巴索洛缪集市，在秋季举行了三天活动（在成了史密斯菲尔德肉类市场的地方）。按照霍林斯赫德的说法："这是汇聚了城镇和乡村的一种奇怪组合，它把喧嚣、做买卖、牲畜市场卖点与流动的表演人集会统统杂合在一起。"(Weightman 1992：17)

在全伦敦上演的这些节目，都与摊位剧场、各种野生小动物和怪异秀混合在一起。由于当局的担心程度日益增加，这些巡回演出的范围被缩小了。到了 1855 年，巴索洛缪区及其卫星城已经全部被关闭了。农村大众娱乐的这种衰退以及实际上的城市化在休闲花园中得到了反映，其中有几个把大批参与者和闲逛者吸引到沃克斯、拉内拉赫和萨德勒的威尔斯花园里。切尔西的克雷蒙花园提供一系列的娱乐活动，就像哥本哈根的蒂沃丽花园一样。水晶宫是一个巨大的花园，"包括了活动室、音乐、绘画、雕塑、热带树木和各种建筑模型"(Best 1979：234)。1683 年，萨德勒先生在伊斯灵顿的一个天然温泉（井）上建造了他的露天集市和游乐园。1931 年，利联·贝利斯和妮内特·德瓦卢瓦在那个地方开始表演维克威尔斯芭蕾舞，那个地方是英国皇家芭蕾舞团和后来的英国国家歌剧院的发源地，在一个剧院里仍然还挂有萨德勒的名字，并且它在今天仍然是现代舞的家乡。当游客们进入这片"水域"时，萨德勒加入了音乐家们和一座"音乐"厅：用当时一首歌的歌词来说就是，"可爱的花园和快乐的凉亭"（Senter 1998：6）。这个休闲花园的命运与音乐厅和"梦幻宫殿"的吸引力相吻合，它有各种各样的娱乐活动、食品、饮料，同时具有内部安全性，但是这个园子的竞争力变得越来越小，也没有让许可部门感到满意："半农村式的娱乐场所开始失去它的吸引力，就像不断扩展的城市砖块和灰泥覆盖了田野一样，让人们越来越无法忍受。"（Weightman 1992：10）到了 1711 年，萨德勒的威尔斯观众被人们描述为"已被训练成上了绞刑架的害虫"，被检察官描述为"放荡不羁的温床"。（Senter 1998：6）在风格发生了很大的变化之后，在 1851 年，对于这里的管理和非法营业情况，查尔斯·狄更斯的看法再适当不过了："恶棍般的观众就像伦敦一样全都摇晃起来……在最糟糕的小镇里喜欢最糟糕的集市……那是一个蛮横人的乐园，到处都能听到粗话、咒骂、嘘声尖叫、吼叫、亵渎、淫秽。"（Senter 1998：10）到了 1876 年，它就变成了一个溜冰场和冬季"花园"。

场所里的观众

休闲花园倾向于在温暖、干燥的白天和晚上吸引人群。也有大花园、无数小花园出现在许多城市里和城市的周边："哪里的街道和房屋密集，哪里就值得人们花时间去想象一种世外桃源的景象。"（Best 1979：234-235）除了当地的步行人群，较大的地点都依靠马车等公共交通工具和延伸的铁路网络，但是，它们的主要位置也使它们易受到投机性建筑的影响。一些花园实际上在场地上建立了大厅，失去了绿色空间，但新的酒馆剧场却维持了它们的客户。其余的一些花园后来成了城市公园，作为一个缓冲区或"绿肺"来应对工业城市人口增长速度和密度不断增大的问题，但其更大程度上是一种理性重建产物而不是大众娱乐追求的产物。公共交通功能一旦变得快捷和廉价，户外城市娱乐也会深受海滨胜地、"码头和长廊"、集市建设，以及"冬季花园""夏宫"等大众化设施、建筑数量增长之苦，但是，它们较少受到城市中心那样的威胁和环境控制。从 19 世纪的第二个 25 年以来，城市艺术和娱乐的重点——音乐厅、杜松子酒馆、酒吧剧场以及随后的早期电影院——越来越依赖当地的供给而不是城市中心的。就像今天一样，经常光顾这些地方的人都来自城外的职业中产阶级（"PMCs"）。郊区、伦敦周围各郡都是今天伦敦西区剧院的最大参与者群体的发源地（43％对 40％的伦敦居民；MORI 1998）。虽然市中心的艺术和娱乐区幸存下来了，尽管并不是没有改变，但是由于当地音乐厅、休闲花园以及后来的电影院都衰落了，因此附近的娱乐就变得难以为继了。

　　从宫廷、私人住宅到公共和开放的娱乐表演的发展，也使生活艺术更接近于公众。正如贝斯特所说的，到了维多利亚时期："剧院可能得到不同阶层的赞助，它们的便利性和价格往往是为这个目的而特别设计的。正厅后座和画廊很长时间以来就使大众接近了经典。休闲花园是向所有愿意付门票钱的人开放的。除了最低端的音乐厅外，所有音乐厅都会吸引到各种各样的赞助者。他们通常不会在自己的家中和职场中见面。"（1979：221）当然，意大利歌剧表演是面向广大的社会阶层的，正厅后座并不比英国的音乐厅更精致和更体面。在 1866 年举行的政府选举委员会中，著名剧作家迪翁·布希高勒的证词这样写道:"25 年前,寻欢作乐的大众被划分为两个阶层——一个是专门去剧院的上流阶层,另一个是到公共房屋和花园里游玩的下层阶级。音乐厅就是两者之间的垫脚石⋯⋯剧院和画廊的经理们赚了一大笔钱,主要是因为剧院的正厅后坐和画廊(的客人)是从音乐厅吸引过来的。"(Weightman 1992:49)正如韦特曼所总结的:"这个时候,观众并没有被明确地区分⋯⋯对戏剧和音乐厅之间的区分是由许可法所强加的,并没有体现出趣味上的划分。按照社会阶层的方法,对观众进行划分的最重要的东西就是音乐厅和剧院里的行为。"(Weightman 1992)观众的忠诚度和频率也是一个因素,而不管节目、体裁和剧作家以及所谓对高雅艺术的偏好(新古典诗歌和悲剧、高雅的喜剧)究竟如何。与欧洲其他城市一样,在这里,实际观众人数并不能证实上流社会和中下阶层观众之间的戏剧性事件。在 1795 年至 1815 年的鹿特丹,戏剧观众的社会构成几乎没有什么变化,而受欢迎程度却有所变化。例如,19 世纪末人们对歌剧的兴趣下降,观众远离了画廊和正厅后座,增强了上层资产阶级的存在(Gras 1999),而并不是转移到新的场所。再例如,各种各样的沙龙,它吸引了不到 10% 的城市就业人口。

理性的娱乐

早期工业城市在地理位置和参与公共文化定位中表现出的社会和空间的鸿沟,既可以从历史的角度认为它们反映了对娱乐和改善的艺术设施的精英供给,同时也可以看作国家对大众消遣和聚集正在出现的控制和干预。国家对文化的"干预"是表现在审查制度、许可证制度、规划(如土地利用/阶级)和其他控制方面的

一种持久现象，这或多或少适用于不同的时间和不同的国家（Pick
60 1980，1988）。例如，在 19 世纪末的英国，剧院的规划内容和许
可控制范围都被伦敦郡议会的"剧院和音乐厅委员会"扩展了。它
审查剧本和歌词，并且试图通过臭名昭著的"音乐厅净化运动"来
控制音乐厅的演出和观众的行为（Bailey 1986）。[3]当然，人类的能
动性并不受制于这些工程化的区分。剧院、音乐厅和休闲花园见证
了各阶层的观众混杂在一起的过程，因为城市土地和收入阶层的分
离发生了逆转："富人和穷人、贵族和黑社会，因斗鸡场、赛道、
花街柳巷的酒吧和赌场更为密切地结合在一起。"（Best 1979：
221）另一方面，积极地参与公共文化，在国家供给、资助和提倡
艺术作为一种社会/福利（公益）方面是明显的；这主要通过（艺术
的）教育和培训系统以及传播（如公共服务广播）公共文化实现。
国家参与纪念性文化和公民文化的历史十分悠久，如前面所讨论
的那样——将公民和市政文化的供给，公共文化和对理性消遣的
控制结合在一起的现象，没有比维多利亚时代更为明显。公共
博物馆、图书馆和其他休闲设施的发展都试图调和这些相互冲突
的目标。然而，正如威尔逊所认为的那样，休闲与相对自由（loi-
sir and relative freedom）这个悖论也许是无法调和的，因为"休闲
不能等同于教育、医药和作为一种国家功能的庇护所，因为在规划
上存在一种内在矛盾。一方面，福利国家必须依靠这样的规划；
另一方面，又必须具体体现在真正的闲暇之中"（1988：118）。

　　直到最近，实际上的艺术规划概念才出现。与其他城市规划
和设施规划相比，它在很大程度上仍然没有得到发展。例如，在
英国，文化规划不是一种单纯的现代现象，在某种意义上说，它
是对社会规划和公民文化设施的扩展。许多地方、国家的"旗
舰"、城市艺术建筑与设施，都是从维多利亚时代继承下来的，

还有许多会议室和一些私人剧院可以追溯到格鲁吉亚的"黄金时代"(Fox 1992)，这是在英格兰爱德华 1845 年的《博物馆法》和1850 年的《图书馆法》中得到许可的。尽管《博物馆法》起初并没有包括公共艺术馆，但是，它给予拥有至少 10000 人口的地方议会以征收半便士税率设立或支持艺术和科学博物馆的权力。而《图书馆法》、1833 年的公共步道特别委员会、1847 年的《城镇改善条款法》和 1846 年的《公共澡堂和洗衣房法》都奠定了地方市政层面上的公共设施的法定条款。1875 年的《公共卫生法》还通过给予地方当局提高政府贷款获得娱乐用地的权力，从而推动了公共公园的供给(Conway 1989)。在此之前，每个项目都需要昂贵的特别立法。这些法案还设立了地方委员会，如公共澡堂和洗衣房委员会、地方卫生局以及后来的学校董事会——所有的地方设施规划和分配机制，尽管都在一种国家(中央)的立法结构范围内。

在 1850 年到 1875 年的欧洲城市(但在美国却不是这样的)中，艺术差不多以某种准精神的方式在满足社会需求方面发挥了一种基础性的作用。就像霍布斯鲍姆所认为的："在首都城市中心出现的戏剧和歌剧的伟大集体象征——如巴黎(1860)和维也纳(1869)的城市规划重点，就像德累斯顿教堂一样令人注目(1869)。它们始终是大量体的，精致非凡的，正如在巴塞罗那(1862 以来)和巴勒莫(1875 以来)那样。"(1977：334)工业城市和公共的公民文化发展也被输出到殖民地城市，这些城市同样面对着了人口的快速增长问题。例如，多伦多在 1834 年成立之时，只是一个 10000 人的小镇，到 20 世纪末人口则达到了 200000 人；孟买是伦敦和加尔各答之后这个帝国的第三个人口最多的城市，19 世纪 80 年代超过了 700000 人，到 19 世纪 90 年代有超过800000 居民。在维多利亚时代的澳大利亚，墨尔本是从 23000 人

61

发展起来的，1850 年"合并"时它已经有 97000 人，但是 25 年后，在其 30 个不同的城市（区）中有超过 100 万人。被誉为"澳大利亚和新西兰(the Antipodes)的巴黎"或"南半球的芝加哥"，墨尔本获得了作为一个商业和娱乐中心的大都会性质："这个城市中心包括货物齐全和灯火通明的商店，可与伦敦最好的商店相媲美；1842 年在河岸上建立起一座皇家剧院，在那里，你可以看到意大利歌剧在风格上不亚于英国大都会本身。"(Briggs 1990：280)文化与社会也效仿了英国的制度安排，有艺术协会、力学研究所、互助组织、交易大厅的文学研究所——1859 年开放的第一家市政图书馆——这个城市还在 1880 年 1 月举办了一次（在规模和成本上）巨大的国际展览，1888 年又举办了一次。

博物馆

公共博物馆的发展，也许就像典型的国家与市民文化机构一样，把它的基础和存在归功于王国和廷臣的善行、公共彩票的收益和慈善的商人和实业家——如汉斯·斯隆和亨利·泰特先生的捐助。当然，这种关系在 20 世纪还很盛行——从福特、卡耐基、盖蒂、古尔班基和古根海姆博物馆"捐赠纪念"基金会到现代的美第奇家族、康兰、萨奇和蒂森——以及用国家彩票资助作补充(Schuster 1994，Evans 1995a)。创始人和赞助者捐赠了场地、建筑和藏品，它们构成了许多国家和城市博物馆以及专家收藏的核心历史美术品和科学收藏品。它们的位置往往体现出自己的根源和性质，如古根海姆博物馆——纽约、威尼斯、萨尔茨堡。而今天，还有富裕的个人寻求新的设施为后代收藏他们的私人藏品，艺术场馆和公司的企业所有权从伦敦西区延伸到了许多国家、城市的电影院和连锁剧院。无论是在他们活着的时候还是在他们离开人世之后，殖民地的探险家们也在提供档案和文物方面发挥着自己的作用。包括贸易和旅游方面的人，如霍尼曼、茶商、人类学家和收藏家。（霍尼曼博物馆位于伦敦东南部的刘易舍姆霍尼曼花园。）博物馆作为纪念性的和市民文化的表现，也成了帝国和国家霸权的体现："当殖民战争的掠夺行为被同化到欧洲博物馆文化之中的时候，19 世纪末和 20 世纪初的纪念碑建筑投入使用的范围不断扩大，就是一种民族身份的表达。"（Miles 1997：63，also Coombes 1994）

因此，对这些博物馆的定位是后代的一种功能，是为了让广大观众感到惊讶、对接受教育启示产生一种渴望，同时也是为了庆祝他们的创建者和民族国家的伟大——"一座建筑的主要职责就是宣扬君主的开明威严"（Taylor 1998：123）或者人与自然的"成就"。王室已经在艺术学院对艺术家、工匠的培训和教育方面发挥了作用。这些学院于 17 世纪在巴黎、罗马和当时的柏林建立起来（英国在 1768 年成立了皇家学院）。艺术作品的收藏，无论是委托还是收购，都是在私人宫殿和贵族住宅中建立起来的："建筑物需要增加室内装饰和相关内容。如公园这样的开放空间和公共广场都需要请人做景观设计和雕塑。"（Taylor 1998：78）还有艺术和建筑对宫廷的美学效益，"对国王、王公和那个时代其他拥有大量土地的贵族来说，收藏艺术品是带有许多的目的的。一方面，它是一种经济投资。另一方面，它也是一种有意识的、对知识和审美价值的展示，再加上它们具有的历史感"（Taylor 1998：81）。1821 年，也就是国际博览会展将把伦敦的博物馆区留给南肯辛顿（表 3.2）的 50 年前，著名建筑师卡尔·弗里德里希·辛克尔受德国国王委托设计并建造了用于公共展览的艺术博

62

物馆，用来收藏他的日益增多的艺术藏品。虽然君主强调了他的
具体要求，但是，申克尔的新古典主义设计看起来却有着希腊的
根源——他从未设计过没有雕塑的建筑，他的"伟大的成就首先
是，不仅承认并且仔细考察了希腊艺术的壮丽辉煌，而且表明运
用这种艺术所能够体现的价值"（Alexis，1838）。到了欧洲的 18
世纪中期，正如霍布斯鲍姆所指出的："即使是在最辉煌的君主
[博物馆]越来越属于'公众'而不是宫廷的情况下——皇家的收藏
这个时候都属于博物馆，而歌剧则打开了它们的票房。它们是荣耀
和文化的典型象征。"（1977：329）

表 3.2 万国工业博览会和世界博览会（1851—1939）

年份	展览/节庆	出席人数（百万）	用后设备
1851	海德公园 万国工业博览会	6	伦敦水晶宫
1879	法国大革命一百周年	32	巴黎埃菲尔铁塔
1871—1874	国际博览会		南肯辛顿伦敦博物馆区、自然历史博物馆、科学博物馆、维多利亚和艾伯特博物馆
1887—1890 1895—1899	美国、意大利、法国、德国		印度伦敦、利物浦和格拉斯哥厄尔斯考特/奥林匹亚展厅
1901	格拉斯哥国际博览会	10	格拉斯哥凯尔温格罗夫艺术博物馆
1908—1914	英法帝国 英日加冕礼 英国-拉丁 英美	12	怀特城伦敦体育区
1939/1940	纽约世界博览会	45	国家体育馆

来源：Greenhalgh（1991），Evans（1996a）

在 18 世纪，被掩埋的城市（如庞贝古城）和文明的发现也吸
引了人们的注意力、引发了人们普遍的想象力，正如万国工业博

览会对一个世纪之后的工业机械、产品和新奇所表现的那样。1851 年在海德公园建成的水晶宫中展出了来自世界各地的艺术和工业产品，估计在六个月内参观者的数量就达 600 万，大约有四分之一的参观者是伦敦人。就像发达的剧院一样，针对工匠的价格歧视用先令日来进行阶级划分，而中产阶级则在其他日子支付 5 先令。皮克（1985）和安德顿等人（1996）认为，万国工业博览会是一个里程碑，它加速了艺术和大众娱乐的分离，博物馆和画廊比其他形式的文化更能弥合这一鸿沟，参展者们的社会经济形象比表演或视觉艺术更为广泛，尽管他们主要还是那些受过良好教育的游客，包括受过良好教育的（学校）孩子们（Bourdieu and Darbel 1991，Evans 1995c）。1848 年的皇家学院展览吸引了约 90000 名游客，而到了 19 世纪 70 年代末就差不多达到了 400000 人。战前的万国工业博览会，鉴于其规模和广阔的场地，确实为公共文化的规划做出了重要贡献，因为它们的遗产提供了一些主要的文化建筑和它们当时的心境象征（见第八章）。

事实上，一种宣传国家产品和举办文化的贸易展览的概念是早在法国提出的。1797 年至 1849 年期间，在恢复到香榭丽舍大道的临时建筑之前，在巴黎举办了十次全国性的展览。第一次是在卢浮宫的庭院里，然后是在协和广场的建筑里。法国的其他城市也紧随其后，（就像它们在模仿巴黎的宏大工程一样，见第八章）在南特（1827）、里尔（1835）、波尔多（1835、1845）、图卢兹（1836）上演了类似的"大事件"。无论是政治的还是商业的事件："它们都不只是展销会或节日庆典，而是一个国家致力于展示经济、民族、军事和文化实力的外在表现。"（Greenhalgh 1991：6）1909 年伦敦的金西展，发起人在内容说明书中写道："没有任何途径能够像在世界大都市里举办展览那样有效地传播关于一种国

家的知识。"(Willis 1948：142)英国皇家艺术学会也举办了规模较
小的艺术和工业展览。

博物馆区和博物馆岛

如第二章所述，对于城市中心、商业街区和广场的历史建筑
的再利用和修复是在发达国家和发展中国家城市中的一种现象。
这并不令人惊讶，因为它们的城市形态有着共同的根源和基础，
无论是古典的、文艺复兴的、巴洛克的，还是由自由主义或极权
主义政权构想的——对国家荣耀的庆祝——随着时间推移的表现
和解释，都仍然是一种共同的行为。因此，也是城市连续性的一
个标志，博物馆通过它们的实际存在及其选定的具有历史意义和
起源的收藏品来体现这一城市的连续性。在地方层面上，自从 20
世纪初以来，市政博物馆还充当了自治政府的档案和地方历史资
料库，并作为市政和慷慨捐助者的提示——通常都以他们的名字
命名。"行政区""数英里"或"地区"中的博物馆和美术馆群集也是
一种建筑和城市设计的表达，以及是对重要轴线和出入口考虑的
解决方案（如公共交通/交汇处）。对于博物馆公众和赞助人来说，
这也是一种便利，就像它对馆长和博物馆管理那样。例如，埃克
提斯博物馆作为柏林博物馆建筑群中的第一座，由于国王贪得无
厌的收藏习惯，这些建筑需要进一步扩建。阿尔特斯的建筑师申
克尔在 1843 年至 1836 年建造的新建筑容纳了意大利和荷兰绘画
的部分收藏品。20 年后，第三个美术馆在一个"博物馆岛"上建立
起来——国家美术馆。这一次容纳了威廉·瓦格纳（当时的国王）
捐赠的现代艺术品。在这里建造并留存下来的最后一座美术馆是
弗里德里希皇帝博物馆（1956 年更名为博得博物馆）。在伦敦国家

64

美术馆和泰特美术馆，对画廊和博物馆进行了现代或更准确地说是后现代的增建和扩建；苏格兰博物馆（原苏格兰皇家博物馆的扩展）、爱丁堡和马德里普拉多的重大升级。所有这一切，都是为了都满足规模更大、更现代的展览空间的需求（大型博物馆展品是实际藏品的"冰山一角"，其中大量藏品都在储藏室里，看不见的），并提高它们对旅游业的价值，从而增加旅游收入的潜力。它们也有助于重申国家和城市的自豪感。在爱丁堡，19 世纪的皇家博物馆展示了"从世界走向苏格兰"的主题，而苏格兰博物馆则于 1998 年开放，旨在展示"从苏格兰走向世界"的主题。海德（皇家）公园入口附近的南肯辛顿博物馆区，建立在用 1851 年万国工业博览会的收入买来的土地上，创造了地质、自然历史、科学、维多利亚和艾伯特博物馆（见表 3.1）。而公园则成了博物馆群的天然位置，如在墨西哥（查普特佩克城堡）、格拉斯哥（伯勒尔、凯尔温格罗夫和波洛克馆）、伦敦海德公园（蛇形画廊）那样。如果忽略主题博物馆，它们也是现代艺术的新场所，如现代艺术博物馆、圣保罗伊比拉普埃拉航空与民俗博物馆（见图版 3.1）。巴塞罗那的蒙锥克公园拥有民族学博物馆、考古学博物馆、加泰罗尼亚艺术博物馆和胡安·米罗博物馆，在奎尔公园里有高迪博物馆，而巴黎的维莱特公园则在一处再生的棕色场地和前屠宰场上建设了一个新的开放空间，容纳一个科学馆和全天域电影（见第七章）。

公园和图书馆

就像音乐、戏剧和歌剧的表演一样，图书馆首先存在于私人庭院和贵族宅邸。然而，在 17 世纪，私人图书馆也扩大了，从日记作家塞缪尔·佩皮斯的藏书室到"自耕农农场的普通书橱"
（Trevelyan 1942：279）。除了牛津大学和剑桥大学外，公共图书
馆很少（如 15 世纪的赫里福和 16 世纪的莱斯特）。但是，1684
年，圣马丁校长（特尼森，后来成为坎特伯雷大主教）在一个穷人
工作室附近的教堂庭院里建立了一个公共图书馆。18 世纪后期的
65 大小社区都建立了图书俱乐部，每年只需要支付少量费用（一个
或两个几尼）就可以阅览图书馆的藏书。这些专有的图书馆在利
物浦（1768 年）、在谢菲尔德（1771 年）、在赫尔（1775 年）、在伯
明翰（1779 年）建立起来了，还有早期的斯伯丁绅士协会图书馆于
1711 年建成。随着图书和小说的成本变得相对昂贵，分期付款的
长篇连载以及删节本的经典也出版了，流动图书馆发挥了一种国
内大学图书馆的作用，尤其是对妇女来说。到了 1800 年，在伦
敦已有 122 个这样的订阅图书馆，在各省有 268 个（Porter，
1982）。按照 1850 年尤尔特的图书馆法，公共图书馆成倍增长，
尽管到 1875 年只有 60 个左右。然而，当地慈善和教育机构也提
供图书馆和阅览室，"很多工人阶层的读者使用它们，但是据图
书馆员的说法，他们通常阅读的是小说，而不是那些最厚重的著
作。"（Best 1979：234)19 世纪 50 年代，有 19 个英国城市建立了
公共（"免费"）图书馆，19 世纪 60 年代建立了 11 个，19 世纪 70
年代建立了 51 个。（Munford 1963 quoted in Hobsbawm 1997：
386，Pick and Anderton 1996)国家图书馆也得到了提升，19 世
纪 50 年代初建设的大英博物馆配有阅览室，1854 年和 1875 年之
间巴黎的国家图书馆得到了重建（两个机构都是 20 世纪八九十年
代宏大工程进一步发展的重点）。班尼特引用了政治经济学家威
廉·杰文斯的话，他在 1883 年谈到公共物品原理时认为："公有
的文化资源是通过公共事业的多元化原理来确保其所认为的'愉

图版 3.1　圣保罗伊比拉普埃拉航空与民俗博物馆(1998)

快的世俗化'的一种手段。"(1998：108)"公共图书馆存在的目的
或理由，确实就像公共博物馆、美术馆、公园、会堂、公共时钟
一样……是公共事业的巨大进步，从而它是以微不足道的成本成
为大众能够获得的东西。"(1883：25-29)

　　为了满足图书馆的需求，藏书量成倍增长。据估计，1848 年
有 400 家主要图书馆，藏书量约为 1700 万册；到 1880 年，图书
数量几乎是其数量的十二倍和两倍——奥地利、芬兰、俄罗斯、
意大利、比利时、荷兰和意大利的图书馆数量增长了十几倍，英
国也差不多，西班牙和葡萄牙增长近四倍。美国的藏书量只增加
了三倍，但是即便在这里，图书馆的书籍量也几乎翻了两番
(Hobsbawm 1977：386)。然而，霍布斯鲍姆注意到，此时美国
公共艺术的增速相对缓慢，除了有影响力的安德鲁·卡内基和
"德国/化的犹太中产阶级"是值得注意的个别例子。正如他所说
的："艺术，特别是古典音乐，得益于这个在 19 世纪后期充满文
化的小而富有的赞助以及深受文化熏陶的共同体，这是无法估量

66

的。"（1977：334）当然，这种影响一直延续到了 20 世纪电影和音乐产业，这是一种特殊的文化氛围。

另一方面，公共花园、步行和散步区都得益于现有的共享和开放空间。这是中世纪城镇拥有的并用于节庆和体育赛事的空间。到了 18 世纪后期，许多大城市都有商业性的休闲花园，人们在这些场所里举行音乐会、舞会和其他娱乐活动。随着城市人口密度和建筑数量在 19 世纪的增加，城市广场和花园的重要性以及人们对公共公园的需求——与其说是为了积极追求，不如说是为了休息和摆脱街头生活——得到了认可。随着约瑟夫·帕克斯顿先锋公园大获成功，1847 年，伯肯黑德、默西塞德郡、曼彻斯特开放了三个城市公园；布拉德福德开放了皮尔公园（由市长和纺织实业家索尔特出资）、邓迪百特（人民）公园以及 1866 年的博尔顿海伍德公园，伦敦大都市工作委员会也开放了几个公园："开始开放的公园和散步区一定使生活变得更加愉快些……在每一个规模、财富和集中度不同的城镇或城市，都把为社区提供各个层面的文化设施具体化了……现在，现代工业城市的大众社会的休闲模式已经开始形成。"（Best 1979：219-220）

67　　公园里定期举办乐队音乐会。这些音乐会不是由当地议会安排的，但当然，是在它们的许可下举行的。如上所述，大型公园也把它们的自然和建筑遗产延伸到了生活艺术规划，如线性行利河谷区域公园（Evans and Reay 1996），伦敦的摄政和霍兰德公园（剧院），而地方性公园则往往作为年度社区庆祝和游行的场所。随着环境艺术协会的进一步发展，公园正越来越多地被用作收藏公共艺术品的场所，从传统的公园雕塑和音乐传统（以及宏伟风格，如凡尔赛）延伸到雕塑小径。在英国，汉普郡、约克郡（见图版 3.2）和兰开夏郡（代尔）都有这样的公园。在巴黎之外有卡地亚

图版 3.2 西约克郡布雷顿森林大厅的公共艺术(1999)

典藏，而植物园也作为历史建筑、构造物和公共艺术的主办场所(如在里约；见图版 3.3)。因此，公园发挥了户外博物馆的作用，如津巴布韦哈拉雷的查庞古石雕公园。它收藏的绍纳雕刻和雕像都保留了这一雕塑传统的文化遗产，并且通过巡回展览在国外展示藏品。例如，在威斯特法伦公园、在德国的多特蒙德和伦敦的基尤植物园。而伦敦西区的霍兰德公园则举办了特别委托的公共艺术展，它是千

**图版 3.3 里约热内卢植物园的
"金属折纸工艺"公共艺术(1998)**

禧年庆祝活动的一部分(见图版 3.4)。

68

图版 3.4　伦敦西区霍兰德公园(原霍兰德伯爵庄园和花园，1605)的公共艺术——千禧年展览的一部分(2000)

城市改革

到 19 世纪初，工业化以及随之而来的城市化为城市规划奠定了基础，为贫困、疾病、犯罪和肮脏的问题提供了解决途径。这就要求回应先前被国家盛行的自由放任哲学所拒绝的东西(Taylor 1972)。

正如萨迪奇所指出的："19 世纪的改革者发现了一个城市下层阶级，这使得现代规划师的职业有了起色。在 1832 年那场霍乱流行之后，巴黎有 20000 人死亡，伦敦有 5500 人死亡，牧师、调查委员会、诗人和记者们都以自己的方式惊骇地发现，在体面的中产阶级的舒适景象之外，还有一个平行世界。"(1993：9)因此，到了 19 世纪中叶，人们对这些社会问题给予了更加积极的关注，然而，这是一个社区而不是国家的回应：私营企业开发房地产和公用事业、志愿团体和慈善机构提供学校、医院和社会（"穷人"）的住房和自助服务；并且迫使各个团体提供公园和其他文化、社会设施。此外，这种业余传统"在 19 世纪产生了扎根于地方和区域生活的大量音乐、戏剧或艺术团体"（Parry and Parry 1989：17）。而且，如前所述，这也与自负盈亏的商业娱乐相似。然而，1830 年，自财政部之后，其他部门如科学和艺术部门也于 1851 年万国工业博览会后一直给予博物馆、美术馆、图书馆等一些艺术领域的资助，以及通过音乐和戏剧向艺术学校提供艺术教育（Best 1979）。就像埃弗里特所指出的那样："在 9 世纪，人们看到了公共博物馆和美术馆的出现。它们要么是由国家资助的，要么是由地方政府资助的。只有到了 20 世纪 40 年代，音乐、戏剧、舞蹈和文学才得以在市场上生存下来。"（1992：6）

在这些早期阶段，尽管现代城市规划和空间意义上的公共艺术设施规划并不是很明显，但是，将公民参与视为纯粹的限制性参与，通过授权和控制，在维多利亚时代后期的理性娱乐主义哲学达到顶峰："妥善地为人们提供有价值的娱乐设施。"（Weightman 1992：97）这可能是一种误导，因为它会把艺术和娱乐供给看作一种私营独资企业。在 17 世纪的第一次英国城市复兴中，都市化导致了人们对社会和消费服务需求的上升（Jardine 1996）。它为城市生活质量的提升提供了经济基础："城市复兴的基础首先是经济上的复兴。"（Borsay 1989：199）在正式或非正式的基础上出现的规划，都有助于创造一个更加一体化的城市设计和城市景观，并通过对公共建筑和人工制品的投资而得到加强："提供时尚休闲不是一件偶然的事情，而是在相对明确的时间和空间语境下被组织起来的。"（Borsay 1989：139）除了其他的方面，它还

Cultural Planning: an urban renaissance?

包括认识到文化服务是城市生活中一种日益增长的方面："对城镇的影响是相当大的，因为它们是社会的传统聚集地和服务中心。"(Borsay 1989：117)在伦敦和其他城市剧院的专利或许可控制之外，大众艺术和娱乐主要集中在公共旅馆和咖啡馆。但是，17世纪中叶以来，公共建筑创造了专门的艺术和文化场馆，包括城镇大厅、会馆、市场广场和会议室都举办舞蹈、戏剧、音乐会(Chalklin 1980)。至今仍有不少这类建筑物是艺术中心、文娱厅和展览场所。它们的位置和建筑都表达了它们所代表的城镇和教区的自豪感，并且充当了与运输和贸易系统相联系的文化和社会中心。

从人民宫到梦想宫

随着人民宫的发展，如在伦敦东部和北部以及在格拉斯哥的发展，人们可以在所谓理性娱乐时期看到后来对文化设施规划的公共干预(Yeo and Yeo 1981，Bailey 1987)。以伦敦为例，从沃尔特·贝森特的迈尔底路，即从怀特查佩尔路的人民宫的视角看，一种明确的文化"剥夺"的空间方法见证了把西区文化带到东区的观念(Weiner 1989)。1851年万国工业博览会之后，它效仿成功的水晶宫，已从海德公园迁往伦敦南部的锡德纳姆。伦敦北部也发展了它自己的人民宫，以威尔士亲王的妻子的名字命名——亚历山德拉宫，通过铁路与伦敦中部相连。"快乐宫"的设计，正如贝赞特所提到的东区视角一样，是为了把大皇后厅两侧的娱乐和教育设施分离开，但是这种家长式的工程"缺乏一种为公众所理解和共享的清晰而明确的目的"(Weiner 1989：48)，而且对其融资的贡献也没有达成目标。无论是在情感上还是在事实上，它都从来都没有为"人民"(而是被城市行业协会、基金会和明显由中产阶级管理）所拥有。1887 年，由维多利亚女王揭幕的宫殿，演出了流行的和古典的表演、表演了舞蹈、举办了展览。前六个月的观众人数达到 600000 人。然而，其保守派的金融家们转向了投资建设性的娱乐设施和改善工人阶级的教育，而不是大众娱乐（或两者的结合，因为艺术中心运动在 20 世纪再一次得到尝试，见第四章）。而且，到了 1907 年，这座宫殿成了伦敦大学的一部分（女王大厅构成了玛丽王后和西菲尔德学院的一部分）。就像戒酒协会运动致力于发展无酒精饮品的娱乐场所一样，这些控制和规定行为的努力都失败了。例如，在 19 世纪 80 年代，咖啡厅获得了音乐和舞蹈许可证（到 1892 年伦敦有九种[4]许可证），以迎合上流社会和吸引那些远离淫秽音乐厅和杜松子酒店的其他人士。全国星期日联盟还在星期日晚上租用流行的剧院，并以免费或非常低的成本举办音乐会。这些"枯燥无味"的场馆也失败了，"因为它们往往有一种虔诚却毫无吸引力的氛围"（Weightman 1992：97）。

虽然人民宫没有控制住人民自己的想象力（而不是道德上的改良者），但是，另一种大众娱乐定位是从工业城市和有组织的雇员那里发展出来的。工人俱乐部也成了戒酒协会和其他中产阶级运动的主体，但是它们很快就获得了独立，供应酒精饮料（它们自力更生的根源），为音乐厅和其他现场表演提供舞台。人们会很难找到它们的戒酒根源，因为 20 世纪的俱乐部与酒精饮料、蓝色喜剧、无聊行为和明显的音乐厅娱乐气氛联系在一起。可是，正如韦特曼指出的："如果说戒酒工人的俱乐部变得更像音乐厅，那么，音乐厅本身也已变得更像剧院——桌子和椅子被分类的小隔间、包厢、边座等座位取代了，以（追求）体面的和可观的利润。"（1992：99-100）

梦想宫

工业时代出现的最后一种文化建筑类型就是早期电影院。它的发展与音乐厅和综艺剧院的鼎盛时期不谋而合，它们并没有立即受到这场新的竞争的影响。在伦敦，随着电影院开始有大量的观众并不断建设发展，音乐厅的容量也不断扩大（见表3.3）。

表 3.3　伦敦音乐厅和电影院的容量（1891—1931）

年份	音乐厅座位数量	电影院座位数量	电影院数量	平均座位数量
1891	115,000	—	—	—
1911	—	55,000	95	585
1931	142,000	344,000	258	1,333

到了1930年，每周去看电影院的人数估计已经达到了人口的约三分之一，其中70%的观众是妇女和儿童。正如韦特曼认为的，电影并没有把观众从音乐厅带走，而是挖掘了新的观众。可是，1910年，在亨格勒马戏团遗址上建设的最后一个主要的综艺大厅，它在两年后举办了第一届皇家大会演（1901年音乐厅获得了"皇家批准"，当时，国王要求在诺福克的桑德灵厄姆表演选定的剧目）。具有讽刺意味的是，这个场馆的年度皇家表演更多地与它的实况播送有关，用奥斯瓦尔德·斯托尔自命不凡的话来说，就是西区剧院巨头（斯托尔默斯小组）的作品挂在了未来音乐厅的墙上："艺术的灰姑娘跳舞去了。"（Weightman 1992：38）早在19世纪90年代，无声电影就已经面世，"偷窥秀"（即没有放映机）是根据早些时候在集市和游乐花园里看到的灯笼秀制作出来的，最早发行这些"电影"的是集市上的表演人员。同样具有讽刺

意味的是，短片首先出现在音乐厅的剧场里。小屏幕，即"廉价的低级娱乐场所"，可以在商店和任何一个空间里放映，那些地方可以安装椅子和一个小屏幕。1905年，伦敦第一家定制的电影院是维多利亚的传奇电影院。这是由一个指定的优秀的美国设计师乔治·华盛顿·格兰特建造的。新电影院在皮卡迪利娱乐中心相继出现。例如，新埃及厅（1907）、电力宫（1908）、哈克尼馆（1913），1914年有119个座位的大理石拱馆（配有茶室，与杜松子酒馆相去甚远！），1915年，在废弃的伦敦歌剧院的遗址上建造了斯托尔电影院。（"如果你不能打败它们，就加入它们。"）1916年在派克剑桥广场遗址上建造了第一家超级影院。（Weightman 1992）因此，新的艺术（形式）建筑仍然在老遗址的模式上继续着。

1909年，《电影摄影法》控制了电影院展览（打着"安全"的幌子），许可证政策再一次收紧，非正式放映只能在废弃的商店里进行（廉价的低级娱乐场所，见上文）："这种放映的业主只是清空了商店，装满了旧椅子，一头拉着屏幕，而另一头则是发出咝咝啦啦响声的投影机，收取一分钱的入场费。"（Willis 1948：185）当地的音乐厅也被转换成电影院——到了1907年，巴勒姆帝国音乐厅（1900）就变成了巴勒姆帝国电影院；怀特查佩尔区的宫殿于1912年3月以菲尔曼意第绪语剧院的名字开业，几个星期之后就成了一个电影院。到了1920年，在伯明翰，六个音乐厅中就有四个已经变成了电影院。人们在伊斯林顿宫看到了现场表演场地的变色龙性质：19世纪60年代，它开业的时候还是一个音乐厅，后来就变成了"热血吟游诗人"之家。一个1902年建成的音乐厅，到了1908年也成了蓝厅电影院。1882年在莱斯特广场上建起来的大帝国音乐厅被米高梅电影制片公司收购，并在1925年关闭。它重新开业的时候变成了有3000个座位的帝国影院，

相当于特鲁里街皇家剧院的容量："去电影院看电影成了当时最
受欢迎的娱乐形式。这是一个社会事件，这种从未梦想到的、集
中供暖的奢华场所氛围，就像电影一样具有吸引力。"（Weightman
1992：44）较大的电影院也能够适合现场表演，许多老综艺演员
在新电影院的舞台上结束他们的工作日。就像郊区短命的休闲花
园一样，当地的电影院通过音乐厅和皇冠剧场等巡回演出或连锁
店得到了扩展，新的电影院建筑物在数量上超过了音乐厅在繁
荣时期的数量。因为有两个或更多的地区的支持，从装饰更豪
华、价格更高的电影院到低层次的"破旧肮脏的电影院"，阶级
的分化也是很明显的。弗雷德·哈蒙德描绘了20世纪30年代伦
敦东区当地娱乐供给的画面：

> 我可以走路去波普勒；那里有一个很牛气的东西，一个
> 亭子，也就是电影院，在我的上面就是帝国影院，这是很牛
> 气的电影院和坎宁镇电影院（老牛气了）。然后，我们可以走
> 路去普拉斯托，那里有一个广场，绿色大门电影院，帆脚索
> 电影院、卡尔顿电影院、奋进电影院、东哈姆格拉纳达超级
> 影院，全都在上面。所以你看，那里有八九家电影院，大多
> 数都在一个很短的巴士路程内。我经常去电影院，也许平均
> 一周有四次吧，大多数人就去两到三次。

（Weightman 1992：129）

当然，大众电影的鼎盛时期是短暂的：战争爆发后（部分原因是
缺乏来自美国新电影的供应）上座率下降，就像战争爆发前一样，
在20世纪40年代后期达到了顶峰。在他们1947年或1948年进
行的《英国生活和休闲》的详细研究中，朗特里和莱弗斯在一些小

郡发现，如在拥有 41000 人口的海威科姆小镇，就有四家可容纳 4300 人的电影院，每周可吸引 24000 人。有由相邻城镇的剧院联盟组织的定期的星期六上午电影俱乐部，甚至是足球俱乐部。(1951：384)在英美主导的（生产和语言）的方面，供给（电影院/展览）和需求的影响也创造了较高的上座率。例如，在斯堪的纳维亚国家和英国之间，20 世纪 40 年代末期，英国看电影的人是丹麦的两倍，超过挪威的三倍，是芬兰的十二倍。即使在这些国家，按人口比例计算的出勤习惯也显示，城镇的出勤率是农村地区的五到八倍(1951：384)。1950 年至 1959 年期间，伦敦和东南部的电影院的观众人数减少了 50%——就像新的电影技术最终适合于现场音乐厅和各种综艺产品那样，电视对电影业产生了同样的影响。事实上，音乐厅害怕收音机的影响，到了 20 世纪 30 年代，收音机拥有大量的观众。但是听众还是最喜欢现场的明星，每周参加综艺节目的人数仍然持续增长。然而，郊区的剧院并没有幸存下来，随着城市核心、城市中心和外/郊区的不断扩展，对于"到西区去"（即作为一种特殊的场合）、对于游客，对于有钱人家的社会生活来说，城市中心已经承担了娱乐区的作用(Weightman 1992)。到了 20 世纪 40 年代末，无论是电影、足球、戏剧还是赛狗、艺术和娱乐的变化习惯以及场所都出现了一个普遍的高峰，电影院也碰到了过度供给的问题，当然也缺少规划框架或需求方面的评估。因为"城市规划"没有"休闲"活动这样的真正概念，不管是来自设施的还是空间的角度。有许多诸如此类的没有被完全拆除的电影院，都改建成宾果游戏大厅，成了当地的基本设施。这确实挽救了当地的一些建筑，尽管处于一种破旧不堪、不受喜欢的状态。但是其他人则把他们的生活扩展到了音乐场所，甚至用来接纳没有传统礼拜场所的新移民宗教团体

（见图版 3.5）。然而，伦敦西区的剧院却在这一技术创新和社会文化变革中幸存下来了，既走上高端市场（从此它们打破了综艺和音乐厅的传统），又服务于国内和国际观众。然而，到了 20 世纪 80 年代，电影院上座率之所以走高（当时电视收视率达到顶峰，随后开始下降）不是由于技术或文化的进步，而是通过多功能电影院的建设。这是由美国发展并出口的多功能电影院。

　　欧洲和美国的电影观众人数比 20 世纪 50 年代有所下降。尽管人均出勤率差别很大（英国和意大利最高，日本和美国次之，法国和荷兰最低），但是，银幕供应出现了回升。

73　　　然而，20 世纪 50 年代电影业的巨大差异已经缩小，现在发达国家的人口平均每年去看电影的人数还不到 5 人。因此，从历史上看，电影业的发展水平仍然只是其顶峰时期的一小部分。如在英国，表 3.4 和表 3.5 就表明了这一点。目前的电影复苏（现在又达到顶峰）也从未达到 20 世纪 30 年代观众数量的规模，当时几乎不存在的什么竞争。如今，商业影院把屏幕选择、辅助设施和屏幕广告结合在一起。这两者共同创造的收入至少相当于入场券，因此，自 20 世纪 80 年代中期以来，电影观众人数增加了一倍。

　　相比之下，在过去的 20 年里，荷兰的影院数量增加了百分之十，但也可以看到同一时期的观众已减少了一半（见表 3.6）。

图版 3.5　伦敦北区，芬斯伯里公园，废弃的前兰克电影院和摇滚场馆，彩虹电影院（2000）

正如第四章和第五章所讨论的那样，多功能影剧院，首先是一种城外的现象，然后才是一个市中心的机会，它也提出了特殊的规划问题和难题。在电影和电影展览的兴起、衰落和复兴的连续性过程中，不同的国家处于不同的位置。这不仅取决于电影的发行，还取决于节目、选择和文化品位。例如，以新西兰为例，就像在英国一样，战后电影的观众人数有所下降，但直到 20 世纪 60 年代初，电视和视频才开始受到冲击。但随后又急剧下降，从 1960 年的峰值 4000 万下降到 1972 年的 1200 万。在这种情况下，最近电影情况的好转被归因于定价策略，而不是多功能影剧院，也归因于国产电影和家庭电影的增长和成功，如《皮亚诺规划》(*The Piano*)(文化事务部 1995：100)。

(表 3.4—表 3.6 原书为卧排)　74

表 3.4　英国电影上座率的升降(1933—1999)

年份	1933	1940	1950	1960	1970	1980	1990	1995	1996	1997	1998	1999
入场人次/百万	903	1027	1395	500	193	101	97	114	123	139	135	140

来源：British Film Institute，LIRC (2000)

表 3.5　英国电影银幕和多功能影剧院(1985—1999)

年份	1985	1989	1990	1991	1992	1993	1994	1995	1996	1997	1998	1999
银屏数	1284	1550	1673	1777	1845	1890	1969	2003	2166	2383	2564	2758
多功能影剧院数	1	29	41	57	64	70	76	83	85	142	167	186
多功能影剧院银屏	10	285	387	510	562	625	638	732	742	1222		1710
总额的比例	<1	18	23	34	31	34	36	37	34	51		62

来源：Screen Digest，Febuary and September 1994，Evans et al. (1997)，LIRC (2000)，BFI (2000)

表 3.6   荷兰电影院和上座量(1970—1994)

年份	1970	1975	1980	1985	1990	1991	1992	1993	1994
观众数/千人	1863	2083	1982	1060	983	990	904	1041	1042
影院数		403							445

来源：SCP（1996：367-377）

75   然而，好莱坞多功能影剧院娱乐的两个强大垄断集团正表现出饱和过度供应的迹象，观众人数在欧洲达到顶峰，在美国却在下降。虽然在 1997 年至 2000 年，银幕数目增加了 22％，人数达到了 37000 人，但是，美国影院的上座率却仅增加了 3％，2000 年的收入和上座人数分别比上年减少了 7％和 10％。他们对青年观众的过度依赖和缺乏多样性，也意味着人口变化对电影观众的影响是不成比例的，因为 25 岁以下的人口数量下降的趋势对欧洲和北美产生了影响。这些单一性文化设施也不像艺术中心甚至传统剧院那么灵活，而且它们很难在商业综合体中"重新定位"。影院参展商的反应一直是价格的上涨，这可能会有进一步压低观众数量的风险。并且处置这些现在过剩的场馆，对这些地方会产生破坏性的影响，而这些地方往往又是综合用途和休闲开发的主要或支柱发展。

结　论

正如本章所考察的那样，早期的工业城市和新兴的世俗文化以及城市社会在文化供给中所表现出来的，一方面是企业性娱乐的兴起，另一方面是社会福利和文化设施的发展，并且其艺术设施的等级结构保持了其城市中心和"文化之都"的地位。国家的许可证制度和其他控制方式对城市社会来说一直是不可抗拒的。曾经开始摆脱宫廷和私人住宅的大众娱乐，具有更加包罗万象的趣味和多样性的用户，但是，因为重商主义、新兴资产阶级和中产阶级所支撑的商业和社会控制，也逐渐地分化了。支持手工艺和工艺人的文化与商业之间的相互依赖，同样受到了工业和机械（再）生产（摄影首先与艺术创造展开竞争）和进口贸易的影响。按照克伦普的说法，也许，马尔罗最终会承认他在《无墙的博物馆》（1978）中谈到的关于摄影的观点："但是，一旦摄影本身加入其中，即成为其中的一个对象，异质性就在博物馆的中心得到重新确认；其知识的自命不凡也成了命中注定的。即使摄影不能通过一张照片把风格具体化。"（1985：51）传统工艺品和手工艺品的机械化和贬值，当然刺激了艺术与工艺美术运动本身："其反工业主义的、含蓄的反资本主义的根源可以追溯到威廉·莫里斯 1860 年的设计事务所和 19 世纪 50 年代的前拉斐尔画派。"（Hobsbawm 1977：332）这种关系也因为家庭生活取代了集体消费而被减弱了。它具体表现在维多利亚时代，此时，家庭娱乐和爱好（以及各种家庭生活享受）的吸引力超过了沙龙剧院和杜松子酒店，而且，在下一种家庭娱乐——电视接替它之前，战时的紧缩状况就进一步影响了除电影之外的文化消费。

在公共建筑和公共文化场所的定位和发展中经常出现的一种模式是把场地和建筑物进行再利用，供随后的文化和设施使用。正如伯尔赛所肯定的："在其发展的早期阶段，有教养的城市文化必须与已然存在的设施有关，而不是享用为特定目的建造的空间利益。"（1989：144）

无论是出于感情或者恰当的营销理由（保持对先前行动的善意和记忆），还是由于现有场地、运输路线、交汇处和轴线的平淡无奇的区位优势，在许多情况下，它都一直涉及为艺术建筑提

76

Cultural Planning:
an urban renaissance?

供场所的问题。它们是曾经开展这种活动的场所，无论是在户外
还是在休闲花园，无论是在马戏团还是舞台上，抑或是在产生了
最初纪念碑和艺术与娱乐综合体的早期展览会上。即便是新建的
文化设施，如图书馆或集会室（如跳舞），也常常被添加到现有的
民用建筑中。这并不一定是强加的、官僚化的便利设施。例如，
在澳大利亚的新南威尔士的沃加沃加市（60000 人口），一个包含
艺术馆和图书馆的新市政中心就是建筑设计竞赛和社区咨询活动
的主体。这推动了市政服务机构在历史的市政会议厅遗址上建设
这个中心，而不是在该市的其他地方（Guppy 1997：46）。从前的
市政厅现在成了许多艺术中心的家园——从巴特西到伦敦的汉普
斯特德（见图版 3.6）。正如将在第四章中看到的那样，它们间接
地保证了在当地景观中不可多得的市政文化和遗产。

图版 3.6　伦敦北区前市镇规划办公室，转化为交流工作室艺术中心，
老哈姆镇（小礼拜室）大厅（1878，列为二级市）（2000）

　　在新的地方规划新的文化设施当然不是社会规划的考虑因
素。城市规划本身已经建立起来，并已经开始对城市化做出反

应——表现在园林城市、郊区、卫星和新城镇（以及社会主义城市规划制度）中。后殖民时期的发展还着眼于复兴时期城市规划的最新版本，以便适应南美洲等已经变得混杂的多元文化的人们，以及芬兰等国等国家复兴的民族运动。例如，在古巴：

> 主要设计于 1925 年至 1926 年之间的《皮亚诺的哈瓦那规划》（*Piano del Proyecto de la Habana*）确立了在 20 世纪城市历史中特别重要的框架，并且与 19 世纪以来的哈瓦那面貌形成鲜明对比。这个规划从一开始就包括了都市生活的各个方面，从区域范围到具体的公共家具设计。
>
> （Lejeune 1996：165）

在英国，第一个综合土地利用控制和开发的国家立法（1947 年的《城乡规划法》）出台一年之后，成立了大不列颠艺术委员会。这在英联邦国家得到了效仿，西欧其他国家与此相似，尤其是在法国和瑞典。因此，第四章将通过城市场所和艺术中心的艺术设施发展和分布，深入研究现代城市规划和艺术政策的根源。然后，我们会详细评论新出现的规划"规范"、设施和娱乐供给标准，以及城市和新市镇设施规划方法中艺术和文化的非典型地位和处理方式。

注释：

[1]贵族对艺术传播和分配的作用远比皇家重要，皇家的表演和美术集中在"宫廷"里。英国贵族"没有唯一的中心，却有成百上千个中心，它们遍布在全国的'绅士席'和外省的城镇里，其中的每一个都是学问和品位的中心"（Trevelyan 1967：414）。

[2]"音乐厅"这个概念很少被使用，也从来不用"杂耍宫"。人们提到的是大厅的名字。他们去蒂沃丽花园（TIV）或莫（Mo）（老字号酒馆——成了特鲁里街米德尔塞克斯），而且并没有把全部都概括为"音乐厅"（Willis 1948，Weightman 1992）。

[3]这一时期的伦敦郡议会（LCC）的清教徒形象被夸大了，并且是从对健康、教育和工人保护的实际关切发展而来的，它包括"清理"各种"行为"——清理大都会的董事会工作（因其腐败也被称为"董事津贴"），清除乞丐、反社会行为和赌博的公园和开放空间，以及对公共卫生、儿童和工人保护立法（例如，1892 年的《营业时间法》）。事实上，对休闲娱乐许可和控制的法案远不足以对付那些不守规矩的"中下层阶级"，它的增长已经使开明派失去了权力，并在 1907 年第一个保守派团体被选入伦敦郡议会。对公共娱乐场所的许可是 1889 年伦敦郡议会选举的关键问题之一，"创造一种公民文化，同时是对值得帮助的人的仁慈和对腐败或道德沦丧的人的惩罚，对于大都市的许多人来说，这依然是值得付出的努力"（Pennybacker 1989：148）。

[4]其中最大的一个皇家维多利亚大厅，在 1912 年被利联·贝利斯接管之后变成了滑铁卢（南岸）的老维克戏院（the Old Vic）。它曾在 1914 年和 1923 之间上演了所有的莎士比亚戏剧。后来，该剧院在 1963 年建立了第一家国家剧院公司，在劳伦斯·奥利维尔之前，它在 20 世纪 70 年代搬到了毗邻南岸艺术综合体的新址。20 世纪 80 年代被加拿大的墨维斯家族收购，他已经成为多伦多的著名导演。20 世纪 90 年代出售的时候才发现，无论是在商业上还是补贴规划上都不成功，部分原因是它的位置远离了其他场馆或娱乐中心和设施，它位于这条河的"有毛病的"一边。

第四章　设施规划与艺术中心

引　言

使人们逐渐认识到文化是提供便利设施和社会福利的一个方面的条件，以及公众越来越多地参与国家和地方文化活动是其另一个方面的条件，这些条件可以从根本上将城镇、城市人口密度和工业大都市城市的增长联系起来。这一点（而且现在仍然如此）要与加强国家认同和文化需要同时进行，因为国家身份和文化在范围和强度上都存在着上升和下降的趋势。它们要么受到外部威胁，如战争、经济竞争、新技术，要么受到内部威胁，如政治、社会变革运动和创造性环境。虽然有不可抗力事件，特别是重大火灾和自然灾害，为主要城市地区的重建、规划和文化复兴提供了机会，但是现代战争所造成的破坏，加上重建社会和经济结构的需要，同时也为后期城市化社会的发展奠定了基础。因此，有系统的城市规划和艺术思考是社会福利的一个组成部分。正如拉斯穆森所认为的那样："我经常在想，如果没有战争，伦敦的规划是否会有任何进展呢？……战争时期就会成为整个伦敦地区大综合计划的第三阶段。"（1937 / 1982：427）比如说，在德国，战争后的十年中，建设或重建了一百个剧院。此外，亦不应低估公共和私人交通科技及设施所带来的影响，因为火车、公交车、电车及汽车在 19 世纪 30 年代至 20 世纪 30 年代，将旅游的范围延伸到了一个不断扩大的社会群体。因为它为人们提供了更多的娱乐、文化消费机会，而不仅仅局限于步行。

城市与农村

城市化威胁着人们所认为的乡村的基本特征的存在，17 世纪和 18 世纪的英国和美国的清教徒以及法国的卢梭都在抵制这一现象，并将其妖魔化。例如，正如第三章所讨论的，在整个这段时期内，戏剧监管和对大众娱乐的控制就体现了这一点。对"传统"英国社会价值观的破坏当然已经出现在 19 世纪现代城市的门口，A. W. N. 普金、约翰·拉斯金和威廉·莫里斯用一种提倡回到乡村、乡村生活的审美和乡土和谐的观念对此做出了回应。正如约翰·费尔博士所说，在两个多世纪前的 1680 年："我来告诉你为什么我的哈顿夫人这么高兴。她远离了镇上'富有感染力'的谈话，在那里，宝贵的时间和为慈善用途设计的房产就要被莽撞和不厚道的游览行为糟蹋了。"（Wainwright 1993：1）在拉斯金看来，这个地球上的大城市都是"令人厌恶的淫乱和贪婪的中心"（1880，quoted in Hall 1996）。也正如弗劳德在 1886 年的《大洋国》中所认为的那样："在文明的后期阶段人们喜欢聚集到城镇里，这是一个古老的故事。贺拉斯在罗马看到了我们如今在英国看到的东西——荒芜的田野。人们涌入城市。他注意到了持续的退化现象。他预言了这个必然的后果。"(quoted in Briggs 1990：59)从另一个角度来看，伊丽莎白·威尔逊坚持认为，19世纪的城市生活被表现为不讨人喜欢的，并认为"19世纪的规划报告、政府文件和新闻创造了一种把城市经验解释为地狱的新版本"(1991：108)。威尔逊的女权主义批判说认为，城市规划运动是"一种有组织的活动，它把妇女和儿童，以及其他破坏分子、工人阶级、穷人和少数族群从这个地狱般的城市空间中完全排除在外"(1991：108)，以规划者的霸权为目标，包括阿伯克龙比对第二次世界大战后伦敦的雄心勃勃的规划。在威尔逊看来："他的解决方案带有一股威权主义的味道。"(1991：14)然而，女性在城市中的地位也被认为既提供了机遇又面临着挑战，即"提供了经济和社会上的自由和机会场所，但同时也具有一种性别上潜在的危险"(Greed 1994：102)。妇女在很大程度上也被排除在早期理性娱乐运动(和咖啡馆)所提供的机会之外，这些运动的重点是(男性)体育、户外活动和俱乐部。

人们认为城市是一个道德败坏、混乱和无序的地方，威胁着农村的自然秩序，很显然这受到了《旧约》中的语言和情感的影响。而"乡村牧歌"和"自然秩序"的灵丹妙药却掩盖了人类对农村本身的干预行为。由此，使农业集约化、控制地产、绿化园林、维持封建制度，既是城市的唯一的出路又是其持续扩张的根本原因，因为其经济已与来自贬义的、"令人窒息的"小城镇和乡村生活混为一谈。在《文化与社会》一书中，雷蒙·威廉斯追溯了这一知识性、整体性的传统，"它与审美、道德和社会判断是相互联系在一起的"(1958：137)。然而，城市生活与农村生活却形成了越来越鲜明的相比，农村生活被看作"未开化的"，而城市生活则被看作"文雅的""有教养的"。梅勒认为："在各个大城市里发生的事情……是国家应对文明挑战的一部分。"(1976：7)盖迪斯也说："城市主要和重要事实就是它发挥着社会传播的专门器官的功能。"(quoted in Mumford 1940：198)而芒福德本人则把大城市比作博物馆，在那里，"每一种不同的人类功能，每一种人际交往的实验，每一个技术的流程，每一种建筑和规划的模式都可以在拥挤的区域里被发现"(1961：640)。因此，城市里的"条件"以及文明和公民身份的观念体现了一种城市化现象（城市——"而不是农村"）——从开始以来就一直存在的平衡行为。正如切希尔后来所认为的那样，人们也预测到了大城市将成为文化中心，而不是工业生产的地方，并且"更加接近于工业革命之前它们就已然具有的东

80 西——作为商业和行政中心，作为最广泛的文化意义上的文化中心，作为高层次服务和城市设施的提供者"(LPAC 1991：7)。

从19世纪40年代开始，制度化的理性休闲运动就试图满足社会改革和控制的需要，以及改善健康水平不高的情况和"贫困"的现状——包括道德和教育——的需要，同时也巩固了文明国家的概念(Bailey 1987，Yeo and Yeo 1981)。宪章运动和早期的工会都很关心工人阶级群体的娱乐活动，并且把这看作放肆的资本主义和"光鲜的野蛮主义"(Haywood et al. 1989)导致的风险。这些就是福柯所说的"治理术"命题的一个基础——城市化的威胁力量和控制(1994：62)。正如前面所讨论的，开明政府的家长制作风也以立法的形式为公共博物馆、图书馆和休闲娱乐设施提供了一种回应，然而，工业时代也见证了工业资本主义在服务新兴大众市场的休闲和狂喜方面的第一阶段，如音乐厅(Bailey 1986，Weightman 1992)和铁路。铁路的出现使早期的旅游经营者，如英国的托马斯·库克和美国西南部的弗雷德·哈维，发展了文化

旅游的需求，他们服务于从前专属的度假旅游胜地，使其成为工业大都市的工人阶级可以自由出入的地方。然而，这一与民族文化、生产力和自豪感相结合的城市休闲目标，却长期以来受到城市社会的紧张关系的阻碍。这种紧张关系被认为是一种本质上不人道和不道德的状态，与被称为工艺美术和花园城市运动的田园牧歌和愿望形成了鲜明的对比。而现实的情况是，在主要的首都和区域性城市中，城市化还会继续存在，而且确实提供了文化消费和文化趣味方面唯一真正复杂的东西——产生了一道真正的城市和农村之间的空间和精神鸿沟。但是，如果说它忽略了 19 世纪中叶的地方主义回潮，那就错了，就像哈里斯认为的那样："维多利亚时代早期英国的大部分文化和知识生活兴盛起来，并不是在大都会，而是在各省和苏格兰——高雅文化和低级文化的赞助者，大众媒体……以及社会改革的社会实验室的发源地。"(1994：18)许多赋予地方和教区政府资助公共图书馆、美术馆和教育机构的权力的立法都是由私人赞助的。但是，正如哈里斯接着指出的："然而，尽管有这些活力和多样性，但是，在 20 世纪里，与它们之前的一代所拥有的东西相比，地方社区在社会和文化方面并不具有占主导地位的优势，在维多利亚晚期，人们看到了一种社会生活的平衡从地方到大都市和国家的隐秘转变。"(1994：19)

《21 世纪议程》

今天，如同 19 世纪 40 年代和 20 世纪 40 年代一样，这种将城市视为城市环境和社会灾难问题的起因或解决办法的元观点，都非常典型地体现在 20 世纪末通过的里约议程[1]（即"21 世纪议程"）和随后的全球环境峰会中。如第二次人类居住大会（Istanbul

Cultural Planning:
an urban renaissance?

1996)所阐述的可持续发展议程中："可以把这看作在伦理、社会和文化上把改革的现代工程延伸到未来的一种尝试。"(Knutsson 1998：30)在撰写有关城市和城市公园的评论时，这种反城市化的情绪浮出了水面："我相信赋予城市的文化作用被过分夸大了……现代的城市环境就是灾难区。"(Nicholson Lord 1994)然而，作为解决方案的城市模式也正是来自一种不太可能的资源，即绿色运动："对于城内来说，城市的问题在于解决方案。城市——始终是最富有活力和创造力的地方——也可能为一个绿色的未来提供最大的机会。"(Baird 1999：8)有人认为，土地利用、分布和可行的居住地都受益于规划——这是一种显而易见的陈述，但是，它反映了发展的劣势和针对缺乏共识的现实性的设施规划。正如沃德和杜博斯所认为的：对于人类居住来说，与一种有规划和有目的的策略相比，没有任何单一的政策能够比有计划和有目的人类住区战略更充分地解决全部资源利用、减少污染、甚至寻求更多的劳动密集型活动的问题(1972：180)。除《21 世纪议程》所考虑的诸如气候、生物多样性和森林方面的可持续性原则等核心环境和物质影响外，150 多个国家、地区和组织还在该议程有关社会和经济层面的一节中载明了环境权利和目标的概念。其中还侧重于加强地方经济，改变消费模式（当地和全球），并加强当地社区在其环境和便利设施供给方面的作用。事实上，《21 世纪议程》的第 28 章要求地方当局制定地方性的《21 世纪议程》(LA21)计划，它要求社区各部门进行协商并达成共识，并建立社区参与机制："《21 世纪议程》是可持续发展的新议程。它之所以成功，是因为我觉得，它包含了我们每一个人在内心深处相信的许多东西。这是一个涉及整个社会的有计划的、民主的进程。它关系到每个人的生活质量的提高——但是在自然环境的限制范围内。"(Prince of Wales，quoted in Harman et al. 1996：41)但是，由于《21世纪议程》的计划目标要在1996年才准备就绪，这种自愿的政策倡议，并没有展现出倡导者所期望的那种影响或社会参与程度(Leslie and Muir 1996)，因为美国是世界上最大的消费者和污染者，它特别抵制这个议程的实施(并且布什总统违背了京都条约)。"文化"也没有出现在这一环境议程中，就像下文关于"设施"的定义和规划立法一样(甚至罗斯金也曾经指出，在有清洁的空气和水之前，拥有"艺术"是徒劳的)，而对专业和环境的偏见又限制了这一全球性的冒险事业的民主化(Bohrer and Evans 2000；Worpole et al. 2000)。

城市规划与设施

城市规划在试图消化从乌托邦改革到设计和实际管理各种不同的压力和利益的古城中，已经有了一种复杂的历史(Foley 1973)。首先，城市人口和密度各不相同，尽管全球趋同于一种广泛的城市国家，如在英国。但是，由于工业革命的持续和推进，以及随之而来的拥堵和有限的土地供应问题，英国的城市人口和密度远远超过了美国和大多数的其他西欧国家。这也是规划政策的精确选择和文化偏好的结果(例如，有花园的低层住宅与公寓居住相比)。在欧洲和北美的规划中，分布和密度也是不同的因素，"美国人所生活的为数不多的几个大城市，曾经是广阔富饶的土地，需要大量的公用事业和通勤开支。想要利用城市的优势，同时又拥有一块土地即郊区的理想的努力，正在失去它的魅力"(Daly and Cobb 1989：264)。与此相反，欧洲大陆以牺牲农村和农业地区为代价而不断地涌入城镇和城市，中南美洲和东亚

82

的发展中国家特大城市的吸引力，已经超过了第一代世界城市伦敦、纽约和巴黎的人口规模与土地面积（Friedmann 1986，King 1990）。

理论基础在何种程度上影响了城镇和环境规划及其专业性和实践性的实施，这表明对便利设施的看法和勉强为艺术做计划，至少在某种程度上与支撑城市规划和形成的理论有关。例如，在英国，不同于比如说美国的城市规划或大陆的区域规划；例如，在法国，"aménagement du territoire"实际上指的是"区域管理"。然而在伦敦，贝尔认为，"在 14 世纪中叶以后，城市规划就几乎崩溃了，在接下来的三个世纪里仍然有一种蛰伏的力量……除了斯图尔特伦敦的一小部分之外，几乎没有扩展现有定居点的规划"（1972：68）。甚至到了 17 世纪，情况也并没有得到明显改善："尽管欧洲文艺复兴时期推进了先进的城市计划，但是，英国仍然植根于规划的黑暗时代。"（Borsay 1989：87）到了 19 世纪，其他国家已经建立了正式的规划体系，包括 16 世纪以来的西班牙拉丁美洲殖民地的城市和区域规划法规[2]。从 16 世纪 30 年代墨西哥的普埃布拉开始，其规划法规与最近的英国城镇规划[如城乡规划法（TCPA）1947]，以及 19 世纪末以来的阿根廷拉普拉塔的新城发展和豪斯曼的 19 世纪中期的巴黎非常相似。其他跨文化对英国规划的影响，包括普鲁士的土地政策和城市设计，以及后来北美在环境影响评估、户外娱乐和国家公园方面的影响（Rydin 1993）。然而，在城市规划中却普遍没有考虑到把艺术和文化视为"便利设施"的一个方面。由此可以得出结论：在一定程度上，一些欧洲国家对艺术和文化的更高支持和立法保护，都要归功于它们在土地利用和战略规划方面的历史做法以及规划者所具有的地位和作用："尽管[英国]艺术委员会已经制定了一些指导方针……但是，它与法国、荷兰或斯堪的纳维亚半岛在艺术供给中寻求空间平等的政策几乎没有可比性。"(Burtenshaw et al. 1991：180)

如第一章所概述的，规划的意识形态也为活动本身提供了哲学基础，它指明了主要的目标和方法，并提供了一种基本的操作原理。到目前为止，城市规划就是一项政府职能，其意识形态基础为赢得和维持政治家、官员、社区的忠诚提供了一种广泛的手段，即共识。这是英国公共政策和规划的一个特殊特征，包括 19 世纪 30 年代英国近乎革命的政治变革的艺术政策——直到 20 世纪 80 年代，基本上都没有政治色彩，而且在政府和执政方面都比较低调（Hewison 1995，Pick 1980、1988）。与美国相比，英国的传统还依赖于对民选和任命的公职人员在保护"公共利益"方面的更大信任。正如格拉斯所指出的："英国的土地利用规划具有一种先验性的（prioristic）和乌托邦式的起源。它们是 19 世纪的改革者的想法……从那以后，社会变得越来越复杂，社会变化的前景也变得更加模糊，然而，旧的观念却一直保持下来了，已经成了固定的偏见。"(1973：55)对于这些规划的意识形态"超我（superegos）"来说，这归因于英国城市规划中所意识到的反城市偏见。这样一种历史的和乌托邦式的立场为城市规划中的设施局限性提供了一个线索："设施是英国城市规划中的关键概念之一，但是在立法上却没有做出任何界定。"(Cullingworth 1979：157)吊诡的是，尽管没有任何界定，但是，"设施"却被看作英国城市规划中最可靠的概念！在这样的语境下，设施已经被定义为"一种物理环境的愉悦品质，[这]包括从反对滋扰行为的消极限制到视觉快感的观念"[3]，并且，正如福利所认为的那样："有时会有一种感觉，认为英国人很自觉地致力于保护自己不受自己设计的实用主义创造性的影响。"(1973：81)

83

花园城市运动的独特影响也先于城镇规划本身而演变成为一个更广泛的、分散的新城市运动。例如，它对大伦敦发展计划(1969)的影响是深远的。事实上，1899 年成立的花园城市协会成了 1914 年成立的城乡规划协会。城市规划最终与区域规划和乡村(农村)规划区分开来：直到最近，人们才真正地认识到大都会或大都市规划，对城乡分离、新城镇和地方分权的解决方案，以及对因此产生的绿化带和娱乐目标的集中关注，显然都影响和制约了积极的城市规划方法。这一点可以在欧洲和北美的其他地区看到(Burtenshaw et al. 1991)。尽管城市规划的规范作用是社会政策的一种延伸，但是，战后重建和解决时期的这种基础和形态却限制了设施的发展和范围，并扩展到了文化领域，特别是扩展到了城市环境之中。在随后的城市发展时期里，这种情况一直存在：技术专家的规划时期体现在 20 世纪 50 年代和 20 世纪 60 年代的高层的、高密度的和新的道路建设及其反向运动中，即"逃离现代主义"和城市的运动(Burtenshaw et al. 1991：37-41)。当代经济发展和"助推器"与地方和城市一级的实际规划联系在一起。虽然从 20 世纪 70 年代末开始通过城市和区域经济政策举措联系起来，但是，总体上说，并没有在中央政府的经济和就业政策中反映出来，而这些政策的责任在于不同的部门。正如格拉斯所说的："规划各个方面都被分离开了，经济规划被分割为不同的部门，物理性规划也被分开了……当一个部[处理]经济规划的一个主要方面——产业定位的时候，另一个部则受委托负责城镇规划——在其标题中不再包括规划这个词。"(1973：51)

在英国，城镇和城市规划是一门专业学科和一项法定职能，因此，其指定了土地用途、控制了建筑，这在很大程度上来说是 20 世纪的发展。尽管在过去两个世纪里，英国官方和主要土地所有者都通过土地和财产所有权及租赁条款发挥了类似的作用。同时，对国家参与艺术供给与城市规划的历史视角及其在城市文化生活中的地位是相关的，特别是考虑到先前提到的市民供给和"公共利益"的继承和概念。我将集中关注城市规划和艺术政策正式形成的时期，这表现为英国 1947 年的城乡规划协会[4]与 1946 年成立的大不列颠艺术委员会相一致。在一项国家艺术政策的制定会议中，大不列颠艺术委员会的创始人，梅纳德·凯恩斯说："如果这个国家的不同地区都像它们过去所做的那样走它们自己的路，向它们的邻居学会发展某种不同的东西，而且还有自己的特点，那会多么令人满意呀。没有什么东西能比大城市的标准和时尚的过度威望更具破坏性的了。"（1945，quoted in Pick 1991：108）在前福利国家时期的初步步骤（c. 1890—1939）还确立了土地利用规划和娱乐用途，特别是 1909 年的城乡规划委员会（TCPA），"这本身就标志着国家愿意干预空间发展的一个重要阶段"（Travis and Veal，in Henry 1993：13）。接着是 1937 年的《体育娱乐训练法》和 1938 年的《绿色地带法》，其中的每一条都有具体的娱乐目的。在伦敦，经过长期临时的和自由放任的发展之后，最重要的规划里程碑是"伦敦郡规划"和"大伦敦发展规划"（Abercrombie and Forshaw 1943，Abercrombie 1944）。1909 年和 1919 年，1947 年的法案的前身在关注社会条件和住房的改善方面，并且作为对城市化和过度拥挤的回应，都致力于确立城镇规划的基本规则，这针对的是新市镇和城乡接合部的政策，至少体现在阿伯克龙比的去中心化的大伦敦计划（1944）中。制订发展计划、界定未来的土地用途和根据已批准的计划控制新发展的法定要求，是 1947 年的法案的一个关键性特点。这也使规划当局有权处理具体的设施问题，包括保护树木和林地，以及具有特殊历史或

84

建筑意义的建筑物。然而，艺术和文化的供给却并没有考虑到其他设施，如开放空间和休闲用地。根据艺术委员会的说法，在其定期进行的但短暂的战略考察中，城市设施规划和城市文化生活因此而被分开了：

> 19 世纪和 20 世纪，英国城市规划与艺术分道扬镳。城市作为一件艺术作品、一系列精心规划的审美经验的早期观点被丢掉了。城市被看作一种功能单位，它所关注的更多的是效率和经济繁荣，而不是生活质量或市民的文化愿望。
>
> （1993a：110）

然而，艺术和城市复兴之间的这种联系早就被承认和提倡了（见下文）——在强化自由市场政策和商业驱动的发展和规划制度的时候，国家艺术机构试图恢复其对艺术的补贴合法性和保护工作：

> 在全国范围内，几乎没有人意识到艺术在振兴低迷的城市地区方面正在发挥的重要作用。艺术委员会发起了"城市复兴"项目，向那些参与重建的人——决策者、房地产开发商和市中心机构的人士——介绍艺术如何促进经济和社会复兴。
>
> （Rees-Mogg，quoted in Arts Council 1986a：1）

国家艺术机构——政策与规划

政治制度和行政结构——尤其是它们占据着一端是中央控制和国家政策优先权、另一端则是地方民主和对公共资源的控制

（如土地、税收）的统一体的关键位置——都有可能直接影响国家
对待艺术和公共供给的态度，以及相关的土地利用规划和公共投
资。对艺术政策的这种比较研究力求分析国家干预的理由，实施
文艺政策的机制，尤其富有诱惑力的是，比较国家之间对各种艺
术形式的公共资金程度以及根据其国内生产总值（GDP）对艺术支
持的总体水平（Schuster 1995，Zimmer and Toepler 1996，Feist
et al. 1998）。这种比较研究是呼吁增加资金和文化供给（如资源
取得的"标准"）的一部分，然而，它们却受到了跨文化研究之陷
阱的影响（Schuster 1996，Aitchison 1993）。在这种情况下，诸如
"艺术""文化""遗产"的概念不同、部门职责和政策一体化的程度
（"联合政府"）以及上文讨论的文化发展、设施和参与的历史演
变，都会共同削弱任何定量的比较，并得出还原性的结论。这包
括德国的土地、意大利的区域和结构规划中的文化供给的强有力
的区域性基础。与法国文化政策（Looseley 1997）相比，尽管自
1993 年以来在去中心化方面进行了大量投资，但是，在很大程度
上后者仍然是集中化的。这在英国，也称伦敦中心主义。这些差
异都削弱了对资金分配和供应水平的简单比较，并且忽视了不同
历史的城市发展、艺术参与和生产活动（如文化偏好、优势、习
惯等）。北美和日本的比较进一步扩大了同类测试，特别是在私
人和企业赞助相对于公共供给和补贴的程度方面（Stewart 1987，
Hillmand-Chartrand and McCaughey 1989，Schuster 1995）。在
英国，伦敦中心主义是很明显的，即使在当时艺术政策被认为是
在追求一种重新分配的计划时也是如此（见上文）。正如艺术委员
会主席凯因斯勋爵和后来的古德曼先后明确提出的那样，委员会
的工作就是要"使伦敦成为一个伟大的艺术大都会，一个值得人
们参观和让人惊叹的地方"（Keynes 1945 quoted in Pick 1991：

Cultural Planning:
an urban renaissance?

108），尽管"古德曼的艺术委员会[有]两只手臂……珠宝、动力源泉、卓越中心、质量标准，另一只手臂摸索地方性举措，在每个地方摸索出独特和不同的'某种东西'"（Keynes 1945 quoted in Pick 1991：49）。

　　政治制度更加区域化的一个重要结果是拥有更大的权力下放和行政中心资本的独立性，它们倾向于更高层次的文化设施供给，更广泛的分布（即区域城市）。它不同于更加温和的国家，如英国、法国和希腊。在这些国家，首都在高层次的供给如歌剧院、剧院和文化生产中居于支配地位。在联邦德国，与专业剧院主要集中的伦敦、巴黎和纽约不同，1970 年，76 个社区保有一个公共剧院——除了 27 家私人剧院、40 个巡回剧院和 18 个小剧团外，21 个州共有 102 家市级剧场（88000 个座位）。这种对舞台的热情源自 17 世纪（见第三章）。1949 年的基本法（Grundgesetz）巩固了文化设施方面的区域性力量，使文化事务成为独立州（länder）的全权责任，随后成立了一个常设文化部长会议作为协调机构。1993 年在马斯特里赫特通过了《欧洲联盟条约》，联邦国家在文化方面获得了直接权力，尽管非常有限。德国对抒情艺术的参与程度高于其他欧洲国家，这不仅在某种程度上是由于供应的层次和接近总人口，而且也通过上座率的特征系统来进行。所有这些都是当地社区组织发挥季票持有者的作用。如大众舞（Volksbuhne），在 100 多个地方分支机构中有 450000 名成员，每个成员平均每年参加一次演出，占德国所有戏剧观众总数的 20% 以上。

　　然而，在没有这种区域性文化促进、补贴和设施发展的情况下，即使在荷兰等城市人口分布确实较为均匀的地方，文化供给和消费仍然倾向于文化之都阿姆斯特丹和其他三大城市（见表

4.1)。在这里，与较小的城镇和城市相比，这些城市具有较高的平均水平和较高的使用率。

表 4.1　荷兰居民(12 岁及以上)在自己居住地的访问比例，1995

单位:%

	舞厅/唱片室	电影院	博物馆/展览	剧院产品
四个主要城市*	82	91	70	77
其他城镇**	66	77	40	79
更小的城市	33	27	9	29
整个荷兰	43	51	25	46

来源：改编自 SCP（1996：377）
* 阿姆斯特丹、海牙、鹿特丹、乌得勒支
** 不到 100000 名居民

　　人们在欧洲和其他城市地区看到的文化和政治复兴是 20 世纪末的一个特点，既是对这种不平衡、这种中心主义的反映，也是对经济全球化的影响的回应。文化趋同和文化互渗进一步威胁着加速区域和族群认同的衰退。此外，在这种区域性运动中，文化之都——实现它作为世界性的国际都市和区域性城市的角色——与区域政府的"身份"观念之间的张力，往往涉及一种对历史的和单一的文化形象的重新书写，而不顾多样性、多样化的艺术表达以及对文化互动性和普遍性的渴望和愿望。在某种意义上，这种情况体现了何为全国性的文化与何为地方性文化的对立概念（Williams 1961），它们与真实的和想象的共同体（Anderson，1991）、乡村的和城市（Williams 1975）的思想方法是联系在一起的，*87* 并且可能会被看作"少数人的意识形态"，正如意大利分裂主义者的北方联盟（Lega Nord）所描绘的那样（Albertazzi 1999）。

文化政策与规划：英国和法国的案例

　　第二次世界大战重建后对艺术规划和设施发展产生直接影响的两个国家文化政策案例是法国（也是 20 世纪 30 年代法国人民阵线政府领导下的国家文化政策）和英国，因此对它们各自的形态给予了关注。这些主要得益学者于过去 25 年的深入回顾和分析，最近有路斯里（1997）、万热梅（1991）、休伊森（1995）、彼克（1991）、马维克（1991）的分析，并且还有学者在一种比较性的欧洲语境中进行了考察和分析（Ellmeier and Rasky 1998）。

　　除了 19 世纪授权立法建立和支持的一系列公共设施和国家文化机构（第三章）外，在战前，英国艺术委员会成立了其他几个国家文化机构——1933 年成立的英国电影协会（BFI）是为了保护国家电影产业免受好莱坞的统治，1934 年英国文化协会的成立最初是为了应对意大利和德国的宣传机器（Hewison 1995）。博物馆和美术馆的常设委员会是在 1931 年的财政部会议之后由皇家特许成立的，英国国家广播公司（BBC）在五年的广播垄断之后于1927 年由皇家特许合并。

　　尽管此前有零散的公众参与行为和零星市民文化建筑，但其在很大程度上是由地方政府来承担的，并且往往涉及公债发行或私人赞助。在英国，如果说"疏离"的中央政府对某些艺术活动和形式的促进以及艺术政策的发展已经影响了新的和现有的艺术设施发展，那么，1946 年产生于战时的"音乐和艺术激励委员会"的首届英国艺术委员会就标志着一个正式的开始。正如凯因斯在1945 年艺术委员会成立时所承诺的那样，其最初的愿景是"要下放和分散国家的戏剧与音乐和艺术生活"（Pick 1991：108）。加拿大和澳大利亚也采用了这种国家"疏离"的机构模式，以资助和促进国家和专业艺术实践。其他社会民主国家，如瑞典国家文化事务委员会和芬兰文化基金会，在英国艺术理事会之前也建立了类似的模式。公共补贴所依据的主要前提同样可以追溯到1948年的"世界人权宣言"对获得文化的"权利"的具体规定："人人都有权自由参与社区的文化生活，享有艺术……"（quoted in Shaw，Arts Council 1983：7）因此，国家艺术委员会成了战后解决方案的一部分："因此，除了［18世纪以来政府资助的］博物馆和艺术馆外，第一次把当代艺术和表演艺术作为一项永久性的国家责任。"（Hewison 1995：29）

　　然而，正如一个世纪以前对社会需要的要求和变化做出的回应一样，也正是私人的和自愿的行动不仅先于而且促使了正式的国家参与艺术政策。在20世纪30年代大萧条时期，由美国哈克尼斯基金会在1930年资助的朝圣者信托慈善机构，曾经支持了艺术展览的巡回展、音乐和戏剧组织者以及当地博物馆教育官员的任命，并向特别贫困地区提供贷款服务。由于1939年的战争爆发和最具有专业性的和业余艺术活动的减缩，教育委员会希望"公开和明白无误地表明政府对这个国家文化生活的关切"（Leventhal 1990：293）。通过政府新闻部长兼朝圣信托基金会主席洛德·麦克米兰，信托基金会给予了新成立的"音乐和艺术激励"（CEMA——见下文）委员会一种刺激经济的政府投资，以便继续战时的艺术巡回演出。随后，在财政部的资助下，刺激经济的政府投资成了制度性的和文化上的模式，1945年被当作大不列颠艺术委员会的基础。这一选择所拒绝的替代模式是"全国娱乐服务协会"（ENSA），它成立于1938年，目的是为了应对战争的爆发，并由商业娱乐行业组织和配备工作人员。［在彼克看来，这是一

88

种不公平的举动，因为"刺激经济的政府投资……对大约相同的比例做了过度的赞扬，而全国娱乐服务协会的更简朴的活动却一直被低估了"(1991：23)。]在艺术委员会的形成中，由于它们支持全国娱乐服务协会，政府实际上限定和分离了"高雅艺术"与大众文化。此后，公共补贴几乎完全针对前者，而把大众和业余艺术的推广和发展推给了商业、独立和志愿部门，从西区剧院、电影院到出版、流行音乐以及业余和民间艺术莫不如此。正如后来一位艺术委员会秘书长所说的那样："几乎从一开始，一种意识形态的冲突就支撑着艺术公共资助的理论和实践。我们所做的认真努力就是鼓励文化政策的整体研究——但是，听众、读者或观众家逐渐地超过了公共利益，他们成为行动者、制造者或参与者。"(Everitt 1992：6)

1959 年，在法国，大多数文化事务都是在安德烈·马尔罗部长（副部长级）领导的一个部门下进行的，在此之前的是 1936 年短暂的人民阵线政府（列奥·拉格朗日领导下的"休闲部"）。尽管那时还不叫"文化部部长"，但是马尔罗下令"要从最广大的法国人都能够获得的东西开始，创造人类的主要作品，让尽可能多的观众接触到法国文化遗产，鼓励艺术作品和思想的创造"(Wangermée 1991：7)。事实上，正如在英国一样，文化服务的几个关键领域仍然是分开的，教育、大学和科学、通信和广播、管理区域规划、国防部和外交部都具有实质性的文化职能，其支出总共占了中央政府所有文化支出的一半以上。这种情况到今天也没有改变。马尔罗的愿望是通过文化行动或文化发展，借助国家干预来促进艺术表达以及对艺术和文化遗产的广泛公共参与，从而实现一种文化传播（今天的"获得权利"）和文化民主化的观念(Cook 1993)。1963 年成立了文化事务区域委员会，其方案包括一个十年发展计划，提供或支持音乐发展和舞蹈音乐、艺术学校、管弦乐队和歌剧院，以便在各省级城市提供和普及音乐（UNESCO 1970）。马尔罗分配政策的一个关键部分就是把文化之家推广为社区层面的艺术活动多价中心。这与一年后（1965）珍妮·李提出的英国文艺政策非常相似——它建立艺术之家基金作为其战略的一个关键部分（见下文）。法国也在 1964 年出台了一项新的法律，规定私营开发商可以把工作室纳入新建筑之中，并以适量的租金把它们出租给艺术家（UNESCO 1970）。这是英国和美国"艺术百分比"和公共艺术协议的先声（Shaw 1990a，b）。1967 年，为当代视觉艺术家而成立的国家当代艺术中心，负责组织有关生活艺术的展览、研究和信息，以及委托和购买艺术作品，如马克·夏加尔受委托描绘巴黎歌剧院的天花板。尽管有了新的规定和支持（虽然在很大程度上是支持同样的"高雅艺术"生产），但是，观众并没有明显增加，并且在 1968 年 5 月的巴黎骚乱之后，马尔罗的政策受到了批评，说这是他的精英主义和中产阶级的艺术推广（Cahiers Français 1993）。1971 年，蓬皮杜政府任命雅克·杜哈梅尔为文化事务部长，他的政策是："创造，没有文化专制、刺激和协调。"（Cahiers Francais 1993）随着受保护的建筑的数量的增加，增加的部门预算也被扩大到了建筑领域，而不仅仅局限于少数"建筑物"的修复。

在英国，1964 年以微弱优势当选的新工党政府把资助艺术、图书馆和博物馆的责任从财政部转移到了教育和科学部的一个新的艺术和图书馆办公室。尽管大部分"文化遗产"的责任一直由历届公共工程和环境部负责，但是，直到 1992 年国家遗产部成立，国家历史博物馆仍然和艺术与图书馆办公室在一起，此时其才作为研究机构得到资助。工党于 1964 年就职，没有任何文化领域的正式方案，也没有在选举辩论中发挥什么作用。然而，1965年，珍妮·李被任命为艺术第一部长后则带来了里程碑式的政府白皮书：《艺术政策：第一步》(Lee 1965)。随之而来的是艺术委员会的收入增加了 30%，然后是于 1967 年修订了皇家宪章。1946 年特许状中原有的反对"美的艺术"和"提高水准"的字眼已被删除，而经修订的宪章也反映出把艺术带给市民、重新分配和获得的目标。1965 年的白皮书反复提到了保持"艺术标准""崇高目标"和"卓越性"等。然而，为了包括这些推广和分配目标，艺术委员会设立了收藏艺术基金，该基金最初在 1965/1966 年拨款250000 英镑，到了 1986 年拨款 661500 英镑。这为艺术设施的发展提供了资本资助，与新当选的工党政府扩大艺术发行和获得艺术机会的政策（主要是与法国相同的"高雅"艺术）相结合的时候，便出现了一个艺术中心运动(Lane 1978，Forster 1983，Hutchison and Forrester 1987)。艺术中心被设想为"可以享受轻娱乐和文化项目的中心"，并且更有吸引力地"在现有中心提供额外的便利设施（餐馆、报告厅）"(Lee 1965)。截至 1970 年，已向新的艺术中心拨款 100 万英镑，总价值 500 万英镑（即收藏艺术基金平均提供了资本费用的 20%），除 26 个区域性电影院外，还支持了 125 个中心。

90

艺术中心与文化之家

在艺术委员会发布《花园的荣耀：英国艺术发展战略》的同一年，斯塔克记录了英国艺术中心兴起和激增的发展历程。他认为，"这种惊人的增长绝不是任何中央、区域或地方机构规划的结果，至少不是所有艺术委员会的规划结果。它现在是，而且一直就不是被规划出来的"(1984：126)。正因如此，艺术中心才具有一些特色，使它们有别于其他的艺术设施：

1. 它们的未被规划的状态意味着它们的餐桌上从来没有足够的食物供它们吃[即提供资金]。

2. 它们是建筑的机会主义者：[超过 80％的艺术中心被安置在二手建筑中，从教堂、操练厅到市政厅。50％以上的城镇中心位于超过一个多世纪的老建筑中。（Hutchison and Forrester，1987）]。

3. 它们既经济又高效[多用途/目的]。

4. 它们是伪装大师——就其方案、目的而言，除了"艺术"资金之外，还吸引了各种各样的资金——市中心的节目、失业培训、教育、青年和社区服务。

(Stark 1984：126-127)

在 18 世纪的咖啡馆，19 世纪的工薪阶层俱乐部、技工学院、社会主义人民宫（"俱乐部"），以及最近在第一次世界大战和第二次世界大战之间主要由业余戏剧社会组成的"小剧场运动"中，都可以看到早期的艺术中心模式。三个影响深远的战后艺术中心项目与关键的个人有关：斯特拉特福德东部皇家剧院的琼·利特尔伍德、伯明翰中部地区艺术中心的约翰·英格利什和在特鲁里街艺术实验室（简称"艺术实验室"，在非机构设置中以实验艺术和参与工作为重点）的吉姆·海因斯。其他的艺术中心和社区艺术项目与当地社区联系在一起，并且有时甚至以社区为基础："……建筑物，一项把展示与讲习班结合起来的方案，一项对不止一种艺术形式的认真承诺，以及一项与特定社区合作的政策。"

Cultural Planning:
an urban renaissance?

(LAAC 1984：3)到 1969 年，有 180 个项目声称是艺术实验室
(White 1969)。根据 1970 年展开的一项调查表明，英国有 60 多
个指定的艺术中心，不包括剧场这种单一用途的场所和纯粹业余
和社区两用中心。在 1986 年的一项全国性调查中，英国确定了
242 个艺术中心(艺术委员会，1989)。尽管 10 年后一项进一步的
研究(MacKeith，1996)表明登记在册的只有 129 家，但是，这种
日益减少的净损失不仅是因为倒闭，还是因为也缩小了"艺术"活
动所确立的定义(完全不包括非专业性的、青年/业余工作)。

91   **表 4.2   20 世纪六七十年代开放的艺术中心(原书为卧排)**

开放年份	地　点	设　施
1965	澳大利亚堪培拉	1200 座的主要剧院(交响音乐会、歌剧、芭蕾、戏剧、会议)，312 座的剧院、美术馆、娱乐室、带阳台的房间/餐馆
n/a	澳大利亚维多利亚	市政厅(1000 座)、美术馆(两个画廊空间、展厅、200 座小剧场)、休息厅/晚餐室(400 座)
1966	澳大利亚维多利亚	米尔迪拉艺术中心、剧院(400 座)、美术馆、历史博物馆
1968—	澳大利亚墨尔本	维多利亚艺术中心、展览区、图书馆、剧场法庭、雕塑园。第二阶段：音乐厅(1500 座)、剧场(750 座)、演讲/实验剧场(350～1000 座)
1968	加拿大卡尔加里	1945 年建立，1960 年恢复的工厂，有剧院、美术馆和教室
1969	加拿大渥太华	国家艺术中心、歌剧院、音乐厅(2372 座)、剧场(800 座)、演播室(288 座)、电影放映室、沙龙
1963	加拿大蒙特利尔	艺术场、剧院(2983 座)、1967 年增加了剧院大厦、分别为 832 座、1290 座(垂直一体的)两个剧院
1969	加拿大温哥华	QE 剧院和剧场，主厅 2880 座、舞台剧场(650 座)、背诵室(175 座)、展览区

续表

开放年份	地　点	设　　施
1964	捷克斯洛伐克拉贝河畔乌斯季	电影院、两座剧院、展览厅、3 个演讲厅、12个娱乐室、图书馆、演播室、暗室、芭蕾舞厅、排练厅、俱乐部(750 座)
1958	德国柏林	艺术学院、展览区、用于戏剧、音乐、舞蹈、电影、演讲的 600 座演播剧场、接待室、工作室
1969	新西兰怀拉拉帕湖	美术馆、前厅/展示空间、工作室、电影放映室
1955	波兰华沙	文化与科学宫，三个分别为 750 座(戏剧)、120座(排练)、540 座(实验和古典)的剧场，国家玩偶剧院(280 座)，国会厅(3200 座)，3 座电影院，技术博物馆，带有工作室、演播室、图书馆的青年宫(还有体育、大学和波兰联合国委员会)
1964	瑞典舍夫德	图书馆、唱片室、美术馆、演讲厅、忏悔室、剧院(500 座)、舞蹈和会议厅(多达 1100 座)和咖啡馆
1967	瑞士苏黎世	勒·柯布西耶(他的最后作品)中心、展览美术馆、演讲厅、电影院
1968	英国巴兹尔登	观众席(476 座)，用于戏剧、电影、展览区，陶瓷、雕塑工作室，暗室，餐馆(80 座)
1967	英国斯温登	戏剧和电影院、娱乐室、两个会议室(分别为40 座、20 座)
1965	英国波士顿	剧院(219 座)、音乐厅和电影、两个房间、前厅展览区、特许俱乐部
1717	英国利物浦	警察室、音乐厅(399 座)、美术馆、演播室、印刷室、艺术和手工艺工作室、电影院、小剧场
1964	英国布里斯托尔	话剧、电影、诗歌多功能剧院，两个展览美术馆、咖啡厅、餐馆

续表

开放年份	地　点	设　施
1965	英国伦敦卡姆登	展览区、美术馆、餐厅、活动/教室
1966	英国什鲁斯伯里	实验剧场、娱乐室、独唱会/讲座厅、酒吧间
1960	英国萨默塞特	剧院(242座)、演讲/演示厅、俱乐部、展示空间
1969	英国布莱顿	加德纳艺术中心(苏塞克斯大学)、美术馆、4个音乐演播室、3个视觉艺术工作室、观众厅(500座)
1970	英国赫尔	剧院(150座)、酒吧间、展览大厅
1964—	英国伯明翰	中部艺术中心、2个剧场(分别为200座和100座)、美术馆、电影院、展览区、演播室和工作室、酒吧间
1973	英国伦敦伏尾区	骑警室、2个剧场、小型音乐厅、电影院、6个排练厅、2家餐馆/酒吧间(表演艺术学校)
1971	英国彼得伯勒	剧院(395座)、展览区、酒吧/餐馆、活动室
1955	英国韦茅斯	主厅(200座)、艺术室、会员室、展览区、咖啡馆
1964	美国俄勒冈州波特兰市	阿尔比那艺术中心、画廊、会议室和教室、图书馆，陶瓷、摄影、排练室
1958	美国新泽西	展览区、3个视觉艺术工作室、舞蹈厅
1972	美国伯明翰亚拉巴马	市民中心、展览厅、室内大剧场、剧场(800座)、音乐厅(3000座)
1968	美国纽约特罗伊	教堂和文化中心，毗邻洗礼堂的戏剧、电影、舞蹈、音乐厅、会议室和小教堂
1967	美国新泽西	费尔劳恩艺术中心、前城市图书馆和消防站、会议室、展览室、剧院(150座)
1971	美国印第安纳韦恩堡	音乐厅(2500座)、表演艺术学校、剧场(500座)、艺术学校、博物馆
1968	美国新泽西	圆形露天剧场(5000座)，草坪面积(大于3000座)，通往自然景观的小径、蒙茅斯艺术、自然和科学博物馆

93

续表

开放年份	地　点	设　施
1970	美国华盛顿特区	肯尼迪表演艺术中心、歌剧院（3000 座）、音乐厅（2761 座）、艾森豪威尔剧院（1142 座）、电影/实验剧场（500 座）、画廊
1970	美国密歇根米德兰	主剧场/厅（1539 座）、电影放映室、2 个排练室、4 个练习室、音乐图书馆、仪器室、工作室、小剧场（399 座）、工作坊
1964	美国明尼苏达州圣保罗	2 个分别为 650 座和 300 座的剧院、放映/演讲厅、艺术博物馆、科学博物馆、教室
1961	南斯拉夫萨格勒布	用于戏剧、电影、音乐的 500 座戏剧大厅、小音乐厅（200 座）、演讲、展览、图书馆、阅览室、餐馆
1974	英国沃里克	沃里克大学艺术中心、1200 座剧院、画廊、餐饮服务、演播室
1969	英国兰卡斯特	兰卡斯特大学纳菲尔德剧院，500 座
1969	英国肯特郡	肯特大学古尔班基剧院，342 座
1969	英国南安普敦	南安普敦大学纳菲尔德剧院，468 座

来源：怀特（1969），舒瓦洛夫（1970），哈奇森和福里斯特（1987）

注：缺少丹麦或希腊艺术中心的报告

表 4.3　截至 1970 年的美国和英国艺术中心　*94*

美国社区艺术委员会 1970 年运营或规划的艺术中心	教育部（DES）和区域艺术委员会 （郡）列出的英国艺术中心
阿拉巴马	康沃尔（3）
阿拉斯加	坎伯兰郡（3）
阿肯色州——派恩布拉夫、小石头城	德贝君
加利福尼亚——奥克兰、福勒顿、迦密	德文郡（4）
波莫纳	多塞特郡（2）

美国社区艺术委员会1970年运营或规划的艺术中心	教育部（DES）和区域艺术委员会（郡）列出的英国艺术中心
康涅狄格州	杜伦（2）
佛罗里达州（2）	爱希克斯（2）
佐治亚州	格洛斯特郡
伊利诺斯州（3）	赫特福德郡（2）
艾奥瓦州	肯特郡
马里兰州（4）	兰开夏郡
马萨诸塞州（2）	伦敦（5）
密歇根州	诺福克
蒙大拿州	诺森伯兰郡
新汉普郡	诺丁汉郡（2）
纽约（6）	什罗普郡
北卡罗来纳州（7）	萨默塞特郡
俄亥俄州（3）	斯塔福德郡（3）
俄勒冈州	沃里克郡（3）
宾夕法尼亚州	威尔特郡（2）
南卡罗来纳州	伍斯特郡（3）
南达科他州	约克郡（2）
得克萨斯州	苏格兰（2）
犹他州	威尔士（3）
弗吉尼亚州（3）	总计89个艺术实验项目。截至1994/1995年，64个艺术中心通过区域和国家艺术基金制度获得了支持，约占英国所有"艺术中心"的50%。
华盛顿（3）	
威斯康星（2）	
美属维尔京群岛	

来源：怀特（1969），舒瓦洛夫（1970），哈奇森和福里斯特（1987）

　　因此，20 世纪 60 年代是艺术中心发展的一个繁荣时代，是一种对"战后理想主义"与"60 年代造反"的结合（Lane 1978）。在欧洲，澳大利亚和北美洲，到了 1970 年，44％以上的艺术中心都进行了认定，仅在美国就有 55 个被列入了计划（见表 4.2 和表 4.3）。地方愿望和加强地方行政权力的结合，加上日益富裕的（休闲时间和消费）以及艺术自由和实验，共同推动了许多国家的地方艺术中心运动。因此，地方和城市两个层面上的供给地图（后者也受益于主要的表演艺术中心项目，如美国的肯尼迪和林肯中心、伦敦的南岸和巴比肯中心）在这个短短的时期内都发生了巨大的变化，就像伦敦的伊丽莎白剧院和后来的音乐厅所体现的那样。艺术中心不但并不倾向于取代传统的和历史悠久的剧院和博物馆建筑，而且还为艺术参与和观看创造了一种更现代、更少体制性的环境。但是，这也是音乐和舞厅传统之外的环境，并因此确定了它们的阶级基础。

　　将艺术中心与单一用途的设施区分开来的多用途和多形式的方面体现了艺术中心的物理性质（如设计、布局）。而在最广泛的意义上，如新的受众，它的可达性则决定了它的定位："文化宫是根据构成它的受众类型来定义的。"（Malraux 1966）艺术资源的范围和规模能够在不同水平的能力和经验、艺术形式和机会之间产生协同作用：业余和专业、青年和成人、不同文化（多元文化的）、综合艺术、工艺品和媒体，地方、区域和国家网络等之间产生协同作用。图 4.1 表明了早期艺术中心设计师所运用的思维过程。

96

WORD GAME
take two words

ARTS CENTRE

Figure 4.1 Word game take two words: arts centre (Schouvaloff 1970: 83)

图 4.1　两个词的文字游戏：艺术中心（舒瓦洛夫 1970：83）

因此，艺术中心力图打破被动消费（"观众"）与积极参与、艺术形式与艺术实践之间的障碍，从而在"生产链"（见第六章）——排练和表演、车间和展示/展览之间，生产过程（如工艺、设计制作、视听媒体）之间，印刷/媒体与通信——包括图形设计、交互视频和数码影像等之间建立起联系（Evans and Shaw 1992：7）。因此，在多用途和综合艺术中心中，技术、知识和规模也是很重要的。英国艺术中心 1994 年、1995 年的门票活动摘要（见表 4.4）提供了观众对各种节目的看法，其中"现场艺术"占节目的 61％。平均而言，非专业性演出占了艺术中心表演的三分之一以上，其中 50％以上是戏剧表演，而当代舞蹈/哑剧表演则占 18％。戏剧和歌剧/音乐剧同样有最高比例的非专业表演。

个人和小规模发展越来越需要技术和管理技能与资源（包括筹资、生产、营销）。一些最好的艺术中心模式一直是那些专业艺术和资源与新的艺术家和公司，包括青年、非失业人士和社区教育（Macdonald 1986）混合在一起的模式。即它充当了一个新工作的场所和展示场合，为与居民/当地社区、学校和旅游产品的合作和外联工作提供空间——相当于现代的"流浪艺人"。

表 4.4 按照艺术形式付费出席艺术中心的人数

艺术形式/产品	总计/人	百分比	中 值
舞蹈	203,643	2％	737
卡巴莱/戏剧	105,899	3％	929
戏剧	787,159	20％	3,238
音乐	1,270,121	33％	3,457
现场艺术/跨专业作品	12,023	*	300
文学	22,052	1％	239
电影	687,001	18％	3,053

续表

艺术形式/产品	总计/人	百分比	中 值
付费展览	786,749	20％	5,000
免费展览	91,258	——	14,379

来源：奥布赖恩(1997)、艺术中心，统计附录

＊比例可以忽略不计

97　　　在历史上(见第三章)，甚至在它们陷入困境的情况下(休闲桌椅、青年、教育与社区服务减少)，成人和社区教育设施在为本地区提供唯一的文化活动方面也有一个传统。正如朗特里和莱弗斯在20世纪40年代末所发现的那样："这些娱乐机构的负责人也受到了赞扬。这些机构大多数是在城市沙漠中建立起来的，因为没有一夜暴富的东西，而有的似乎是一排排无尽的穷街陋巷、便宜的电影院、公共房屋和可怜巴巴的商店……娱乐机构确实是这些沙漠中的绿洲，并且正在履行一种真正的教化任务。"(1951：321)设计和建设技术的进步也使多用途空间或大厅成为可能，专为满足体育、表演和展览的需要，包括外观、布局、舞台和混合/多媒体工作。它们都为体育和艺术的混用者提供了机会，通常不出现在同一地点(一种在东欧长期间被认可的和实践的结合)。这种多用途并不局限于新的和重新发现的场地，然而——村庄、教堂、学校/学院和市政厅长期以来都一直是社区活动的中心，从羽毛球到芭蕾舞、从课程到合唱团。在农村地区，乡村礼堂往往是唯一的场所，这一直得到了地区艺术协会的认可，它们覆盖了偏远的地区，并形成了小型公司和产品的巡回演出网络。

　　艺术中心在规划上所提供的就是要结束单一用途场地以及专业活动与社区活动之间的分离，它影响了大型的著名艺术中心的运营、设计和布局，不仅影响到表演空间和资源的结合，而且影

响了它们在教育及社区发展方面与艺术之间的关系。如今，这已成为所有主要艺术场所组织化的为总体方案认可的一部分。例如，"美国的文化机构已经突出了自己的公共教育作用。在很大程度上，这种公共教育的奉献精神越来越多地吸引了我们的管弦乐队、交响乐和我们最近的艺术中心"（Adams 1970：206）。

例如，在法国，马尔罗的权力下放政策把文化之家看作一种新的手段，一种具有特定艺术形式（如戏剧、音乐、舞蹈、美术、电影等）专业化的文化创造场所。中央和地方政府为它们提供的资金比是 50：50。1964 年第一家文化之家在布尔日揭幕（见表 4.5）。这些新建筑的重要性体现在为其设计举办的建筑竞赛中，与英国的大多数艺术中心位于第二手建筑物中的文化活动中心（CAC）形成了鲜明对比。根据人口水平，马尔罗预见到每个地区至少应有一家文化中心，但是，由于缺乏财政资源和一些城市专用地（这种文化之家被视为"第三方权力"），意味着这一愿景从来就没有实现过。1989 年，最后的文化之家"在行动上"终结了。

表 4.5　法国开放的"文化之家"（1963—1971）

开放年份	地　点	人　口	设　施
1963	布尔日市	65,000	2 个分别为 949 座、376 座的剧院，展览室、图书、录音棚、排练室、咖啡屋、电视室
1963	巴黎第二十区	200,000	1,000 座的剧院，排练室
1965	亚眠	110,000	两个分别为 1,100 座和 300 座的剧院，唱片室、图书馆、展示空间，3 个会议室、咖啡屋、电视室
1966	菲尔米尼	26,000	2 个会议厅，展示空间，会议室、电视室、唱片室

续表

开放年份	地　点	人　口	设　　施
1968	格勒诺布尔	163,000	2 个分别为 1,300 座和 325 座的剧院，图书馆、唱片室、展览厅，3 个会议室，咖啡屋、电视室
1968	雷恩	158,000	2 个分别为 1,200 座和 35,550 座的剧院，电影院、展览馆、唱片室、咖啡屋、儿童房
1969	讷韦尔	42,000	1,000 座的剧院，小礼堂、唱片室、图书馆、多功能室
1969	兰斯	165,000	2 个剧院，展示空间、咖啡屋
1971	勒阿弗尔	185,000	n/a
1971	昂热	123,000	2 个礼堂，展览室、画廊、酒吧、唱片室

来源：巴黎文化事务部，舒瓦洛夫(1970)

　　20 世纪 70 年代末以来，法国南部城市蒙彼利埃通过文化之家(Maisons)为文化政策的发展提供了一个有用的例子(见表 4.6)。蒙彼利埃，像其他区域性城市一样，拥有不断增长的人口——从 1950 年的 90000 人增长到了 1990 年的 210000 人。产生这种情况是由于重新安置了巴黎人、来自阿尔及利亚的归国者，以及来自美国跨国公司 IBM 的产业搬走了。不断增长(和"引进的")的中产阶层和专业阶层以及大学生群体为扩大文化消费和活动提供了基础，而 1984 年，行政权力的下放使这个城市成了兰格多克的区域性首府。

　　区域性首府地位的重要性体现在分配给蒙彼利埃的区域文化预算中所占的比例上。从 20 世纪 70 年代中期微不足道的数额，跃升到 1977 年的占比 28％，到 1980 年达到了 36％。法国政治的向左转也体现了吸引中产阶级选民的文化政策和行动："这种文化主题是左派在 1977 年法国市政选举中用来吸引几乎所有城镇选民的共同的政治修辞特征。"(Negrier 1993：137)在这些选举之后，新的左翼市政府"支持了一项城市文化战略的构建……它受到三个目标的启发……文化活动和设施的权力下放、文化上的活力和文化政策制定的民主化。第一个是以建立大众之家"（Maisons pour tous）为标志——建立了 15 家多功能机构。就像早期的文化大厦和共产主义"人民宫"一样，这些建筑的设计以邻里为基础，容纳了各种文化、体育和休闲活动。但是，在改造的却不是新建的建筑物里服务规模较小的人口。就像文化之家一样，重建的方案并没有持续下去，在某些方面不仅表明有足够的供给，而且也表明是政策目标发生了一种转变。尽管在修辞学上听起来也很好听，但是就像在其他城市里一样，这个城市的"文化民主化"政策目标实际上被埋葬了。

表 4.6　蒙彼利埃市政府酒吧之家支出
在其对文化总资本支出的百分比

年　　代	酒吧之家的花费/千元	对文化所有支出的百分比
1978	700	56％
1979	2,200	76％
1980	2,551	58％
1981	4,666	56％
1982	2,990	18％
1983	3,790	25％
1984	2,192	15％
1985	885	3％

来源：内里格耶，蒙彼利埃市议会(1993：139)

20 世纪 80 年代的文化战略走向了更加引人注目的项目——一种新剧场、音乐厅、会议中心、大规模景观，而传统的文化领域在资源分配上却下降了——从 1986 年"旗舰"艺术支出的 17％下降到 1990 年的 3％："城市的新文化政策是与城市间竞争的必要性密切相关的。"(1993：143)

Cultural Planning:
an urban renaissance?

　　由于没有就什么符合"艺术中心"的界定和构成"艺术中心"的问题进行技术性辩论，更重要的是不追究官方定义的"艺术中心"究竟没有涵盖什么——"一种实质性方案的定期基础……在一种以上的艺术形式中有专业性的输入……主要用于艺术活动"——所以，当地艺术发展的出现的确改变了许多艺术中心的重心和作用，重新发现了倡导者和推广作用以及许多有组织的资源性质——一种日益增长的网络功能（NAAC，in Hutchison and Forrester 1987）。鉴于艺术中心变化的功能性质以及许多外向型的博物馆和美术馆，反映了当地的需求和现有的供给（商业和公共剧院、画廊、工作室等）状况，艺术中心的精神实质就是这样："它同样取决于传达和塑造艺术中心活动的参与精神。"（同上：216）艺术中心的活力和非威胁性形式为艺术规划提供了更多的机会，而不仅仅是专注于指定的艺术空间。事后看来，尽管其中的许多中心都进行了独特的艺术生产，并且发挥了反映其时代的作用，特别是在吸引年轻艺术家和剧作家方面。但是，一般来说，它们并没有实现或者维护一种文化民主的作用（工作人员是受过良好教育的、追求"另类"文化/生活方式的人），很少有人能够在文化民主进程中占有一席之地：

　　　　艺术中心已经在文化之链中失去了主导地位——它们在受补贴的世界中失去了作为价值提供者的部分作用……商业流行文化的漩流以及消费、商品和技术革命已经占据了太多艺术中心世界最有价值的东西——小巧、爱和社区感。

（Wallace 1993：2）

100　　因此，虽然艺术中心满足了政治目标、自愿的社区和职业艺术工作者的愿望（在某种程度上，他们自己的动机是通过社区艺术/前卫运动来实现的），但是在地方层面上，它们却发挥了特别的作用，扩展了地方政府、区和市政议会有效运行的设施供给。这些社区艺术团体的地方性定位对于左翼市政议员来说特别富有吸引力，因此许多艺术团体都得到了地方政府的补贴（Davies and Selwood 1999）。这意味着，英国和法国对文化民主和文化分配的追求（特别是资本资助的提供）被地方层面的艺术中心和社区艺术提供所取代，它们与体育、公园、图书馆和地方博物馆一起，共同成了娱乐和休闲设施组合中的自然组成部分（Lane 1978）。因此，尽管有艺术规划的早期愿景以及国家对艺术中心发展的支持，但是地方当局在政策、地方设施供给和规划方面的主要作用主要由地方当局负责，并且这已经成了自治制度建立以来许多国家的实情：

> 一个多世纪以来，市政厅和市民中心、图书馆和美术馆、机械学院和艺术学院，当地的公园、花园和圆形建筑就是我们的景观的一部分。它们能够让各行各业的澳大利亚人来参加舞蹈、戏剧、艺术和手工艺班，观看花卉和艺术展览，听乐队演奏和音乐会，接受教育，参加公众集会，等等。当地政府提供了设施和空间。
>
> （澳大利亚议会 1991：45）

然而，在 20 世纪 40 年代以前，英国地方当局没有资助艺术的一般权力（与其长期存在的图书馆和博物馆权力形成对比），尽管一些地方议会法案授权了具体项目。1919 年的《紧急权力法案》被地方政府广泛使用，允许战争时期为舞蹈和娱乐活动提供资金，包括巡演音乐与艺术激励（CEMA）（见上文）产品和 1943 年开始的家庭休假——夏季艺术活动周的联合举措。面对即将失去的非常受欢迎的公共设施——特别是社交和娱乐舞蹈——随着《紧急权

力法案》的结束而受影响的问题，1948 年"地方政府法"赋予了地
方当局有限的权力，以继续支持和提供舞蹈和娱乐活动。由于对
地方政府的连续审查，1972 年"地方政府法"特别允许资助、促进
和发展艺术供给的权力（section 145；Marshall 1974），虽然这样
的供给并不是强制性的（即没有确定最低水平的人均经费或设施
供给）。在 1948 年《地方政府法》的强制推行下，这一措施废除了
一英镑六便士的最高限额。罗伊·肖说："30 年后，很少有英国
政府达到了这个年消耗量的一半。"（艺术委员会 1978：10）1963
年，国家对英格兰和威尔士城市娱乐的调查显示，艺术、文化和
娱乐的净市政支出相当于一（旧）便士的比率——1948 年前的最高
额。其中，这一支出的 43％用于建筑的维护，而最受欢迎的消费

101　领域是乐队音乐会、艺术展览、儿童娱乐、交际舞和管弦乐音乐
会。所有这些活动都比只排在第十四名的剧院更受欢迎（Mulgan
and worpole 1986）。与体育和娱乐不同的是，艺术设施仍然往往
反映了混合经济和独立模式，有别于市政直接供给的体育中心、
公园和图书馆。在规划方面，这种区别是很重要的，因为艺术中心
往往不是设在预定的场所或新建筑物内。正如英国的一项全国性调
查所显示的，尽管大部分中心已经在 20 世纪 60 年代末至 70 年代
开始运营，但是，所占用的 47％的建筑物是一个世纪以前的——
在城区里有 45％是专业性艺术中心，而有 62％是自主经营的艺术
中心。十年后，另一项全国性的调查发现，60％的艺术中心是租
借的或者从地方政府租用的，8％以上的艺术中心所使用的是二
手和"非个性化的"建筑物（见表 4.7、表 4.8）（MacKeith 1996）。

　　以前对这些中心的使用也反映了世世代代对文化建筑的再利
用——这进一步表明了在城市、社区和文化活动中根深蒂固的偏
好和象征价值，这往往是新建筑和新场所无法真正获得的象征性

意义(见表 4.8)。

一般的艺术中心也可以按照三个不同范围的设施进行分类。第四种通用大型场馆是体育场或竞技场,它与大型体育赛事和展览活动有着最密切的关系,但是它们也被用于大型露天摇滚这样的大型音乐会(如多伦多天虹体育馆、温布利体育馆):

1. 旗舰艺术中心综合体(例如,美国——林肯、肯尼迪;英国——南岸,巴比肯)。

2. 中型专业中心(300 多座的主剧场,观光生产基地)。

3. 社区艺术中心——小型、"工作室"剧院、资源型、多艺术、两用,如社区/村庄和体育厅,俱乐部等。

表 4.7 艺术中心的楼龄

年龄/(年数)	全部中心	城市专业	城市自愿
<10	11	19	—
10~49	18	13	5
50~99	24	23	33
>100	47	45	62

表 4.8 以往使用艺术中心建筑物的情况

单位:%

	全部中心	城市专业
教堂/小教堂	26	13
学校	18	16
工厂/库房	23	42
住宅	22	18
市政厅	10	11

来源:Hutchison and Forester (1987:13-14)

102　　　　新中心的推广（第1项）在市中心是很明显的，建筑也是人们所熟悉的，并且依然出现在后工业城市之中。而传统的大舞台拱形剧场在经济上和文化上则挣扎着生存。除了极少数（边缘/另类）例外，中小型企业（附属/替代的和创新的场所/生产者）在艺术设施、社会艺术提供和实验/鼓动以及作为再生、中产阶级化和以游客为基础的社会经济发展的一部分的艺术投资的经济需求之间也陷入了困境。因此，这些供给水平和业绩——第一至三项——在某种程度上提供了一种相互之间的联系，为向上和向下流动提供了一种机会，在文化规划和规划方面以及在规划标准范围内处理社区设施方面是一个特别的问题。因此，将会进一步讨论文化设施在规定的规划和规模层次中所采用和抵制的方法。

　　　　正如本章和下一章所表明的那样，在城市规划中，特别是在今天的城市文化意义上，与其他娱乐设施和各种形式的遗产保护相比，城市规划中没有关于设施概念的定义或参数，就限制了文化活动的公平分布和处理。这一情况同样也加剧了城市—乡村/城市—郊区之间的冲突和情绪，有许多艺术和娱乐变成了社会和设施方面的问题。艺术中心及其相当于文化之"家"（maisons 和 casas）的场所，即村庄大厅、社区和教育机构服务，往往是以二手房和补偿方式提供服务以满足当地文化的供给，为这一立场提供了一种良性的解决方案，以及为政治上越来越多地采用分配模式进行艺术供给提供了一种良性的解决方案。它有别于以中心中央主导的、国家纪念碑和社会主义对集体文化活动和交流的规定性解决方案。

　　　　它们在全世界的扩展和使用情况证实了这一点。在公共服务供给和地方设施中，这个运动从总体上说已经陷入了衰退，但是出现了一种对大型而少量的旗舰和市政中心的政治偏好——规模经济、高调形象、经济影响的效益。这是对商业发展、城外休闲零售和市中心混合使用现象以及不断变化的技术和文化消费习惯的一种回应,这得益于文化和娱乐产业以及亚文化的分离。这些文化和亚文化至少最初存在于合法的文化场所和地点之外。然而,许多艺术和娱乐活动都以供应为导向,因此位置是参与的一个重要因素。更具有回应性的规划形式以及对文化设施供求之间关系的更大关注,则着眼于现有的娱乐规划模式,以及在城市规划过程中更多地纳入文化因素。这些问题将会在第五章考虑。在借鉴一系列空间、需求和协商规划机制的同时,特别运用文化图绘作为文化设施规划基础的优势。

注释:

[1]1992 年,联合国环境与发展会议,即"地球峰会"在里约热内卢举行。此次会议可以追溯到 1972 年联合国关于人类对环境的斯德哥尔摩会议和 1987 年的布伦特兰报告的行动高潮。然而,里约会议采取了一种更加全面的观点,这体现在"环境与发展"的标题上。此次会议达成了一些国际性的协定,也许其中没有任何东西能比《21 世纪议程》更加全面和更为广泛。到目前为止,这一议程的最大部分都与基于地方行动需求的事务有关,从而反映和加强了"全球思维—地方行动"的准则——《21 世纪地方议程》(Leslie and Muir 1996:iii)。

[2]在很大程度上,拉丁美洲城市的布局仍然存在于 15 世纪和 16 世纪初的历史街区。这种做法被编撰在《印度群岛法法令》(Leyes de Indias)之中,它导致了某些人认为曾经建造的只是真正的文艺复兴时期的城市。另一种解释是,这种做法起源于 15 世纪在西班牙建立起来的军事定居点,目的是巩固在"收复失地运动"中从阿拉伯人手中获得的领土,这一做法把它的起源归结为古罗马的"城堡"(Rojas 1998:2)。相比之下,葡萄牙殖民地城市的布局继承了传统的街道和公共空间的有机格局,随着定居点的发展,自然地

形和防御需求也在不断增长。

［3］见第十章"设施"，in *Town and Country Planning*，*1943—1951*，Cmnd 8294，London：HMSO：138-154。

［4］虽然有 1909 年和 1919 年之前的《住房和城市规划法》，1925 年的《城市规划》和 1932 年的《城市和乡村规划法》，但是，1947 年的法案是 1944 年的白皮书《控制土地使用》所预示的最为全面的规划立法，首次提出了所有地方当局的强制性规划责任。

第五章　艺术规划供给模式与标准

　　正如"计划外"却是回应性的艺术中心经验所显示的，无论是在法定规划程序内，还是作为更广泛文化政策的一部分，制定和推广艺术设施可量度标准的概念，并没有获得规划或艺术政策从业员的广泛接受。然而，过去在国家艺术部门，特别是在分配艺术规划方面，在以人口为基础和（或）提供艺术设施的比较水平方面做出了一些尝试，尤其是在区域一级的尝试取得了成功。体育和开放空间（如公园、运动场、滨海大道）的规划与艺术之间的对比，也突显出了人们认为所认为的公众"休闲"供给的两个关键要素在处理和资源方面的不同。虽然在许多体育和娱乐活动的供应主导性质对参与的影响与规划标准的影响之间存在着一种明显的关系，但是，这与更少同质性的艺术（相对于图书馆）的影响形成了鲜明对比。在这种情况下，无法采用何种有系统的艺术设施供给系统标准，在界定和接受艺术规划标准方面都会遇到困难。因此，地方性体育设施（如游泳池和球场）往往比同等的艺术设施分布得更多、更均匀，而且参与率也更高，即活动是以地点和供给为导向的。

　　然而，如果要满足当前和未来的相互竞争的需求，并尽量减少"帕累托"损失，那么就不能在真空中进行便利设施和土地利用的规划。[1]这是现代城市规划运动的一个基本原则，它回应了公众对 19 世纪和 20 世纪初不受控制的发展的关切的问题。英国城市化的直接结果是 1947 年通过了《城乡规划法》。这使地方当局在直接意义上编制的地方性规划具有了普遍性，即在地图上标明现有的、拟议的和允许的土地用途变化，如新住房或工业区，以及通过规划申请和许可的手段来控制开发系统。[2]其他规定包括列出和特别保护具有历史价值或建筑价值的建筑物，并促进经济、环境和社区设施水平的改善。此外，对与艺术供给和文化设施规划相关的文化政策进行分析是具有启发性的，理由是计划应该是由政策主导的，或者至少会受到政策目标的影响。

　　在被任命为艺术委员会第二秘书（1950—1963）的几年前，W. E. 威廉斯就发表了《我们是在建设一种新的文化吗?》（1943）。在这篇文章中，他预见到了一个"覆盖全国文化中心网格"的大不105 列颠（quoted in Pick 1991：22）。尽管没有公开，但是他借鉴了战争之前的概念，比如说法国人民阵线（Populaire Front in France）和苏联（1931 年 5 月）提出的社会主义"社区中心"的概念。尽管对艺术和文化来说，设施规划的准则和标准从来就不是强制性的，但是做出了一些量化艺术供给的尝试。1943 年，威廉斯以全国艺术中心网络的概念为基础阐述了一些艺术规划的观念，并回应了社会主义的规划模式。在过去十年中，这种模式已经预示了东方集团的公社和城市发展：

　　　　我们目前不要这样做：将公共图书馆分布在一条大街上，将美术馆（如果有的话）分布在另一条大街上，将工人俱乐部分布在别的地方……而应规划文娱中心，令男男女女都可以在保持健康和文化争论之间满足整个教育和文化利益。让我们在每一个有规模的城镇里统一我们的大众文化，让我们可以有一个人们可以在那里倾听好的音乐、观看一幅画、学习……参加一场辩论的中心。

(quoted in Pick 1991：23)

1945年，新兴的艺术委员会也完成了一本小册子和所谓"艺术中心规划"巡回展，它"旨在说明艺术如何可以适应于一个中等规模的城市……一个在经济上无法运行一个单独的剧院、美术馆和音乐厅的小镇"。这种灵活的艺术中心的特殊作用，不同于那种单一的活动建筑（如剧院、美术馆），后来这也在题为"文化民主设施"的"文化合作委员会论坛"上得到了欧洲委员会的认可（Janne 1970），而且后来被包括国家艺术中心协会在内的国家和地区艺术协会进行了修改（Hutchison Forrester 1987）。1959年，艺术委员会进行了一项调查——为大不列颠艺术提供房屋。其中列出了八项关于区域、城镇需求的一般规则，全部都体现在艺术表演或展览的物质性设施方面：

1. 一个有1000万居民的地区应该有一个永久性的专业歌剧公司。

2. 一个有500万居民的地区应该有一个永久性的交响乐团。

3. 超过15万或以上居民的城市应该有一个足以容纳重要巡回演出，包括歌剧和芭蕾舞的剧院。

4. 10万或以上居民的城镇应该有一个常设剧团，并拥有自己的剧院。

5. 7.5 万或以上居民的城镇应该有一个适合大型交响乐和合唱音乐会的大厅。

6. 5 万或以上居民的城镇应该有一个博物馆和美术馆，一个由专业人士组成的艺术中心（全年使用）。

7. 2 万或以上居民的城镇应该有一个艺术中心，它可以是另一个机构的组成部分；一个音乐俱乐部或艺术协会，举办定期的系列活动；一个业余乐团（在规模上至少每 6 万居民有一个）；有展出定期巡回展览的设施。

106

8. 1 万或以上居民的小镇应该有一个业余戏剧协会、一个合唱团，一个业余艺术社团或俱乐部（在规模上每一项至少每 3 万居民有一个）。

来源：艺术委员会(1959)

然而，在 20 世纪 50 年代威廉斯的任职期间，其平等倾向却服从于艺术委员会的"皇家宪章"目标，即追求专业艺术的卓越性。玛丽·格拉斯哥，1946 年到 1950 年之间的艺术秘书长，曾经这样评论说："在所谓业余者观点和专业性观点之间，出现了一种实际的冲突。"(Glasgow and Evans 1949：47)虽然支持在教育环境中工作的专业艺术家，并在一段时间内向全国音乐协会联合会提供资金(NFMS，后来移交给了地区艺术协会)，但是，在未来的一段时间里，职业偏见却占了主导地位："[威廉斯]强行主张，需要集中精力提高标准，认为过于注重传播会导致平庸的蔓延……1975 年，舆论环境已经发生了变化，威廉斯的观点似乎是'精英主义'的。"(Shaw, quoted in Arts Council 1983：7)因此，与新城镇运动不同的是，艺术规划的理念和艺术中心或类似设施的理想，作为一种社区的服务，以及作为业余人士和专业人士共同工作的场所，直至 20 世纪 60 年代末和 70 年代初，才从艺术委员会的思维中消失。约翰·彼克也把这个"津津乐道的规划"驳斥为一种"可能迎合苏联规划师"的规划（1991：23）。而且，这也印证了艺术委员会的艺术供给是以伦敦为中心的观点："从来没有任何东西比这更清楚地显示出艺术委员会的伦敦头脑（这些人属于首都供给规模的下属机构）或者证明他们对究竟是什么构成艺术的狭隘看法。"（1991：55-56）虽然这个标准并没有被正式采用，但是规划的趋势却并没有消失。它导致了一段"令人不安的艺术历史：英国艺术资助机构与规划理念一直就存在一种摇摆不定的关系。一种的基本方法就是自上而下的方法，它涉及明显是小题大做的规范性文件"（Stark 1994：12）。

在他 1989 年对艺术和图书馆办公室（OAL）艺术经费结构的审查中，理查德·威尔丁回忆说，1945 年，凯恩斯在成立艺术委员会时播出了英国广播公司的节目，即"艺术家行走在精神气息向他飘来的地方"（quoted in Arts Council 1984：iii）。更直白的表达就是："艺术就是对官僚规划的抵制。艺术可能从任何地方冒出来。风儿任意地吹动，如果我们想听到那儿的声音，我们就必须洗耳恭听。"（quoted in Arts Council 1984：17）20 世纪 70 年代初，彼得·霍尔在《金融时报》上撰写的文章中更尖锐地指出："[艺术]委员会并没有努力使艺术规划成为现实——它始终是一个贫乏无力的和框架性的程序。我们的政策是留心任何地方涌现的创造性，然后再用一点补贴来鼓励它。这是一个有机的过程。"（quoted in Stark 1994：12）然而，规定条款的趋势却被区域性地复制了。在 1970 年成立南方艺术协会的时候，它的《南方艺术》文件包含了对 1959 年艺术委员会"条例"的应用，而这些条例基于涵盖城市和大小城镇、沿海/港口、农村和城市地区这种混合性区域的量化等级：

107

(i)在朴次茅斯、雷丁和南安普顿拥有自己建筑的永久性保留剧目剧院。

(ii)南安普顿的一家大型巡回演出剧院。

(iii)哈文特、普尔、雷丁和斯温登的大型音乐厅。

(iv)哈文特、戈斯波特、法汉姆、克劳利和普尔的博物馆/美术馆。

(v)朴次茅斯、南安普顿、伯恩茅斯、雷丁、普尔、哈文特、沃辛、戈斯波特、法汉姆、克劳利应该有专业人士组成的艺术中心，一年四季均可使用。

(vi)梅登黑德、伊斯特利、法恩伯勒、奥尔德肖特、索尔兹伯里、贝辛斯托克、博格诺里吉斯、温切斯特、基督城、温莎、霍舍姆、纽伯里、安多弗、赖德、奇切斯特应该有一个艺术中心，它可以是另一个机构的一部分。

(vii)朴次茅斯、哈文特、法汉姆、克劳利、伊斯特利、法恩伯勒、奥尔德肖特、利明顿、博格诺里吉斯、基督城、赖德应该有一个音乐俱乐部或地方艺术协会，表现定期系列专业活动。

(viii)普尔、哈文特、法恩伯勒、贝辛斯托克、博格诺里吉斯、纽伯里、安多弗和赖德应该有展出定期巡回艺术展的设施。

这个报告还总结道："从目前地方和国家两级对艺术的公共投资水平都很低可以清楚地看出，需要做些什么。"（着重号为作者增加）尽管这个20世纪70年代的愿景更多是一张"购物清单"而不是一种投资策略，但是它确实与目前在南部地区的补贴分配情况非常相似，因此在区议会和县议会两个层面上的艺术资助是很有影响力的。这种资助是根据约翰·莱恩的《每个城市都应该有一个》（1978）一书中基于现有供给地图的观点来实施的。这种以设施为主导的方法反映了体育和娱乐活动中的休闲规划：这些艺术"规划"侧重于实体性建筑，而很少考虑到艺术创造力、教育或特定艺术形式的"软性"基础设施，尤其是那些不是以建筑为基础的基础设施，如文学和广播媒体。二十多年来，南方艺术协会的后续机构——南方艺术委员会，重申了看似矛盾的做法，它反映了国家的立场："南方艺术不是为了做买卖而规划艺术，而是为了规划艺术创造一种舆论氛围，一种支持艺术能够繁荣和发展的战略和框架。"（1990：1）例如，在该地区，汉普郡艺术部一直由两个艺术中心干事组成，采用一种供给空间的制图方法，而不是一种艺术形式或文化需求方法。因此，在这个意义上，供给往往是同质性的、反映体育和其他娱乐的设施。

　　因此，地方性的艺术计划一直是地方艺术机构力图影响本地艺术和为发展提供网络从而采用艺术政策的主要机制。尽管没有任何一致的艺术规划标准，但实际上却采取了一种比较的方法。这里得出的一个结论是，正是区域性协会越来越致力于发挥规划者的作用，而不是规划或者艺术和娱乐部门（以及规划和休闲专业）本身的作用。20世纪70年代中期以来，通过对自治市政的设施、供给和参与情况的审计，艺术规划的编制一直是区域和自治市镇艺术发展的一个特点。例如，在德国，艺术规划已经与其他城市政策领域相结合（Bianchini，1994）；在英国，20世纪70年代末至20世纪80年代初，地方艺术机构在艺术审计活动中发挥

Cultural Planning:
an urban renaissance?

了催化剂作用，鼓励各行政区和地区进行艺术审计。在这些政策和规划通过之后，通常会制定一项艺术政策和计划来促进某些艺术形式发展，填补在供给以及针对特定场所和服务区方面的"空白"，并且表明地方当局经常与区域性艺术及其他资助者和赞助者合作，从而增加对艺术的资助。然而，这种艺术审计和规划的不足就在于其自上而下的做法，它没有与更广泛的艺术界、文化界接触，也没有充分考虑到地方和区域艺术文化活动存在的城市社会和经济语境。对艺术设施的审计也可能被视为一项显而易见的、甚至是一项多余的任务，然而，针对文化政策和规划的举措，同样需要重视非艺术和非正式场合和地点的文化活动，包括教育、青年和社区、宗教和业余中心以及商业休闲、娱乐和工作场所。哈奇森和福里斯特（1987）提供了全国范围内的艺术中心概况以及伦敦的艺术中心（Forrester 1985）的一些证明。这些艺术中心主要位于改建的和两用或三用建筑物之中，正如第四章讨论的那样，特别是存在于体制化或精英化的艺术场所（Dobson and West 1988）中，对参与的阻碍表现得最为明显。以城市为例，这被人们看作一个机会，在这里，"经验表明，仍然有一些迄今不为人所知的从前的艺术文化和娱乐［ACE］建筑物，它们可以相对容易地被重新纳入有效的艺术文化和娱乐的用途之中"（LPAC 1990b：3）。

文化审计与图绘

一种全面性的有关现有、多余和未来艺术设施和参与（及不使用）"地图"的重要性，是规划艺术及其配套基础设施的必要先决条件。在战略层面上，这类评估还需要以研究和设施审计为基础：

在理想情况下，整体的发展规划应得到对艺术、文化、娱乐设施的需求和供应的研究的支持。这不仅对评估自治市镇内所需的供应水平及其有效地点很重要，而且对于确保与邻近地区的供应协调一致也很重要。

(LPAC 1990b：3)

然而，正如兰德里指出的："如果审计是以一种狭隘的、不具挑战性的方式进行的，那么它可能是无用的。"(2000：169)在实践中，对于究竟是谁构成了一个社区以及被审计的文化究竟是什么，选择性和先入为主的观念可能会导致对文化活动的偏见（如伦敦东区的哈姆雷特塔和斯蒂芬尼；Landry 1997a，b；Evans et al. 1999）。从最近澳大利亚一个文化规划的角度来看，一直推广的《社区文化评估》方法汇集了地方规划的这些审计、图绘和咨询阶段。

- 运用人口(如人口普查)数据确定当地人口的相关特性。
- 研究人口中不同群体的文化和社会需求。

109

- 分类和列出或图绘该地区的文化资源，包括设施、活动、人、组织、评估场所和风景、原有的文化项目、社区服务/设施、经济活动和信息。
- 确定新建的或扩大的文化资源计划。
- 考虑该地区的各种文化资源之间存在的关系。
- 确定不同人群获得文化发展活动的障碍。
- 考察公民、社会、教育、宗教、商业和其他组织在文化发展方面的实际或潜在的领导和支持作用。
- 概述社区文化活动的优势和不足。
- 评估现有设施/计划和新的或扩大的需求。

Cultural Planning:
an urban renaissance?

- 评估原有文化项目和活动的结果和适当性。
- 考虑文化发展与其他活动领域(如旅游、就业)之间的关系。
- 文化评估必须成为涉及本地和艺术社区中的所有感兴趣群体的一个协商或参与过程。社区艺术和其他文化活动可以用来激发("体验者"的)兴趣。

最后一点具有根本性，因为"专家"、官员、艺术官员和特殊利益集团所进行的这样一个看似全面但可能是机械的过程，是过去"艺术规划"和城市规划失败的地方。正如兰德里所建议的那样，"规划应该更具有协商性和参与性。为这门学科在技术上太过于官僚，对公民来说也难以理解，因为它以在日常经验方面意义不大的一种形式表达出来"(2000：268)。因此，它是一种协商方法，需要更成功和更经常地参与到更广泛的城市和地区规划之中。但是，如果一个城镇或城市规划周期(政治术语、城市规划)成为常态(如每五年进行一次)，同时当前实行的文化规划在土地利用和环境规划评审中能够实现更大的整合(见下文的多伦多《城市规划》)，那么，进行这类活动的频率就显然会取决于一个地区或社区内的动态性质和变化因素、不断变化的愿望和机会。

规划方法和技术

如果在城市规划本身(相对于艺术规划指南)中没有考虑到艺术的规划要求，而且在城市规划立法中没有关于"设施"的可操作性定义，在休闲规划指南中也没有真正的"艺术"地位(Sillitoe 1969)，那么，对更广泛的娱乐和相关设施规定的规划方法的审查就可以为以下方面提供可能的应用：艺术和文化供给以及它们受到不同对待的原因。无论如何，自从 20 世纪 70 年代以来，休闲与社会问题和变化之间的联系都遵循一种更加规范的休闲规划方法(Cullingworth 1979：190)。尽管在区域层面上整合的程度是由政府环境部门推动的，包括"地区及其相互关系的结构重要性问题"，如就业、住宅、交通、保护、娱乐和旅游等(DoE 1974：Circular 98)。在 1973 年的《城乡规划法》(TCPA)中，地方性规划对自治市镇和地区是强制性的，并在第一次形成战后青年和结构性失业的时代中，对各种"联系"进行了研究，特别是在体现《内城地区的娱乐剥夺》(DoE 1977a)和《休闲与生活质量实验》(DoE 1977b)中。与休闲和娱乐规划立法和准则(Sillitoe 1969)一样，艺术和文化活动与供给基本上没有出现在这些政策和职业主导的发展中，休闲和娱乐规划本身的研究和文献在北美更为发达，特别是在户外娱乐方面(Walsh 1986)。在英国，主要集中在开放空间、绿化带和体育娱乐方面(如公关行为；Sports Council 1968，Veal 1982)。

　　因此，下面的规划方法来自许多量化的、规范的(理性娱乐)和参与性的哲学，当与借鉴于人文地理学的空间应用结合起来的时候，它就体现在新城镇规划和伦敦郊区蔓延的花园之中(Howard 1902，Veal 1975)。

规范方法——标准的使用

　　休闲设施规划中的"标准"通常是指设施或服务供给的规定性水平，往往与所服务的人口范围有关。这些标准对规划者的价值在于其中立性和简单性，以及在与政治家和当地社区沟通时易于理解。正如朱迪·希尔曼针对 1969 年备受争议的"大伦敦发展计划"中所指出的那样："当选的政客们仍然是政客，并且很少有人相信选民有能力对未来各种选择和困难进行的明智讨论。所以，这幅图景描绘得很漂亮。"(1971：10)英国使用的标准包括表5.1中所列的标准。

作为普遍的规范，这种数字标准可以避免重复性的供给，如在地方和区域层面上的供给。它们还避免了地方当局实际上不得不对需求进行评估——这是在政治上有争议的、代价高昂的而又敏感的一种做法，有可能带来虚假的期望和不可调和的需求。标准也具有吸引力，因为它们可以在公共权益方面提出要求，因为这些标准在任何一个地方都适用（或者可以用来证明平等的供给），并且确保人均供给的某种平等。这同样简化了资源分配的过程，特别是在政府赠款、地方政府投资和公共支出标准方面。这种定量方法也能更容易衡量对供给的评估，如果"保守"的话，最低限度的供给水平也是一个可能的结果。例如，尽管制定了开放空间供给的长期规划标准，但是，实际的量化供给却很少达到这些最低标准。相比人均25平方米的法国标准，巴黎的实际供给仅为10平方米，里尔实际上只有18平方米的供给。相比，英国和全国运动场联合会（NPFA）的16～18平方米的标准，伦敦却只有10平方米，而罗马（9平方米）、柏林（13平方米）和渥太华（14平方米），都没有达到这些城市的公园标准（Baud-Bovy and Lawson 1998, Bohrer and Evans 2000）。

111

表 5.1　英国娱乐设施规划标准

设　施	规划规范/标准	来　源
运动场	6 英亩/1,000 人	NPFA(1971)
分配	0.5 英亩/1,000 人	索普委员会(1969)
小区内室 体育中心	1 个/40,000～90,000 人， 一个以上/增加 50,000 人	体育委员会(1972)

续表

设　　施	规划规范/标准	来　　源
当地室内体育中心	23 平方米/1,000 人	体育委员会(1977)
室内游泳池	65 平方米/1,000 人	体育委员会(197)
高尔夫球场	按 9 个房主贷款公司单位一个/18,000 人	体育委员会(1972)
图书馆	一个分馆/15,000 人，到最近图书馆的最大距离：1 英里。图书采购：每年 250 本/1,000 人	教育部(1959)
儿童娱乐场	1.5 英亩/1,000 人	NPFA(1971)
开放空间	层次——当地可用标准	GLDP(GLC 1967)

译者注：1 英亩约为 0.004 平方千米，1 英里约为 1609 米。

因此，毫不奇怪，在欧洲（如瑞典和英国；Worpole et al. 1999，2000)和北美洲，趋势是放弃提供娱乐设施的数量标准，而更多地倾向于在发展和设计指导以及区域规划中更加积极地规划和整合娱乐设施。

在这些标准化的供给标准运用中也存在一些根本性的不足，因为它们取决于一种霸权性的评估，即供给的正确类型和正确水准是什么，简言之，要探讨究竟由谁来确定以及如何确定这些标准。当地的条件也需要用定量方法体现出来——在不同社区和群体之间这些东西会有变化，它来自人口（尤其是年龄，在某些艺术活动中给定宽泛的群体）、社会经济、文化到空间的变化。标准也往往不是动态的或者反映了社会文化的变迁的，包括生活方式、流动性、文化思潮和多样性。一种定量方法也会忽视质量的问题，供给和过程——一种高质量的设备可以"补偿"较低的性能，包括设备的设计、环境、地段和寿命——这是保证和维持参与水平的关键因素(Craig 1991)。还需要考虑供给中的替代程度——如果一个地区没有电影院，剧院的上座率会更高吗？非艺术休闲活动和设施对上座率和参与、家庭和家庭以外的活动会有什么影响？缺乏定性的、空间的（如交通行程时间，即克劳森效应，物理性使用；Clawson and Knetch，1986）以及地方性问题和偏好。最重要的是，在这些标准中，对社区需求、艺术家和文化中间人（如发起人）的要求的评估从总体上被忽视了。标准也可能没有反映历史的或社区的因素，如根据遗产或"信托"（如遗产建筑/遗址、收藏、公共公园），以及民族和宗教纪念活动的供给或获取情况。

112

　　此外，虽然在长期规划中，一个层次的供给可能需要考虑特定社区的艺术设施类型和给定空间的公平分布情况，但是，一种单纯的量化艺术规划方法是不太容易被接受的（Pick，Amis，Rees-Mogg，Eckardt）。制定艺术规范的困难之一是艺术经验、节目编制和发展（不像游泳池、博物馆或甚至图书馆那样）的多样性、当地事务和旅游工作的综合、实验需要的异质性，并且承担着导致供给和计划动态变化的风险。艺术供给也与商业艺术和娱乐以及多用途场馆（如大厅）并列，但其特点是无障碍的艺术资源不足。而且如上所述，其主要被安置在二手的或者临时性的建筑物之中。因此，就前面所讨论的那样，除了文化宫和博物馆"区域"或"区"之外，艺术往往是城市休闲供给中的"穷亲戚"（Hutchison Forrester 1987）。尽管有这些缺点，但可以说，这恰恰是因为它们被排除在设施和规划标准之外。

总需求或比较方法

　　这种方法，与马斯洛关于人的发展和心理（1954）"需求层次论"有关，以及与对参与/不参与的评估有关。它采用了国家和区域调查得出的每一项选定文化活动的总体参与水平，并对当地人口进行了比较和应用。除市场调查和对其他消费者的调查外，参与率和消费率通常来自全国人口普查、家庭支出和政府及其他机构进行的其他定期研究。除了社会调查之外——如英国的《综合住户统计调查》(GHS)、家庭支出调查(FES)和荷兰的《社会和文化规划》(SCP)调查——艺术委员会从 20 世纪 80 年代以来，就社会阶层、年龄、性别和地区等一系列艺术形式进行了受众调查，以及对文化活动的态度和参与进行了更为广泛的民意调查——不论是否受到补贴。图 5.1 表明了基于本年度的调查的情况(BMRB；Evans et al. 2000)，这是与国家/区域人口分布的一系列艺术活动相比较而得出的社会经济群体的参与率。较高收入群体 AB(专业/管理人员)和 C1(熟练工人)始终比低收入人群有较高的参与率，甚至在电影、爵士乐和流行/摇滚等更"平等"的活动中也是如此。值得注意的是，除了电影和流行音乐/摇滚外，女性在艺术参与方面的人数上超过男性，芭蕾舞和现代舞观众的比例明显高于男性——63%～69%比 13%～37%。这种合法性文化消费状况在大多数西方社会中仍然存在，并且，这也许是对文化政策和规划的最棘手的挑战，在某些方面完全颠覆了它们的公共/有价值的良好地位：

　　　除了壁画、雕塑、广播等少数艺术形式外，大多数艺术活动都缺乏所谓"公共物品"的属性——大量的观众调查显示，这些人主要是由富裕人士组成的……然而，各种研究仍然表明，政府参与支持艺术受市民的广泛欢迎。

(Knutsson 1998：26)

Cultural Planning:
an urban renaissance?

113

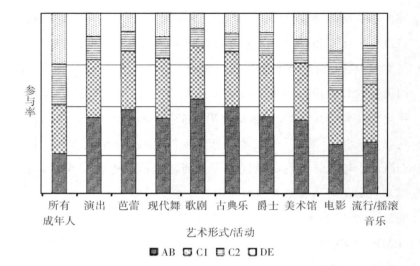

图 5.1   根据社会等级的英国艺术参加者概况（1996）

来源：英国国际市场研究所（BMRB）—目标群体指数（BMRB 1996）

注：百分比是以参加每一种表演类型的样品为基础的。例如，每 9.7％的成人歌剧参加者在社会等级中为 C2（而所有成年人中的 22.5％都在这个等级中）

实际上，这种"比较的"方法主要是基于娱乐供给的规划，如体育委员会 1968 年在《体育规划》中所提出的规划（Veal 1982）。这种方法可以按阶段进行，最初的简化版本采用了在一项全国性或区域性调查中得出的对某一特定活动的总体参与程度，然后，把这种参与率和情况应用于当地社区，如某个地方或区管辖的地区。例如，《英国社会趋势》（1999）指出，在过去的三个月里，22％的成年人在 1997/1998 年度参观了博物馆或美术馆，17％的人去的是剧院，34％的人去的是电影院。因此，一个拥有 16 岁及以上年龄的 200000 人口的地区，预计约有 44000 名普通博物馆和画廊观众、34000 名剧院观众和 68000 名电影院观众。根据这一使用规范，可以估计出满足这一需求所需空间的数量和大小，同时可以考虑到频率和人口概况（如家庭/儿童），并根据相关地区的实际供给量来测量结果。概括是至关重要的，因为平均参与率在年龄和其他群组之间发生着变化。在看戏的情况中，在年龄组方面的分布是相对均匀的——14％（16～24 岁）和 18％（25～34 岁和 45～59 岁）之间；在博物馆的情况中，35～59 岁的人中有 26％的人至少每季度参观一次，而 25～34 岁和 60 岁以上的人中只有 18％；电影则以年轻人为主，24 岁以下看电影的人占 65％，60 岁以上的人下降到只有 11％。此外，这种方法更容易被人们接受，它提供了分配更为平均的设施，如公园、游戏和某些体育设施（见上面的标准），但是对艺术和文化设施方面的分配则比较少。一个灵活的、多用途的艺术中心可以采用这种定量的需求方式，可以是专门的艺术场所，如剧院、电影院。但在博物馆收藏的性质上，也许就不是那么适合了。（对于构成当地博物馆或艺术品收藏的界定和估价是复杂的，这取决于历史和赞助人的影响。但是，现在的藏品并不那么固定或者来自产地或"场所"——见第八章）。

114

　　与各种休闲和文化活动的全国性或区域性参与率相比较，也可以与出入/交通确定的下游区相结合（见下文）。这可以根据用户群体（如初中、青年、成人）和交通方式（如步行、汽车、公共汽车、火车）与距离场地或设施的不同来进行调整。投资便捷的公共交通——价格、频率、安全性——以及与文化娱乐场所有关的专用交通服务，已经证明在不同用户群体中增加了用途和扩大了参与率（如伦敦地铁银禧线的延伸；CELT，2000）。同时，交通连接和连通也有助于再生区域，并有助于支持当地和更高级别设施的可行性（如谢菲尔德"系统"，Lawless and Gore 1999；旧金山湾区快捷运输系统，Cervero and Landis 1997）。在这里，这种方法可以采取一个单一的点，即一个拟议的新中心或场地，并使用综合测绘方法，以距离/行程时间来衡量一个下游区与现有设施之间的距离（见上文）。这也可以适用于根据全国性调查（综合住户统计调查，目标群体指数，见上文）的人口下游区的现有参与率，表明当地参与程度是否高于或低于区域性/全国性的平均水平，如果低于这个水平，则可能表明供给不足，如果明显高于供给水平，那么额外的设施就可能会导致供过于求。

然而，实际上以现有参与数据为基础的规划实例却极为有限。例如，对欧洲联盟文化统计数据的审查（1995 年）显示，关于文化消费和参与的数据杂乱无章，很少或者根本上就没有关于艺术设施的供给、其空间分布或规划标准的全面信息。联合国教科文组织的倡议也试图为文化统计和数据确立一种比较基础，虽然存在着跨国的困难，以及对文化的定义将会把任何艺术结果都限制在高层次的聚集和简单的分类中。因此，需要改善文化数据——经济、参与、消费和生产——质量。例如，在意大利，主要的问题似乎是，对文化统计的研究并没有很强的优先性，而且"德国还没有一个全面和统一的文化统计体系。可以说，在艺术和文化领域的数据一般都是不令人满意的"（EU 1995）。在英国，每年的《艺术委员会目标群体指数》（TGI）调查确实提供了涵盖一系列艺术形式和活动参与的区域性分析（或者更准确地说是出席率）。尽管这种方法确实提供了一些简化的比较法，但是，它同样没有考虑到地区/地方性和文化上的差异，特别是艺术设施的供给或其在质量、艺术和其他方面的差异，也没有考虑到它的"外在性"——影响需求和出勤的社会经济和其他变量。

115   然而，在缺乏全国性文化规划的情况下，比较方法获得了一些可行性，特别是在艺术设施的质量和数量方面，"中心"占据了主导地位。例如，在希腊，《文化的空间地理分布》对这方面做了量化分析（Deffner 1993），从艺术和教育文化空间的角度对每个

地区与整个国家进行比较。它采用的是这个简单的公式：

$$\frac{各个区域的空间数/区域人口}{希腊的空间总数/希腊的总人口}$$

因此，当特定区域的空间集中程度与整个希腊相同的时候，每个区域的商为 1.00。虽然首都雅典拥有该国指定文化空间的近 24%，但是它的人口密度高（占雅典盆地总人口的 33%；人口资料局，1995）。这意味着，根据这一计算方法，这个城市的文化供给的比例"低于平均水平"。当然，实际上，城市内的核心区拥有大部分设施，甚至是占据了较大的都市地区，雅典的全国性艺术空间比例为 94%。这个公式也忽略了空间、定性和文化多样性的问题，而且运用的类型也很有限（艺术：戏剧、音乐和舞蹈的空间，电影俱乐部；教育：博物馆、美术馆、图书馆、文化中心；Deffner 1992a，b）。希腊的文化规划也需要放在德夫纳所说的语境中来理解，"这是文化空间中的一种危机，一种与开放空间和公共空间并行不悖的现象"（1993：8）。他给出的这种危机的原因包括：与理性主义有关的功能主义在空间中的应用；空间和时间的商品化；空间的私有化；关键是私人汽车的主导地位。

对比较方法的一种更复杂的应用是将人口群体按年龄、性别以及在适当情况下按参与率划分为其他社会文化群体。虽然总需求方法提供了一种随时间而变化的参与趋势的比较法，并为地方当局提供了一个简略基准，如专家标准，以"供应不足"为理由进行投资，但是它并没有空间或准入方面的考虑，特别是对公共交通方面的设施考虑。然而，这种方法的全面应用却可以有效地模拟一个地区的情况，并利用多元回归和相关的计量经济分析方法纳入此类需求的决定因素。然而，这种方法的主要缺陷在于，它

依赖于参与，因为它是"需求"的同义词，而休闲规划已经采用了
这种方式（Burton 1971，Wilkinson 1973，Field and MacGregor
1987）。从这个意义上来说，需求实际上就是消费，因此它忽略了
未得到满足的需要，这体现了潜在的、多余的或未实现的需求。这
是由一系列复杂因素造成的；明显的需求供给主导性质和艺术设施
的不可利用性，如缺乏信息（"营销"）、地点—时间—价格的相互作
用，以及教育、技能（文化资本）等不那么有形的决定因素以及替代
效应，如来自类似活动的竞争——家庭影院视频、现场音乐会光盘
（CD）。正如埃利森在联合艺术委员会/英国广播公司关于管弦乐
供给方面的报告中所写的："管弦乐队'缺少的是观众而不是粉
丝'……一般的古典音乐爱好者都喜欢在家里听……能够找到新的

116 办法把他们从沙发上吸引起来吗？"（1994：3）作为回报，今天，音
乐会结束后就将 CD 发送给新作品的首映者，作为门票价格的一
部分（光盘的制作成本低于纸质票）。CD 在布莱兹演唱会两小时后
出售，被当作演出的纪念品。而摇滚音乐会的 CD-ROM 门票则允
许订购 T 恤、节目，列出演出日期、安排行程、乐队影像和歌词。

参与的障碍

从 20 世纪 70 年代起，地方性和区域性的艺术当局刺激艺术
（和体育）发展的需求/使用和资源配置的政策，一直与第四章所
讨论的艺术中心和社区艺术项目、地方艺术发展机构和倡导者密
切相关。而且 20 世纪 80 年代初以来，教育就一直与剧院、博物
馆和美术馆的外联干事和方案密切相关。正如雅各布斯所说的那
样："艺术在我们社会中的作用不会被有效地确立起来，除非它
渗透到我们的社会制度中，而不是被认为仅仅是博物馆大门内的

东西。在体制之外发挥作用——在其他的场所，用日常生活的方式，借助于日常事务——是改变艺术在我们文化中的意识形态地位的一个开端。"(1995)对吸引非艺术设施使用者的需求，集中了艺术场所和艺术机构的想法，其双重的但可能相互冲突的目标是：发展新的观众和创造收入，以解决公共补贴减少问题，以及扩大观众的范围——包括年轻人（未来的观众）、低收入群体（种族、性别、阶级）——从而达到社会文化和公共利益的目标。对艺术参与和消费进行纵向研究的全国性证据再次表明，高收入和社会经济群体从公共文化中"受益"的比例过高（图 5.1），因此，仅仅通过实体传播和设施网络来分配专业艺术的努力，在很大程度上未能惠及那些低水平参与者和"非使用者"。

对参与来说其障碍是具有深层次性的，如布尔迪厄等人的著作　*117*　所表明的那样，在与其他"休闲活动"的比较中，图 5.2 给出了艺术参与者和使用者之间"知识差距"的一个证据（Darton 1985：19）。它表明，与其他类型的社会资本和技能相比，获取文化资本更为困难。

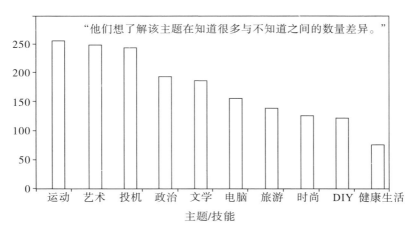

图 5.2　艺术参与者与使用者之间的知识差距

来源：Darton 1985：20

在这项调查中，人们被问到他们对各种主题了解多少以及他们将来想知道多少。图表左边表明那些已经参与过的人希望进一步发展他们有兴趣的活动，但那些没有参与过的人却对今后做这些事情没有多少兴趣——这就是知识和认知的鸿沟："总体上说，艺术不如影像那么有意思，甚至那些对它们有很多了解的人也这样认为，因此，对于那些没有任何艺术相关专业知识的人来说，似乎没有什么助益。"（Darton 1985：19）五年后的一项后续调查显示，这些障碍仍然是值得注意的（表 5.2）。

环境因素的重要性仍然位居前列并且继续上升，公共领域的设计、规划以及对艺术和文化设施的利用提供了一些线索，表明文化规划能够如何满足用户的需要和支持服务。然而，文化和其他社区设施的用户（关键是非使用者）的家长式看法，早已在基本规范性的市政设施供给以及设计和规划职业本身中形成了。在这里，用户意味着占有者、居民，甚至是客户——那些通常不会被期望为建筑师的简要设计做出贡献的人（Forty 2000：312）；但是，对于不露面的"用户"和烦人的、不领情的"非用户"来说，这一切都意味着一种无能为力的甚至是社会地位低下的作用。在《空间的生产》中，列斐伏尔认识到了这种紧张关系："'用户（usager）'……有些模糊——以及隐约地对它表示怀疑。'什么的用户？'人们往往想知道……用户的空间是有生气的，而不是再现的（或构想的）。"（1974：362）也正如福蒂所认为的那样："'用户'和'用户需求'兴趣的下降相当于 20 世纪 80 年代公共部门佣金的下降。也许令'用户'不满的另一个原因是，它用这样一种令人不满意的方式来描述人们与建筑作品的关系——人们不会谈论如何'使用'一件雕塑作品。"（2000：314）

表 5.2 鼓励户外休闲活动的因素

你是否会在外出活动中花更多的时间？	确定是的百分比	
	1990 年	1985 年
您更喜欢的文化设施(舒适、方便、氛围)	65%	55%
适合全家需要的设施	58%	56%
更安全的街道	54%	54%
更好的停车设施	43%	29%
小区域内有各种活动设施	44%	41%
更方便的公共交通	36%	28%
更好的婴儿设施	24%	20%

来源：亨利预测中心/PSC 调查(1985，1990：Chart 2 in Stewart 1990)

同时，"使用价值"比"交换价值"更受欢迎，它表现的是用户 *118* 与提供者/设计师之间一种更加解放的关系，也是一种功能更强的决定论。这种决定论强调 20 世纪 50 年代以来公共和娱乐设施建设中较早的社会主义和战后的福利繁荣(见第四章)。公共文化建设和设施公共委员会的重新兴起，以及一场新兴的社区建设和规划运动，促使了"用户"的概念、优先性以及城市设计质量的价值(CABE，2001)和公共领域在吸引、保持文化场所的参与率方面的回归。今天，欧洲和北美占主导地位的政治意识形态已经更进一步地(Le Grand 1998)把这个概念(1998)当作一种对治理术的训练方法(Foucault 1991)。从社会意义上讲，如今，包容/排斥取代了用户/非用户[在美国是少数民族居住区(ghettoised)]，但其内涵却是以社会公民权为基础的，它采取了反对排斥和鼓励文化包容的政策(DCMS 2000)(见第九章)。和其他社会领域一样，在一个日益商品化和私有化的公共领域，环境、对安全的关注、使用的便利性，以及需要规划的社区文化设施的形象和舒适性，仍然是影响参与度排在首位的关键因素。然而，对公共空间的秘密控制(如闭路电视，大门/警卫)究竟在多大程度上满足了这些必要的增长需求，似乎是令人怀疑的，对于那些没有车的人或带着孩子或有家庭的人来说尤其如此；对于大多数人而言，有熟悉性、地方接近性和不令人生畏的关系是参与的首要基本前提。

时间(或者更确切地说是缺少时间)经常被认为是人们不参与的主要原因，它甚至超出了成本/资金。因此，方便和邻近的住宅和工作场所以及高效可靠的交通设施是吸引和保持艺术观众的先决条件(正如当地的体育、公园和图书馆标准所证实的那样)。阻碍户外活动参与的因素和鼓励活动的因素在不同群体之间和整个生活圈中也各不相同。图5.3显示的是为英国艺术中心(Darton 1985)开展的一项研究结果。其中有一些明显的问题，根据他们的收入、交通(如汽车所有权)、性别和年龄(街道安全问题更令人关切)而影响到潜在的参与者。

119

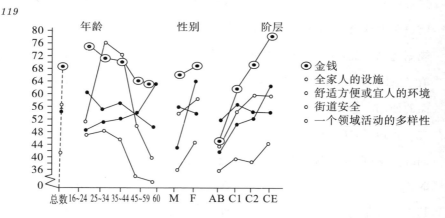

图5.3　鼓励人们待在家里的问题

来源：Darton (1985：13)

当然，"居家"消费并不意味着随后会参与公共艺术活动，尽管这衡量了文化供给的潜在需求，如果某些障碍——真实的和被感知到的——能够被充分地克服并传达给非参与者，如表 5.3 所示。不同地区的差异也表明了艺术品供给方面的相对差异。例如，与该国城镇化程度较低的地区相比，首都的非参与率会较低一些。

当然，把以家庭为基础的观看习惯与对类似活动的潜在兴趣联系起来，可能过于简单化，然而，文化消费已进入室内的程度也是明显的。比如在法国，电影院上座率的下降与在电视上播放的电影数量的增长成反比(Wangermée 1991)。有线电视频道和视频也缩短了第一部电影放映与电视可获得性之间的时间间隔。

表 5.3 根据不同国家和英语区统计的非参与者的潜在利益
（不是当前参加这些活动而是喜欢在电视上观看的百分比）

单位：%

	所有成年人	大伦敦	威尔士	北部地区	英格兰	苏格兰
比赛	19.7	17.0	23.4	20.4	20.7	19.9
芭蕾	7.0	7.0	6.3	5.9	7.1	5.8
当代舞	4.7	6.0	3.8	2.9	4.8	4.0
歌剧	6.2	6.3	7.0	5.5	6.3	3.9
古典音乐	8.6	7.6	11.6	7.0	8.7	7.2
爵士乐	5.4	6.4	4.7	4.4	5.5	4.6
美术馆/展览	2.8	2.9	2.4	2.8	2.9	3.0

来源：改编自伊万斯等人的 BMRB 国际——1995 年和 1996 年目标群体指数(1997，2000)

注：百分比是根据每一栏前面显示的所有成年人的样本计算的。例如，在苏格兰，5.8%的成年人不参加芭蕾舞，但喜欢通过电视观看，而在整个英国，这一比例为 7.0%。

空间方法与供给层次

　　并不奇怪的是，休闲规划的空间方法主要来自北美的户外娱乐规划（Clawson and Knetsch 1966，Walsh 1986），也来自英国（Burton 1971，Wilkinson 1973，Henry 1980，Veal 1982，1983）。如上所述，20 世纪 60 年代以来，艺术中心和相关的社区艺术运动提升了范围广、规模大的艺术活动、设施以及低使用/准入成本的优势，但是，在二十多年前的《全国艺术和社区调查》中，人们仍然注意到，"大多数人还是很难接触到这样的设施……对艺术中心的普遍不满都是因为许多地方缺乏设施，有些设施不适合他们的用途，公共形象较差"（Brinson 1992：68）。因此，在设施方面，特别是在文化规划方面，地理位置接近是一个明显而又没得到充分考虑的因素。正如这方面的图例所表明的，图 5.4 显示的是基于一项英国新城镇规划对设施需求和相关距离关系的评估。在本案例中，它表明了不同社区和娱乐设施之间的不同空间期望，同时也显示了简化的空间和其他量化的"标准"方法所存在的不足。即它们依赖于现有的参与和供给水平，把剧院的下游区定为 14 英里（约 22.53 千米）（对车主而言），相比之下，游泳池和壁球场则为 8 英里（约 12.87 千米）。因此，这种模式在强化等级、参与率和准入方面都是自作主张的，这是由预先决定的文化供给水平以及传统场馆的节目（如杂耍表演、参与性节目）所决定的。

　　因此，在艺术规划方面，一个比较现实但具有策略性的方法，就是考虑把下游区用作提供家庭以外的文化设施，并认识到大部分使用者通常都来自一些可识别的地区。因此，这种方法把

周边地区(区、教区、地产)和"中心"与人口规模、分布和便利性
联系起来，特别是艺术设施的位置与工作/家庭住所、公共和私
人交通的关系(见图 5.4)。从经验证据(还有衍生的观众和参与)
来看，一般来说，剧院比游泳池(在游泳池中，大型的、新建的
游泳池比小型的、老旧的有更大的下游区)有较大的下游区；观
众更愿意观看现代舞蹈和喜剧；一个新的多功能影剧院比大街上
的电影院有更大的下游区，等等。休闲和娱乐设施(以及公共部
门效仿的设施)的商业规划越来越依赖于乘车的参加者，因此，
新式电影院或休闲公园运营商需要根据最多一至两个小时车程参
数的 25 万～50 万人口的下游区来计算(Grant 1990)。对文化规划
和供给的影响是相当大的，而且是有问题的："把工作、住房和
娱乐融为一体的工作城镇的概念，正面临着被城外购物中心、绿
色田野、私人住宅、汽车为主的休闲设施和退休村的离心力拆散
的危险。"(Worpole 1992：21)根据美国竞技场的发展，这里的规
划取决于交通联系和足够停车位的必要性，那里的规划标准为每
五个座位就配有一个停车位。伦敦外的恩菲尔德郊区新开业的一
座 12 个银幕的多功能影剧院证明了这一点，那里有打着广告的
1100 个免费停车位(好莱坞来到了李谷，伦敦恩菲尔德郊区，
1993)。这一新设施预计将会使现有的本地郊区电影院的彻底倒
闭，并且在这里取得了成功，就像在其他城镇中心一样——1999
年关闭了 100 多个电影院，主要是小型的、当地的场所，同时，
多功能影剧院将会持续增长(LIRC 2000)(见第二章)。那些幸存
下来的城镇中心场馆则会处于一种破败的状态(见图版 5.1、图版
5.2)。由于受新零售业和休闲娱乐发展的影响，无论是在城市边
缘/城外还是在城市中心区，零售活动的普遍减少都进一步限制
了其他的用途。

Cultural Planning:
an urban renaissance?

121

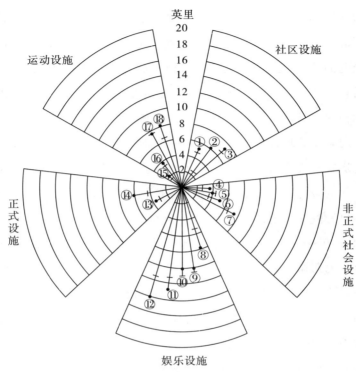

①社区中心
②教堂大厅
③乡村大厅
④老年人设施
⑤青年俱乐部
⑥咖啡馆
⑦餐馆
⑧宾戈游戏厅
⑨电影院
⑩舞厅
⑪迪斯科舞厅
⑫戏院
⑬幼儿园
⑭图书馆
⑮儿童游乐区
⑯运动场
⑰壁球场
⑱游泳池

——● 有交通工具的人的看法

——▎ 没有交通工具的人的看法

图5.4　需要的设施：距离关系

来源：TRRU（1979）in Veal（1982：29）

122

图版 5.1 米兰：衰败的电影院(1998)

图版 5.2 里约热内卢：衰败的电影院(1998)

然而，这种下游区面积计算方法同样适用于从艺术、娱乐到社区资源等一系列地方性和区域性便利设施，建立需求层次，并确定四个潜在的相互关联的供给级别：居住区、当地、市/区范围和战略（见图 5.5）。

例如，等级结构方案被应用于朴次茅斯市艺术中心的规划（Evans and Shaw 1992）。朴次茅斯拥有约 200000 人口（据 1991年人口普查数据），它是伦敦市中心以外英国人口最稠密的城市。根据一项针对所有市政服务的政策举措，制定了一个机会金字塔目标来体现城市文化设施的发展和途径（朴次茅斯市议会 1991）。

123

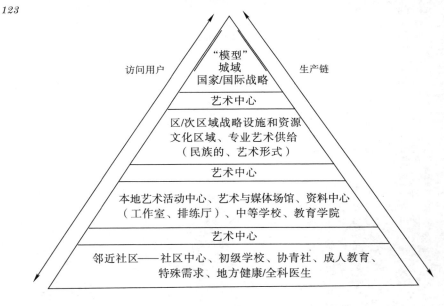

图 5.5　艺术供给层次结构和机会金字塔

来源：Evans and Shaw（1992），after Veal（1982）

就像后来斯塔克所认为的那样："这些设施及其地位在机会金字塔中具有重要意义。"（1994）这是为了在生产链中把艺术和文化供

给的水平与质量联系起来(见前面关于艺术中心的形式和功能的
论述)，从邻里到战略中心："以社区为基础的表演和视觉艺术发
展的适当结构被看作一种积极主动的网络模型……这是已经利用
了一系列具有专家职能和邻里承诺的中心，在区域一级的整体网
络中运作，以便能够共享技能、资源和相互支持。"(朴次茅斯市
议会，1991：2)作为这一过程的一部分，使用设施规划图来衡量
现有艺术供给的下游区及其影响(见图 5.6)。

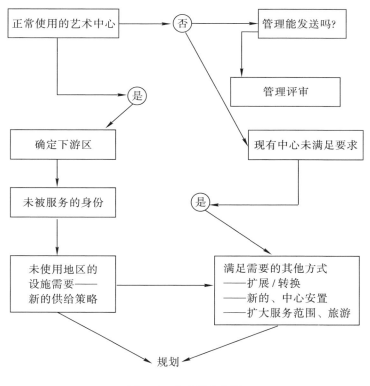

图 5.6 艺术设施规划

来源：Evans and Shaw (1992：12)

在考虑到文化设施在复杂的城市区域环境中所具有的战略重要性时，需要确立一定的标准(LPAC 1990)。这样一种方法还要考虑到现有和潜在的中心和资源，在这些中心和资源中可以开展当地、居民和旅游的艺术活动，包括"非艺术"场所，如学校、大学和成人教育中心、社区和青年中心，以及体育和休闲中心、公园和博物馆。然后，根据对现有设施的用户和受众调查以及非用户及其态度的研究，对某一地区的供给和参与以及相关的准入和空间关系进行有效的测绘。这可以确定供给的数量、类型和质量方面以及相关的基础设施，如在交通、分区、停车场、街道照明和行人专用区等方面存在的差距。

参与率还将考虑到下游区的使用频率，某个给定人口地区产生的普及率(PR)：

$$普及率＝频率×参与人口的百分比$$

按照每年1万人次参观美术馆年度参与率，可能是由每年1万个人参观一次或者2500人参观4次构成的，或者实际上是这两者之间的一种混合——这是社会和文化目标的根本区别，也是营销和需求评估的根本差异。如果按业务分类，也可以确认类似的显著差异，如参观时间的长度、种类、设施需求、支出等。例如，与参与人口比例不同的参与频率(每年至少一次)可以显示出不同休闲活动之间的重大差异，如表5.4中的当地调查所证实的那样。

从这项调查来看，尽管体育活动的参与率是现场艺术活动的参与率的三倍，但是普及率却仅为两倍——较少的人口群体比经常参加艺术活动的人口群体更频繁地参加体育活动。因此，供应量的影响(如游泳池、运动场与剧院、艺术中心)以及到每个设施的行程距离是相对参与率的关键因素。

表 5.4 朴次茅斯居民参加的休闲活动(三个行政区)

活 动	平均参与数	参与居民的比例	普 及 率
现场艺术	5.29	77%	4.1%
体育	17.75	53%	9.4%
展览	4.3	78%	3.4%
电影	2.26	46%	1.0%
其他(博物馆、文化遗产、乡村、公园)	7.88	90%	7.1%

来源:改编自 Vaughan(1992:3)

正如后来的调查结果所证明的那样(见下文)。单纯的出席率和参与率也可以由经验的时间、持续时间和最终的"质量"("结果"、美学、观众和专家批评等;Evans,2000b)来予以确定。

需求与社区发展方法

对艺术和娱乐规划的规范性做法的批评一直倾向于家长式作风和最低标准,而不是对实际(和未来)社区和参与者的动态需要和需求做出回应。一些高级官员认为,朴次茅斯的居民对额外艺术设施"需求不足"(即明确的要求),这应该是对任意的新举措和投资的考验。虽然这似乎是合理的,但是所表达的要求往往来自更善于表达的和有知识的人士,很少代表一个更广泛的/更大的群体,并且某种要求往往只出现在供给不足的地方。为此,个人和团体通常会有一些接触艺术的经验。正如朴次茅斯的研究(Evans and Shaw 1992,Vaughan 1992)以及其他研究(Henley 1988,1997)所表明的那样,在艺术参与方面也存在一些认知上的障碍。例如教育、技能、语言以及明显的资金和机会限制——用布尔迪厄的话来说"学校和教育"——成了最重要的东西。这需要在社区、学校和成人参与以及更高层次的供给中采取一种艺术发展的综合方法。

布迪厄对戏剧、博物馆和美术馆观众情况的调查以及需求的前期决定因素的考察，为教育、父母影响和总体文化资本在成人参与和"品位"演变中的重要性奠定了基础。事后看来，他的严谨的社会学分析，对结构原则（如教育）和机构（如教养）、非制度性（合法的和流行的）文化活动的强调却忽视了文化参与的环境因素，并且过于依赖教育体制中的民族差异性和积累性的国家文化资本的影响。特别是对于在 20 世纪 60 年代和 20 世纪 70 年代他选择考察的艺术机构来说，他对跨文化探访的低估并没有抵挡住今天的多元文化和文化旅游潮流（Bourdieu and Darbel 1991，Evans 1998a）。此外，北美对儿童接触表演艺术的研究表明，艺术中心在教育和鼓励成人参与方面具有特殊作用（Morrison and West 1986，Dobson and West 1988）。这项关于成人参与率和出勤率以及儿童对艺术的"接触"的研究表明，在非正式环境中的参与性经验（青年、社区艺术中心，Forrester 1985，Macdonald 1986）与正规和被动参加学校活动、戏剧之旅或博物馆参观之间建立了一种强有力的积极联系。在哈兰德和金德尔对青年参与的态度和障碍的非常有帮助的研究中，这一点得到了回应。该报告得出的结论是："几乎没有证据表明学校在鼓励应用和独立参与文化活动上有什么贡献……学校可以帮助年轻人学习艺术，但是，他们也可以自己改变方向。"（1999：36-37）他们还建议，最初的参与更多的应该是娱乐和体验，而不是教育动机（"学校作业"），"与来自一段时间内影响艺术的其他重要人士的持续支持相比，通过在单个艺术活动中（Hargreaves 1983）经历的戏剧性转变而发生的变化要少得多"（Hargreaves 1983）。这是 20 世纪 70

年代威廉斯和布雷登共同具有的一种看法。无论经济和教育背景如何——文化资本的假定决定因素，这种相关性都很高。例如，朴次茅斯市在实施艺术中心和规划实践时都会向三个选区的居民提出究竟什么样的设施供给变化会鼓励他们参与艺术活动的问题，得出的结果如下（见表5.5）。

表 5.5　朴次茅斯居民调查（三个选区）

单位：%

	同意	不同意	不表态
如果本地区有更多的艺术设施，我会更经常参加吗？	37	31	32
学校建筑物应该更多地用于艺术活动（如表演和舞蹈）？	68	9	23
当地设施可以更多地用于艺术活动吗？	63	5	32
成年教育中心可以广泛地运用于艺术活动吗？	68	5	27

来源：改编自 Vaughan（1992：22）

值得注意的是，这并不是要增加所需活动和设施方面数量，而是要增加使用现有的、熟悉的社区艺术活动场所的数量，因此，周边地区的供给在艺术规划中非常重要。然而，在城市中心和郊区城镇，文化发展的格局都以牺牲当地供给和获取为代价，已经出现了较高规模的设施增长情况（Evans 1993a，1999b）。因此，艺术中心和社区供给不应该仅仅被看作对低收入群体的补偿，而应该视为艺术生产链和基础设施中的一个关键环节（见第六章）。以供给为导向的艺术活动的性质是相对于另一种不受欢迎的艺术形式的出席率，"受欢迎"的艺术形式产生的持续性影响，如以古典（芭蕾舞）、现代（当代舞）以及许多流行形式和实践表现的舞蹈。然而，在英国，曾经有一个不那么自觉地跳舞唱歌的民族，尽管有全国性和地区性的舞蹈机构和新场地的发展，观众对现代舞蹈的"抵制"行为依然存在。

127　　瓦尔·伯恩，这位一年一度的"伞舞节"创办人指出缺少大型的舞蹈空间。他指出："统计数字显示，［现代］舞蹈观众已经减少了，但事实是，他们所能看到的就更少了。"（Mackrell 1995：20）。具有讽刺意味的是，舞蹈作为一个整体，从舞厅到班格拉乐，都是最受欢迎的文化活动。根据迈克尔·阿盖尔在《欢乐之源》的调查（1995），首先是舞蹈，它是最快乐的追求，放在大众活动的第一位，其次是志愿和慈善工作，再次才是体育。英国艺术委员会估计（Mackrell 1995），有 550 万人——占英国人口的 10%——经常以艺术家、观众或参与者的身份参加舞蹈，而且舞蹈经常能吸引比歌剧更多的电视观众。

因此，许多的艺术和文化活动都可能是在机构内"隐藏的"，是由业余爱好者、青年团体、少数民族、宗教和其他社区"私下"开展的。这些团体可能会感觉到，公开的或官方的艺术资源"并不是为它们提供的"。然而，有一些团体也欢迎支持和社会来发展参与、进行更公开的展示。例如，瓦伊格从第二代塞浦路斯人的视角写道："对于一些从业者来说，重要的是挑战了社区内部广为接受的'塞浦路斯性'的观念，以便新的身份认同能够得到发展。它考虑到了更广泛、更普遍地涉及英裔塞浦路斯人……很明显，这一方面的供给是存在差距的。"（1991：16-17）此外，20 世纪 60 年代末和 20 世纪 70 年代以来，社区发展利用艺术作为社会行动和赋权的一个元素，始终与欧洲和北美日益增长的社区艺术运动密切相关（Kelly 1984，Braden 1977）。其中："社区艺术家或团体通常为基于传统建筑的艺术剧院、艺术中心或美术馆提供了一种选择。它们的低成本经营为创新创造了机会；它们曾经与社区共同……发展社区、宣传和教育计划，包括戏剧教育和驻场艺术家。"(Davies and Selwood 1999：71)出自 20 世纪 70 年代初期（英国加入欧共体之前）的全欧倡议，也同时关注了艺术的发展和文化民主的观念（见第七章）。所有的政党采用的分配与网络方式都在不同程度上存在区别。这些做法在不同程度上都以设施为主导（艺术中心、中心和下游区，见上文），体现了一种更具有文化民主性的立场，这会要求对艺术和文化设施和补贴方法采取不那么家长式作风以及以社区为主导的做法。威廉斯曾经指出："要实现文化的增长，不同的因素就必须是同样可用的，新的和不熟悉的东西必须在相当长的一段时间里得到稳定地提供，才能产生一种普遍性的改变。"(1961：365)20 世纪 70 年代中期，苏·布雷登在谈到驻场艺术家时写道，在教育和社区环境中，有一种常用的艺术方法（视觉艺术家、诗人等）挑战了这个观点："采取一种特殊的艺术形式，让一个社区都能够接触到它，希望它变得不那么神秘。更重要的是，不要让它变得更加混杂和错误……只有当艺术被看作文化的一部分，而不是全部，假如它曾经是的话，那么它才会获得成功。"(Patten 2000：42)按照定义，这样的变化需要在资源分配和规划方面终结中央艺术委员会和机构的主导地位、对"高雅艺术"和文化遗产的偏好。因此，这种做法普遍遭到了国家和精英文化霸权的反对，因为它严重地替代了国家艺术政策和利益。然而，在制定和评估艺术和规划政策方面的协商程度，是衡量地方当局和艺术机构对它们所服务的社区的利益的一个标准，更多地尊重和恢复以规划为主导的体系，在制定当地规划时需要进行社区协商（Healey et al. 1988，1997，Nicholson 1992）。这意味着社区发展的方式将需要被给予更多的关注，特别是，如果在决策和资源配置的辅助性从政策转向实践的时候。

128

Cultural Planning:
an urban renaissance?

这不仅扩展了土地利用和环境规划的起草、审查和评估工作，而且在解释中也涉及了社区和文化的参与。

伦敦的艺术规划

例如，在城市区域层面上，区域性艺术机构编制的《伦敦：1990—1995 年艺术规划》(GLA 1990 A)提供了一个利用空间和物理规划的特殊例子。在这个规划中，供给过剩和供给不足与人口集中和增长、与目标群体和其他社区利益相匹配。因此，《艺术规划》的设计围绕问题而不是艺术形式，它强调用户/消费者的需求。这是一项基于规划形态的一部分而进行的研究(GLA 1990c：Appendix 2：5)，这项研究得出的结论是：

1. 通常的艺术使用者倾向为白人、中产阶级和中年人，尽管需求在不断增长。

2. 在工薪阶层、低收入或无收入的人和少数族群的人中，不使用艺术的人数最多。

3. 无论是使用者还是非使用者，对艺术活动都有很大的潜在需求。

4. 存在妨碍人们观看艺术活动或参加艺术活动的主要物理和认知障碍。

5. 无论是在发展现有的艺术设施方面，还是在确定应该有哪些新的设施方面，艺术提供者都很少征求消费者的意见。

因此，伦敦的《艺术计划》没有采用以戏剧、舞蹈、音乐、视觉艺术等传统的"艺术形式"为基础的分析方法，而是采用了其他地区和国家提出的方法。它以一种更规范的方式布置文化设施，并促进可及性的推广（公平——文化的和社会的、新的受众）。在同一时期，多伦多在其《城市规划》中也采用了类似的方法。该规划甚至被看作主流大都市区计划的一部分，并且得到了由实践艺术家组成的多伦多艺术委员会的具体投入（TAC 1992a，Evans 1996c）。在伦敦，区域性规划偏离了传统的艺术形式/设施体系，并且区域艺术委员会后来按照首都艺术供给的战略观点改变了它自己的管理结构："这个结构围绕问题的考察而不是艺术形式或地理……[这]就强调了艺术消费的需要与艺术供给者所具有的同等重要性。"（GLA 1990c：5）它也把伦敦分为几个亚区域，对这些地区进行比较和消费（"总需求"）分析，它所针对的是伦敦东北部和伦敦以外的地区。与伦敦地区相比，这些地区的文化设施和艺术资源较少。这种以问题为基础的战略包括了营销的软件基础设施（"有效性"）以及经济发展和城市更新。其重点特别放在教育和培训、残疾人方面的艺术上，发展资金集中投在供给不足的首都地区，特别是伦敦郊区和伦敦东区："正在从基于艺术形式的策略和指导转向基于问题的策略和基于功能的指导。"（GLA 1990d：5）这导致了艺术机构和规划、建筑和其他公私机构官员之间的合作，以制定和倡导具体的艺术规划政策。特别是在新的城市规划战略的语境下，它们的特点是致力于与区域性（土地利用）规划机构（LPAC）建立一种密切关系。这与从前的城市管理时期形成了鲜明对比（大伦敦委员会 1981—1986）。那时，区域性艺术委员会与更积极的和平民化的大伦敦艺术委员会（GLC）之间几乎没有或者根本就不存在什么合作（Bianchini 1987，1989）。尽管有政治上的忠诚，但是伦敦各行政区都普遍支持废除大伦敦委员会

129

Cultural Planning:
an urban renaissance?

(GLC)："一个大都会的管理机构权力太少就难以发挥作用，而权力太多又难以被人接受。"(Young 1984：5)

"艺术、文化和娱乐"(ACE)这个集合概念就在这个时候被发明出来了，并在随后的政策和规划指南中被使用。不同于 20 世纪 80 年代围绕文化和创意产业产生的各种定义(见第六章)，这一做法具有包容性，既考虑到了空间问题，也考虑到了文化进程与流动之间的联系。如今，这个短语出现在许多区域性的土地利用规划(附录Ⅰ和Ⅱ)之中。并且，在左翼和右翼立场之间以及在令人不安地使用"文化""高雅艺术"和"大众娱乐"这几个词时起到了有益的折中作用。因此，在规划语境中，把艺术、文化和娱乐(ACE)定义为：

> 一系列复杂的创意、富有生气和娱乐的活动；范围从美术到冰上表演、从出版到戏剧，从摄影到钢鼓乐队。它们可能是积极的、有创造性或者被动的。它们为生活、工作或访问伦敦的人的智力、艺术和社会生活质量的提高做出了贡献。有些需要特别分配的空间或设施，有些则在共用建筑物或公共空间中进行。它们可以是公共的或私人的，非营利的或商业的或专业的、独立的实体，或者作为其他活动的一部分。它们与其他活动，包括体育和娱乐、制造业、商业和服务业——电影、电视、广告、时装、零售、餐饮、出版业等密切联系、相互依存。
>
> (LPAC 1990a：4)

这个定义也认识到，特别是在一个世界城市中，艺术实践与消费、高雅艺术的普及(古典音乐、歌剧)和大众文化的真实化(如

爵士、民族艺术）之间的趋同现象，从"流行经典"、体育场歌剧
到"古典爵士乐"和世界音乐——在青年文化、时尚和音乐中都出
现了一种最鲜活的全球文化融合与互动。用汉内斯的话说："现
在有了一种世界文化。它的特点是一种多样化的组织，而不是统
一性的复制。它是通过不同的地方文化的日益相互联系，以及通
过文化的发展而产生出来的，在某一个属地中没有明确的固定
点。"（King 1991：16）在伦敦，伦敦规划咨询委员会承认缺乏对设
施和环境规划的艺术和文化投入，因此，它提出了《战略性界定 *130*
艺术、文化或娱乐（ACE）设施的标准》（LPAC 1990a）。正如下文
所述，这些标准提出了艺术设施的层次结构。艺术、文化和娱乐
（ACE）设施具有复杂的功能——那些小规模的设施可能意味着比
那些体量大的设施具有更为广泛的作用，而一些更大型的设施则
主要是为了满足当地观众的需要。因此，下游区是确定那些"战
略性"设施的主要标准。按照惯例，通常认为吸引来自多个区的
游客的设施是具有战略性的。然而，当地情况可能需要一个更灵
活的定义。下面的准则可能有助于这一评估。有人建议，如果一
项设施属于如下定义中的一个或多个准则，那么就可以把它看作
战略性的：

    1. 一种吸引大量游客的设施，他们或者来自国外、全
国其他地区、东南部的其他地区、整个伦敦（这些都可以被
认为是"更高层次"的设施）或来自一个以上的区。

    2. 一种为工作人员集中的地区提供服务的设施，其中
很大一部分是从行政区之外的地方前往那里的人。

    3. 一种独属于伦敦地区的设施（一个地区在这里被界定
为一个行政区及邻近地区）。

4. 一种具有特殊设施的设备，如为残疾人提供的，这是该领域所特有的。

5. 一种适合特定群体的设施，如文化上的少数群体，这是该领域所特有的。

6. 一种被大量来访伦敦的人使用的设施。

7. 一种能够容纳特殊活动的设施，这是该领域所特有的。

8. 一种具有特定历史联系的设施，这是该领域所特有的。

(LPAC 1990a：Appendix 2)

在这里，尽管以下游区为主，但是战略性的供给也认识到了特殊需要的重要性，无论是物理上还是文化上的重要性，都体现了《区域艺术规划》(GLA 1990b)所采用的以问题为导向的方法。此外，文化规划方法将强调艺术在最广泛意义上对一个行政区的环境和经济质量所具有的压倒一切的重要性。在这种情况下，人们认为，艺术能够发挥地方性、区域性甚至国际性的潜力："在适当地点支持和鼓励艺术设施的供给，满足当地社区和伦敦游客的不同需要，提高环境质量，扩大和改善就业前景，支持该市区对伦敦作为区域、国家和国际中心的贡献。"(LPAC 1990b：2)尽管上面这个战略规划政策处理的是原理和结构，但是也出台了一个进一步的指导文件："部分原因在于，对于许多规划者来说，这是一个相对较新的问题。因此，把这些战略政策转化到地方一级，便可以通过编制纳入的示范政策予以协助，整体或者部分地纳入整体发展规划(UDPs)之中。"(LPAC 1990b：1)该计划本身的详细内容提供了关键的政策表达和措辞，可由各行政区在其整体发展规划中直接使用或加以修改。这是艺术倡导者和富有同情心的策划者谈论规划者语言的精明尝试，目的是通过传播这些标准政策的内容，讨论规划者的语言，使他们尽可能容易地建议在其发展计划中采用艺术规划政策。这套新的文化指南被采纳和解释的程度，在 33 个地方政府对行政区文化艺术问题和措施的调查中得到了评估（附录Ⅰ）。接着是对《艺术空间》(GLA 1991)的摘录，它列出了示范性规划策略在实践中能够得以实施的机制。

  从对区政府文化政策与规划协调的分析中得出的结论是，尽管并没有揭示出一个清晰的模式，但是它确实表明取得了相当大的进展：重视艺术对城市规划、城市复兴和政策发展的作用。这与十年前的情况形成了鲜明对比，当时的休闲规划主要限于体育和娱乐的供给和参与(Veal 1982，Stark 1994)。20 世纪 70 年代末和 20 世纪 80 年代初的市镇规划，很少包含或根本没有涉及文化和艺术设施(除为了维护影院的政策外，Steele 1983a，而且这仍然是对传统城镇中心电影院数量减少的一个特别关注)，当然，也没有考虑到它在城市和经济发展中所具有的贡献。这并不奇怪，因为这样的考虑既没有得到鼓励，也没有通过政府的规划原则和指导方针做出规定。从对 1976 年大伦敦市发展规划(GLDP)到 20 世纪 80 年代中期的行政区和地方性规划的分析来看，艺术、文化和娱乐设施只是按照设施并且只是在少数情况中列出。这些设施是对目前私人和公共设施的使用、需求和需要情况的评估。这种情况所采用的是以规范为导向的供给评估形式，例如，在某个区："需要一个新的中心图书馆，缺乏社区中心和游戏设施。"(《伊灵区规划调查》1982)以及某种程度上对另一种需求的确定："从时间和经费上来看设施的需求；工人、居民和游客对活动的需求。"(《伊灵区规划调查》1975，Steele 1983a：29)现有的供给

131

是针对这种潜在的和明确的需求来匹配的，目的是揭示供给和分配方面存在的不足。在此期间的需求评估和规范的基础是区域性的娱乐研究（GLC 1975），该研究模拟了娱乐设施的需求、参与者的规模和娱乐设施的供给情况。正如已经讨论的，所有这些都以体育、游戏和市政设施（图书馆）为主，并在规划当地设施时借鉴了人口／设施标准和比较标准。

　　这种传统的城镇和设施规划方法是艺术和文化设施"需求"的"购物清单"的基础，15 年之后这种"需求"仍然存在。这种需求即被表达的需要（地方利益集团）、当地议员的支持或抵制、社会上的或商业上的干预。前者在社区和艺术中心运动中可以清楚地看到，如第四章所述，这些运动为 20 世纪 70 年代地方性艺术供给和活力增长提供了很大的推动力。也正如上文所论述的那样，这不是艺术或市镇规划的结果，尽管追求最低标准的供给在很大程度上并没有得到支持（主要是由于资源的影响）。虽然各行政区可能愿意把艺术和城市复兴的举措看作具体开发地点的一部分，但是在整个行政区范围内采取的政策却依然受到了狭隘的、"属地"规划部门和官员们的抵制和限制。他们并不愿与其他部门和官员合作或分享。例如，"艺术百分比"和规划收益政策并不包括在几个区的规划之中，这些规划往往只涉及对现有艺术设施的双重使用和保护，以及指定某个文化区作为他们自己的中心战略的一部*132*　分——很明显，艺术委员会本身的官员很少参与，编制过程本身并没有任何艺术家／艺术团体参与其中。（如艺术家工作室／工作空间，见第六章）。

　　1995 年英国推出了一种新的国家彩票，这为局部地区采取一种以规划为主导方法提供了机遇和迫切性。因为在彩票方面，这极大地改变了爱尔兰、澳大利亚、新西兰、加拿大和美国的几个州的艺术资助、分配基础（Shuster 1994，Evans 1995）。例如，在英国，75％的彩票基金申请都有望来自本地区（BID 1994）。志愿艺术网（VAN 1994）证实了这一点。它对 270 个地方当局进行了调查，其中 71％的地方政府计划在此后三年内为当地的艺术设施实施资本方案或彩票申请。展览（40％）和表演设施（38％）是最受欢迎的，其次是排练和会议场地（29％）。对资本艺术投资的这种热情应该从过去 15 年地方政府开支的减少和实际停顿的角度来理解（Evans and Smeding 1997）。因此，彩票资金主要用于应对多年来投资不足和现有设施缺乏维护的问题，即用彩票资金取代公共财政（Evans 1995），而不是建立新的艺术设施。与此同时，有接近 60％的地方政府正在制定当地的艺术发展规划，或者在过去三年中已经商定了一项计划，另有 10％预计将在下一年同意这一计划。

结　论

艺术规划一直是通过文化民主和传播追求政治意识形态的主要工具（在极端情况下，这是一种宣传或补偿形式；Pick 1988），这一点可以从早先人们对国家文化和娱乐活动更多的传播和参与的热情中看出。在国家层面上，这些政治方案一直都没有得到长期保持（当然，就像在东欧集团中尚未得到保持一样），实际上，中央集权的国家艺术主导霸权是“默认的”文化供给立场，即便在区域/城市层面上也只是一种复制。这再明显不过地表现在重大项目的情况中（见第八章），高雅艺术观众的规模基本上没有什么变化，各大艺术机构的年度资源分配不成比例（Evans et al. 2000）。

尽管国家规划的模式尚未得到认可，但是，在区域和地方层面上，追求更公平的设施分布的愿望却是持久的，即使并没有国家的或正式的规划标准。另一方面，在供给的定量和比较层面上，对更加被动的和同质性娱乐设施的接受，在环境规划和规划过程本身中进行更加充分的整合和考虑，特别是在保护（"推定"）设施不受损失方面，如绿地空间、运动场和遗产。与艺术相比，对于所采用的艺术设施供给的规划标准来说，更高水平的体育和娱乐设施和参与是强有力的论据。然而，量化标准并不容易转用到艺术供给的可变性质上，特别是那些单一用途的场地和设施。

133

这些场地和设施是独特的或植根于当地或本土的（如博物馆）。在这方面，结构层次在某种程度上有助于制定一项在区域和分区域基础上能够提供国家框架（如巡回演出和展览）的艺术设施水平规划。机会金字塔（pyramid of opportunity）将设法确保地方和其他级别的供给和活动能够与更高规模的设施（如从业余设施到专业性设施、中小型设施、青年设施和成人设施等）挂钩。然而，多种用途和多种形式的艺术中心确实提供了一种更为普遍的设施模式，许多国家扩大地方性的和更大规模的艺术中心反映了这一需求和潜力。但是，这种模式也需要灵活性，适应不断变化的文化品位和形式——包括跨文化、本地制作和媒体技术。

在考虑规划方面的文化意愿时，政治联系和定义问题——文化表达和传播的真正本质——却完全混淆了对艺术规划的尝试，并一再被用来支持反规划（anti-planning）的论点。对文化参与和消费习惯产生重大影响的再分配政策的失败，也意味着需要一种更为复杂的方法，同时，也在某种意义上是一种不怎么需要政治驱动的方法。这同时意味着人们对究竟构成艺术的是什么的问题较少地进行等级评估。例如，向"零基数预算"接近，将会更公平地处理人们在文化上所做的和渴望的事情的现实："从20世纪60

年代中期到 20 世纪 80 年代初，艺术和文化政策的目的，就是通过补贴使高雅艺术形式的当代表现能够被人们普遍的接受：不管是街舞还是文化遗产。另一角度则是以市场为主导。"（Edgar 1991：21）虽然社区规划一般需要更广泛的自下而上的和社区参与来制订计划，并就发展问题进行协商，但是，文化规划自然会成为这一过程方法的一部分。文化消费的场所转移，公共艺术与商业娱乐之间的关系以及明确的环境因素，都在文化态度中发挥着一种重要的作用，就像文化资本指向城镇规划本身中的更加重要的艺术思考一样。这一点我们在社区发展和土地使用规划中发展艺术或"艺术、文化和娱乐"（ACE）规划指南中的第一次尝试中就认识到了，详见附录 Ⅰ 中的比较调查。对文化和相关活动（使用者、非使用者、障碍等）进行全面的文化图绘和分析，也符合在多步骤规划中进行的库存和趋势分析工作（So and Getzels 1988）。然而，在预测和方案制定阶段，规划机构必须让社区参与对当地环境、公共设施和各种形式的发展进程——对经济、土地使用和设计的反应——可能产生的结果进行评估和成本效益分析。

虽然艺术和文化设施的规划充其量只是设施规划的一个方面（在考虑遗产、具体保护的情况下），但是，随着城市、国民经济促进了重要的服务经济的发展和后工业化的传播，经济规划的必要性已开始将文化活动看作一种商品和生产类型。因此，对艺术的规划也扩大了它的范围，构成了经济发展战略的一部分，特别是与旅游业和文化产业有关的方面。尽管这已经提高了艺术供给和实践以及相关城市设计的档次，但是，这也越来越多地体现在经济和就业方面，而不是体现在设施和环境方面。现在讨论后工业城镇和城市中文化经济的兴起和认识，以及由此产生的规划问题，正如斯科特所认为的那样："在 21 世纪之初，文化和经济发展领域之间似乎出现了非常显著的趋同现象。"他接着警告说："在作为一种明显是狭隘的地方性文化与一种非地方性的全球性活动和经验模式之间存在一种日益加深的张力关系。"（2000：2-3）

注释：

[1]帕累托效率的概念在现代福利经济学中得到了应用，并以经济学家维尔弗雷多·帕累托（Vilfredo Pareto）的名字命名。他的手稿《经济政治学》于 1909 年出版。对于既定的消费者趣味、影响、利益或资源来说，如果无法转移给另一组消费者从而使某些人生活得更好，而没有使人生活得更糟，那么分配或土地使用就是帕累托效率。因此，因某种发展而产生的赢家和输家将效率低下，并成为帕累托损失（Begg et al. 1994）。

[2]发展控制——规划当局（如区或区议会）决定是否应给予发展建议规划许可的过程，并考虑重大因素。例如，与该地区有关的发展规划的任何实质性问题。

第六章　文化经济：
从艺术设施到文化产业

引　言

　　正如前面几章已经指出的那样，公共艺术和文化供给的社会福利理论的出现和被采纳，是建立在公民文化和国家繁荣的概念基础上的，并且得到了工业和城市化劳动力的支持。这是与大众文化、商业娱乐、文化商品和服务贸易的持续和不断变化的形式不能完全分开来的。国家对文化表达和大众娱乐的控制模式，既反映了文化消费的合法形式和场所，也体现了印象派、先锋派/另类艺术运动和日益增长的商业娱乐圈的创业努力。这些活动已经显示出了在全球扩展的迹象。正如斯科特等人已经指出的那样："从其最早的起源来看，城市表现出了显著的能力。它既能够以艺术、观念、风格和生活方式产生文化，又能引起高水平的经济创新和增长。"（2000：2）或者"文化植根于经济"，或者相反："文化经济的起源和资本主义经济秩序的其余部分越来越难以确定，因为文化日益受到商品化的影响。因此，当代资本主义的普遍特征之一就是，它倾向于向不断扩大的产出范围注入美学和符号学内容。"(2000：X)然而，这并不是一种当代现象，因为全球联系日益紧密的现状和文化帝国化进程以及实际的霸权主义已经在早期的世界性社会中得到了证明。

正是这些为工业革命和制造业提供动力的工具，也使得文化产品的批量生产成为可能。特别是印刷和出版材料、纺织品和家具，以及后来的摄影、电影(无声的和"有声的")和录制音乐。事实上，第二次世界大战后，英国和法国的文化政策的制定者非常清楚好莱坞所体现的文化帝国主义威胁。1945年，安德烈·马尔罗在接受一家报纸采访时，带着鲍德里亚式的腔调表示，"欧洲文化并不存在"，并预言一种由美国主导的形式正在酝酿之中，他称之为"大西洋的文化"。在1944年以后的10年里，法国电影被要求放映配额为50％的英语电影片(即好莱坞电影)。从表面上看来，它是去纳粹化和民主化进程的一部分。这种威胁当然推动了走向法语文化的法国文化政策。从此，尤其是电影和音乐在20世纪70年代和20世纪80年代通过文化部部长杰克·朗的反美立场和保护立法而得到了集中体现。1981年，有人呼吁要把这一配额提高到60％。今天，法国电影保护主义是通过国家电影中心来实施的。该中心每年将总计超过2.5亿英镑的税收从电视机、电影票和视频销售转移到新电影，包括电视制作(主要是老牌电影导演/制片人)以及1977年至1987年在法国数量下降20％的电影院(Wangermée 1991)。

在区域性文化发展的短暂蜜月期，英国也看到了一种不同的文化。用凯恩斯在1945年的话来说，在抵制美国电影的侵蚀方面，这种文化是非常重要的："让快乐英国的每一部分都按自己的方式娱乐。让好莱坞死去吧。"(quoted in Pick 1991：108)此外，早期成立的英国电影研究协会(1933)征收戏剧娱乐税以及 1944 年征收电影税，都标志着已对美国的主导地位和配额系统进行了防御(Curran and Porter 1983)。1960 年，这项税收被取消了，取而代之的是对所有电影票征收的伊迪(Eady)税，以资助英国的电影制作。这项每年价值 2500 万英镑的税收在 1984 年被撤销了。如今，英国电影票房收入的 90% 被美国原产或资助的电影所占有，而英国电影只占这个市场的 5%，相比之下，法国电影在法国却占到了 35%。然而，尽管有这些干预，在法国上映的电影有 58% 仍然来自美国。这一事实和下降的法语普及率都支持了文化政策。这些政策在媒体和通信部门的公共开支相当大——1982 年为 1000 万法郎，第二年增加了一倍，另加 5000 万法郎用于支持"新技术"(75%~80% 的计算机通信和数据库都是用英文书写的)。1983 年大选之后，法国文化部通过新的使命得到进一步加强，即"经济文化传播"接管了文化产业预算。1983 年，文化部部长杰克·朗宣布，在未来五年里，文化部门将作为未来五年 210 亿法郎一揽子计划的一部分优先考虑，包括支持和鼓励难以获得资金用于扩张和产品开发的微小企业(Looseley 1999：129)。当然，这不包括总统启动的对重大文化项目(Grands Projets culturels)的累积公共投资(见第八章)。尽管人们认为法国文化经济的发展属于一种法语文化，因而是政治文化和遗产的举动，但是，它也被看作更大范围的移民社群和南北分界。正如路斯里指出的那样："反对不真实'多民族文化'，因为这些文化是无根的和异化的文化。它们并不是对有机社区的自然表达，而是从最小的公分母中制造出来的，然后把它强加于所有人。"(1999：79)这种"虚伪的国际主义"与"自然文化盟友"之间更真诚的交流形成了

鲜明反差，从而区分了地球村和世界化(mondialisation)以及美国
文化帝国主义和与经济全球化(globalization)相关的单向贸易。

文化产业

　　"文化产业"这个词与战时德国的阿多诺和霍克海默(1941)有
关(Adorno 1943)。此外，这是对好莱坞机械和批量生产相关设
137 备的贬义看法，并且它的特洛伊木马进入了欧洲文化之中。在
1962 年的两次电台讲座中，阿多诺解释说，他们第一次使用"大
众文化"一词时，只是用"文化产业"来取代这个概念，以区别于
"群众本身自发产生的文化"，即目前流行的艺术形式。因为从定
义上说，文化产业不同于这门艺术(Adorno and Horkheimer
1964：12-18)。然而，对繁荣的文化商品和"服务"贸易(如现场表
演)的支持，当然已经确定了那些前工业时代的文化城市及其所
谓创新环境(Hall 1998)。并且，人们也在 19 世纪末的巴黎、柏
林、维也纳看到了早期的产业集聚，就像文化生产者在 20 世纪
的洛杉矶、纽约和伦敦(再次)聚集一样。以一种真正的工业机械
化规模为基础的批量生产不可能适用于这些早期的文化城市——
15 世纪中叶的佛罗伦萨的印刷和图书贸易可能是："第一个真正
有效的和创新性的泛欧洲产业。"(Johnson，2000：17)然而，一
种世界性的文化影响和范围却是显而易见的，它既体现在君主国
所在地之间的宫廷文化，也体现在通过殖民、军事和文化传播向
卫星城镇和城市的输出过程中——某些商品获得了交换价值，并
且与质量挂钩，因而也与需求有关。就像今天一样，它们凭借品
牌的双重象征和经济力量以及创造/供应的原产地，如意大利设
计师商品、法国时装、德国机械、日本微电子产品等。

城市或者其他的创造性活动和生产（正如我稍后将讨论的那样，这些并不一定是可互换的）的集中程度究竟有多大，受取决于对现代经济分析的可信度足够数量的经济现象、地理聚集以及竞争和比较优势影响［相对于早期的、更多的社群主义根源——节约（oikonoma）与理财（Chrematistics）相对；Daly and Cobb 1989］；同时也受霍尔（1998）、考恩（"富裕的城邦"，1999）和城市化理论家提出的文化城市融合趋势影响。从另一个角度来说，可能是历史的条件（"遗产"），甚至精神或神圣概念——这些观念在非西方社会/地方仍然存在相关性——并且这导致了创造性活动的逐步积累，也可能有助于理解李（Lee）把布尔迪厄的"地方习俗"应用于空间领域时所指的东西。在这里，他认为城市有持久的文化取向，它们的存在和功能相对独立于当前人口或任何特定时间的众多社会过程："从这个意义上说，我们可以把一个城市描述为具有某种特定的文化特征……这显然超越了有关特定城市人群的流行表述，或者某个城市的公共和私人机构的明确表达。"（1997：132）在对文化规划的任何考虑中，后者都是重要的，因为市政和其他政治机构创造或者操纵一座城市的文化特征的愿望很可能会落空，都会产生假冒的作品或肤浅的文化，甚至会驱逐本来可能存在的任何固有的创造性精神。在世界范围内的后工业城市中，这种通过文化活动和建筑实现城市复兴的包装和追求，都倾向于效仿这种方法，正如我稍后将要讨论的那样。特别是私营和公共机构为了支持和完善它们的主要项目和重建努力而采取的激活和事件驱动的方案，创造了汉德勒所说的"迎来一个客观化文化、伪事件和景观的'后现代'全球社会"（1987：10）。

经济意义上的进口文化产品和文化形式在多大程度上取代和排挤了当地的本土生产和主体文化（如好莱坞对法国电影而言），

这些在早期阶段也很难估量，但是，在那些有明显支付能力的地方，随着休闲时间、支出的增加以及对公共和私人环境质量的关注，这两方面的需求似乎都很有可能会得到满足。在阿多诺攻击美国文化帝国主义很久之前，文化消费需求的增加和转向更高质量的商品和服务都支持了文化产业。事实上，早在20世纪末，媒体和消费品的后福特主义繁荣时期之前，也可以把对国家和地区文化保护的关注看作对早期经验的一种回应，并力图增强民族国家和民族文化的认同感。然而，战后时代开始经历的是，传播和交易新的文化形式和产品的范围和速度加快，任何新的（特别是"外国来的"）文化形式都在排斥民族和地方的文化习惯和消费——这种情感是真实的和可感觉到的。除了经济上的理由——限制进口、支持国内生产和出口（具有讽刺意味的是，出口民族文化是可以的！）之外——"文化"的潜在商品化本身是从国家、理性娱乐主义者和社会观察家们的角度来看问题的根源。工艺美术运动就是对大规模生产（和城市化）的一种实际回应，对本土文化生产的支持则是另一种回应，而法国、丹麦、意大利和德国等新兴的民族主义艺术运动在芬兰尤其受到欢迎。

文化生产、商业娱乐和文化消费的扩张，无论是居家活动还是外出活动，都对传统的休闲规划产生了影响，并且结合新的规划以应对不断变化的休闲活动的空间维度，这已经给规划者、文化政策和文化实践到来了一系列复杂的问题。与此同时，一种新兴文化经济，尽管它一直存在，但是作为私营和公共文化活动的一个良性的和无法量化的方面，不仅得到了承认、量化和欢迎，而且开始明显成了国家和区域经济计划和生产[国内生产总值（GDP）]和就业增长的重要因素。这种情况的出现与传统制造业、工程工业和初级/采掘业的衰退，以及西方国家消费阶层以及南美洲和东南亚的暴发户（nouveau riche）越来越富裕有直接的关系。因为 20 世纪 50 年代以来，工作时间逐渐减少，带薪休假增加，有利于消费的可支配收入和条件（尽管有周期性经济危机和萧条现象）被普遍接受。因此，作为一种产业，文化经济本身就具有相对重要性，与旅游（文化景点、场馆）、出口贸易（如音乐、设计、艺术市场、专利和版权等"无形物品"）以及成倍膨胀的广播媒体等活动有关。所以，文化规划不再仅仅需要社会设施和便利设施、更高规模的艺术中心以及城市"旗舰"和文化宫，而且需要一种文化生产、文化消费以及交通、技能/培训、工作场所和其他便利设施等相关基础设施的经济规划形式。

新文化经济

139

对城市经济中的艺术和文化产业，以及区域和国家宏观经济的衡量和认定，先是在传统制造业和以港口为基础的功能（如码头、航运）经历了大幅度下降和激烈竞争的城市中进行的。艺术同样具有一种经济的维度，这不仅仅由其劳动密集型的性质而决定，而且也由其能否被社会福利或社会原理证明是合理的而决定，或者它们是否以商业娱乐为基础，从金融和经济的角度来看待"符号经济"，就像对待其他从来没有真正出现过"产业"一样。把文化和休闲追求与工作世界联系起来的策略，既不再令人满意，也不可能获得支持。从极端的意义上说，这是来自 18、19世纪浪漫主义的一种遗风，这种遗风挑战了侵蚀性的还原唯物主义（以及前一个时代的理性主义），并且把艺术看作平庸的贸易和再生产追求的对立面。对于这种评估，阿多诺当然有话要说："文化可能正是这样的情况，它排除了一种能够测量它的精神性。"(Jay 1973：222)但是，文化的审美与官僚管理之间的这种张力(Bennett 1998：196)并不是完全可以调和的："当文化被规划和被管理的时候，它就会受到损害"，但是"当放任不管的时候……就不仅会失去它产生效果的可能性，而且它的存在本身也会受到威胁"(1991：94)。然而，正如前面所讨论的那样，日益富裕的西方社会有时间和金钱来消费(和投资)，而发展中的文化和休闲产业则看到了扩大其活动范围和规模的重大机遇。对于寻求激活和保持经济活动及生活(由于居民和雇主的郊区流动而加速)的城市来说，文化产业就是一种恰逢其时的(再)发现，并且致力于评估和促进一系列的影响研究。尽管第一批赞同和强调其文化经济的国家在北美，但是，这种经济评估却为欧洲所效仿(见表 6.1)。它们通常借鉴美国的模式，这些模式普遍采用凯恩斯的乘数法，计算特定艺术和文化活动所产生的直接、间接就业以及创造的财富。

德国(1988)、英国(Myerscough 1988，Casey et al. 1996，DCMS 1998)、荷兰(Kloosterman and Elfring 1991)、威尔士(Bryan et al. 1998)和美国(Heilbrun and Gray 1993)也对艺术的经济影响进行了全国性的研究。在今天，几乎没有几个国家、地区或城市/区域还没有把艺术和文化产业纳入其就业和经济发展的投资组合领域，而这些领域往往是有针对性的优先投资和支持的领域(见第七章有关欧洲地区的论述)。这些研究的重点是有补贴的艺术设施或艺术形式(如戏剧)，其他的研究所关注的是文化产业和旅游经济，但所有研究都强调了这两个方面。它既在增长，也有可能继续增长，因为其他就业部门出现了停滞和衰退现象。此外，人们担心，没有良好的文化设施，可能会让一个城市或城镇在竞争日趋激烈的城市形象塑造与定位博弈过程中落败，当公司和管理阶层——新的和旧的——正在上演的这种博弈行为已变得随处可见。

表 6.1 艺术和文化产业的经济和就业影响研究 *140*

北　美		欧洲/其他	
地　　点	年　份	地　　点	年　份
温哥华	1976	巴塞尔	1976
洛杉矶	1979	科隆	1985
巴尔的摩	1977	苏黎世	1985
内布拉斯加	1978	阿姆斯特丹	1986
堪萨斯	1980	不来梅	1986
哥伦布/圣保罗/ 圣路易斯利物浦/ 斯普林菲尔德	1981	盐湖城	1987/1999
		多特蒙德	1988
		曼彻斯特	1989
华盛顿	1981	格拉斯哥	1990
纽约/新泽西	1983/1993	伯明翰	1991
波士顿	1987	伦敦	1991/2000
安大略	1987	汉堡	1998
多伦多	1991	约克郡和亨伯赛德	1999
加利福尼亚	1994	伦敦剧院	1998
蒙特利尔	1998	东京	1998

　　基本原理因而也是艺术和文化产业的定义,是艺术规划和文化经济战略发展中采用的两个范畴。还有第三范畴,即社会福利和外部性的论据,它们在资源和规划优先性中都已经失去了其地位:

　　1. 文化产业——印刷和广播媒体、音乐、设计、艺术市
　　　场、数字技术/"艺术"(原文如此)——都被称为"创意产业"。

2. 文化旅游——艺术和文化场馆、文物古迹和纪念碑、作为旅游景点的活动和节庆。

3. 艺术设施——作为公共/特殊商品的艺术设施，补贴的高雅/合法艺术、市民和当地的艺术和娱乐设施。

在规划方面，这些都需要进行不同的思考。首先，是对一种更传统的生产方式的关注：工作场所/空间、分布、培训和研发（R&D）投入。其次，是环境规划，针对文化政策的目标（如艺术内容、访问量、定价）寻求平衡的承载能力和游客流量、交通便利与设施规模。最后，是作为设施的艺术，它把城市艺术资源、设施和活动放在当地和亚区域规划的语境中，正如在第五章所思考的那样。在实践中（见下面的生产链评估），这些类型与不同层面的艺术设施和文化活动相互联系，不管是肯定性的还是否定性的。当地的艺术设施，或者那些为常住居民提供服务的设施，特别是在季节性上，也可能与旅游用户结合在一起，导致了拥挤、价格上涨和其他的环境问题（如停车场、垃圾）的冲突。但是，游客的使用也可能提供收入，维持这些设施和解决全年的就业问题。可以说，文化旅游业也为超越当地和国家边界的人类交往提供了一个机会。正如麦克卡内尔所认为的，如今旅游业是经济全球化的文化组成部分（1996，Evans 1995c）。伯藤肖等人（1991）从空间和（隐含的时间）方面表达了这种多层次的城市目的地所产生的交叉用途和相互关系。现在，可以把他的欧洲旅游历史名城模式运用于世界各地的文化之都（见图6.1）。

也许，文化规划方面的关键性联动就存在于文化产业、规模化生产和创造力与地方经济之间——既通过艺术设施（如艺术和媒体资源中心）发挥文化生产作用，也体现在支持培育小型文化企业的文化工作空间方面（见下文）。艺术设施的层次结构就是一个例子——把中小型的，从业余到专业等的创造性、参与性和生产/表演联系在一起。教育和培训之间的联系非常明显，例如，在"人力资本"方面——舞蹈、戏剧、音乐和电影学院的公共投资，以及有补贴的剧目剧院与商业剧院和电影（剧情片、电视、音乐录像等）。在他们对英国剧院状况的研究中，剧院信托基金这样说："商业、自筹资金和补贴的剧院构成了文化产业的一个重要组成部分，而文化产业需要被看作不可分割的一部分。它们的活动应该相互支持。它们盛衰与共。"（1993：6）

　　因为城镇和城市规划本身从中央商务区（CBD）、外来投资和雇主/工业搬迁方案中演变出经济规划的责任，因此，文化活动本身就被视为一项主要的经济活动——大量的就业/消费占了当地就业和贸易的很大比例——并且/或者成为一个重要的生活质量指标和对雇主安居乐业的吸引力。

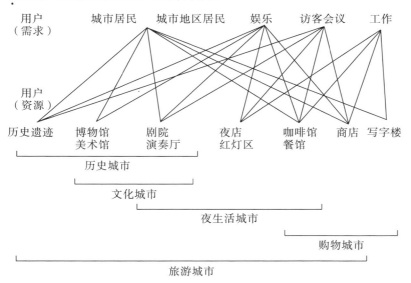

图 6.1　旅游历史城市资源的休闲用户和用途的一些关系

142　正如拉斯廷所认为的那样："奇怪的是，在一个商品化的世界里，决定资本投资是否进行的似乎是社会因素，而不仅仅是经济因素。吸引个人和集体消费的场所已经成为生产的先决条件。"（1994：81）在 17 世纪的英国文艺复兴时期，情况也是如此："更时尚、更好的住房、更好的市政设施和有吸引力的新娱乐服务的存在，对于吸引富有的人来城镇参观和到这里居住至关重要。"（Borsay 1989：312）例如，迈尔斯科（1988）开展了一项题为"英国艺术的经济重要性"的全国性研究。他对中层管理人员进行了一项调查，考察了文化和休闲设施与外来投资和产业定位之间的联系。在这方面，尽管环境的质量，特别是靠近绿地的质量特别重要，但是文化设施的范围也被认为会影响到选址决定和一旦到位后的享受。相比之下，体育和娱乐的选址对实际居住地的重要性下降了。因此，文化活动是一种形象和"吸引力"，是一种适合在一个新的地区居住的便利设施。

在家与外出

尽管传统的地方和社区艺术与文化设施和娱乐场所目前很少有规划的问题（除了控制大众娱乐之外，见第三章），但是，新的以供给为主导的发展，特别是更大规模的商业性娱乐场所（如多功能电影院和表演场所、午夜俱乐部）以及通信方面的发展（有线/卫星电视和价格合理的数字技术）渐渐"扭曲了"传统公共休闲规划的基础。以家庭为基础的娱乐和数字娱乐也倾向于逃避公共领域和相关基础设施的土地使用控制（除了对外部卫星天线、噪声污染的规划控制外），因此，越来越多的"私人"休闲娱乐设施与当地艺术设施展开竞争，扭曲了文化经济（Darton 1985），甚至扭曲了其他的土地利用方式，不论是社会方面的还是工业方面的（Evans 1998d，1999）。20 世纪末，英国的逆向外出的家庭休闲的高增长率反映了个人和家庭休闲活动场所的产生相对变化（见表 6.2）。这种情况的一部分原因是由技术驱动的（由于家庭改善支出的增加，自己动手），另一部分原因是对无障碍（和"安全"）休闲设施减少的反应，其中包括交通、价格、质量、环境和开放时间等因素。这些因素影响选择和参与户外活动和更多的集体活动（见图 6.2）。

　　同时，由于放宽了许可制度（如酒类、舞蹈/娱乐、儿童入场等）和店铺营业时间的限制，使需求及休闲供给发生了时间上的改变，商店交易时间倾向于 24 小时营业和夜间经济（Bianchini et al. 1988，Kreitzman 1999）。在英国放宽儿童进入持牌场所进行消遣一年内，有未成年子女的家庭前往酒吧的人数增加了 70% 以上（Evans 1993a）。在许可证的管制因为立法界限不同而有所不同的地方，也会助长跨州运动，如美国的赌博和酒精消费。城市间空中旅行的速度和实际成本的降低也拓展了这一视野，拓展了文化目的地和体验的折中选择空间。这也分散和打破了传统文化和其他消费设施的时间性和可用性，无论是在工作日的白天、晚上还是在周末，因为工作模式也为七天的工作和娱乐周服务。一项题为"休闲与时间价值"的调查（Henley 1998）显示，周末工作的情况不仅在英国和意大利很多，而且在其他欧洲国家也很明显（见表 6.3）。带薪休假的权利，在 20 世纪 50 年代支持了越来越多的旅游和休闲产业，也增大了的工作压力。有高达 25% 的度假时间实际上没有被占用，即使在日本（5~10 天）等享有可忽略不计假期的国家也是如此。

　　另一个令人沮丧的"副作用"，即为新的休闲阶层和娱乐中心服务的工人，由于轮班和兼职工作、反社会时间以及家庭之间相应的社会原子化而导致了闲暇时间的损失，从而使休闲消费鸿沟进一步扩大。

表 6.2　影响地点、享受和工作地点的因素

单位：%

影响位置的因素	百分比	在某个地方享受和工作的原因	百分比
令人愉快的环境/建筑	98	靠近令人愉快的乡村	93
方便的交通路线	84	博物馆、剧院、音乐厅和文化设施	69
户外娱乐和体育	81	公园和公共园林	62
宽敞的住房选择	80	精美的古建筑	69
良好的学校选择	76	参与体育活动	54
博物馆、剧院、音乐厅和其他文化设施	74	酒吧、俱乐部和夜生活	50
		观赏性强的竞技运动	20

来源：改编自 Myerscough（1988：140，emphasis added）

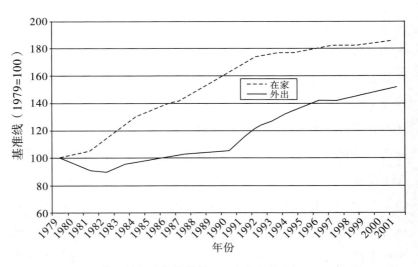

图 6.2　英国休闲消费的增长——在家与外出（1979—2001）

来源：亨利预测中心（1985，1990），休闲咨询（1996，2000）

表 6.3　我们曾经了解的"周末"目的。周末有时或总是工作的员工百分比　*144*

单位：%

	英国	意大利	法国	荷兰	西班牙	德国
星期六	57	56	36	34	34	31
星期天	37	18	18	20	14	16

来源：亨利欧盟统计局（1998）和 WTO（1999：146）

正如戈尔兹已经预见到的那样："经济精英们将通过让其他人以低廉的成本为他们完成自己的任务来换取闲暇时间……［这］使这些精英有了更多的时间，并且提高了他们的生活质量；这些经济精英的闲暇时间为被排除在经济领域之外的一部分民众提供了工作机会。在大多数情况下，这些工作是不安全的，而且报酬很低。"（1989：5）如果文化消费不被一个使用者群体［如星期五和星期六晚上在市中心的年轻人（Bianchini et al. 1988：22，Worpole 1992b）］所占有和支配——举办大规模集会（体育赛事、音乐会、"狂欢节"；Redhead 1999）或者把城市中心的文化艺术场馆和地区变成专属于富人或"外地"游客的地方（Selwyn 1993），那么，在第五章中讨论过的户外文化活动的障碍也是相当重要的。

　　一方面，夜间经济和夜间城市被作为一种提供灵活的闲暇时间和选择的手段，被作为扩大零售和休闲设施的容量和贸易的一种方式；另一方面，也是一种可能的方式，在夜间为城镇和城市注入活力，改善安全条件，扩大某些群体（如妇女、家庭和社会老年成员）的出入渠道（Comedia 1991b，Bianchini 1994）。某些休闲文化活动和中心分布在城市中心以外的空间里，如市区外/城市边缘地区（如多功能电影院、家庭娱乐中心），在某些方面破坏了这一策略。在某些情况下，城市中心区变得比以前更不安全，更多地被年轻的、以男性为主的群体所控制（Thomas and Bromley 2000）。他们对南威尔士斯旺西市夜间活动的研究发现，大多数居民（62％）很少在晚上到市中心去。从那些经常这样做的居民来看，不同参与群体的活动之间存在着明显的社会文化鸿沟（见表 6.4）。

至于噪声污染、酗酒及吵闹、汽车使用及泊车等问题，向环境卫生署及本地噪声管制人员投诉的个案数量亦有所增加，这主要是因为长时间的夜间活动与住宅及设施发生了冲突。假如夜间经济不是为他人创造夜间地狱的话，那么，对于持续到深夜的文化活动场所和娱乐综合体就需要进行认真的规划和控制，而这也将取决于当地居民的姿态——他们的生活方式和宽容程度。这在气候、民族以及他们的工作、娱乐和睡眠习惯上显然存在很大差异。

145

表 6.4   傍晚和夜间造访斯旺西市中心的理由

造访理由	回答者的百分比	年纪/岁	社会阶层/职业	造访频次
剧院	31.2％	30～59，＜60	专业和准专业	两周一次和每月一次
餐馆	28.9％	30～59	专业和准专业	两周一次和每月一次
夜间购物	24.9％	16～29，30～59		两周一次和每月一次
电影院	22.4％	16～29	专业和准专业	两周一次，每月一次和每周一次
酒吧	21.5％	16～29	半熟练、无技能和失业	每周一次
夜总会	11.1％	16～29		每周一次

来源：改编自 Thomas and Bromley（2000：1417）

实际获得文化活动和集体消费场所的机会，也给那些处在流动经济和旅行社会群体之外的人带来了重大的排斥问题。这很明显地表现在较贫穷的城内居民与郊区居民之间的小车拥有和使用的比率上——例如，在伦敦，可能分别为 30％ 和 90％（Evans 1998d）。同时，出国旅游的机会，更不用说在国内的旅游度假，也高度倾向于收入较高的社会经济群体，他们一年有三到四次的"短期休假"，而占总数 30％ 的核心人口却从来没有过（这一比例在过去 25 年里没有发生什么改变；Evans 1996b）。因此，地方层面上的文化活动和设施的重要性，尽管强调的是规模较大但分布稀疏的重点场馆和中心（城外，市区），但是，对于那些没有能力"逃离"的人来说却至关重要，因为公共的/在经济上实惠的交通工具当然也能够在本地和更大范围内获得参与的机会（Evans 1998d）。

快乐的边缘

除了时间上的变化，传统的土地使用区分和工作场所、家庭、休闲之间的界限也已经开始变得模糊和重叠。在后工业城市中心和前工业区又一次结合起来，在靠近文化和娱乐设施的地方（Le Corbusier 1929）创造了生活和工作空间（"阁楼生活"、中产阶级化、工作室，混合使用等），随着时间本身成为一种宝贵的商品："与维多利亚时代的中产阶级不同，如今（以白人为主的）新的城市专业人士不再希望逃离城市核心地带。相反，他们希望把城市重新改造为他们的工作区和娱乐区。"（Foord, quoted in Evans and Foord 1999）贝克尔的《工作休闲权衡理论》（1965）强调了这种社会变迁所产生的经济"选项"（原文如此）——在时间密集的活动（对那些时间经济价值低的人来说，如失业者，却缺少可支配的收入）与商品密集的活动之间做出选择。在这些活动中，机会成本或收入预期是相当高的，因此，消费主要集中在耗时较

146

短、但成本较高而密集的活动中(Gorz 1989)。城市和大城镇以外延伸的核心—边缘和不断扩大的通勤区——百里城(100 Mile City)(Sudjic，1993)以及霍加斯和丹尼尔发明的新工业吉卜赛人(1988)已经为人们所普遍接受，尽管某些群体在住房、交通和文化设施方面经常受到公共主导的投资的鼓励，但他们迟迟才返回市中心。实际上，服务和遵循这些空间流动的中产阶级和文化供给形式上扩大了甚至夸大了现有的文化和经济鸿沟，正如许多早期的市中心再生计划所发现的那样(如巴尔的摩滨水区；Levine and Megida 1989)。所以，正如哈维指出的那样："在城市中心，文化产业可能带来的一个好处就是，只要你能够把主要的郊区上层中产阶级引入市中心，你就会在某种层面上把他们与这个城市里发生的事情联系在一起。"他也承认："很多人需要到城市中心工作，然后下班回到郊区，他们并不关心在这个城市里的其他地方发生了什么事情。"(1993：8)表演艺术和博物馆的观众和游客的分布情况反复证明了这种社会和空间鸿沟，如今，这种场景在美国的"边缘城市"(Garreau 1991)以及欧洲和拉丁美洲的城市边缘区、新城镇中(Evans 1993a，Potter and Lloyd-Evans 1998，Massey et al. 1999)为人们所熟知。这一现象表现为越来越大的购物中心商场、城市边缘/绿化带休闲"公园"、多功能影剧院、娱乐和竞技场形式的发展(Evans 1998d)。这种鸿沟的一个相关特征就是"堡垒"的发展——不可穿越并且注重安全意识的公寓、零售和办公大楼，都有保安和闭路电视监控，其设计实际上是为了抵制"普通"(原文如此)娱乐和文化，限制社区入口和便利设施规划。例如，大型购物商场，当被封闭起来的时候便切断了当地人的传统步行路线。理查德·塞内特描述了城外娱乐区带来的这种空间和体验转变：

我们在纽约市北部边上的一个大型购物中心里观看了一部[战争]电影。这个购物中心没有什么特别之处，只有一代人多年前在高速公路附近建造的30多家商店。它包括一个综合电影院，周围是杂乱的大型停车场……这是大城市转型的一个结果，它使人口从密集的城市中心转移到了更稀少和更不规则的空间、郊区住宅地区、购物中心、办公园区和工业园区。

(1996：17)

因此，在休闲消费和实际使用方面，以及在土地使用和交通生成方面，娱乐的边缘都在不断地扩大(Evans 1998d)。就像加罗所说的那样："这些新城市中心的标志不是歌曲和传说中的纽约人行道……但是，如果一个美国人发现自己在具体的事情上对奇妙光芒感到吃惊，那么，社会科学家就知道该去哪里找他。他会置身于玻璃天空下海棠盛开的环境之中，那是美国零售商品的地方。"(1991：3)第二代城外购物中心的原始模型之一，是1970年开业的休斯敦的风雨商业街廊，而这些"风雨商业街廊"正在世界各地被许多城市重新创造出来。这些街廊利用它们与博物馆和美术馆的联系，往往使用赶时髦的公共艺术装置进行装饰，同时重新命名了这些零售休闲中心所选择的城市边缘和再生工业和采石场，以便让人们产生一个更加和平和田园诗化的联想。在英国有切斯特橡树、湖畔、梅多霍尔、梅利希尔、布雷黑德、蓝水公园、克里布斯铜锣湾、白玫瑰等。在这种所谓最大的就是最好的潮流中，其中一个最大的中心就在亚伯达声的西埃德蒙顿，它使娱乐与购物的边界变得更加模糊："它们提供的是一个交易的集市，它不是为了招揽观众而环游世界，而是静静地坐落在一个永久的

147

位置上，等待游客来这儿。"(Sudjic 1993：246)最终的一站式体验
和购物中心的主题公园和世博会结合在了一起。

然而，正如格拉茨和明茨所说的，商场只能模拟公共场所：

> 美国的邮件传递了文化和同质化的趣味。购物中心的观
> 念模式正在以一种隐蔽的方式渗入公众的意识，通常是以精
> 美的设计、改良的风格和必要的秩序感的名义。它导致了地
> 方性的丧失……一种同一性的传播，正在压倒一切独特性、
> 艺术的特殊性、一个地方不同于另一个的标志性。
>
> (1998：339)

然而，诸如此类的发展规模仍在不断扩大。例如，在明尼苏达州
的美国购物中心，有一个以史努比为基础的封闭娱乐商场，有
800 家商店、18 家电影院、夜总会、1 家健身俱乐部、高级酒店
和 1 座 21 米高的人造山。它有 88 万平方米的封闭式购物、娱乐
和酒店空间——是格拉斯哥等城市购物中心的两倍。由于它的规
模，规划者预计，人们将在那里花上两到三天的时间。除了酒店
外，还有一个与停车场里相连的活动之家，可以容纳 12750 个车
位。卡恩批判性地把这些开发视为反城市的场所：

> 在 20 世纪，富有创新精神的力量决心打破城市的强劲
> 性，重组其丰富的、小型的和世俗性的结构。城市设计在努
> 力引导和整合城市能量的同时，给人一种保持城市原貌的印
> 象。城市设计成了一种精心设计的努力，投资于一个具有明
> 显界限的场所，使其具有鲜明的特征。通过把城市从一个不
> 受控制的群落转变为一种指定的场所集合，希望能够避免在

> 流动中迷失的危险……其中一些区域吸引了全球资本投资，如纽约巴特里公园城、金丝雀码头、伦敦（码头）和巴黎郊外的欧洲迪士尼。其他一些场所则更加本地化，如企业赞助的中庭、开发商交易广场、购物中心商场甚至文化（往往是公共资助的）博物馆和图书馆。
>
> （1998：18）

乡村和外地商品化带来的体验和象征意义，也体现了以家庭为基础的休闲、消费和娱乐的一种融合，在工业社会中，它们是排他性的，甚至是彼此对立的——无论是在时间上、地点上还是在目的上。正如厄里（1995）、萨迪奇（1993）等人提出的那样，关于城外休闲消费现象的中心问题：是它的形式决定了城市生活的性质，还是假如它是后现代城市的话，后现代城市决定了快乐的边缘是如何发展的。答案似乎介于两者之间。为来自多个城市或城市群（或国家）的人服务的巨大棚屋（有一些但不是全部）表明，城市化已经成为一种不稳定的景观，在这里，流动性会让任何事情在任何地方发生（Sudjic 1993）。

　　相比之下，城市，特别是市中心和中心区，以及传统的工业和手工业区，都设法保留——有些几乎没有保留——文化生产和消费的集中空间，无论是以贸易为基础的还是以个人为基础的。正如蒙哥马利所说的那样："城市一直是重要的创新中心，无论是科技创新还是文化创新。正是因为在城市里，人们才敢于冒险，提出问题，进行试验，产生想法；从历史上看，正是城市吸引了创意人才，提供了就业，刺激或安慰了陌生人。"（Urban Cultures Ltd 1994：1）这种多愁善感的看法仍然有一定的共鸣，特别是在某些艺术和交流形式中，更为严重的是，如果你考虑到大都

会社会、种族和社会的混合体，而这种混合体在很大程度上又是
由城市产生的，情况就更是如此。如果它也不被简化为民族商品
市场和城市异域性的混合体［例如，伦敦东区的班格拉镇，英国
和多伦多的唐人街搬迁或重建——因为少数民族将"区（quar-
ters）"读作"贫民窟（ghettos）"］，那么，世界主义本身就会提出地
方治理和文化规划的根本性问题：

> 现在，像伦敦和纽约这样的城市现在已经被这些人殖
> 民，而这些人的国家曾经在物质上或经济上被西方所殖民。
> 这种反向模式表明，许多全球城市将越来越需要解决种族、
> 族裔和文化的差异性问题。城市，作为有争议的差异性场
> 所……因此，必须提供空间上的民主框架来支持其公民，以
> 便根据差异性来建构新的身份认同。
>
> （Mostafavi 1999：9）

一个以市场为基础的文化产业政策和规划方法，究竟在多大程度
上会取代甚至压倒艺术及其教育和社会价值，取决于文化产业本
身的定义：在多大程度上"形式跟随功能"。毫不奇怪，对文化产
业争论的回应依然存在，尽管存在着被接受的好处，例如："强
调应该知道的有关关于艺术的事情［以及］国家参与的主要理由。"
（Wright 1993：13-14）然而，莱特认为，在对阿多诺做出回应的
同时，也要向更广泛的观众和消费者开放艺术的途径和体验。作
为大众艺术和媒体的生产者和推动者，文化产业都倾向于淡化更
多的美学、"艺术"考虑，它"从艺术价值的真正观念角度退却了，
成了一种或多或少具有精英趣味的和自命不凡的武断问题……大
张旗鼓地向公众宣传"（Wright 1993：13-14）。对于被"传播"的创

造性艺术来说，纯粹实证主义的立场会把文化产业放在一种中立的、机械的位置。鉴于选择城市文化政策作为一种拯救者或战略的理由和意识形态，规范性的研究方法，包括前面讨论的规划标准在内，都把艺术的政治经济与现代社会，因而与城市、经济和社会政策领域不可分割地联系在一起。"如今，城市政策与文化政策是分不开的。它们相互影响。两者都将取决于创造一种有效的经济基础。"（Worpole 1991：143）冯·埃卡特从美国人的角度用一种更为平和的语气提出：

> 文化规划并不意味着试图规划文化，而是试图培育和培养文化活动，使艺术蓬勃成长，结出丰硕的果实。适当的规划[它]将包括所有的艺术，它能够带来经济效益，以及能够为每个人提供享受和灵感。

> （1982：15-16）

文化生产

因此，从逻辑上讲，一种文化产业的类型学应以文化的产生为基础。当文化定义和哲学观念随着时间的变化而发生变化并且与政治意识形态有关时，艺术形式的生产和演变的手段和方法在某个层次上来说就是技术、场所和人类文化交流的一种功能，就像文化形式和表达本身的动态性质一样。它可以被发明、被重新发明和被再创造。马克思早就拒绝了经济学家所理解的客体需求/欲望和消费过程，而把生产和消费看作相互关联、相互调节和互为中介的过程（*Grundrisse* 1973）。在今天的消费文化和文化消费中，这种关系从来没有像现在这样明显。因此，在他看来，新的生产形式为消费创造了新的反应形式和新的可能性（Chanan 1980），并且文化产业和"象征性的商品"特别具有代表性。功利主义和现代主义运动、设计、手工艺和其他（手工艺）技能的重新崛起，逐渐使人们不再强调艺术不同于社会的珍贵性和分离性："我们创造了一种结构；在我们的社会中，对艺术的超越性的要求赋予了它以牺牲影响力为代价的地位。"（Sinfield 1989：129）因此，城市的文化政策和产业发展，在很大程度上是在应对并且针对有影响的社会文化、经济变化和市场，而不是像布尔迪厄所说的那样（1993），以牺牲或者反对其经济力量和价值为代价来维持文化的地位。正如休伊森坚持认为的：

> 即使是最具有精英主义的高雅文化也可以像其他任何文化一样成为一种产品……这种由政府和公司管理的公共文化吸收了传统的高雅文化的价值，现在，它表现为一种政府机构和私营企业维持的商机营销形式：博物馆、出版社、唱片公司、艺术经纪人、剧院所有者和生产者，优质报刊和广播电视。
>
> （1990：60）

在这些方面，米尔斯的"文化装置"既实用又包罗万象："所有从事艺术、智力和科学工作的组织和环境，并通过这种组织和环境生产和传播娱乐和信息。"（1959：252）

这种对文化生产的整体看法有助于 20 世纪 80 年代和 90 年代文化产业和城市政策的发展，也可以追溯到 18 世纪英国的皇家艺术、制造业和商业促进会（RSA）成立之时所体现的城市复兴。1754 年，它的创始人威廉·希普利提出的任务应该是："鼓励企

150

业、扩大科学、完善艺术、提高我们的制造业和拓展我们的商务。"（RSA 1993）希普利是一位来自北安普敦的绘画大师，后来搬到了伦敦。随着时间的推移，他召集了一群杰出的艺术家、哲学家和科学家。皇家艺术、制造业和商业促进会的第一个奖励计划是为工业设计的创新而设的，特别是脱粒机和动力织机（勒德分子造反的技术原因）。1760 年，皇家艺术、制造业和商业促进会也登上了当代艺术家的首届公共展览舞台，这促成了 1768 年皇家学院的成立。1856 年，皇家艺术、制造业和商业促进会发起了"为了工人阶级利益造福"的考察活动（后来交给了新成立的城市与行会研究所），成立了一所全国性的音乐培训学校（后来成了皇家音乐学院）。当代的举措包括一项建筑艺术奖，鼓励艺术家和行会成员投入城市规划和设计。给出这个例子，是为了强调文化产业方法与城市经济发展和创意经济的传统，早在社会福利规划本身和国家艺术政策形成之前，这个传统就已然存在。

文化产业——文化的生产还是生产的文化？

厄里在《消费场所》中描述了后福特主义消费的变化（1995：150-151），以更大的消费优势细分（正宗、"市场定位"、折中）和拒绝大规模生产，支持更加个性化的产品、服务与审美趣味（Glennie and Thrift 1992，1993）。然而，规模经济、通过特许经营、统一推广品牌和复制的商业必要性表明，这是一个更加腐败的版本。然而，一种不断增长且更有洞察力的市场与本地生产/就业相结合的吸引力，加上对国家高雅艺术政策和经济全球化的深层次反映，日益成为文化产业战略和相关经济影响研究的基础。所有这些都要求人们全心全意地接受社会市场，正如沃波尔或许天真地认为的那样："左派应该不再如此地担心'市场'这个词了。市场是一种机制。它们本身不生产任何东西……市场本身并[不]决定艺术的内容。"(1991：145；also Hillmand-Chartrand and McCaughey 1989：45)因此，在大伦敦议会的文化产业战略全盛时期，加纳姆(1983)对构成文化产业的内容进行了一种务实的、但概念性和功能性的描述，这实际上违背了文化分析的整个传统(Raymond，Williams et al.)：

> 文化产业是指社会中那些利用工业企业特有的生产和组织方式，以文化产品和服务的形式生产和传播符号的机构，一般来说，虽然并非完全作为商品——更简洁地说：象征意义的生产和传播。
>
> (Garnham quoted in GLC 1985：146)

人们认识到了一种源自阿多诺的区分，即采用传统的前工业创作过程，因此采用批量复制和分配发行方式(书籍和记录)与文化形式本身就是工业(报纸、电影、电视)之间的一种区分。这一定义在很大程度上有别于传统的表演和视觉艺术，因而也与艺术设施和公共/准公共商品的概念不同。当它们作为可以交易的商品成为市场经济的一部分时，以及当复制被实现或者有可能被实现时，它们才能进入文化产业的领域。简单地说，这就是"艺术"和"媒体"之间的一种区分。因此，加纳姆(1984)的"意义传播"包含下面这些核心活动：

• 推广、分销和书籍、杂志和其他印刷品材料，包括图书馆服务

- 广播
- 音乐产业，现场和唱片
- 电影、录像和摄影业
- 广告
- 表演艺术

尽管以市场为基础（而不是依赖于补贴），20 世纪 70 年代末和 20 世纪 80 年代初出现的文化产业，也与英国城市的社区艺术发展和英国社会行动有关（Kelly 1984，Davies and Selwood 1999），因为它们被毕尔巴鄂和巴塞罗那等城市的新左派当局采用（Bianchini and Parkinson 1993）。因此，试图通过政府使所有的"创意产业"合法化，都有可能与它们的基本对抗作用发生冲突，并控制它们的基本对抗作用。就像政客们在过于接近娱乐圈（showbiz）成员、激进艺术家或者采纳短暂的声音片段时，就会发现这是他们付出的代价，如人们在"酷不列颠"（Cool Britannia）概念的兴衰中所看到的那样（Hitchcock 1998）。尽管作者是记者马克·莱昂纳德（*The Sunday Times*，1998-02-26：9），但原本的背景并不那么讨人喜欢。《新闻周刊》早先的一篇文章已经把伦敦描述为"世界上最酷的城市"（1996-11-04：18），它鼓励游客到"那里去享受乐趣，在它持续的时候……这一点是肯定的，它不会持续下去了"（1996-11-04：18）。

此外，文化产业并不一定是良性和还原性的生产领域，与更颓废和更珍贵的艺术相分离。尽管如此，艺术仍然直接或间接地为其创作内容（人力和创造性的"资本"）提供来源。事实上，它们的批量发行和民粹主义的范围赋予了一种今天的艺术很少具有的力量（和威胁），这一事实助长了文化帝国主义的主张以及阿多诺等人 50 年来对好莱坞的抵抗。通过审查、许可、执行专利和版权以及反托拉斯/垄断法继续实行国家管制，证明了这一权力。而那些绕过传统艺术形式、交流方式和制度的创造性艺术家，以及新的文化形式、网络和技术所提供的民主化，则是那个时代的阿多诺所无法预见的(During 1993)。对法兰克福学派分析多是"后见之明"，而现在又是另一个时代。在某种程度上，这种分析早于城市国际化和多元文化社会及其对文化帝国主义的负面影响 *152* 而存在，但是，它也植根于一种特定的德国民族文化发展传统(Taylor 1997)——例如，马克斯·韦伯(和他的妻子)在其他许多情况下都坐着上等的大旅行车，其中，包含了在德国艺术的推广和赞扬中肩负一种自封的责任和作用(见第三章)。

因为文化产品和服务的发展，是政府/文化机构一个备受关注的方面。比如，通过创意产业和经济发展——其中可能包括教育、培训/技能、技术和竞争力——为区分不同类型的"创意产品"提供了另一种视角。在《资本主义与文化产业》中，休伊特等人认为，创意产品就是：

1. 不涉及艺术工作者的可复制产品(如乐器)。

2. 以艺术工作者的参与为前提的可复制产品(如唱片、书籍)。

3. 可复制性差的产品(如现场秀、工艺品)。

"艺术"或"创造性"劳动与"非艺术性"劳动的结合，是各种艺术和文化生产类型的一个特征。如下所示，就业分析显示，德鲁克和其他人(例如，Reich 1991)也许会在高级"知识"和辅助"服务"工人之间分配这些职业角色(Du Gay，1997)。佐罗(1988)也讨论了文化产业本身与辅助性文化消费的设备生产之间的区别。前者由一系列的分支部门（出版、编程、音乐会等）构成，这些分支是由几项共同的工作、环节和相关活动（如技术文化、影视制作、设计）来定义的职业。后者属于其他领域，如电子元器件；或者其他工业部门，如非电子乐器制造业。佐罗以工业化水平为标准，即劳动在何种程度上从属于资本及其在商品生产和价值实现中的作用，进一步区分如下：

1. 前工业活动——大众文化景观。

2. 非连续性生产——图书出版、唱片制作、影视制作。

3. 连续性生产——印刷机。

4. 连续性传播——无线电和电视广播，有线电视和卫星电视。

5. 由信息技术和资讯生产和消费服务构成的文化部分——资讯节目、图文电视、可视图文、数据库、网络/网页。

最后一类可以看作互联网提供的传播和数字创造的机会，直接和间接地影响到前四类。例如，对现场和录制音乐面临的挑战，以及艺术所有权和控制的问题，都是通过互联网的音乐下载来理解的。意大利一群名为"MP3"的工程师成功地压缩了音乐文件。与反对自动织机的路德分子不同，唱片行业开始遭到了否定，然后聘请了律师，后来委托他们自己的工程师模仿这种技术，并以远高于原创的价格出售。在这种情况下，政府和工业界对文化传播和发行的权力几乎没有了。然而，发行和创作途径的获取、国家在教育方面的作用以及文化设施的规划和技术提供仍然是一个问题。列维斯认为："［市场或补贴］对一些文化价值观都是不利的。

153

它们以非常不同的方式压制任何大众文化意义上的多样性和创新性，而且，它们只是边缘性地关注创造某种更加和谐的或刺激的环境。"(1990：110)

创意产业

对一些分离的、最不相关的文化产业的认定以及后来的量化研究，都主要集中在对消费、文化价值和异质性风险的影响上，而对创作过程和生产本身的影响较小。然而，文化规划在环境和象征意义上对这两者都有兴趣。例如，在国家政策层面，英国文化部（DCMS）"创意产业特别小组"提出了如引文定义。该定义侧重于文化产品的商品化属性，是跨部门（"联合政府"）协调政策的一部分，这些政策旨在促进"在国民经济中具有越来越重要的地位"的创意产业的发展(1998：3)：

> 这些活动都源于个人创造力、技能和天赋，通过知识产权的生产和开发创造财富和就业潜力。这些活动包括以下行业：广告、建筑、艺术和古玩市场、工艺品、设计、时装设计、电影、古董、互动休闲软件、音乐、表演艺术、出版、软件、电视和广播。

(1998：3)

这些所谓创意产业的就业与流动关系差异很大（见图6.3），进一步削弱了这些活动的集团化。这些创意产业要么是一种单一性的"产业"，要么是一种可能对政府的广义经济干预方式做出反应的行业。

　　这些不同的定义和方法所涉及的是"文化"和"创造性"在活动/过程方面以及经济方面——生产和消费——的双重概念，以及创造力在多大程度上可以被确定为一种经济和文化资本形式，从而成为国家的"相对优势"。正如英国首相托尼·布莱尔在关于创意与文化教育的评论中所说的那样："我们的目标必须是要创造一个把所有人的创造性才能都用于建设 21 世纪真正企业经济的国家——在这个国家里，我们的竞争依靠的是智力而不是体力。"（NACCCE 1999：5）

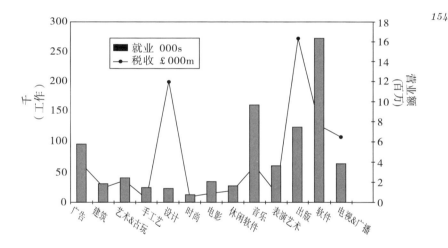

154

图 6.3　英国部门的创意产业就业和离职情况

来源：DCMS（1988：8），Evans（1999a）

然而，"创新"和"知识经济"是它们的流动和主体状态。此外，经济生产和人类主体的许多方面都可以要求创新和知识体系，正如沃尔夫所认为的："艺术创造性在任何相关方面与其他形式的创造性行为没有什么不同。"（1981：9）而许多文化生产不但缺少创造性（如独创性），而且缺少高水平的知识，因为它们是通过再生产和复制构想出来的。贝克尔同样认为，把艺术理解为供需关系

的一种特殊情形是有问题的，因为"试图把知识和艺术服务市场
与'普通'商品市场区分开来的努力一直就是混乱和不一致的根
源"(1976：11，also 1996，O'Hagan 1998)。"创意管理"和"创
新"中心、工业设计师、工程师、教育家、销售和市场营销人
员——所有人都可以贴上这种创意标签，所以，如果有人认真地
确定一种独立的经济活动环节或者是可确定的过程，那么它必须
是可定义的、可衡量的，并且是可以与"非创造性"分离开来
的——单纯的"创意"或"知识经济"显然不足以达到这个目的(Ev-
ans 1999a)。也许，象征性的经济就是这里所要力图理解的东西：
符号、图像和符号的交易(King 1990，Lash and Urry 1994)。但
是，在特定的活动和生产条件下来运作这一点也是有问题的，尤
其是因为这种创造性的看法越来越多地取决于利德比特所说的
"子虚乌有的买卖"，以及赋予知识经济无形资产的变化无常的价
值(2000)。

文化"产业链"

155

这些定义和区别，特别是独特的、易消逝的生活艺术与批量
生产的商品化的可能性之间的区别，也增加了投资和补贴的困
境。因此，当地资源、设施和企业的文化规划需要对艺术和文化
产业及其在社会、经济、环境和文化政策方面的相互关系进行一
种更为复杂的分析——事实上，城市文化政策需要一种针对所有
这些方面的综合办法，正如在行政区的"整体"规划方面所尝试的
那样(见第五章和附录Ⅰ)。为了转化这些文化产业活动和生产的
定义，并为艺术和文化规划、艺术基础设施的确定提供一个概念
性的框架，一种"生产链"的分析已经被应用于文化(Comedia

1991b：18-20，Montgomery and Gavron 1991）。这里尝试将文化经济活动划分为五个相互关联的阶段，并要求对一个城市或地区通过其基础设施维持和分布文化活动和产品的能力进行评估：

1. 开端——想法的产生、版权、创造力、培训。这将考察一个城市或下游区作为创意产生地的能力，考察它所拥有的专利、版权、商标以及城市的一般创造力。（基础设施：教育、培训、研究和开发资源。）

2. 生产——从想法到产品、场所。对这种"创造性"转化为生产的能力进行评估。人员、资源和生产能力能够促进把想法转化为适销对路的产品吗？这种评估记录管理者、经理、生产者、编辑、工程师的水平和能力，以及电影设备供应商和制造商、出版、设计、工作室的能力；有关框架制定者、舞台布景制作者，等等。（基础设施：企业家、"制造者"、技术、场所。）

3. 流通——分配、批发、营销、信息、流通。这涉及代理商和机构、营销机构与推销人、经销商和批发商（比如电影或出版）或中介/经纪人、产品包装者和装配工的资质。它还包括评估辅助材料的质量，如目录、人名地址录、档案、库存清单以及其他有助于艺术产品销售和流通的机制。（基础设施：中介、代理商、推广人、出版商、分销商、运输）。

4. 递送——场地、电视、电影、商店。这些是使文化产品和服务能够被消费和享受的机制；这是有关如何让它们被看到、被体验和被购买的地方。它意味着对剧院、电影院、杂志、博物馆、唱片店和发行网点的可用性进行评估。越来越多的在线和电子商务访问和消费形式将会增加，并且在某种程度上取代传统的分销文化产品的模式，从而开发出它自己的、衔接更加完美的生产链。（基础设施：场馆、商店、媒体频道、杂志、博物馆和画廊。）

5. 受众——观看、收听、观察。这涉及艺术作品和文化产品被接受的公共的和重要的环境，涉及市场和受众等问题，以及定价和目标（社会市场）、定向（包括青年人、性别和多样性）问题的评估。这项检验可能包括一个地区的文化活动在多大程度上扩展到了广泛的社会和人口群体、海外市场以及所创造的富有生气的文化生活。（基础设施：市场营销、定价、"准入"、运输、安全。）

基础设施的不同类型或功能也可加以区分：作为生产、技术和流通的一个直接因素；作为间接的辅助服务、公共交通、治安、街道清洁、照明；以及作为财产——位置、空间和专门场所的区分（Montgomery and Gavron 1991）。

从人和空间的角度来理解这些阶段，使我们集中注意到艺术和文化生产的两个特定方面：一是就业和劳动力市场以及创作/生产场所，二是随后的参与和消费。文化规划的前一方面通过创造、保留和提高就业机会（"优质"和"熟练"工作）的经济潜力吸引了各级政府的兴趣，由此艺术和文化产业都被认为是有希望的。

艺术和文化产业中的就业

一般来说，对艺术和文化产业的国家经济研究依据的是标准行业代码（SIC）分类和生产统计学（Pratt 1997）所体现的传统生产部门和职业。这些都是从一种生产、就业和市场的工业和制造业模式生产出来的，但是，这种模式越来越不能充分地反映文化生产链、灵活的工作实践或后工业化的生产和分配方式。从 20 世纪 80 年代以来，这一点就已经被新技术加速了（Evans 1999a，Pratt 1998）。因此，随着大批自由职业者、多元就业机会、小规模经营和兼职与家庭工作的出现，企业和就业的分类标准难以反映真实的规模和范围或者文化就业和生产的分布。官方统计和实际工作之间很显然已经存在差距，随着灵活、距离和合同工作的进一步发展，这种差距将会扩大。例如，在英国，人们发现"标准的行业分类已变得陈旧过时，它没有反映新的服务/信息部门的实际情况，包括许多艺术和文化活动。因此，它们的价值和经济贡献一直被低估了"（LAB 1992：6）。这种情况也出现在美国，在那里"标准分类的类别很少能够提供充分的信息，特别是在文化经济情况中更是如此"（Scott 2000：7）。

上面概述的文化产业的定义也提供了一个变化的目标，它包括什么和排除什么，一般来说，这个解决方式取决于使用（或滥用；Evans 1999a）这些经济数据的目的。在教育和培训，研发和技术投资方面的兴趣，可能更容易接受一个更为宽泛的定义，但是，在艺术和文化政策以及相关的多样性问题方面，创造性则是重要的。它可能会采用一种究竟是什么构成文化活动的狭窄定义，因为文化部门中的几个领域事实上在很大程度上是"非文化的"或者是以技能为基础的。在把这些定义运用到某种文化规划框架中的时候，可能还要考虑空间、城市设计和分布问题，以及社会文化和公平评价，而不是关注某种活动或生产。

一般来说，这些就业和部门经济影响研究没有突出文化工作者，特别是从事艺术的艺术家（而不是中介人）的工资普遍较低、条件较差和工作无保障。具有讽刺意味的是，这一弱点是造成以

157

下情况的原因之一：就业增长，与更多的资本密集型行业相比的高就业率和高收入(Evans 1998e)。专业性视觉艺术家年收入低于1万英镑(Towse 1995，Shaw 1996)，90％的演员工会(actors union)成员在规定时间内领取"失业救济金"或处于临时(非代理)就业状态，而且创意人员流动率很高(GLA 1989)。因此，任何创意产业战略在就业和增值方面都会赞成这个行业的规模，不过是以低工资和较差工作条件为基础的，这是值得怀疑的和难以预料的可持续性(Evans 1999a)。文化消费还通过对娱乐、购买和艺术观众参观(交通、食品和饮料、书籍/节目、辅助性商品等)的辅助支出，吸引非常可观的当地支出成倍地增长。这里没有探讨"艺术"的乘数效应分析(Myerscough，1988)，这主要是因为它们不确定的测量方法以及所谓直接、间接和诱导就业和开支计算背后的有问题的假设。然而一方面，一个特定的空间问题，通过投入产出模型以及从一个"影响"区域(无论是一个场所、文化区、自治区、地区还是一个国家)的经济活动"漏出量"的测量所做出的粗略分析，是乘数计算往往忽略的位移和转移效应。例如，从一个地方到另一个地方以及文化活动之间的替代和转换。例如，从剧院到电影院、音乐会的光盘，以及在公共投资方案中另外确定真实性的内在困难(Connolly 1997，Evans 1998c)。另一方面，灵活的工作惯例、相互关系、随意性和文化活动的临界数量以及劳动力的流动性，对企业和标准行业进行了大多数分析(如销售就业比率)以及对有限用途的文化生产和消费的影响和特征——在经济和分配两方面——进行了职业评估(Evans 1999a)。

　　然而，文化产业的空间维度是一个长期被认可的维度，在历史上表现为文化城市的兴起(和衰落)(Hall 1998)，因此，大部分文化产业政策和战略发展都是在各个城市/地区出现和实施的。例

如，20 世纪 80 年代中期在西班牙、法国和德国（Bianchini and Par-
kinson 1993）以及伦敦、伯明翰、谢菲尔德和利物浦等城市："在经
济发展和规划方面，认识到艺术作为文化产业的一部分所具有的政
治、文化和经济意义和利益。"（《区工党会议关于休闲服务政策的决
议》，Abercromby Ward；LCC 1987）因此，大多数深入研究都是在
城市和"文化区"层面上进行的（见下文），所以任何一种宏观经济建
模和测量尝试，都需要着眼于这些方面，以便更好地理解小规模文
化生产与公共和商业部门之间的结构和关系。

　　文化产业区为理解文化经济究竟如何发挥作用（如生产链效 *158*
应）提供了关键的切入点，新技术可能降低区位重要性——成本，
接近市场、供应商的地方也是如此。重要的是，人们明显倾向于
在名义上相互竞争的文化产业公司之间选择与之靠近的地段（回
到一种中世纪城镇中的手工艺企业集群）。正如斯科特所认为的
那样："区位的集中性提高了（文化经济）竞争效能及其创造潜
力。"（2000：ix）这种现象也明显存在于苏荷区、伦敦、第八区、
巴黎和纽约时代广场以及其他相当区域城市中的大型媒体和娱乐
公司中："娱乐业的经济和空间结构日益要求城市提供特定的功
能。尤其是全球城市日益成为消费和生产的战略中心。"（Sassen
and Roost 1999：153）

　　然而，国家和区域的就业估计数确实提供了领域之间、国家
和区域两级之间的比较，以及随着时间的推移，特定部门的相对
下降和增长。所有这些都可能表明技术、社会文化或者人口结构
的变化、趣味的变化和竞争，但是，也可能表明政策和规划措施
涉及文化活动的制约因素（如投资于软硬件基础设施）。表 6.5 提
供了各种文化活动的就业规模和领域分布情况。第一种情况反映
的是英国和其首都伦敦的文化活动。在这些领域的就业数据中，

特定文化职业的程度表明，对艺术人员和辅助人员的依赖程度有很大差异，特别是在表演和自营艺术家职业与更具有功能性的出版、博物馆和美术馆雇主之间。这往往验证了休伊特和佐罗所提出的区别（见上文）。（1992 年，博物馆培训机构估计，在博物馆和遗产的就业中有 88％的人员是非管理者——普通的而非博物馆专职岗位。）

　　如前所述，伦敦在几个就业领域占有主导地位——媒体、现场艺术和艺术市场（这是因为大量的通勤文化工作者进入城市，他们的委托客户一般都在那里），占全国文化领域就业的 42％，估计占所有视觉和手工艺从业艺术家的 75％。正如金所指出的："文化……是英国的主要出口商品，有超过三分之一的英国图书出口，四分之一的世界唱片来自英国。印刷业的一些部门，如报业，报纸在伦敦有很大的发行量，占全国报纸和期刊生产业的 40％。"（1990：150）然而，英国其他地区的分布更为均匀，尽管在文化产业中全国的就业比例很小，除了相邻的（上班族聚居区）南部、东南部和东部地区占有较高的比例外，在 8％～10％，其余的只有 4％～7％。西密德兰和苏格兰体现了主要城市/地区的集中性，伯明翰和竞争激烈的格拉斯哥和爱丁堡分别占据了区域性文化生产和就业的大部分份额（O'Brien and Feist 1995）。

159　　在另一个文化之都和世界城市纽约，有关文化产业和从业艺术家的就业数据，同样来自人口普查、有针对性的就业研究以及工会和行会的成员资格。表 6.6 中的估算结果在某种程度上夸大了文化工作活动的范围，因为其中包括了不活跃的成员，如音乐家和演员。20 世纪 50 年代以来，两者都有所下降——音乐家人数下降了超过 50％。

表 6.5 纽约文化部门的就业情况

领　域	总劳动力/千人
电影	41
演员	15(占美国的 40％)
音乐家	14(约 4000 名"活跃者")
图书出版	12
电影院	3
视觉艺术家	7
作家	4
舞蹈家	2
平面设计艺术家	2

来源：纽约港务局(1983，1993)，美国人口普查(1987)，柯梅迪亚(1991b)

表 6.6 英国艺术和文化产业的就业情况

领　域	英国总计/千人	文化职业百分比	英国伦敦劳动力百分比
电影	163	47％	50％
出版	83	17％～25％	26％
广播电视	28	44％	58％
表演艺术	26	86％	47％
博物馆、遗产和画廊	16	19％	20％
视觉艺术	14	75％～100％	30％
建筑	10	50％	28％
手工艺	9	100％	6％
艺术和古玩市场	8		66％
时尚设计	7		18％
音乐	3	5％	44％

续表

领　域	英国总计/千人	文化职业百分比	英国伦敦劳动力百分比
自营文化职业	255	100％	

来源：Comedia（1991b），Evans（1998e），DPA（2000）

注：到目前为止，自营文化职业的最大群体包括表演艺术家、作曲家、作家等（约 75000 人），其次是建筑师、手工艺者和视觉艺术家。

160　　　作家的数量却有所增加。这个城市在这些文化领域占据着该地区（州）就业的主导地位，超过 75％的表演、视觉和媒体行业就业集中在这个城市。然而，与伦敦不同的是，纽约与西海岸的好莱坞形成了竞争态势，成了电影制作行业的中心，雇用人员超过 10 万。尽管纽约凭借其作为国际大都市、娱乐之都（Sassen and Roost 1999）的相对优势，在演员和导演方面的就业人数有所增加，但是，20 世纪 80 年代，洛杉矶和芝加哥都获得了更多的在经济上活跃的艺术家和创作人员。如果技术和创意能力是流动的，它们有大量的东西存在于其他方面，并且拥有支撑它们的基础设施（如演播室设备），那么，好莱坞在电影制作方面的主导地位就有可能会被打破。多伦多、伦敦、都柏林和纽约等城市已经证明了这一点，特别是在可以获得成本优势（如税收优惠）的地方。（洛杉矶本身最初被发展为一个部分是非法或至少是不受限制的拍摄地点，包括它靠近墨西哥边境；Hall 1998）。然而，由于文化活动通过区域性文化发展、大学和设计学院及承包给低成本生产区而导致了去中心化："现在，纽约市的重要任务可能就是销售和展示，而不是制作艺术。"（Zukin 1995：149-150）文化产品的零售业和展示服务不再意味着接近其创作和生产。这确实维持了相当大的中介和先进的生产性服务经济，并在调解和评估各种形式的文化及其传播方面发挥着关键性作用。

　　从特定文化生产部门的就业分布情况来看，城市的集中性在整个美国也是很明显的（见表 6.7）。

表 6.7　美国大都会地区某些文化产品行业的就业情况（1992）

产业	大都市区的就业/千人	美国的大都市区百分比
图书出版	53.2	67％
珠宝、银器	29.2	64％
动画生产/分布	241.2	97％
制片人、管弦乐队、艺人	58.5	85％
建筑服务	93.7	77％

来源：美国商务部人口普查局（改编自 Scott 2000：9）

注：美国人口中有 53.2％人居住在 40 个指定的大都市区。

　　第三个文化经济的例子是加拿大讲法语的地区提供的。在这个例子中，大蒙特利尔大都市地区由五个区组成，其中以蒙特利尔岛（L'ile de Montreal）为代表。在这方面，在这一文化（如果不是行政）之都，大多数公共艺术行政人员的存在再次突出了该市在文化部门就业的主导地位。蒙特利尔与省会魁北克市之间的关系既是一种竞争性关系，也是一种文化关系。这种关系存在于国际大都会、国际节庆城市和法语国家议会的历史所在地与新法国的情感之都之间。但是，这个城市同样陷入了与其狭隘的遗产和不自然的魁北克分裂状态的争斗之中（Laperièrre and Latouche 1999，Evans 2000a）。蒙特利尔赢得了这场争夺当代表演集中化和视觉艺术中心的特殊斗争，并且成了文化生产、贸易和旅游的枢纽——两者都以休闲和会展为基础（见表 6.8）。

　　在较小的国家里，通过文化活动、市场和生产的历史集聚来实现空间的聚集是很明显的，城市在某些文化服务中占有主导地位。而在大城市如纽约、巴黎和伦敦，从 20 世纪 80 年代以来，在地理和领域上都可以看到发生的变化，那里的技术和企业战略在工作包装和服务外包方面共同创造了一种核心边缘的关系。在所谓"知识经济"中，这种情况表现得尤为明显。自主创新生产的增长始终是总部萎缩的必然结果，也是广播和出版等创造性职业机构就业的必然结果。正如萨森所指出的，考虑到它们不受市场和分销渠道的物理限制，信息和文化产业的集聚是反直觉的，因此，它们有能力绕过城市区位的成本和限制（1994）。然而，这确实忽略了生产性服务业与周边城市地区市场以及个人和文化网络的实力之间的中心和辐射关系，正如她所承认的那样："当它们靠近产生关键投入的其他地方的时候，或者在其距离使某些服务产品的联合生产成为可能的时候，经济就会出现。"（1994：66）几种类型的生产链中的专业服务和创意流程——工艺、设计、表演艺术生产——都体现了集聚化以及生活方式的影响（Evans 1990），并且，正如迈尔斯科（1988）等人发现的那样："集中化来自那些有可能从事这些高技能工作的人的需求和期望，这些人往往被大型城市中心所能提供的便利设施和生活方式所吸引。"（Sassen 1994：66）

表 6.8　蒙特利尔大都市文化产业的就业情况（1992—1993）

领　域	蒙特利尔大都市（5 个区）	蒙特利尔岛	岛/5 个区
设计与时尚	20,242	12,418	61%
艺术表演	6,238	5,556	89%
出版	5,700	4,415	77%
电影	4,651	4,337	93%
遗产	1,638	1,386	85%
"文化的"	1,198	1,070	89%
录制	1,084	1,038	96%

续表

领　域	蒙特利尔大都市（5 个区）	蒙特利尔岛	岛/5 个区
视觉艺术	475	434	91％
总体"文化"	41,432	30,670	74％
媒体	4,161	4,103	99％
公共信息	4,624	2,383	61％
电视与广播	2,099	1,948	99％
电视分布	995	865	87％
全部媒体	11,879	9,754	82％
公共管理	8,502	7,967	94％

来源：Juneau（1998）

注：大都市区的五个区包括蒙特格里、蒙特利尔、拉瓦尔、拉纳迪埃和劳伦提德，总人口为 401 万。

就像早期的手工制作中心一样，在巴黎，人们可以直观地看到位置偏好和邻近性的程度，电影制作公司和创意人才和代理机构的位置都是紧密相连的（见图 6.4 和图 6.5），它们都集中在市中心区。另一个例子是美国音乐产业的区位优势，无论是大公司还是独立公司也都集聚在洛杉矶、旧金山、芝加哥、纳什维尔和纽约五个城市，日益成长的中心有亚特兰大、奥斯丁（新地区/蓝草）和迈阿密（如古巴人的）。与广播、电影、媒体和广告等相关文化产业的协同作用以及历史相联系（Hall 1998 on Memphis），以增强它们的竞争优势，并对其他产业发挥磁吸作用（Scott 2000）。

正如斯科特指出的那样："就区位而言，受这种生产和竞争机制制约的企业通常会聚集在一起，形成交易的密集型集聚……最重要的是，那些大城市区迅速地成了后福特主义全球经济秩序的文化生产的主要枢纽。"（Scott 2000：7）

然而，正如我们已经注意到的，文化活动和就业的集中化并

162

Cultural Planning:
an urban renaissance?

不局限于全球城市或文化城市。因为这种情景可以在威尔士看到，如其首府加的夫（南部地区）。这确保了在表演艺术和媒体方面的就业率高于平均水平，人们并没有选择在图书馆和博物馆等传统文化设施部门中就业（尽管国家博物馆设在该市），或者在文学、出版和视觉艺术和手工艺等较高的就业部门就业，这些部门分布在威尔士各地区和更多的农村地区。这些文化活动是由更强大的当地和亚区域市场来维持的，而不是由以游客为基础的和依靠大型的广播机构的（如 BBC 威尔士分公司等）以及总部设在威尔士首府的多媒体公司来维持的。这些公司声称有 4％ 的就业机会是"艺术"提供的，是全国就业率的两倍（加的夫市 1994，Thomas and Roberts 1997）。实际工作人数与全职人力工时（FTE）的比率，亦显示除公共图书馆及博物馆外，所有文化行业兼职工作的程度（见表 6.9）。

文化产业的就业和部门变迁

在伦敦，文化生产活动中的时间和空间变化表现得尤为明显。在 20 世纪 80 年代文化生产和就业发生了重大结构性变化之后，预计"失业的增长"将成为文化和发达的生产性服务业后工业就业的下一阶段的常态（城市文化公司，1994：12）。表 6.10 显示，在这十年中，以音乐（如在纽约）、印刷/设计和出版业直接就业为代价的自谋职业和自由文化创意工作者的人数大幅度增加。这些绝对就业的变化所掩盖的就是它们在城市中就业的分布情况和集中性。文化活动的向东漂移的趋势在印刷和出版业中非常明显，包括从传统印刷向基于 IT 的多媒体/台式印刷与设计、广告和视觉艺术/工艺的转移——受到更便宜的租金和公共再生计划的影响（见第七章有关伦敦码头的论述）。

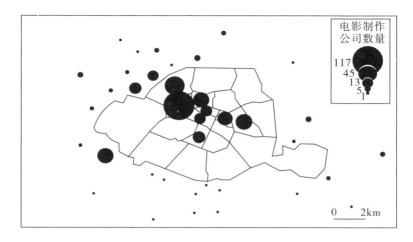

163

图 6.4 巴黎电影制作公司的位置

来源：斯科特（2000：100-102）

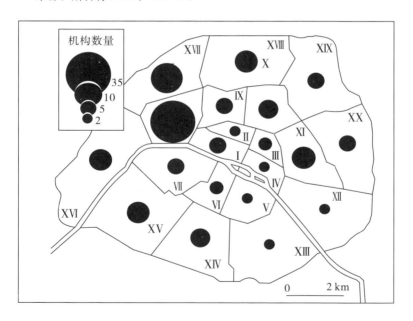

图 6.5 巴黎创意人才与角色分配机构的位置

来源：斯科特（2000：100-102）

164

表 6.9　威尔士艺术和文化产业就业的亚区域估计数（原书卧排）

威尔士区	表演艺术	视觉艺术、工艺、设计	文学出版	媒体	图书馆博物馆	一般文化	总　数	所有就业的亚区域份额
北部	18.1	23.1	20.4	15.2	21.7	16.5	19.8	23.3
西部	13.2	24.2	21.7	10.0	19.9	16.6	18.3	26.2
南部	61.5	45.9	38.4	71.0	42.0	52.7	52.7	43.5
中部	7.1	6.9	19.5	3.8	16.4	9.3	9.3	7.0
岗位总数	4,985	11,038	2,413	3,691	2,885	3,574	26,585	
全职人力工时总数	2,623	5,421	1,243	2,906	2,331	1,609	16,134	

来源：Bryan et al.（1998）

注："南部"亚区域包括加的夫和纽波特城市；"西部"包括斯旺西。

表 6.10　按部门和亚区域分列的伦敦文化产业的就业情况（1981—1991）（原书卧排）

领　域	1981	1987	1991	百分比变化 1981—1991	室内西（%）	室内东（%）	户外西（%）	户外东（%）	户外南（%）
视听	52,594	59,035	58,530	11	20	7	−1	−29	−19
印刷出版	109,318	93,861	88,290	−19	−45	31	−23	13	−13
音乐	5,190	5,605	2,376	−54	−58	−67	−35	−85	−47
广告	19,722	23,544	22,306	13	−7	91	229	70	46
个体艺术家	3,049	4,740	4,810	58	54	59	81	7	90
视觉艺术与工艺	13,686	15,363	14,042	3	1	13	无变化	−18	12

来源：根据城市文化有限公司(1994)整理

虽然音乐生产和乐器制造的减少反映了这一活动的绝对下 *165*
降，但是，这是技术进步、海外竞争（如日本）和重组（如服务外
包）导致的。尽管有这些结构和区位的变化，但是，伦敦西部地
区（伦敦西区、苏荷区）在文化产业中仍然保持了 50％以上的就业
率，伦敦外西区占 14％，内东区 25％，外东区占 3％，外南区占
8％。这种集中化现象是由于苏荷区已经开发的文化产业"区"保
留了大量的视听和广告公司和辅助服务。不同于再生性城市和其
他伦敦地区的竞争者，它们主要是通过市场和私人资本的作用
（Sassen 1994）。然而，由于先期的技术和规划立法，以及公共和
私人博物馆和美术馆的存在，这也体现了创意和文化产业的历史
定位和偏好——简言之，这种分布强化了东西区在社会经济和土
地利用上的区分的传承，而伦敦和其他早期工业城市一样是非常
典型的。

城市在文化活动集中化上的重要性，也可以根据总就业情况
（见表 6.11）反映的国家文化经济估计数值来进行比较考察。在这
里，人们可以看到，城市的总体就业率高于全国，而在城市内
部，本地/区的就业率高于作为一个整体的城市。这是发展中国
家城市共同具有的一种集中化现象，它们也是国民生产和服务产
出的主导城市，如圣保罗占巴西国民生产总值的 36％，利马占秘
鲁国内生产总值的 43％（Sassen 1994：30-31）。

表 6.11 文化部门占欧洲总就业人数的百分比

国　　家	总就业百分比（％）	城市/区域/市镇	总城市百分比/区域就业
比利时	1.5	西班牙加泰罗尼亚	1.0
芬兰	1.6	芬兰赫尔辛基	3.7
法国	3.4	美国纽约	6.0～9.0
德国	2.8	美国波士顿	4.0

续表

国　　家	总就业百分比（%）	城市/区域/市镇	总城市百分比/区域就业
意大利	2.5		
荷兰	2.2		
英国	ACE 2.5	英国西北部	2.4
	CITF 5	英国曼彻斯特	3.5
		英国伦敦	5.0～6.0
		伦敦哈林盖区	11.0
		伦敦伊斯灵顿区	10.0
爱尔兰	1.9		
威尔士	2.6	英国加地夫	4.0
欧盟	2.3～3.0		

来源：Evans（1989，1993d，2000b），Comedia（1991b），O'Brien and Feist（1995），DCMS（1998），EC（1998）

166　　　在欧洲其他地方，文化领域同样具有城市经济的日益增长的一个特征，同时还有金融服务和（文化）旅游活动。例如，在立陶宛、拉脱维亚和爱沙尼亚等波罗的海国家，文化产业占塔林、维尔纽斯和里加的就业和国内生产总值的5%（Cooke et al. 2000）。

　　由于文化生产部门内的领域分布各不相同，在教育和培训方面，在阐述对过程本身以及对每一个文化部门的有益支持和基础设施类型的理解上，对创意产业活动的构成部分进行区分也是重要的。例如，从表6.11中提到的两个伦敦区的就业调查来看，尽管不是在该城市的中央"核心区"，但是，它们的文化就业比例却仍然高于整个城市的平均比例，而艺术和非艺术工作人员之间以及全职和兼职之间的分工，则非常明显地显示出每个生产活动领域之间的不同情况（见表6.12、表6.13）。

　　这些关于当地文化就业的研究也表明，在主要文化机构之外运作的大量微型企业经济往往位于"文化岛"和中央商务区，以及灵活(兼职、自由职业)工作的广大区域。因此，文化生产和消费在宏观和微观层面之间的集约化就是作为文化工作室的后现代城市一个特征。与更大的地区相比，靠近滨海的、更本地化的区域显然具有较高的文化活动集中程度，它们同时是生产和展览/表演中心。

表 6.12 伦敦哈林盖区艺术和文化产业就业情况

哈林盖——外东区	平均员工数		
	全职	兼职	自由职业
表演艺术	4	4.5	6
视觉艺术	6		
手工艺	4		
文学/出版	6	4	7
视听/摄影	5	4.5	
平面设计/印刷	3	2	

注：在哈林盖区只有 30% 的员工是全职工作，兼职为 22%，其余为自由/合同。

表 6.13 伦敦伊斯灵顿区艺术和文化产业就业情况

伊斯灵顿——内东区	平均员工数	全职：兼职	"艺术"与辅助人员的比率
表演艺术	11	73：30	1.7：1
视觉艺术	5	59：41	1.1：1
手工艺	10	87：13	2.1：1
文学/出版	21	83：17	1.1：1
视听	10	46：54	1.1：1
印刷和设计	11	91：9	4.2：1
总计(平均)	12	79：21	1.7：1

来源：伊文斯 (1989，1993d)

167 就去城镇化的发展趋势而言，这是反直觉的，但是，这也反映了与福特主义生产相似的专业化传统规模和过程。中央艺术区和娱乐区以及博物馆区在历史上都得到了发展，并在今天得以生存。让人感到吃惊的是，侧重于劳动力和生产的空间维度的工业和经济地理学家，特别是梅西（1984／1995）、萨森（金融服务以及鲁斯特 1999 年对全球传媒娱乐定位的关注）和后工业城市／地区（King 1991，Soja 2000），也许并没有认真考虑以新的和旧的模式把生产和服务业联系起来的艺术和文化产业，尽管在商业性娱乐（Hannigan 1999）和文化生产（Wynne 1992，O'Connor and Wynne 1996，Pratt 1997、1998，Scott 2000）方面，文化产业已经开始受到关注。而且，有少量的艺术经济学研究，侧重于补贴部门和国家参与（O'Hagan 1998，Frey and Pommerehne 1989），并且关注诸如成本、疾病、定价、税收和通货膨胀影响方面的特征（Baumol and Bowen 1966，Peacock et al. 1984）以及博物馆、剧院等特定类型的组织。因此，所有这些研究主要涉及微观和公共部门的经济政策和组织分析，而不是宏观层面上的规划和艺术产业本身。

因此，表 6.1 概述了对城市区域文化经济的关注情况，这既是为了满足经济发展和复兴的需要，尤其是文化旅游业，也是为了应对城市经济的其他部门的工商业衰退问题。今天的趋势是将艺术与文化产业就业和消费乘数效应（Myerscough 1988）合并起来，然而，学术界和政府继续采用的传统空间和工业模式仍然植根于划定的区域和工业／部门模式，尽管文化生产的历史、"前工业化"形成及其在劳动力、传播／分配和资本流动方面都是复杂的行为。现在，文化生产的不同之处就在于，小企业和微型企业活动（包括自主就业）及其共生关系所占的比例很高。如果不平等的话，它们就与少数强大的文化组织建立共生关系，而这些组织委托、分配和传播大众文化产品和表演。（这在历史上与宫廷、教会和城邦对雇用和委托给小工匠、手工业行会者和建筑师的权力是平行的。）例如，由一个主要客户或客户所代表的对英国中小企业营业额的贡献超过 50％，而两个最大客户的贡献超过 80％（Stanworth et al. 1992），这是帕累托效应在行动中的一个例子，即货币或数量方面的少量集中化，体现了营业额或活动水平中一种不成比例的高因素。例如，一家"独立的"电视制作公司便占了一个调试频道工作的 75％。

　　表演与视觉艺术馆和博物馆也服务于不断增长的文化旅游市场。从总体上看，这确保了场馆的生存能力不受国内和当地艺术设施的上座率下降的影响。在空间上，这些商业和公共机构（包括政府和教育机构）起到了一个有效的中枢和辐射系统作用，支持了灵活劳动力/合同市场中的许多专业供应商、创意公司和艺术家。在许多情况下，供应商/生产商之间的密切性是很重要的，比如表演者（演员、音乐家）、技术人员（舞台、裁缝、设计师）、场地（剧院、工作室）以及艺术教师和高校学生，而不是说作家/作曲家和场馆、视觉艺术家与美术馆；电影生产、后期制作与展览之间的密切性。互联网和信息通信技术（ICT）对文化生产和分配的影响还没有得到完全体验或检测，但是，在最容易受到这种技术影响的领域，就业碎片化现象和工作的实践性已变得很明显，如在印刷和出版业（包括报纸和杂志）。并且预计这也会出现在视觉艺术、教育与培训、音乐录制、广播媒体以及档案活动中，如图书馆和博物馆藏品。在消费方面，线上销售超过 60％——受美国市场用户的驱动，呈指数级增长（1997 年 10 亿美元，1998 年 150 亿美元，2001 年约 300 亿美元）——来自互联网

168

而不是基于网络的电子商务运营商之前的零售商，如亏损的亚马逊图书。于是出现了两种类型的零售商：

1. 只在网络上销售的纯粹"游戏"，比如书籍、CD/视频、音乐下载。
2. 结合传统经销店（如商店、产品样本）的多渠道零售商。

当然，20 世纪末见证了一个世纪以前曾经经历的技术决定论。然而，从某种角度来看，在 1996 年关于新技术对美国家庭影响的一项全国调查中，结果表明产生影响的不是网络、卫星电视或游戏机，而是简陋的微波炉和录像机，正如费尔南德兹·阿梅斯托所说的："一般来说，社会只获取它们想要的或需要的技术。"（1996：707）然而，电子商务和网络生活的空间影响却不太明显："在这个大众传媒时代，身份是去区域化的、混融的，并且是不断变化的。电子社会通过旅游和移民产生了新的'希望景观'。但是，经常被引用为新的全球虚拟经济标志的流动性、灵活性和去中心化，并不总是能在物理空间中找到其对等物。"（Mostafavi 1999）生活在发达的西方城市和新兴大城市的现实或许与见到太空度假和省力机器人的未来千禧年计划还有很长的距离。"城市终结"的末日理论家们也把城市的残余作用看作纯粹的礼仪中心（Fernandez Armesto 1996）、网络或技术社会之城（Castells 1996）和国际游客和商务人士的节点，但这似乎是确确实实的。事后看来，去城市化的预测和过去三十年的城市政策基础一直被夸大了——新千年城市，也许是强大的，并且正如它在 18 世纪和 19 世纪之交是矛盾的一样，集体与个人的文化消费方式的需求和供给都持续着并且不断获得力量。这将很难否认这种集体化的与后工业或晚期资本主义时代的私人化、原子化的个人文化消费和娱乐形式之间的联系。

　　虽然按照定义，大规模生产的文化形式并不受艺术家/创作者、生产者和最终消费者之间的物理接近性的限制，甚至前工业的生活和视觉艺术/收藏也有可能得到巡回展出，但是，它们所提供的接收文化观众的场所和网络却存在于目的地。因此，文化规划不仅包括有限的地理意义上的艺术生产、消费和参与活动，而且还包括广泛的传播、交流活动，因而也包括第五章所讨论的一种艺术基础设施概念。这些概念性和功能性的区别和生产阶段都需要在实践中得到检验，都为通过规划和艺术政策机制的干预提供了机会。正如第七和第八章讨论的那样，它们也加强了依靠艺术和文化旗舰的文化城市与城市更新策略以及专业性文化生产和分布的定位。然而，一种特定类型的文化产业生产和场所的利用，不但吸引了传统的工匠，而且带动了以艺术家为主导的复兴活动，即小型工作室或工作室。

文化工作空间规划

　　从某种意义上说，文化生产的规划一般不考虑工业活动的规划，这不足为怪。然而，如前所述，后工业文化活动的一个特点是规模小，它们与其他形式的文化活动（如现场表演/场地、设计、印刷和出版、信息技术、金融）和市场——贸易和消费——相联系和接近，因此，将生产与劳动力和消费者分离开来的传统工业规划模式就不再有效。此外，艺术家的作用和作为更广泛的再生过程一部分的文化活动，如多余建筑物的再利用，越来越需要把生活、工作和生活方式结合起来，这是自从中世纪手工艺作

169

坊和地区以来的实践所从未见过的："毕竟，是艺术家而不是官僚通过居住多余的建筑物，激活和挑战了城市环境的设计，以表演的方式使街道或广场充满活力，为我们城市的许多巨大变革提供了催化剂。"（LAB 1993：26）在伦敦，就像与其他城市一样，在20世纪70年代早期（在较早的房地产市场繁荣时期）还没有营利组织。例如，顾问管理工程师协会（ACME）工作室，在2.1万平方米的工业产权中管理460家以上的工作室。它们包括从前的肉馅饼厂、化妆品厂和卷烟厂。就像沃波尔所说的那样："除了以表演为基础的艺术之外，针对工艺品和高科技文化形式，小作坊生产，如视频动画、计算机图形学、电子音乐、桌面出版也提上了日程。"（1991：143）因此，一种几乎是标志性的文化生产空间就是艺术家/手工艺人的工作空间或工作室。这种由来已久的生产方式一直是后工业城市发展的一个日益明显的特点，但是，它试图在一种很不适宜居住的地方以及根深蒂固的土地使用分离和使用价值体系内进行调节（Jencks 1996）。然而，一些城市为艺术家的工作空间保持了强有力的供给和保护，而另一些城市则制定了规划政策，以支持和认识到各种用途、日常生活和交叉交易/生产的可能性的整合，以及对消费者和游客的吸引力。

　　高度集中的文化工作者和公共消费设施的发展，也是艺术和

170　　娱乐区一个人们熟悉的方面，如剧院用地和电影院用地，以及更少的结构性娱乐区，如阿姆斯特丹的"红灯区"（Burtenshaw et al. 1991）。但是，人们也可以在"非公开的"文化活动中看到这种情况，它们侧重于与分布/传播分开的生产，如伦敦苏荷区（影视/媒体制作）和克勒肯维尔（印刷、设计、出版）。在地方层面上，可以看到（或者看不到，也就是说它们被隐藏着，但依然很活跃）集聚区和文化产业区的版本以一种特定的生产链汇集了一系列兼

容的元素，无论是视听、设计、手工艺、视觉艺术，还是基于生
产性的服务业。例如，20 世纪 70 年代末和 20 世纪 80 年代以来，
通过由各种各样的小型制造商组成的个体定居点的灵活生活，意
大利北部摩德纳区的工艺美术定居点或艺人村都已经在该地区的
复兴中发挥了一种重要的作用(Lane 1998：158)。所有的这些构
成了一个网络。在这个网络中，公司之间相互竞争，相互补充，
在管理的工作空间中与小手工艺生产商之间有共同之处(Evans
1990)。这些生产商区反过来又构成了遍布全区的"多中心网格"，
确保了它们具有高于传统的未规划地区的制造商(如家具)的竞争
力，如伦敦东区。正如沃波尔所认为的那样："一种新的动
力……在创造性和产业结合起来的地方是最强大的，就像它们在
米兰、法兰克福和巴黎所体现的那样。"(1991：144)对包括规划
政策在内的地方性和区域性文化产业生产和工作空间的支持和推
广，也力图纠正首都与核心生产区之间的这种不平衡问题，全国
性地区(和国际性的，如伦敦、巴黎和纽约)占有主导地位，并对
熟练工人和创造性艺术家具有一种"不公平的磁吸"作用。英国的
例子，包括谢菲尔德的文化产业区、伯明翰的珠宝区和蛋糕厂，
以及加的夫、曼彻斯特、利物浦和约克郡等类似的集群和区域性
城市网络(Fleming 1999)，它们通常都由指定的文化产业发展机
构提供支持。就像费希尔所说的那样："多年来，我们的文化生
活，几乎与英国生活的其他方面一样，都是严重地偏向于东南部。
尽管像曼彻斯特这样的城市发出了强劲的文化声音，但是，首都把
绝大多数的东西都留给了自己，如剧院、画廊、影视公司、出版
社、代理商、工作、投资。现在，其他的城市正在做出反击。"
(1991：6)

　　工作空间和基于场所的再生的一个特殊特征，无论是新建的

还是转换/翻新的场所，都一直是混合的或多用途的设计开发。其中各种公共和私人功能在一个复杂的范围内发挥作用，如艺术和娱乐、零售、办公室和工作空间以及住宅——都出现在库普兰乐观地称之为"再生的城市"中（1997）。这与现代规划哲学的乌托邦模式（如雅典第一宪章[1]）形成鲜明对比。这些模式忽视了日常活动之间的相互依存关系，相反，我们认识到，"我们最令人愉快的城市就是那些悄悄地把丰富而复杂的不同用途和活动模式编织在一起的城市"（Zeidler 1983：9）。艺术家和小规模的文化工作区越来越与其他服务和轻工业生产并存，由于外包给"独立的"生产者和辅助服务机构也同样扩大了服务范围。事实上，拉什和厄里（1994）认为："所有的工业生产，都是设计密集型的，越来越类似于文化生产。"（McGuigan 1996：88）规划那些看似支离破碎的小型和微型企业和包括在家工作和远程行为的工作实践所提出的问题可能表明，在继续存在的文化产业区和区域之外，文化规划在很大程度上是多余的，正如蒙哥马利指出的："土地利用规划政策在促进经济发展方面所能发挥的作用可以说是微不足道的。"（城市文化公司，1994：2）然而，他接着说：

> 在这种情况下，创意企业与维系它们的城市环境之间的联系是至关重要的……在寻求支持创意产业的经济发展时，土地利用规划系统[应该]为中小企业的成长、冒险行为和创新创造一个环境。这意味着对工作室和管理工作区的发展要采取一种更灵活的态度，尤其是要鼓励创意产业蓬勃发展的混合性和多样性。
>
> （同上）

对北美和欧洲城市中的艺术家工作空间和工作室的考虑、规划和
保护揭示了各种各样的规划方法。他们既反映了历史的规划机制
和行使控制的程度，同时也反映了对文化生产的态度和给予艺术
家(和城市工业景观的历史保护)的作用和地位。从前的工业建筑
的吸引力和可用性，尽管是短暂的，但同时也与当代艺术家转向
大型作品的趋势相吻合。在苏荷区，曼哈顿的阁楼平均有 232 平
方米："铸铁结构的大窗户让自然光线照射着每一层楼。货运电
梯提供了方便的通道。租金是负担得起的。对艺术家们来说这是
一种完美的解决方案。苏荷区的转型已经开始。"(Gratz and
Mintz 1998：297)然而，在所有这些城市里，全球资本的影响，
特别是以房地产为主导的再生周期的影响或多或少是显而易见
的。以下是对这些精选的文化城市所展现的艺术家工作空间发展
和规划所做的评论。

加拿大多伦多

20 世纪 80 年代，多伦多市委托对艺术和文化供给的几个方
面进行了研究(《文化设施》，de Ville and Kinsley 1989；《文化资
本：多伦多艺术资产的维护与支持》，Hendry 1985)，在对其
《1991 年城市规划》(见第五章)进行规划协商之前，它采用了一种
空间、下游区、总需求和层次概念相结合来评估其文化设施需求
的规划方法。大都会多伦多(大都会城市管理局)有效地开放了城
市艺术规划咨询("规划即辩论"；Healey et al. 1988)，有来自特
殊利益集团的贡献(原住民和民族—种族的，1991)，也有本地区
(区域市政的，Nagata 1991)的贡献。城市艺术委员会还委托了具
体的研究，如艺术家的工作空间(社会数据研究，1991；Stephen

Wells 1991)、公共艺术（多伦多市，1991）。但是，与以往规划的关键出发点不同的是整合了艺术规划与城市规划本身："正是艺术与文化规划本身而不是政策性或战略性的名称选择，体现了这种接受其他大都市举措的词汇和原则的意愿。这是文化政策的特洛伊木马理论。"(Bradley 1993：3)在多伦多，城市艺术委员会成员来自艺术家群体本身（在这个二级世界城市里估计有 150000 人全职和兼职参与艺术，TAC 1992a），而不是纯粹的公务员或艺术管理人员。

172

在多伦多，规划和分区法和程序的开发促进了艺术家工作室在以前的工业建筑中的发展，并为这一目的建立了使用特定规划区类别的居住工作室——住宅（如阿卡迪亚、比弗霍尔的开发）(Stephen Wells 1991)。和大多数后工业城市一样，在很大程度上，这项规划仍然植根于过去的工业。20 世纪 80 年代初，多伦多曾就允许多种用途建筑的法律进行了斗争（见上文），反对说此类开发项目是不经济的批评，而认为单一用途的建筑是效率最高（且易于融资）的建筑。然而，正如蔡德勒所认为的(1983：98)：

> 如果我们在城市的语境中来看这一点，我们就会认识到这种效率实际上并不存在。单一用途的结构及其区域只占每天或每周的一部分，而其余的时间是空置而未被使用的。多用途结构在不同的时间把人聚集起来，这对城市空间来说是一种更有效的使用方式。

就像在伦敦一样，如非营利的顾问管理工程师协会（ACME）(1990)、克拉肯威尔·格林（Evans 1990）和空间工作室组织等，一种社会财产发展组织——艺术角——的介入和经纪活动促进了艺术家的工作空间、住房和其他混合用途开发的建筑物的转换（BAAA 1993）。尽管这个城市的商业地产开发的波动周期更为明显（Hendry 1985，Social Data Research 1990）——多伦多就是房地产开发商奥林匹亚和约克/赖克曼兄弟之"家"，但是，其令人生疑的点金术也可以在英国伦敦码头区和纽约巴特里公园中看到——城市和大都市政府的规划保护以及有针对性的资本投资已经保证为实践艺术家提供了更高的安全性，赋予他们更多的掌控自己命运的权力（TAC 1988）。然而，正如涂鸦艺术家引用艺术委员会年度报告封面上的话所告诫的：艺术家是中产阶级化的冲锋队（TAC 1988）——艺术家占用财产，把未使用的和不受欢迎的建筑物/场所的负价值转化为"希望值"，这是一种具有普遍性的威胁信号，伦敦、纽约、柏林甚至巴黎等城市都已经意识到了它们的代价。比如，20 世纪 80 年代新建的多伦多滨水区，遵循的就是人们现在熟悉的打造滨海旅游景点、购物中心和娱乐活动的模式。然而，在这种情况下，提供的画廊和艺术中心开发被当作"规划收益"的一种形式，为手工艺者和视觉艺术家建立工作住所创造了更多的机会，为他们的作品提供了有利的销售渠道。一些这样的工作室在设计上有部分是开放的，允许参观者观察生产进度，亲自直接委托艺术家或工匠创作作品。国际产权市场和流动资本产生的变幻莫测和机会，同样影响了这个城市中心地带的一系列设施发展和供给，如公园/开放空间。但是，这基本上不在任何规划、区位偏好或者"需求"评估的之内。因此，基于发展过程的机会主义谈判可能会提出了一种务实的反映，在那里公共资源和规划措施是不适当的，但是，正如哈维所指出的："场所建设的历史地理是充满斗争的例子，为争取社会公正而投资（以满足社区的需要）；为社区发展；为价值而不是金钱和交易的表达；或者针对非工业化。"

173

Cultural Planning:
an urban renaissance?

(1993：8)就像在其他自由主义制度下一样，这个城市的设施规划在很大程度上被简化为谈判，并对"计划"引起的变化进行协调和调整，包括就此类违反一种先验的城市计划的行为而获得的（如规划收益、减少影响、设计等）。

美　国

正如塞内特(1994)所描述的那样，美国和加拿大在一定程度上见证了去城市化、郊区化和"边缘城市"现象。他们创造了一种标志性的购物中心和城外聚落，这些现在已经在其他国家的城市扩张和建设中变得耳熟能详。而这种向外漂外的趋势仍在持续着。例如，在过去 20 年里，华盛顿特区已经失去了超过11.5 万名居民（占人口的 18％）（见第八章）。甚至美国也正在目睹其城市中心人口的增长，比如丹佛，有学者曾预计到 2010 年，其市中心的人口将增加四倍，还有休斯敦、芝加哥、西雅图、波士顿、费城和克利夫兰。这种人口重生的焦点往往是"市中心"或"城中区"、前工业区和建筑物（如砖瓦搭建的住宅），这使它们适合于住宅的"阁楼式"转换（在丹佛，由于使用"亲吻郊区，再见"的口号，"乐都"生活得到了推广），并且刺激了此前死气沉沉的住宅市场的新住宅开发。在开发综合型用途的休闲零售方案中，在更新艺术场馆和为它们的新/海归居民和游客建设的新场馆和博物馆中，这些地区一直处于活跃状态，而这并不是偶然的。除了那些即将进入的和艺术学院毕业的从业人员外，驻地艺术家和团体也通过工作室的开发和非法擅自占有的行为，在工业建筑以及几乎废弃地区的再利用和占领中发挥了一种直接作用。最近几年，纽约艺术家阁楼的中产阶级化和商业化故事，在如莎朗·佐京的《阁楼生活》

(1988)的开创性研究中得到了描述。这个苏荷区[2]的艺术家殖民化开始于20世纪60年代，但是，正如沃波尔(1991：148)所评论的：

> 在不知不觉中，艺术家们被开发商和房地产经纪人利用来营造苏荷区和其他市中心产业区的氛围和热闹气氛，然后，通过财产价值的上升利用他们的才智。简言之，艺术家的活动创造了一个理想的居住场所，在他们这样做的时候却让自己流离失所。他们再也负担不起他们重新振兴的社区生活。

艺术家马撒·罗斯勒也描述了这种情境："艺术家们是缓解中产阶级回归这个地区的一个关键性群体，尽管艺术家自己也被那些跟随他们进入新时尚社区的富有客户取代了。"(1991：31 quoted in Miles 1997：107)并且，迈尔斯把这种情境看作一种"发生在18世纪和19世纪的部分城市中产阶级生活净化的当代形式"(同上)。那些支付不起高档租金的流离失所的纽约艺术家们转移到了百老汇西区和特里贝克地区，但是，这种迫不得已的向外漂移趋势会持续下去，只有布鲁克林区还在提供经济实惠的工作室空间。因此，纽约经历了与伦敦相似的再生运动(城市、考文特花园和码头区)，虽然更多地使用了"公平租金"，即传统的社会住房，以及法国、德国和西班牙等国家的工作空间，但也为驻地艺术家提供了一些保护措施。在美国的其他城市，这种循环现象也同样上演过。艺术家们在不知不觉中扮演了房地产开发商的无拘无束的"突击队"角色，既没有选择，也没有从他们最初搬入的破旧地区或多余场所的长期重建中得到好处。获得安全感和扎根的愿望一直是这里提到的工作空间开发的动力。然而，支持和保护驻地艺术家社区的规划措施等机制，却仍然是一个例外，在实践

174

Cultural Planning:
an urban renaissance?

中发生的干预往往都是计划之外的。例如，在费城，艺术家们已经离开了最近中产阶级化了的产业工作区。这种经历类似于纽约的苏荷区和伦敦的克拉肯韦尔（Evans 1990）。安全性最终取决于所有权。在这座城市中，一个艺术家团体，格林尼街艺术家公司和费城历史保护信托公司，利用皮尤慈善信托基金的赠款，保护了空置的工业场所，以便建立新的保证长期安全的住所。在这种情况下，对于工作室住宅的开发来说，信托基金和慈善基金的利益是关键。对这个艺术家群体来说，联合生活工作场所的价值不应该被低估。正如一位租户评论的那样：

> 就我个人而言，我认为我们将不再每月支付三次租金，每天往返于工作、工作室和家庭之间。我们将建立股权，并有权对我们的工作室进行实质性的改造。我们将把我们的艺术事业固定到一个家庭地址和电话号码中……并享受与这个群体中的其他艺术家的接触。
>
> （Fisher，quoted in PHPC 1992：3）

在费城，当地建筑师的介入也促成了一个基金会的建立，其目的是鼓励公众参与城市的设计和规划，并向当地公民宣传规划和设计问题。该基金会主办专题讨论会和小组讨论会，讨论影响费城物理规划和城市设计质量的问题，从城市中心建筑物的高度、密度标准和行人活动，到文化发展、设施和历史资源："通过激励专业设计人员、艺术家和公众的梦想和想法，开始一场富有激发性的关于费城物质形态的对话。"（Cowan and Gallery 1990：43）在马萨诸塞州，又一次由城市建筑师提出了一项类似的倡议《波士顿愿景》。而在加利福尼亚，一项类似的《城市愿景》计划已经出

现在了旧金山，获得了国家艺术基金会（NEA）的支持。与欧洲
（选择更高的个人和企业支持和税收激励制度）相比，美国对艺术
的国家直接资助的比例较低。然而，1965年美国国会成立的国家
艺术基金会，作为一个独立的联邦机构鼓励和促进本国的文化资
源，支持了450个公共艺术项目和建筑中的艺术计划。它在第一
个二十年中委托了75个市/州的300位艺术家（Harris 1984）。

　　由于其宽松的税收和赞助原则，在促进"艺术百分比"[3]和公
共艺术投入房地产开发计划方面，美国也比其他国家取得了更大
的成功（Shaw 1990b），包括艺术家/工艺人参与城市设计，而不
是作为对已建成的建筑物的补充或思考（如无处不在的混凝土雕
塑或面对新办公室的水景和广场；Shaw 1989，1990a，also Gar-
reau 1991）。然而，正如哈罗德（1991：16）认为的那样，这并不
一定是建筑设计过程和概念中的一种救赎行为：

　　　　建筑师继续傲慢地忽视艺术家可以做出的贡献，建筑继
　　续失败地发挥其作为艺术之母的传统作用。长期以来现代运
　　动一直被指责驱逐艺术家——但是，20世纪后期的建筑没有
　　表现出任何欢迎他们回来的迹象。

可以说，许多当代公共艺术只不过是对城市设计和现代建筑总的
质量和多样性差的补偿，包括混合用途和文化街区的发展，既缺
少"灵魂"，又缺乏与其用户的实际接触。而公共艺术本身，或者
基于"艺术百分比"的计划，就像大多数改良机制一样，也出现在
开发进行的地方。因此，在衰退和不活跃的地区往往没有公共艺
术。这样的"公共艺术"（原文如此）性质一般也被限制在一定范围
内。在1984年至1988年，受英国地方政府委托的公共艺术作品

只有两种类型——要么是雕塑（47％），要么就是壁画（22％）
（Shaw，1990a）。在诸如西雅图和洛杉矶等城市，无论是私人的
还是公共的开发项目都已经产生了更富有创意的社区福利方案
（例如，基于方案而非"静态"的艺术）。此外，法国也提供了捐赠
基金和一定程度的所有权以及自我维持的文化供给，而不是为公
共艺术品提供资金的一次性资本计划（Percival 1991，City of To-
ronto，1991，case-studies in BAAA 1993）。

德国柏林

　　另一个正在经历重大和快速发展的城市是新近统一的柏林，
它的历史和传统文化中心以及设施都位于前德意志民主共和
国——东柏林（见第八章）。新的公共、商业写字楼和旅馆的发展
非常迅猛，在大多数情况下，不可避免地会对现有的惯例和资本
价值造成压力，而且与土地所有权主张有关的继承土地转让使情
况变得更加复杂（Evans 1995b）。考托斯基和弗洛林（1993：1）在
《没有艺术，就没有城市》中是这样描述这种情境的：

　　　　在新联邦土地拥挤的地区，土地价格和商业租金大幅上
　　升——最明显的是，但不仅仅在柏林。在那里，对美术来说
　　这些后果是灾难性的：艺术家工作室变得极为昂贵。艺术受
　　到威胁：没有工作室，就没有艺术。

176　在柏林，艺术家们自己通常做出一种协调一致的回应，作为对他
们认为是支持创造性实践必要性的基础设施损失的辩护，而不是
城市或联邦政府或文化机构本身。在这一点上，"创意城市"的论

点一直是很突出的："至于它作为一个文化大都市的声望，柏林很大程度上依赖于它的视觉艺术家。他们对于柏林的城市品质来说是重要的。"(1993：4)正如在其他主要城市一样，估计有 4000 到 5000 位柏林视觉艺术家受到房租上涨和空间长期短缺的威胁（这出现在统一之前）："这座城市的西部缺少一千间工作室……必须假定每年都有数百起从商业大楼的工作室里被驱逐出去的案例。"(1993)来自柏林参议院开展的调查显示，再也不可能租赁到每平方米 12 到 15 德国马克的商业楼宇[无暖气设施，每平方英尺(0.093 平方米)约 0.50 至 0.75 英镑]。而工作室总监的研究表明，租金为每平方米 7 德国马克的[约每平方英尺(0.093 平方米)0.30 英镑]楼宇是最大多数的艺术家能付得起的(1993)。针对这个问题的建议包括投资新的工作室的开发和住宿（生活工作）："文化基础设施也被列入了与柏林社会基础设施相同层次的重大投资项目规划。"(1993：4.1)公寓的特殊住宅形式将被列入该城市第一批新住房推广计划，目标是在第一个五年期间建设 200 个艺术家工作场所。

从策略上讲，柏林视觉艺术家专业协会文化研究所（Kultur-werk des BBK）在柏林土地结构规划中寻求保护性条款，在委员会考虑重大投资项目上对艺术家代表进行指导（如在多伦多和洛杉矶那样），并把艺术家占用的房地产作为特殊资产转让给某个文化区开发公司。柏林视觉艺术家专业协会出租、租赁，并在可能的情况下购买物业和工作室，以控制租金出租给艺术家（参见伦敦的顾问管理工程师协会空间工作室）：柏林管理着四个大型建筑群的 60 多间工作室和公寓。规划法也是为了保护工作室的使用变化，就像在克莱肯威尔或其他英国城市所探索的那样，但并没有成功："文化基础设施，特别是视觉艺术的基础设施，必须是城市规划、公共补贴住房建设和由公共资金支持的城市重建不言而喻的一部分。"（1993：6）考托斯基和弗洛林再次陈述了公共干预的理由（1993：4.4）：

> 鉴于这一问题的结构严重性，对工作室的公共提升必须确保不受限制，使所有的专业艺术家都受益。他们的经济状况不允许他们在自由的商业租赁市场中生存。对文化基础设施来说，工作室的公共提升和工作室的公共分配是至关重要的。

在德国的其他地方，如慕尼黑，艺术家工作室作为艺术家摇篮和休假静养之地而被保留了下来，免收固定年限的租金。然而，鉴于这种柏林摇篮式的情况，很明显，除非这类工作场所为公有或独立拥有，并在其所在的任何地方（即高价值地区）免受房地产和土地使用市场的压力，否则，其价值提升和租金上涨后将会很快转变为更有利可图的用途或重新开发。正如伦敦和纽约曾经历过的情况那样，（艺术家）会永远失去中心地区的轻工产业和便利的工作空间。

巴黎——艺术家的天堂？

最后，鉴于法国致力于文化主导和城市复兴的力度，巴黎对艺术家基础设施需求的反应既是全面的又是干预性的，这一点也不足为奇。该市使用公共土地建设住房单元，包括一些居住工作室或艺术家居住工作室。建筑条例规定了最低限度的层高、存储区域以及生活区和作业区之间的分隔。1977 年至 1992 年，巴黎建造了 1000 多个把工作室与住所相结合的此类单元，到那时，该方案的年度预算拨款为 2200 万法国法郎。还计划提供更多基本的工作室住宿，目的是为新从业的艺术家提供廉价的场所。除

177

了这个建设项目外，还有两个大型文化综合体为常驻艺术家提供工作室。一家是国际艺术城（265 家工作室——入住最少两个月，最多一年）共享中心的设施，如雕刻工作室和排练室（1993 年的年度补贴为 2650 万元）。国家艺术城得到了该市和国家文化部门的共同赞助，以补贴的方式为艺术家提供工作、展览以及与巴黎艺术团体建立联系的机会。另一家是鲁什赛杜基金会（有 72 家工作室），这是雕塑家布歇在 19 世纪末创建的，此外还有市政府收入的资金（Berger Vachon 1992）。短期内移交给临时工作室的房产包括临时医院。该医院接管了前布雷顿诺医院，并将其改建为工作室，正等待改建为老年医学中心（参见，瑞典哥德堡的一所医院——正在改造为工作室，《艺术的列病》，Konstepidemin 1993）以及遍布城市的各种"开放"工作室（Berger-Vachon 1992）（表 6.14）。

　　巴黎参与艺术家工作室房屋建设是务实的和公认的："作为一个国际艺术之都，巴黎已经拥有并吸引成千上万的艺术家。他们可能永久地、暂时地或者长期地留在那里。"（Mairie de Paris 1993：1）这种通过系统的国家干预和赞助支持艺术的做法可以追溯到古老的政权，以罗马大奖赛以及成立诸如法兰西剧院和巴黎歌剧院等基金会的形式，为个体艺术家提供补贴。

表 6.14　巴黎的艺术家工作室

巴黎市一层组合单元总数（30％为 1977 年以来所建）	1,071
巴黎市内政府所有的一层组合单元	309
每年建设的工作室数量 截至 1985 年 1985 年以来 （总数）	 20 25 （45）
待用的一层工作室	500
总计	1,925

这个城市的工作室是为居住在法国的画家、雕塑家和雕刻家而设计的。资格符合住房分配制度：来自巴黎以外的申请人必须证明他们已向市政厅或区里或中央住房部申请住房。由当代艺术家、策展人和行政人员领导的两个艺术协商委员会每年举行两次会议，审议工作室住房的申请，并就其申请提出意见。相似的艺术陪审团选择国际艺术城的申请者。赠款援助也可用于将其他房地改建为工作室的费用。该市的政策还针对特定的援助群体，如65 岁以上的艺术家，为其建造了很多可供使用的住房单元。

由于 20 世纪 70 年代末缺乏基本的规划文件，巴黎已开始修订其规划策略和程序，包括制订区域发展和土地使用计划。后者表述了详细的土地利用方式和密度以及新区开发的优先性，这更适当地尊重了周围建筑的体量，并尽可能把公园、花园和公共设施安置在新住宅区的中心位置。土地使用规划包括与综合开发区共同使用的土地使用率。人们认为，这与以往的做法相比，变得更加昂贵和更耗费空间。但是却为居民所接受，他们终于找到了他们一直向往的生活品质。因此，所有这些措施的基础都是以计划主导的方式："巴黎仍然是对规划体系最有信心的城市，它创造并且让这个城市及其区域能够和谐进步，迈向新的千年。"(Burtenshaw et al. 1991：267)

尽管有这一传统和艺术家工作室的支持，就像伦敦（如克莱肯威尔）、纽约和柏林一样，巴黎正在经历其空气新鲜的 19 世纪阁楼和工作室建筑的资产阶级化。但是，对空间的需求超过供应，艺术家无法支付定期租金。在蒙马特尔区和蒙帕尔纳斯艺术家社区已经占用公共用地，因为正如一个艺术家所说的："我们没有地方工作，而城市里却有成千上万的空房子……从历史上看，巴黎一直是艺术家的家，但是为了工作，你需要一个工作间，为了获得一个工作室，你需要一张国家证书，为此你需要认识正确的人。"（quoted in Henley 2000：15）正如其他新潮城市地区一样，它就是时尚界的新创意品牌，设计和媒体公司正在接管前波希米亚混迹的地方和文化工作区，而"寻找与众不同住所的富有年轻专业人士也开始渗透到这个艺术之城"（quoted in Henley 2000：15）。

与公共和创造性艺术家和设计师接触的文化规划（包括建筑装饰和特色设计中的工艺）最好是在设计简介和指南明确的情况下进行，并且是在地方和场地规划中纳入对公众的和对艺术的政策的情况下。假如让他们自行其是，那么，规划和设计专业的培训和压力使其无法在实践中发挥作用，尤其是在"建筑和设计"（原文如此）、空间高效规划和计算机辅助设计成为规范的地方。并且，在那里"艺术家不是被当作发展建议的知识贡献者来看待的……［而是］被用来从事后期的'装饰'工作的，而且没有融入过程之中"（LAB 1992：1）。这与作为总营造师的建筑师（arkhitetron）和建造了第一个哥特式教堂的石匠——既是工匠也是设计师形成了鲜明的对比，而现代世俗的艺术大教堂则自觉地接受其建筑师的签名，而不是他们应该称赞的艺术。 *179*

因此，《城市变化中的艺术家》（BAAA 1993）在保留了一个象征性的甚至是多愁善感的场所的同时，也寻求参与空间和资源分配，以避免原始财产和规划所造成的犹疑不定的和不安全的存在：

> 各级政府的规划对艺术家的工作和生活空间的发展有极大的帮助。关键的问题是，艺术家应该是可见的，应该直接与他们协商，应该解决他们的长期的需求，应该是所有城市文化规划的组成部分。
>
> （BAAA 1993：47）

Cultural Planning:
an urban renaissance?

结　论

　　规模在经济发展中是至关重要的，应在国家/全球产业和相关政策的干预中得到认真考虑。文化生产，特别是手工业和现场娱乐，在过去已经形成了城市经济和社会生活的重要方面，但正是大规模生产和商品化的可能性使某些文化产品上升到了全球工业的地位，甚至已经影响到了产业本身。界定和描述文化产业是有问题的，而且也是情绪化的（"耗尽艺术的意义"；Hughes 1989），但这是推动文化战略和在国家支持的部门以及作为城市复兴和工业投资要素的文化资源争夺战的不可抗拒的结果。正如前面详述的，即便是宽泛地界定，文化在国家就业和其他宏观经济指标中所占的比例也是相当小的——少于 10％甚至 5％的就业率，在国内生产总值中则更不成比例（意味着在生产力方面"文化工作"低于平均水平；Heartfield 2000：53）。然而，正是在空间集聚的情况下，文化生产在城市经济和文化产业集群中所占的比例更大、更为明显，而当地的文化活动最为集中。因此，在规划方面，这是非常重要的，因为正是在城市和地方层面上，无论是戏剧、平面设计还是电影制作，文化活动的所有物理性和实质性功能都是显而易见的。与其他部门，特别是制造业和传统服务业的重要性下降成反比，文化经济也得到了关注。在文化产业部门（如就业、传播、消费）之间，随着技术、流动性和时尚以及品位的不断发展，现在和将来还会有更多的重大变化。确定性预测所指向的"未来发展情况"（如太空度假、机器人、虚拟现实）不那么可靠。因为它们在过去未能实现，不仅是由于部分自我利益，而且也低估了人类的需求和对多样性和亚文化以及集体活动的偏好，20 世纪末的文化建筑再一次得到开发，从毕尔巴鄂到泰特博物馆。即便不均衡和不可预知，文化产业的规模也越来越大。短期的变化出现在技术满足快速增长需求的地方———旦软件变得方便用户使用时，一旦网站建立起来时，网页设计者在这一需求中会持续多久呢？更重要的是，与图像和信息的维护相比，创造性的技能和内容会发展到何等程度？在有选择性但粗略绘制的地图（Dcms 1998）的背后，它描述了"创意产业"的就业和流动范围，一方面忽略了艺术在教育方面的作用（如舞蹈老师），而另一方面又对在旅游街市场售卖小古玩的摊贩和"休闲软件程序员"（Evans 1999a）进行了评估。为了有效地进行规划，包括提供艺术教育和培训，需要把文化产业从国家和行业宣传所使用的综合形式中分解出来，并在文化和创意内容和过程方面加以区分，且根据生产链联系和文化规划评估对其进行分析，以便在城市或地区场所把它们视觉化。我认为，在将艺术和文化产业的这些亚部门按这些方法进行分类的基础上，然后在空间上加以考虑，这样就会使人们对文化在创造性和生产性意义上，以及规划和民主资源分配的手段可以在多大程度上用于最好地保护和支持文化有更深入的了解。更有抱负地说，这也可能有助于化解根深蒂固的高等艺术与流行文化的辩证法，也许可以集中这两者的范围，而不是将几乎所有形式的生产和娱乐都变成"创造性的"或"文化的"（Scott 2000）。

　　在城市政策方面，从作为设施的艺术到文化经济的转变，从高级艺术到文化产业政策的转变，尽管并不是"无缝的"转变，但却被认为是对公共文化服务和设施以及区域一级传统商业和工业就业减少的务实和意识形态反映，同时，也是对经济全球化和商品化对许多文化生产和消费的不利影响的反映。还有，在城市地区（并被转化为国家区域层面），通过文化产业区/特区现象在地

方层面上大量聚集的优势，几乎成了城市和城市地区经济和环境
在全球性中"保持地方性"（Amin and Thrift 1994）的一剂灵丹妙
药。在政治上，对文化经济、有针对性的经济发展构想和创意产
业政策的重新发现和大肆吹捧，为国家、区域和地方政府提供了
其规划所关注的增长领域——物质的/土地利用的、经济的与社
会的增长。特别是，人们认为，国家可以"整合小规模的文化生
产者，让他们在市场上拥有权力，进而在分销方面打击跨国公
司，并通过打击寡头垄断，让消费者有更广泛的选择范围"（Hen-
ry 1993：51）。

　　文化产业所承诺的潜力一方面与被承认的小型企业经济相吻
合，另一方面也与艺术和城市复兴在加强文化认同和多样性方面
的作用不谋而合，特别是通过文化旅游和旗舰文化项目。因此，
第七章将更深入地探讨在一个协调但不断扩大的欧洲共同体内的
干预和规划框架，包括文化政策和区域发展的总体规划理论，通
过这些理论追求超国家的、地缘政治的和民族国家的政策目标。
因此，第七章将更深入地探讨在一个协调但不断扩大的欧洲共同
体内的干预和规划框架，包括文化政策和区域发展的总体规划理
论，通过这些理论追求超国家的、地缘政治的和民族国家的政策
目标。由于城市复兴既有欧洲的根源，也有城邦的表现，因此，
本章和第八章以文化和城市规划的国际性视野及其在欧洲和世界
其他地区的影响探讨艺术和城市复兴的模式。

181

　　注释：

　　[1]现代国际建筑大会（CIAM）1928 年成立于瑞士萨哈兹。1933 年，在
考察了 33 个城市之后举行的第四次会议上，确立了《雅典宪章》。这意味着
要彻底改造城市，提倡一个城市的分散和分离——住宅/栖居地、工作、休

闲（主要是体育和娱乐）和流通——得到了建筑师勒·柯布西耶、兰克·劳埃德·赖特和希格弗莱德·吉迪恩等建筑师的支持："如果在一个工业时代里，日常生活的各种功能不能被明确地分开，那么，这一事实本身就是大城市的死刑判决。"（1963，quoted in Zeidler 1983：15）

[2]苏荷区（纽约休斯敦南部产业区）成了其他市区的一个象征性模型，它们使用了首字母缩写词：LoDo（丹佛）、SoDo（西雅图）、SoMa（旧金山），SuHu（芝加哥）(Gratz and Mintz 1998：303)。

[3]"艺术百分比"是一项自愿的计划，其中一定比例的开发或建筑费用用于建筑的艺术品、公共领域或设计方面（如资本成本的1%）。在美国的一些州，还通过酒店/旅馆客房税、当地彩票和债券发行补充艺术品的百分比。信托基金的数额从艺术捐款的40%到80%不等，基本建设费用的0.5%至2.0%用于正在进行的艺术规划和维护，如节庆。

第七章　欧洲共同文化与区域发展规划

引　言

鉴于西欧第一次城市复兴的根源，这一复兴随后通过国际贸易和殖民化蔓延，欧洲民族国家以及通过地缘政治形态集体地保持其过去的辉煌和可能性，为分析文化规划、城市复兴以及区域化和全球化进程的程度提供了一个有用的基础。当然，这不是局限于欧洲——东部或西部——而是在某种程度上由全球经济和文化运动驱动的一种普遍的/普遍主义现象（Hobsbawm 2000）。

欧洲计划本身可以与扩大的欧洲联盟（欧盟）、其他欧洲范围的超国家团体和机构以及区域联盟（如法、德）的各种努力相一致，以重申和加强欧洲文化——社会的、政治的和经济的观念。然而，与民族国家的投射有关的"想象的共同体"（Anderson，1991），当被运用于欧洲的时候，这种想象就会延伸得更远。但是，尽管艺术一直是欧盟政策和计划的一个外围方面（Evans and

Foord 2000b)。但是，欧洲经济共同体（EEC）的倾向并不一定是由某个创始人构想出来的。据说，让·莫奈曾经预见到文化将在欧洲一体化中发挥某种更重要的作用（Gowland et al. 1995，Shore 1993）。从有《罗马条约》以来，"文化"从来就不是欧洲共同体的一种技术能力，因此，没有制定任何关于文化的定义，也没有制定独立的文化政策。就其指定的艺术、文化及相关媒体和文化产业计划而言，这些实践实际上在欧洲政策中也是一个非常次要的方面，在欧盟总开支中所占的比例很小。另外，欧洲旅游的推广——国内、区域内和海外的重点是文化旅游，特别是遗产和以游客为基础的艺术（如节日）。虽然欧盟是主要的政策和资金执行机构，但是，欧洲委员会和其他机构也设法把重点放在文化和遗产旅游上，以此作为庆祝和交流的手段。然而，这些区域干预措施在很大程度上是在文化政策框架和文化规划范围内的——全国的或者全欧的（Evans and Foord 2000b）。

共同文化与认同

183

正如第六章所得出的结论，正是在城市区域一级的规划上，特别是在经济发展方面上，文化规划一直是为最明显的，也是欧洲区域发展和再生政策得到最有效采用的地方（Bianchini and Parkinson 1993，Evans 1993c）。20 世纪 70 年代末以来，欧洲区域发展（"结构性"）基金特别为文化和遗产设施提供了杠杆和直接投资，特别是在那些与城市复兴有关的地方，重新营造场所（Ward 1998）和以签证为导向的策略，以及间接地鼓励通过大量的援助来促进欧洲和地区的认同。这些资助计划是由工业、农业衰退和高失业率地区的区域经济和就业政策依据所驱动的，但并不一定

是在最需要或最贫困的地区。相比之下，20 世纪 90 年代，欧盟
指定的艺术和文化活动的直接支持所占比例还不到所有艺术和文
化支持的 8%（Wates and Backer 1993）。这些区域发展和社会基
金对成员国艺术设施的供给产生了重大影响，从而巧妙地绕过了
一种普遍性的欧洲文化政策对民族国家产生的有争议和可能有争
议的过分要求。一个国家的"共同文化"观念本身已经越来越受到
质疑，或者说一直被看作一种威胁。在许多方面，这可以被看作
试图（重新）定义超民族国家，因为单一的民族国家削弱权力和共
鸣。例如，马尔赫恩在《欧洲（非）一体化的逻辑》中写道："失去
控制，然而，并不混乱……一个新'欧洲'身份认同的主题日益流
行。这样一种身份的真正可能性要么是微弱的，要么是危险的。"
（1993：200-202）马昆德（1994）也认为，现在，欧盟计划发现自己
面临着四个悖论，第一个就是身份：

> 欧盟产生于冷战的阴影之下，其身份被含蓄地接受，起
> 初，基本上是西欧人提出来的，主要是罗马天主教。向新教
> 北部和非西部以及欠发达东部的扩展，显然迫使重新考虑一
> 个欧洲身份……作为欧盟公民，欧洲人的身份现在变得更加
> 复杂和棘手，无论是在文化、社会还是历史上都是如此。
>
> （Gowland et al. 1995：284）

丰塔纳（1994）已经记述过欧洲身份如何总是针对"他者"、不
同种类和不同起源的野蛮人来建构。欧洲的自我形象一直都在对
立于某个不那么开化的非欧洲"他者"来界定（Jordan and Weedon
1995）。但是，正如萨义德所认为的那样："大多数欧洲审美现代
主义的历史都遗漏了非欧洲文化在 20 世纪初大量地注入了都市

的中心地带。"(1994：292)欧洲文艺复兴的代表已经在历史上强
化了这种来自黑暗时代的幽灵和拜占庭留下的文化荒原，及其他
对新古典主义的(世俗)再发现。然而，正如近年来的许多改编的
作品所表明的，它们拒绝了瓦萨里的开创性文本《艺术家的生活》
(1550)："更有意义的是，把文艺复兴看作一座高峰，而不是对 *184*
某些中世纪倾向的一次回击……如果没有尝试去理解这种混合的
起源[基督教，摩尔人，异教徒]……那么，其艺术的丰富性和许
多的美将仍然得不到欣赏，乃至会被误解。"(Graham-Dixon
1999：13)因此，艺术史和视觉风格的周期模型反映了现代主义
的立场，它拒绝过去发生的事情。在瓦萨里的情形中："为了拔
高他自己时代的艺术，[他]发现有必要贬低他之前的哥特艺术，
认为野蛮人的艺术破坏了他所钦佩的古典罗马艺术和他的文艺复
兴再生。"(Smith 2000：81)意大利人当时从不使用"文艺复兴"
(Rinascita)这个词。它最早是由法国历史学家米什莱在1858年创
造出来的，之后被布克哈特用于《意大利文艺复兴时期的文明》：
"因此，一个19世纪的术语就被人们用来标志一个16世纪末洗礼
时期的终结。"(Johnson 2002：115)

今天，大多数欧洲城市的"民族聚居区"都有非洲加勒比海和
亚洲文化中心、犹太博物馆与多元文化艺术中心——在某种程度
上都独立于主流社会(及其资助制度)的空间，这是欧洲白人文化
机构之外的另一种选择(Jordan and Weedon 1995)。其中几乎没
有与高雅艺术殿堂相当的旗舰(一个例外可能是巴黎的阿拉伯文
化博物馆)，并且正如奥乌苏认为的那样："对许多在城里工作的
黑人艺术家来说，城市本身就是一个充满竞争的空间地带，并且
改变着许多人的整体平衡，因为一个人并不能像白人欧洲艺术家
那样有可能在这个城市里拥有自己的空间。"(quoted in BAAA

1993：22)因此，欧洲和殖民地城市中根深蒂固的族裔社群仍然
存在于城市体系中。它忽视了自己的个性和愿望，就像亚裔英国
建筑师拉詹·古杰拉尔在伦敦西区索撒尔所做的评论那样："族
裔社群在这个国家的主要城市中仍然是社会的一个永久部分。千
真万确，各族群有其喜欢的地方——商店里的文字、街道上的节
奏、脸上的表情、服饰。但不知何故，与其说是塑造环境，倒不
如说是社群不顾环境而生活。"(1994：7)随着旧城建筑景观的不
断变化，卫理公会礼堂被改造成了犹太教堂，现在发挥着清真寺
的作用。因此，在时间和空间的三维城市景观中，游客变成了一
个二维的偷窥狂。然而，历史决定论的（"宏大的"）文化之旅却依
然给人留下了这样一种印象：一个至上主义的文明遗产并没有改
变，也没有受到任何挑战，从东方获得了殖民地，这与合法化的
西方古典艺术和流动的现代艺术一起构成了主要博物馆和美术馆
的收藏（Evans 1998a）。就像荷兰建筑师凡·埃克早些时候说过的
那样："西方文明习惯性地将它自己与文明联系在一起，武断地
假设。即不像它这样的东西就是一种离经叛道的、落后的、原始
的，或者，充其量是保持一种有安全距离的异国情调、兴趣。"
(1962，quoted in Frampton 1985：22)这与莫兰在《反思欧洲》
(1987)中提出的欧洲一体化的基本对话本质相去甚远，或者至少
是矛盾的，即没有同质化的差异性价值的组合，不仅是合作的基
础，而且本身也是一种文化特征（Sassatelli 1999：598-599，see
also Derrida 1991，Habermas 1992）。

　　这种观点背后的根深蒂固的欧洲中心论情感，今天存在于移
民社群连续几代人的同化和融合的愿望和期望之间的张力之中。
当然，无论是政治上的（如难民）还是经济上的，都是新移民所保
185 持的活力，并且通过第二代和第三代人在主张文化权利、表达形

式方面的立场和反应的转变，从而在资源分配方面，包括在其指定的文化设施场所和控制方面，给予公平的地位。在侨民关系良好的地方，它们可以利用社区财富。例如，在一些阿拉伯社区，私人对文化项目的支持更为明显（伊斯兰艺术中心、清真寺），尽管在不同的民族群体中（如阿尔及利亚与孟加拉国、沙特阿拉伯与科威特之间）情况并不相同。然而，一般来说，少数民族文化设施的发展更多地依赖于个人的捐助和社区而不是国家的支持，因此，它们被相对地边缘化了（通常不被视为艺术资助制度的一部分，而是被看作一种"社区"或"宗教"活动）。艺术节庆的增长是一个例外，它们基于旅游行程以及社区庆祝和展示机会推广的宗教庆典（如排灯节、春节、嘉年华）。其中一些节日的发展和普及造成了紧张局势和规划问题，从而导致这些节日被重新安排和迁出核心城区（如多伦多的加勒比；Evans 1996c）。同时，对于民族节日的需求已经涉及城市当局，就像在纽约那样，周末封路的现象已经激增（见图版7.1）。对青年文化和少数民族参与主流艺术和娱乐场所的研究，也表明了一种社会排斥的形式（如在警察的压力下压制俱乐部的黑人/音乐之夜；Boese 2000：16），而这反过来又促使了另类文化活动的涌现。这些活动往往在市中心以外或者边缘进行，不是在艺术和娱乐场所开展，而是在功能厅、社区中心或多用途大厅内进行，吸引了来自区域广泛的下游区的大量观众——这表明潜在的需求被排斥在其他活动和场所之外。正如特里尼肯在对鹿特丹的一项研究中所得出的结论："在既定场馆的规划中缺乏文化多样性，以及移民群体如何看待这些场所，似乎是对现有场馆中移民群体相对缺乏的解释的一部分。"（2000：62）

印度以外的最大传统印度教庙宇位于伦敦西北部的尼斯登（见图版7.2），这是不起眼的伦敦外区，同时也是温布利体育场的

186

图版 7.1 纽约曼哈顿，意大利街头节

187

图版 7.2 伦敦西北部尼斯登的印度教寺庙(1988)

（来源：HMSO——1993 年 11 月 1 日生效，现在并入 1997 年《阿姆斯特丹条约》中的一个条款）

所在地，这是印度最早的地方政府之一。20 世纪 90 年代初，它
的形象成了大多数黑人和亚洲人的代表。这个区也是一个占地约
93 万平方米的太阳城的待选地址。太阳城是一个耗资 2.1 亿英镑
的亚洲艺术和媒体中心，其中包括一个拥有 18 个屏幕的多功能
影院宝莱坞，一个播放亚洲天空电视的演播室，一个为蓬勃发展
的亚洲舞蹈音乐而设的夜总会。在它的中心，有一个 3000 座的
竞技场为所有宗教的婚礼提供服务。有评论说："这不足为怪。
当亚洲人的趣味在很大程度上被主流忽视的时候，亚洲人就会希
望拥有自己的文化中心。在电视、戏剧和博物馆里，很少有人认
为亚洲人发挥了强大的作用，取得了巨大的成就。"另一位评论家
说："这个项目听起来像一个拉美式独裁者做出的大动作。"多元
文化的融合、多元文化的赞同和文化活动的自然融合能在多大程
度上共存，更为重要的是，在多元文化的欧洲，获得文化规划和
艺术资源的认可是一个特别的问题，因为欧洲仍然以其文艺复
兴、高雅艺术和过去的遗产的进行交易。

共同文化？

尽管在追求共同文化目标方面存在着有争议的意识形态和历
史基础以及运作上的困难，但是，"以'欧洲'作为身份认同的基
础的想法却受到了欧盟寻求合法化手段的激发"（Sassatelli 1999：
593；also Smith 1992，Garcia 1993）。加强"欧洲共同遗产"的观
念首次与欧洲成员国之间持续走向和谐化相联系。《马斯特里赫
特欧洲联盟条约》规定了如下文化目标：

    1. 共同体应促进成员国的文化繁荣，在尊重其国家和

Cultural Planning:
an urban renaissance?

区域的多样性的时候，同时将共同的文化遗产摆在首位。

2. 共同体的行动应旨在鼓励成员国之间的合作，并在必要时在如下领域支持和补充其行动：

- 增进对欧洲人民的文化和历史的了解和传播；
- 具有欧洲意义的文化遗产的保护和安全措施；
- 非商业性文化交流；
- 包括视听领域在内的艺术和文学创作。

3. 共同体和成员国应促进与第三国家和有能力的国际组织在文化领域开展合作，特别是与欧洲委员会的合作。

4. 共同体应根据本条约的其他规定在其行动中考虑文化因素。

欧洲文化旅游的推广，一直是这一共同文化遗产和交流使命的一种独特政治和经济手段。欧洲旅游中的这个成长因素，不同于阳光、大海和沙滩度假(Evans 1993b，1998a，b，Richards 1996)，因此，这是一种有吸引力的机制。通过这种机制，它可以实现这些表面上看来相互矛盾的目标。卡斯特尔(1996)提出的经济全球化双重趋势，以及对作为意义源泉的认同的类似肯定，可以说都体现在国际文化旅游的过程之中(Evans 1998a)。此外，委员会和其他欧洲范围内的举措也通过旅游交流促进了欧洲认同。比如，通过文化路线，如西班牙加利西亚自治区的圣地亚哥—德康坡(2000年九个欧洲文化城市之一)以及朝圣者足迹和葡萄园跨境之旅(欧洲委员会支持的旅程和建筑遗产计划，包括20个主题，涵盖已签署委员会文化公约的47个国家)。在经济上，这些政策也支持一种"营销欧洲"的策略，它利用表现在其遗产——真实的和重建的——和欧洲文艺复兴的卓越性与20世纪后期复兴中的欧洲认同(艺术委员会，1986)，目的是扭转欧洲在国际旅游发展中全球市场份额下降的趋势(WTO，1998)。

　　正如阿什沃思认为的："作为传统被营销的历史在大多数欧 *188* 洲国家的国家旅游形象宣传中占据主导地位。"(1993：15)谁的历史和遗产当然就是在哪里把共同文化的观念呈现给游客的问题。正如阿什沃思所说："你不能把你的遗产卖给游客，你只能在你的地盘上把他们的遗产卖给他们。只有通过熟悉的东西才能把不熟悉的东西卖出去。"(1994：2)因此，对于欧洲一体化的文化内涵和通过城市与区域经济发展计划以及旅游推广重申欧洲文化和遗产来说，城市复兴是至关重要的。这种联系并不是偶然的，因为游学旅行(Evans 1998a)和启蒙本身既为文化产品和服务创造了条件，也创造了欲望(如旅行和旅游)。就像贾丁在分析文艺复兴时代用平实而有力的方式推销世俗物品时表明的那样，她毫不隐瞒欧洲文化旅游发展的根源：

　　　　在伦敦，就像在欧洲其他国家的每一个首都一样，春天预示着其文化朝圣者的到来，人们涌向特拉法加广场及其周边，追随国际旅游业的良好发展轨迹，带领我们走向所谓西方知识和艺术遗产之根。摄像机准备好了，我们在博物馆和画廊里搜寻，随时准备记录从我们的旅游指南中得知的欧洲集体历史的重要遗迹的所有相关部分。在我们的目录上高居榜首的就是这一时期的珍品，它们构成了广为人知的西方艺术和知识传统——欧洲文艺复兴。

　　　　　　　　　　　　　　　　　　　　　　　(1996：30)

此外，欧洲计划并不局限于周期性地扩大欧盟成员(包括那些"入围"和被察看的成员，如捷克共和国、匈牙利、立陶宛、塞浦路斯和土耳其），因为欧洲委员会的方案和举措也包括更广泛的欧洲经济区内的合格国家(EEA)、中东欧、外围集团，如地中海城市(如马耳他、塞浦路斯、以色列、约旦和埃及)，以及得到欧盟《洛美公约》支持的海外发展计划。该公约为非洲、太平洋和加勒比前欧洲殖民地的发展项目提供资金。布拉格和布达佩斯在文化旅游线路上重新选择为文艺复兴文化之都，1989 年之后，国际酒店经营者和西方银行进入中欧的速度也是强大的公共和私人霸权的标志，它们在东欧的文化商品化中发挥了重要作用。(Evans 1995b，Evans and Foord 2000b)因此，欧洲计划也可以被视为一种冒险事业，其视野远远超出了参与者和发挥作用的欧盟成员国，并以类似的方式扩展到了国家文化推广机构，如英国文化协会、德意志学术交流中心(DAAD)和歌德学院、法兰西学院，以及国际艺术与遗产组织，如位于巴黎的联合国教科文组织(UNESCO)和国际古迹遗址理事会(ICOMOS)。世界银行最近涉足文化发展(1998)，关注世界遗产和文化城市(Evans 1999c)，同时重新在东欧(如圣彼得堡、俄罗斯、布特林特，阿尔巴尼亚)以及欠发达国家发挥作用，把"世界遗产"和文化遗产旅游的二元战略作为其融资体制的一部分，用于创造一种经济发展的机遇。例如，罗哈斯以巴西巴伊亚州的萨尔瓦多市为例，这是联合国教科文组织一处世界遗产，尽管开发商推出免费的音乐和戏剧表演吸引"客户"来这个历史街区，但是："休闲与旅游活动驱逐了曾经生活在该历史中心的居民和工艺人。人们怀疑，[它们]是否能够只依赖于这些活动而生存，因为它们的需求是不稳定的，而且可能在衰退，从而导致商人和企业家离开这个中心。"(1998：7)在欧洲和北美的历史区域，这是一个熟悉的场景(Evans 2000a)——

作为"忒修斯神庙"的历史文化区(Batten 1993)。在那些地方,保护、地产的中产阶级化,包括旅游酒店,以及建筑遗产公司投资,都已确保了在威尼斯、佛罗伦萨的旅游中心或伦敦、巴黎和马德里的时尚博物馆区几乎没有生活社区。这种文化遗产区贫瘠化的一个后果就是缺乏主人与客人之间的正常(或"原真性")交流,缺少社区设施,几乎成了一种缺乏个性和私人化的建成环境(Evans 1998a:2)。

此外,这种追求"共同身份"和认同"共同文化遗产"的做法,可能与欧洲内部的文化多样性发生冲突,或者至少会引发保护和赞同欧洲文化多样性的问题,特别是在接纳新移民和"非欧洲人"(原文如此)社区的地区。对于欧洲化计划扩展到文化维度上的关切(伊万斯,1995 年)早就有人表达过了:"共同体应该试图提出一种欧洲文化政策是不可思议的……共同体宣扬一种'欧洲文化'的观念也是不可能的。"(Dumont 1979:9;also Loman et al. 1989,Mulder 1991)从政治上讲,在规划方面,这可以解释为中心主义与区域主义或权力自主原则观念之间的鸿沟——也就是说,财政、行政和其他立法责任的共识应该尽可能与影响的程度密切相关,并且,只有在国家、区域或地方各级不能更适当地采取这种措施的时候,委员会才采取这一行动。然而,当时的欧洲委员会主席杰克·德洛尔或许已经乐观地预测到了欧盟超民族国家的重要性:"到 20 世纪 90 年代中期,80%的所有欧盟经济和社会立法将由共同体而不是单一国家来确定。"(quoted in Lintner and Mazey 1991:28)这种干预延伸到了文化领域(Evans and Foord 2000),虽然"身份"和"联盟"是简单明了的,但是,"不可否认的是,欧盟日益垄断了'欧洲'的话语"(Sassatelli 1999:593)。鉴于欧盟的立法优势、欧洲央行和部分货币联盟(EMU),

这一衡量标准在技术上可能是如此。然而，文化既是在政治经济之外，也在政治经济之内存在和持续的，并且对欧洲化的地方性和文化反应类似于那些对经济全球化的结果以及经济全球化的一部分所产生的反应，而不是带有一种明显的欧洲文化政策或身份。周边地区和社会文化团体已经接受的是民主联盟中的多元主义概念，它增强了各自国家内被边缘化的群体的能力，在文化事务和身份认同方面产生了一定程度上的自治权。例子包括西班牙的巴斯克和加泰罗尼亚"自治"地区；在法国有普罗旺斯和布兰顿社区；在英国有凯尔特"边区"，以及挪威、瑞典、芬兰（拉普兰）

190 和俄罗斯的巴伦支海沿海地区。例如，周边地区"二级城市"的共同努力，旨在分享它们的共同经验和战略解决办法（包括制订区域援助方案）。如葡萄牙、西班牙、法国和英格兰、威尔士、苏格兰和爱尔兰西部的大西洋沿海地区。正如比安基尼指出的，这些后发城市"远远超过了伦敦，是欧盟资源的积极利用者，是国际城市网络成员的积极成员，也热衷于启动将会改善其国际环境的项目"（1991b：3）。然而，这种做法所忽略的是欧洲区域发展政策，即从 20 世纪 80 年代末以来，尤其是这些区域性城市地区，通过重新绘制欧洲地图而不是对区域发展区进行国家评估（Jones and Keating 1995，Evans and Foord 2000b），实际上越过了其他"富裕"城市的贫困地区。相反，受益于区域性资助的文化城市却保持并吸引了中产阶级和资产阶级化的飞地，当然，也包括最受益于文化资本注入的文化中介。

通用语

也许，文化自治中最有力的因素就是语言。因此，这是对区域性文化决定成功与否的一个考验，任何一种文化规划过程显然都需要反映和尊重这一点。例如，在加泰罗尼亚，由于 1983 年制定了"常规化"政策，据称，该地区讲加泰罗尼亚语的人口百分比从 1986 年的 64％上升到 1996 年的 75％；而实际上能读懂这种语言的人口百分比是 61％到 72％（Cubeles and Fina 1998）。虽然 40％的人仍然声称卡斯提尔语（"standard"西班牙语）是第一语言，但是这是西班牙官方承认的四种语言之一。1998 年，一项新的地方政府法律规定了电影和电台的最低限额（新电影的 50％和广播总产量的 50％在加泰罗尼亚，包括 25％的音乐电台播放的歌曲）。普罗旺斯和威尔士已经走向了双语制（包括学校课程），而布列塔尼和盖尔语（在苏格兰）却并不怎么被人们接受，实际上只是少数人——假如不是真正的死口语的话。例如，苏格兰对盖尔艺术计划的支持，重点支持的是高地和群岛地区的表演艺术和文学项目，与斯特拉斯克莱德和洛锡安区的城市群相比，那些地区的文化设施少得可怜。在巴斯克地区，巴斯克语只是一种坚固的书面语言，从 19 世纪后期以来，正在积极开发和推广，尽管口语基础很差。在巴斯克的身份重申中，说西班牙语居民集聚的贫民区（barrios）的文化之家（casas de cultura）和市民中心网络由市政府提供资助（Gonzalez 1993：78），与其他西班牙和拉丁美洲城市（如圣保罗）一样，社区/志愿部门往往由私人基金会和慈善机构提供资金运作。在芬兰这样的国家，可以看到对两种语言和少数群体语言的尊重，那里有 5％以上的人口仍然讲瑞典语（赫尔辛基有 7％）。瑞典语剧院位于西海岸旧首都图尔库（见图版 7.3）和赫尔辛基，那里的瑞典剧院是十二家中最大的剧院之一，还有国家的和赫尔辛基市的场馆。（HCP 1997）

　　语言也是欧洲共同文化最敏感、最具有象征意义的表现形式——例如，1990 年确立的通用语（LINGUA）计划，就是要鼓励

191

图版 7.3　芬兰西部图尔库瑞典语剧院(1999)

欧盟国家(尽管有争议地结束于 2000 年)的双语制(或多语制)。这是在较早的欧共体指导性成员国承诺语境中采取的一项适当措施，要求为移徙儿童提供免费的教育和足够的学费，以学习东道国的"官方语言"。马斯特里赫特条约(126 条)也强调了发展"欧洲教育维度"的共同体目标(Gowland et al. 1995：236)，特别是通过成员国语言的学习和发展。可以说，现行的法国电影和音乐配额制度几乎与英美大众文化统治一样都是帝国主义的，但事实上，这种影响对法国的文化产品和消费是有害的。(经常引用的电子邮件和80％的合同字符和世界上 75％的字母都是英文。当然都是北美的权重很高，而在欧洲，英语、法语和德语之间的平衡更为平稳。)法国电影被转移到了白天和没有吸引力的时段，从而导致观众人数下降，而与好莱坞和其他非法国电影的需求上升形成鲜明对比。音乐配额制要求 40％的电台播放表使用法语"语言"

（"歌词"），20％为"新乐队"，20％为"其他法语国家"音乐。这对法国说唱音乐（即美国进口/混合）来说可能是有益的，这些反正可能已经是被玩过的东西。但是，阿尔及利亚或莫罗坎乐队却不愿意在法国或露台上说唱，情况就不那么好了！众所周知，文化保护和法规之间的平衡是很难做到的，尤其是由于传播和分布的形式越来越多地发生在陆地或国家控制之外。

　　并不令人感到意外的是，20世纪80年代，欧洲文化政策和资助举措的发展倾向于促进和支持文化统一，但也许是对后马斯特里赫特情绪的一种反映，它所针对的是进一步的欧洲集中化和日益扩大的欧洲现实——文化上、地理上和经济上。现在，对多样性的赞同得到了实实在在的接受和尊重。然而，在文化政策和区域发展方面，区域和城市型国家（或文化城市）之间存在着明显的紧张关系。例如，包括巴塞罗那，或许它是以文化为主导的再生典范，以及加泰罗尼亚地区。在这里，一方面，一个国际化的城市，吸引了海外以及西班牙的游客——特别是在1992年非常成功的奥林匹克运动会推广之后——推行一项国际文化议程，而加泰罗尼亚地区政府则利用欧洲和其他区域援助的渠道，奉行一种加泰罗尼亚身份与文化政策——它在戏剧中推广加泰罗尼亚语（见上文），它的推广是区域性援助的一个条件。另一方面，大多数巴塞罗那剧院更喜欢西班牙语或英语语言作品——因此，在这个城市里，产生了大量的舞蹈、哑剧、身体/非文字戏剧和音乐剧。75％的戏剧作品（包括音乐剧）必须在加泰罗尼亚才有资格获得地区艺术资助——在1950年有20多个剧院，到1993年巴塞罗那只支持四家。这些文化"法规"主要是政治文化上的而不是艺术上的，因为它们也受到艺术家自身的抵制，这既是因为它们意味着制度化的审查，说通俗点儿，也因为艺术家们希望尽可能广泛

192

Cultural Planning:
an urban renaissance?

地"面向"观众"说话"。就像一位加泰罗尼亚作家所认为的那样：
"我用卡斯提尔语写作，是因为这样我就可以获得世界范围内的 4
亿人，而不是加泰罗尼亚的 6000 万人。"(Gooch 1998)同时，加
泰罗尼亚政府为奥运会而建设的"本土"体育设施也得到了使用。
魁北克的法语文化政策(De la Durantaye 1999)和蒙特利尔国际大
都会节日城市之间也存在着一种类似的张力，它追求的是一种更
多元的艺术供给方法。即便在这儿，紧张关系也是显而易见的。
例如，一年一度的国际喜剧节便吸引了超过 100 万人(其中 20%
是游客)，费用为 1600 万加元，其中 100 万加元来自公共基金。
这表明，这一节庆活动是目前最大的讲英语的文化景观，已经使
法语节目的质量变得黯然失色。负责人轻描淡写地说："我们不
是一种英语活动。我们不是一种法语活动。这是碰巧发生在蒙特
利尔的一个国际性事件。"(Hustak 1998)这说明了欧洲和国家再
生资金支持的艺术场馆所引起的冲突，它通过一种普遍主义的艺术
政策和方案来证明其合理性——同样吸引游客/游客市场和文化
人——不同于某种植根于区域性或地方性文化认同和生产的东西。

欧洲规划体制

罗马创始条约中奉为神圣的自由——"商品、服务、资本和
人民的自由流动"——以及单一欧洲法案、马斯特里赫特和阿姆
斯特丹条约中进一步阐明的自由，都意味着物理性规划迟早都将
视为一个跨越国界的活动(Antoniou 1992：12)。的确，城市规划
是在马斯特里赫特条约中明确提到的，它确立了一个泛欧洲的基
础设施网络，尽管城乡规划直接涉及欧洲的环境政策，如欧洲主
要发展项目的环境影响评估标准(EIA)，这是自 1985 年以来所要

求的。对于某种具有一定规模的合同投标，如建筑和设计项目，
需要在欧洲范围内广而告之，从而向欧盟其他成员国的建筑师开 *193*
放竞标。这使一小批"明星"设计公司得以在几个主要的艺术和其
他公共建筑和再生项目中占有一席之地，并被试图复制其设计签
名的城市和场馆采用其个人的"风格"，如英国的福斯特、罗杰
斯、科茨、盖里和迈耶(美国)、卡拉特拉瓦和已故的恩瑞克·米
拉莱斯(西班牙)。

　　从历史上看，土地利用规划是在几个尽管混合的系统下演变
而来的，但是，法国的公民法典为拿破仑帝国提供了模型。1815
年独立后，拿破仑帝国的基本要素仍然"被保留在欧洲的大部分
地区，特别是比利时、荷兰、卢森堡、西班牙、葡萄牙和意大
利"(Newman and Thornley 1994：51)。日耳曼体制反映了自 15
世纪以来已经半自治的国家的运作。奥地利、希腊和瑞士在很大
程度上继承了这种体制，而北欧国家则把这种体制与拿破仑中央
集权(中央政府机构)和强大的地方、市政规划权力结合在一起。
如今，欧洲各国的规划体制大相径庭，民族国家内部也存在一些
重要的差异。例如，在英国，一方面是苏格兰的体制，另一方面
是英格兰和威尔士的体制。在半自治的德国各州，以及欧洲地区之
间的社会、经济和文化领域都存在着差异性和多样性。例如，在苏
格兰，与英格兰相比，更多的区域性和"结构性"土地利用规划以及
遵循地方性规划的情况是很明显的，此外，还有区域一级的经济发
展和更综合的土地利用和设施规划系统，包括艺术和文化设施标准
(Feist 1995)。然而，正如伯滕肖等人所指出的那样，人口、下游
区和设施模型的层次结构(如第五章所讨论的)已被广泛地采用：

　　　　由于经济优势、政治传统和社会偏好的差异，尽管可以

发现欧洲不同城市之间有很大差异，但是，城市规划者却以完全类似的方式做出反应……对供给充足性的监测导致了对有效需求范围、下游区面积的估计，并最终确定供给的规模层次结构。

(1991：194)

尽管存在这些历史性和立法上的差异，但是，随着欧盟委员会促进更大程度的一体化和协调，超国家规划政策有望有进一步发展。德国和荷兰等国已任命了土地利用和自然规划部部长。其他国家，如葡萄牙和法国，则把土地利用规划与区域政策结合起来。从早期规划开始，西欧这种连续性的特例一直是英国。1947年以来，发展规划就一直没有形成具有法律约束力的分区规划，国家和区域规划指导没有在行政上约束地方政府（Davies 1994a，b）。其中的根本性不同就是英国的宪政立场和土地权利不同于法国的拿破仑模式——英国人缺乏成文宪法："我们是臣民，不是公民，因此我们实际上没有权利。我们有权在职权范围内自行开发土地。"（Antoniou 1992：12）英国规划制度的独特之处，包括缺乏具有法律约束力的规划；发展控制与建筑控制分离；在规划政策和实际控制决定之间酌情采取开发办法，即规划制度的灵活性，允许违背核准的土地使用规划——即政策和实践之间的差异。相比之下，大陆模式从本质上说是以规划为主导的。在丹麦、法国、德国和荷兰，一项符合该规划的提案确保了土地开发权，规划和建筑控制（包括设计）合并在一个单一许可证里。在一些北美国家和欧洲大陆，艺术家工作区和工作室的考虑和特殊处理也是非常明显的，正如我们在第六章中已经讨论过的那样。在美国，一些州和城市是高度集中的——这就要求在城市规划和物业租赁市场中进行具体的土地使用分区和保护艺术家工作室设施——尽管另外有些人拒绝在意识形态/自由主义的基础上（"新领域"）进行"规划"。加拿大和欧洲大陆也得益于更强有力的城市和区域计划——英国在区域规划方面缺乏综合行动的弱点，尽管它在结构调整方面很重要："就业和经济变革是区域规划的核心。"（Cullingworth 1979：234）从 20 世纪 70 年代末开始，英国的城市规划已经明显地从 20 世纪 40 年代（制图）规划主导模式转向了社会和经济模式，更多地侧重于描述性的目标，关注失业持续增长的影响和后工业经济的变化。地方当局行使了创造就业机会和经济发展的职能，这些职能通常被当作环境规划的一部分加以管理。它认识到了土地利用发展、经济再生和创造就业之间的关系，这是解决城市社会经济问题的一种企业战略方法。阿伯克龙比对伦敦或赫尔进行宏伟设计的时代早已一去不返。然而，正如沃特斯所指出的那样，在很大程度上，英国的城镇规划在方法上是被动的，而不是积极主动的："与［英国］城市和乡村规划政策的其他方面一样，从远景和机遇把握的角度来说，缺乏规划是显而易见的。规划政策是对市场做出反应，而不是预期或控制市场。"（1987：59）然而，20 世纪 90 年代初，伦敦制定了整体发展（土地利用）规划的示范性规划政策（LPAC 1990b），这表明人们更加赞赏总体上以规划为主导的方法，以及把文化规划纳入主流环境规划进程之中（见附录Ⅰ）。

在撰写 20 世纪 80 年代英国政府中央集权的文章时，西蒙·詹克金斯也指出，法国中央政府的例子是："不再相关的……社区和市长在规划和地方预算中享有广泛的自由裁量权……意大利、西班牙和葡萄牙也是如此。"（1995：257）他还将斯堪的纳维亚"自由公社"制度和德国各州与否决权做了比较，并选择退出国

Cultural Planning:
an urban renaissance?

家立法。他还对斯堪的纳维亚"自由社区"体系和拥有否决权并选择退出国家立法的德国各州进行了比较。英国的城市集中度有92％（1960年为86％）的人口居住在城市、城镇、郊区和大"村庄"——英国的全部人口生活在10％的土地面积上。这表明，在结构规划和需求层次方面，便利设施和其他分配规划战略不如其他西方国家，而且普遍适用的模式也不是完全可以转换的。希腊（63％）、意大利（68％）、法国（74％）和美国（74％）的城市化人口比例比较低，即使是像比利时（97％）和荷兰（89％）等小国家的城市具有更高的城镇化密度，也不能与英国陆地的城市集中度相比较（人口资料局，1995）。[1] 例如，比利时只有12.7％的人口居住在大城市。相比之下英国却有39％的人口集中在八个城市地区。

与英国形成进一步对比的是，法国的地区层级具有相当大的地位，由直接选举产生的区域议会主要负责基础设施和发展（欧洲联盟委员会在分配欧盟资金方面的做法主要基于法国的区域经济发展综合体系）。例如，在几个欧洲国家，从西班牙到前捷克斯洛伐克，规划师和建筑师是一个单一的、结合在一起的职业；而在英国，规划与建筑和工程从1914年的职业认可之初就被分离开来了。用英国皇家城市规划研究院前院长罗宾·汤普森的话来说，英国的规划师（因此，在数字上构成了欧洲"专业规划"劳动力的90％）被看作——"欧洲规划的局外人……我们实行自由决定的规划……我们还从事一系列活动，特别是在经济和环境行动方面，我们的欧洲邻国通常把这些活动分配给其他专业"（1994：18）。相反，尽管大多数欧洲国家的区域规划都属于职业经济学家、工程师或者其他地理学家规划师的领域，但是，其他的城市规划实践却把建筑和城市设计与规划结合在一起。或许，这是汤普森观察到的一个因素，即"欧洲最好的做法胜过我们自己。它具有战略性、想象力、流动性和文化性"（1994：18）。人们还对如下内容表达了关切，即"英国城市规划者缺乏城市设计训练，而这恰恰是欧洲专业训练的核心内容"（LAB 1992a：1；also Landry 2000）。因此，英国并没有产生相对于设计和开发人员的总体规划的建筑师，比如勒·柯布西耶（Raeburn & Wilson 1987）。尽管最近出现了例外的情况，包括已故的规划师和建筑师弗朗西斯·蒂巴尔兹和建筑师理查德·罗杰斯（Rogers & Fisher 1992，Tibbalds 1992）。值得注意的是，直到最近，罗杰斯的大部分建筑作品都在英国境外，如巴黎的蓬皮杜中心（与伦佐·皮亚诺共同创作），英国建筑师扎哈·哈迪德也不得不设法应付为人诟病的千年穹顶（罗杰斯设计）的临时内部结构——"精神地带"。而在国外，她"受到了赞扬，允许她在辛辛那提和罗马的艺术中心一展身手"（SPACE 2000：3）。直到英国国家博彩带来了机遇，从 1995 年起一起资助首都艺术、遗产及其他公共项目（Evans 1995a，1998e），现代（主义）建筑师很少接受城市设计和新的建筑方案。比如说，看一看期待已久的伦敦大英图书馆的红砖块与巴黎的宏大工程国家图书馆的激进设计所形成的鲜明对比。即使有"免费"彩票基金的注入（即不负责通过公共借款，中央或地方税收制度），建筑师如哈迪德（克里克豪厄尔加的夫湾歌剧院，1997）、丹尼尔·里伯斯金（伦敦 V&A 扩建）甚至罗杰斯本人（南岸艺术中心），由于政治、规划者和关键决策者在设计和文化"冒险"方面所固有的怀疑和保守，都拒绝或嘲讽雄心勃勃和代价高昂的计划。因此，正如伯德等人认为的：

英国的城市生活从未传达过欧洲现代主义的重要中

心——巴黎、巴塞罗那、马德里、米兰、汉堡的诱人力量或美国城市化耀眼而易变的壮观景象。无论是左派还是右派，都没有宣称城市是建设主体性和政治认同的场所，而不是作为仪式和传统的背景：特权、民族认同或不幸的纪念仪式。

(1993：121)

欧洲区域发展

欧洲干预区域政策的首要目标就是要缩小欧盟各地区在社会经济发展方面的差距。因此，这一政策力求有助于欧盟内部的稳定，以及在针对一个区域在实现可持续发展、适应新的劳动力市场条件和全球竞争的能力不均衡的情况下，促进就业率的提升。这一发展势态还反映出欧洲成员国内部和之间所具有的越来越大的区域主义影响。欧洲联盟委员会本身有一个政治机会，可以在某种程度上绕过各国政府，其中一些国家对欧洲计划及其扩展怀有一种政治上的反感，如英国、丹麦和荷兰。区域主义是一个模糊的术语，并且正如哈维所说的："很难把'区域主义'的文化、经济和宣传因素分离开来，使其服从于相同的批判，这是民族国家的方式。"(1994：5)因此，辩证的区域主义也包含一个悖论："一方面，它一直与改革和解放运动联系在一起……而另一方面，它又被证明是一种压制和沙文主义的有力工具。"(Tzonis and Lefaivre 1981：178)然而，所有这些因素都被用来表达自治区和其他地区的区域文化和经济议程，往往与对中心的抵制成正比（如西班牙的加泰罗尼亚和巴斯克，英国的苏格兰和威尔士，意大利的伦巴第联盟以及区域性首府城市）。欧洲的结构性援助一直是使合格地区的主要基础设施和投资项目合法化和融资的一个关键性工具。在区域以及特别是城市身份的重新塑造和提升方面，文化是次要的，但又具有象征性意义的重要基础。因此，在区域经济发展计划的支持下，文化项目和设施都得到了特洛伊木马式的支持。在 20 世纪 80 年代和 90 年代，欧洲中心和区域性政治运动（如"新城市左派"；Henry，1993)都从中受益。

然而，由于区域政策议程中没有提到明确的文化政策目标，因此，区域发展主要是通过两个主要方案来执行的：欧洲区域发展基金(ERDF)和凝聚力基金(the Cohesion Fund)。这些方案和项目被用于与成员国的国家或区域当局合作，共同资助针对处境较不利的欧盟区域的结构性援助的方案和项目。欧洲区域发展基金是四个方案中规模最大的一个，占所有结构性基金的 50% 以上，援助的目的是实现四个优先目标：

1. 支持中小企业。
2. 促进生产性投资。
3. 改善基础设施。
4. 促进地方发展。

197

第六章重点提到的微型企业文化产业经济也反映了结构薄弱的欧洲小企业经济(见表 7.1)，这种经济也越来越依赖少数主要的机构、核心和跨国组织，在大多数情况下是主要的外来投资者和公共投资方案的受益者。

表 7.1 欧洲联盟企业指标

	微型	小型	中型	大型	总数
企业数/千	17,285	1,105	165	235	18,950

Cultural Planning:
an urban renaissance?

续表

	微型	小型	中型	大型	总数
就业/千	37,000	21,110	15,070	38,220	111,410
平均规模（职工数）	2	20	90	1,035	6
营业额/百万欧元	0.2	3	16	175	0.8
每人占有的增加值	30	40	50	55	40
劳动力成本在增值中的份额	38%	63%	60%	53%	53%

来源：欧盟（1997）

例如，手工艺家、设计师和视觉艺术家在传统上是以自营职业和个体户为基础的（Knott 1994，Towse 1995，Pratt 1998，Evans 2000 b），与表演和媒体艺术方面较大的文化雇主（如场地、广播和印刷媒体）和专业零售商（包括参展商和画廊）的自由职业和合同工作关系日益增长。20 世纪 90 年代以来，在英国和西班牙等国家的劳动力市场中，自主创业普遍增长了。这跟文化领域的就业增长一样，因为灵活的、计件的和项目性的工作，服务外包在某些服务部门已经成为常态。20 世纪 90 年代，零基数增长的现象使新技术和相关的创造性活动取代了低科技和前工业化的文化生产形式（见第六章），这种现象与早期艺术和文化产业就业的实际增长形成了鲜明对比。其他的行业，如音像生产，也符合这一特点，具有中大型集团的集中化、多样化趋势。以汉堡为例，它们是"由一个日益密集的（微）小企业网络和自主创业的结构组成的"（Henriques and Thiel 1998：19）。还有在葡萄牙的里斯本，在视听领域有超过 63% 的公司雇用的职工不到 10 个人，相比之下，电视、广播和新闻机构雇用的工作人员则平均超过 100 人（同上：22）。

欧洲结构性基金中的大部分，虽然据称是针对小型企业，但是，实际上为主要的文化和遗产设施，特别是那些与城市和区域复兴以及城市旅游战略有关的设施提供了大量投资。这包括对著名的文化城市巴塞罗那、塞维利亚和马德里、都柏林、格拉斯哥、英格兰北部和意大利城市（Bianchini and Parkinson 1993，Evans 1993a，b；见第八章）以及后来的东德（尤其是柏林）的重大投资的支持。国家和地区政府还在德国的法兰克福、汉堡和科隆等区域性城市，西班牙的毕尔巴鄂和葡萄牙的里斯本以及法国的区域性城市（如格勒诺布尔、雷恩、里昂、蒙彼利埃）采用了与文化旅游活动有关的艺术、城市和复兴公式。这些城市模效仿了巴黎的重大项目。因此，通过欧洲资助方案支持艺术、遗产、文化旅游以及相关的培训和再生项目，可以补充来自国家和区域来源的资金（反之亦然）。在实践中，国家和地方政府的资金在匹配的资助标准下充当着伙伴关系和欧洲基金的杠杆作用，但是，缺乏一种真正的控制或反事实的比较基础以确定真正的额外性（或者深入了解不同层次的资源分配和决策过程）。这实际上限制了对国家和欧洲资助政策制度的评估（Evans 1998c）。精英主义者和多元主义者对城市政治学（Stone 1993）和权力分配的理解并没有充分把握其复杂性。在这种情况下，超国家、国家、区域和地方各级与（大小）商业、志愿行动以及包括艺术在内的许多其他社区部门之间发生相互作用。城市制度理论（Judge et al. 1995）和治理都需要考虑到这些层面的关系、利益和机制，哪些资源首先要进行竞标、划分和分配。在这些不同的阶段和决策下放的各个层面——欧洲、国家、区域、省/县、市、地方、项目/组织——文化在增加再生方案和项目的价值方面都具有象征意义（如果不是经济力量的话）。然而，在实践中，欧盟与一些成员国之间（以及国家和地方政府之间）的疑虑是，真正的额外性并不总是透明的，

也就是说，（即便没有区域性援助）所有或大部分投资无论如何都
会发生。在文化方面，这种情况由于绕过了国家、区域和城市各
级的相关机构和当地社区而受到了进一步的阻碍，从而破坏了以
规划或需求为主导的文化供给方式，并且冒着这些设施被置于
"错误场所"或"错误类型"的风险（见下文）。正如该委员会本身也
承认的那样：

> 不可能提供关于在结构性基金主流业务下向文化提供援
> 助的确切资料。这是因为欧盟委员会的作用是通过并共同资
> 助项目。组成这些方案的不同项目是在成员国内选定和管理
> 的。此外，由于文化部门不是同质的，文化的定义和统计分
> 类有很大的差异，因此不可能准确和系统地收集数据。
>
> (Wulf-Mathies, *Official Journal of
> the European Communities*, 1999: 55)

这种情况方便地避免了委员会、受益成员国和区域无法为选择和
确定接受欧洲和国家支持的文化项目提供理由。然而，就区域自
治或作为区域发展方案一部分提出来的文化遗产而言，欧洲供资
的可得性和标准并不是良性的。这不是国家与区域政治自由的简
单例子，而是一个在支持文化发展方面划分地区、省和本地区的
例子。更为重要的是，它是如何被规划的，资源的情况如何。例
如，在西班牙卡斯蒂利亚列昂自治区，一个合格的欧洲区域发展
基金（ERDF）地区（国内生产总值占欧盟平均水平的70％，人口约
250万），从20世纪80年代中期到1997年，文化支出增加了
63％，每年增加5％。然而，这掩盖了接受公共资金的文化类型
的一种重大改变，而这种改变直接受到欧洲区域资助制度的影

响，也受到更高级别的区域政府促进一种"共同遗产"和身份的直接影响(见下文)，与地方政府(即 9 个省和 2200 个市)形成对比。表 7.2 显示了从当地艺术文化投资("文化传播"——小规模的表演、节日)到博物馆和文物古迹的转变程度，包括对里昂和萨莫拉两个新博物馆的资助。

表 7.2　卡斯蒂利亚-里昂的文化预算配置(1985—1997) 200
(数字为总预算的百分比)

单位:%

项　　目	1985	1986	1987	1988	1989	1990	1991	1992	1993	1994	1995	1996	1997
历史与艺术遗产	50	50	31	52	56	57	57	54	51	52	56	61	57
博物馆、档案馆、图书馆	9	7	16	24	26	27	25	27	29	27	19	21	25
传播	31	33	35	16	7	4	7	8	9	16	11	12	12
一般文化服务	10	10	18	7	12	11	11	12	13	6	14	7	6

来源：Devesa(1999：9)

在这种情况下，文化规划受到了当地多样性和愿望的影响。城市和较大的城镇都把举办主持大型的新文化项目作为文化旅游基础和"区域认同"策略，文化规划并没有优先性。因此，在那些地方本地区的规划与战略性和结构性规划不相一致。

共同体的"文化"支持

尽管欧洲委员会长期拒绝采纳特定的文化"能力"，但是欧洲委员会却在 20 世纪 70 年代启动了一些项目。例如，对社会文化活力和文化部门的研究，如税收、保护文化工作者、艺术贸易和版权等(Mennell 1976，Dumont 1979，Goodey 1983)。1974 年和 1977 年的决议以及 1979 年欧洲议会通过的决议都规定了共同体在文化部门的第一项行动（Dumont 1979），尽管这些议会决议没有执行或法律执行的权力。最近，在承认公民身份和义务的时候，欧洲城市权利宣言还包括了"文化"以及 19 项其他城市环境权利，这也确定了城市综合规划和职能的重要性。这一宣言源于 1992 年 3 月 18 日在斯特拉斯堡举行的欧洲委员会地方和区域当局常设会议（CLRAE）通过的《欧洲城市宪章》：

8. 文化——接触和参与广泛的文化和创造性活动和追求。

11. 功能协调——凡是生活、工作、旅行和从事社会活动的地方，都尽可能地密切相关。

17. 自我实现——有利于实现个人幸福和个体社会、文化、道德和精神发展的城市条件。

201 该委员会先前的研究的主旨在于，人们期望地方政府越来越需要承担起文化和休闲的公共赞助的责任，无论是高雅艺术还是大众文化和传统文化，都会引发这样的问题："一个城市如何才能将最优地分配有限的资源？"（Mennell 1976）这就遇到了抵制一种标准化、普遍化艺术和设施规划方法的常见问题。诚如伯滕肖等人指出的，欧洲不同城市之间存在着差异，例如，"娱乐媒体的普及程度和城市主管部门的责任差异很大"（1991：180）。尽管有参与率，例如，对旧电影而言，欧洲国家之间差别很大（见第二章）。本书其他章节对跨国界和"文化"的比较提出了质疑，最重要的是，当国家体制对艺术、遗产和文化的处理和定义截然不同的时候，资源分配也就非常不同（Evans 1993a）。中央和地方/区域资助水平之间的平衡提供了一个辅助性的指标，并且在规划和资源方面保留了相对的权力，而艺术在所有公共开支和国家的国内生产总值中所占的比例，表明了文化在财政性公共供给中所具有的基本部分。同理，这也表明了私营成分在文化活动中的相对重要性（如在美国、西班牙）。人均艺术支出或许提供了"严峻考验"的比较，德国（56 英镑）和芬兰（59 英镑）支持率较高的地方/区域，人均支出最高；法国（38 英镑）、加拿大（30 英镑）、瑞典（38 英镑）和荷兰（30 英镑）为中等水平的补贴；英国（17 英镑）和澳大利亚（16 英镑）则不到一半；人均最少的是爱尔兰（6 英镑）和美国（4 英镑）（Feist et al. 1998）。比如说，德国和爱尔兰之间有极端的差别，后者的资金仅占前一个国家水平的 10% 左右。显然，这表明尽管各国之间存在社会、历史和艺术上的差异，但是，公共文化的相对重要性存在很大差距，并且在那里是"赊购的"。例如，其中包括文化偏好、"非贸易"和私人文化领域，以及在很大程度上隐藏的参与形式："作为合唱团成员，参加社区的演出，制作陶器，在狂欢节或宗教节日进行表演，或者参加艺术中心的计划委员会，这些都是……看不见的。"（Brinson 1992：73）文化上的支出，虽然有一个可以量化的指标，但主要是一种"投入"，即资源，而不是"产出"的衡量指标。例如，听众、参与者的人数和情况，更不用说在文化资本和对一个国家文化发展和相对健康的其他影响方面的"结果"了（Evans 2000b）。这些比较带来了周期性的但最终是主观的问题——爱尔兰人或多或少比德国人"有教养"，还是爱尔兰产生的文化比德国的更多更好？

正如上文所承认的那样，确定和量化区域经济发展投资的文化组成部分同样很复杂——无论是在数据分析方面还是在政治方面。文化既没有被界定也没有被规划，在宏观层面上，对文化规划和项目的支持很少得到推广或巩固——这样做可能会引起一些棘手的问题，例如，资助文化类型的理由（如遗产、以城市为基

础的艺术场所）、缺乏以规划或需求为主导的框架（如受益场所和那些没有受益的场所），因而也缺少一种欧洲文化政策。然而，

202 很少有人对作为一个整体的欧盟文化资金进行研究，据估计，文化领域受益的共同体资金总数为每年 4 亿 9400 万埃居，或者是 1989 年到 1993 年为 24 亿 7000 万埃居（Bates and Wacker 1993）。到了 20 世纪 90 年代中期，欧盟每年用于艺术和文化活动的 3 亿 5000 万英镑中，只有 8％ 来自指定的“文化”办公室。〔欧盟的文化部门，即原信息和文化（DGX）被合并到 1999 年重组的教育和文化专门委员会。〕这一文化支出在这一时期的共同体预算总额中所占比例不到 0.8％。与旅游业一样，到目前为止，欧洲结构性和区域性发展基金为文化提供的资金最多，如上文所述（Evans and Foord 2000b）。此外，欧洲区域发展基金在文化领域的资金主要用于保护文化遗产（特别是建筑遗产）以及文化遗产和文化旅游的开发。鉴于欧盟促进文化旅游的政策——既为加强欧洲共同的文化和遗产，也为弘扬区域的文化多样性——通过区域性和结构性方案为旅游业的发展提供资金，也一直是文化项目和基础设施资本投资的一个主要来源。欧洲议会阐明了这一目标，并且，欧盟委员会在其一系列的结构性方案中实施了这一目标：

> 〔欧洲〕议会指出，最不受季节性波动影响的旅游活动是文化旅游，文化旅游在欧洲有很大的发展潜力，因为它能继续吸引非成员国的公民，同时强化欧洲人属于同一个共同体的情感；议会敦促委员会优先于考虑涉及项目的成员国提交的欧洲区域发展基金资助申请，这些项目开发文化景点，并且包括文化项目。
>
> （EP VI Resolution on a Community Tourism Policy;
> CoE 1991)

因此，至少在政策制定者看来，支持文化旅游发展有可能提供更为广泛的经济活动；扩大欧洲入境和区域内的旅游市场，同时增强欧洲的认同感和自豪感。按照这一政策声明，欧盟旅游部门在1992年至1994年期间支持了对九个欧盟成员国的艺术和遗产遗址文化旅游的重大跨国考察（Evans 1993b，1998b，Richards 1996）。用布尔迪厄的话说，这不仅印证了文化旅游者高度的"文化资本"（教育、就业、优先造访等；Bourdieu and Darbel 1991），而且证实了游客的文化习惯和动机之间所存在的差异性——欧洲人和"他者"——以及对参观博物馆和文物古迹遗址和视觉艺术的一种明显偏好。以英国情况为例，从对说英语的旅游者的游客意向（BTA 1995）的调查来看，与来自其他国家的那些避开剧场而参观博物馆和美术馆的游客相比（见表7.3），对现场艺术生产的偏好也是显而易见的。

　　然而，艺术场馆也是欧洲区域发展基金资助区域艺术中心、剧院和艺术馆的对象（见表7.4），但是，其生存能力却取决于大量的游客（国内和海外游客），而不是当地观众。因此，外国观众在伦敦戏剧观众中所占的比例很大，或者说，需要吸引如此广泛的语言和文化游客，这也就不足为奇了，这已经确保了商业和补贴场馆（如皇家国家剧院）依赖于无处不在的音乐剧——无论是原创还是复兴的。

表 7.3　艺术在英国参观中的重要性

203

单位：%

艺术场馆	按居住面积合计				
	全部	欧洲	美国	其他英语国家	其他非英语国家
博物馆	59	57	66	53	67
美术馆	37	33	40	34	50

艺术场馆	按居住面积合计				
	全部	欧洲	美国	其他英语国家	其他非英语国家
剧院	37	31	53	48	38
音乐会	21	21	14	21	28
芭蕾/歌剧	12	12	10	13	16

来源：BTA（1995）

注：59％的游客认为博物馆对他们参观英国的决定是"重要的或非常重要的"。

在 1987 年和 1997 年之间，伦敦西区剧院的上座率上升了 5％；然而，当把"现代音乐"排除在外的时候，上座率实际上却下降了 26％（Gardiner 1998）。因此，文化旅游对节目本身的性质和对活动的相对需求能够起到一种直接的影响，但是，这可能不能反映文化的偏好、愿望，更重要的是不能反映新作品的创作（Evans 1999e，2000b）。

20 世纪 60 年代，布尔迪厄对博物馆参观人员的考察也表明，在他看来，拥有文化资本更为重要，因此，文化发展不可能是所谓文化旅游的产物（Bourdieu and Darbel 199）。"文化旅游作为表达兴趣养成的一个机会，旅游是博物馆参观的一部分，它取决于甚至高于普通旅游的教育水平"（同上：23），并且："如果这仅仅是一个给予最初动力的问题，那么，旅游业就无法弥补艺术或智力教育问题的缺失。"（同上：24）欧盟在 1993 年至 1994 年进行的另一项值得注意的研究表明，几乎 15％的文化游客实际上在本国的文化和遗产部门工作——即"文化秃鹫"，或者麦奎根所认为的"职业管理阶层"中的文化中介："那些被直接雇用于文化中介和消费者管理行业的特定部门。"（1996：39；also Bourdieu 1984，

Featherstone 1991)在城市文化战略的制定和管理，以及城市规划者在很大程度上产生的良性影响方面，艺术和文化调解人行使的权力和影响力强化了高雅艺术和当代文化活动的现有霸权和合法性，这是艺术和再生过程中最"需要"的东西。这表现在主要艺术机构的关键（"无牵无挂"）工作人员转移到了区域性项目上，这也许反映了剧院、歌剧院、管弦乐队、博物馆和美术馆的艺术和执行总监的国际转移市场（Evans 1999g）。尽管区域性文化发展强调了去中心化和权力从"中心"下放，但是，例如在法国，这"伴随着一种相反的倾向，即从国家一级，往往是［首都］巴黎征聘专门的人才和有能力的人"（Negrier 1993：142）。

表 7.4 显示了欧洲少数博物馆和文物古迹的游客的空间集中度。正如弗朗加利所抱怨的那样，这些蜂蜜罐（honey-pots）的制造和推广也导致了旅游服务质量下降、价格上涨、拥挤、排长队以及遗址和纪念碑本身受到明显毁坏的现象，而且"人们在被迫接受一种歪曲原作的进口文化模式"（1998：8）。由于过度集中和不可持续地推广少数遗迹，许多遗迹都位于文化之都（如伦敦、马德里、巴黎、罗马、佛罗伦萨、威尼斯），因此，许多遗址和建筑物都因为被忽视而失去了活力，无法吸引公共或私人投资，也不可能吸引大量游客（参见意大利南部，Mariani 1998；西班牙北部，Evans 1998b，Devesa 1999）。

就欧洲对艺术和文化项目的结构性资助的分配而言，对市中心艺术场馆的偏好也可以从 1990 年至 1996 年英国分配的欧洲资源发展基金赠款的调查中来衡量（见表 7.5）。在这里，少数计划，通常是区域性城市中的一个旗舰项目就占了欧洲对整个合格区域的资助。这种项目构成了更广泛的再生和形象发展战略的一部分——有时是核心部分。鉴于欧洲拨款用于匹配目标国家和区域

Cultural Planning:
an urban renaissance?

再生计划基金的杠杆制度，这也顺应了城市再生支持艺术的国家模式，并且也可以把它看作反规划（anti-planning），即有选择性的区域援助领域不符合艺术和文化的"需求"。这种分布也倾向于反映现有的艺术活动和合法的表演和视觉艺术的中心，即使是在这些活动的需求和观众正在减少的情况下（Evans et al. 1997，2000）。一个相反的论点是，这种投资是必须的，以解决这一问题，并提高文化活动的质量和数量。不过，由欧洲区域发展基金和彩票共同资助的、激进建筑师奈杰尔·科茨设计的中心——谢菲尔德流行音乐中心这一新设施的经验（见图版7.4），已经表明游客人数正在下降，因此，收入远远低于预期，从而导致工作人员裁减，并在1999年启用之后的几周内就有了严重的财政危机。仅过了一年，就出台了一项救援计划，旨在与市政府、已有的文化产业区和地方大学建立战略伙伴关系，重塑品牌，抛弃所有精英形象，让当地人参与其活动方案，使该中心成为区域性"文化结构"的一部分。有人可能会问，为什么这样的方法不是最初发展的一部分，为什么在这个引人注目的后工业文化城市及其最初的公共资金条件中会没有文化规划方面的考虑？

表 7.4　选择欧洲国家文物古迹的游客

国家	文物古迹数	游客的年平均数
法国	38000 座纪念碑 5000 家博物馆、遗址	1500 座接待超过 20000 名游客 15 家接待超过 100000 名游客
意大利	1700 家公共博物馆 700 个私人博物馆	15 家接待超过 300000 名游客 8 个接待超过 800000 名游客
西班牙	1250 家博物馆 7500 个文物遗址	26 家接待超过 100000 名游客 25 个接待超过 100000 名游客
英国	38000 座国家纪念碑 （50％为私人的）	17 座接待超过 150000 名游客

来源：Frangialli（1998）

欧洲的扩大

自从欧盟从 1995 年的 12 个成员扩大到 15 个成员，包括奥地利、芬兰和瑞典以来，已经制定了第六个欧洲发展基金方案"目标"，其中包括瑞典和芬兰人口较少的地区。它们都通过区域发展援助发挥了艺术和城市复兴的潜力，如赫尔辛基在 2000 年成为九个欧洲文化城市之一。在这个案例中，吸引欧盟城市资金的文化产业区项目包括位于赫尔辛基的 20 世纪 30 年代的玻璃宫媒体中心(见图版 7.5)。

表 7.5　欧洲区域发展资助英国的主要艺术项目(1990—1996)

主要项目	英镑/千
利物浦表演艺术学院	5900
利物浦交响乐厅	3800
利物浦泰特美术馆	1500
西北地区提成($n=9$)	93
桑德兰帝国剧院	1300
北部场馆	689
鸽舍艺术中心	500
纽卡斯尔莱恩艺术馆	469
北部地区提成($n=15$)	58
舍菲尔德国家大众艺术中心	1880
约克郡地区提成($n=3$)	93
斯旺西国家文学中心	1360
威尔士项目提成($n=7$)	58
沃尔索尔新艺术馆	4500
胡弗汉顿大剧院	2000

续表

主要项目	英镑/千
考文垂文化事业中心	1700
西中部地区提成($n=5$)	91
诺丁汉大学艺术中心	993
诺丁汉艺术与传媒基金会	507
东中部地区提成($n=5$)	74
老莫尔特综合音乐厅	570
东部地区提成($n=2$)	99
格拉斯哥现代艺术馆	7515
哈兰德与沃尔夫戏剧改建	487
1996 年格拉斯哥视觉艺术庆典	3148
敦提市艺术中心	8969
皮特洛赫里戏剧艺术综合体	4874
苏格兰项目提成($n=8$)	77（总费用）

来源：Evans（1997，1999f），Evans and Foord（2000b）

206

图版 7.4　南约克郡谢菲尔德国家流行音乐中心，"暂时关闭"(2000)

图版 7.5 赫尔辛基玻璃媒体宫(1999)

这是一项命运多舛的奥林匹克运动会遗产，它的转化包括艺术电影院、艺术书店、咖啡馆和媒体生产设施，与新建的当代美术馆(Kiasma)、综合电影院和规划中的网球宫博物馆构成了文化三角区的一部分(Verwijnen and Lehtovuori 1999：219)。在这个城市的北部，著名的阿拉伯陶瓷厂，仍在生产阿尔托斯现在的经典设计的版本。这是一个文化工作室开发的所在地，一所艺术与设计大学和西贝柳斯音乐学院所在地。就像在别的地方一样，这里的制造业的数量和比例都在下降——本市 80％的就业是服务业，房地产业往往由信息产业和文化机构接管。1992 年赫尔辛基的总体规划是在该国有史以来最严重的经济衰退时期制定的，并通过了长期战略规划，提出了该市到 2020 年的构想。这个规划包括把这个城市提升为一个科学、艺术和国会城市的国际形象的目标，以及为其公民创造生动多样的艺术和文化追求（HCP 1997）。1998 年，《规划蓝图》称赫尔辛基为新的毕尔巴鄂(古根海姆卫星城的"保质期"短得吓人)，因为"当代美术馆(kiasma)是一个充满诗意的解释场所，一座只能来自其精确定位的建筑"。正

207

如瑞安接下来所说的："在这些城市中，被贴上品牌的不仅仅是直接的机构，或者任何如收藏品一样神秘的东西，而是城市本身。博物馆成了后工业都市性的一个偶像和磁体。"（2000：91）

　　欧盟未来向有资格的成员国提供资金的前景不可避免地会被稀释，因为更新的和"更穷的"的成员国都呼吁有限的欧盟中央基金和欧盟地缘政策转移。这将不可避免地给希腊、西班牙、葡萄牙和爱尔兰（以及北爱尔兰和英格兰西北侧的默尔西）等国带来困难。自20世纪80年代以来，这些国家一直依赖欧洲发展基金和其他无偿援助（特别是共同农业方案，该方案还支持周边地区的区域语言和农村手工艺计划），以支持农村地区和城市的文化、遗产和相关基础设施投资。表7.6显示了20世纪90年代末结构性援助的分布情况，概述了国家排名与前五年相比的逐步变化的情况（尽管西班牙仍然是受援最多的国家）。50％以上的援助只流向三个国家，80％以上的援助对象是经济发展和就业方面落后的区域。

　　如表7.6所示，德国的统一在资金分配方面具有最显著的效果。德国是一个由两部分构成的国家，1988年，包括最富有的地区（数据均为百分比，100％＝平均：汉堡，195；不来梅，153）和最贫穷的地区之一（图林根，60）——以其人均国内生产总值占欧盟平均数的百分比（$n=100$）来衡量。

表 7.6　按 1994 年价格计算的欧盟结构性援助（1994—1999 年）

国家	欧元/十亿
西班牙（1）	34.44
德国（一）	21.72
意大利（2）	21.66

续表

国家	欧元/十亿
希腊(4)	15.13
葡萄牙(3)	15.04
法国(5)	14.94
英国(6)	13.16
爱尔兰(7)	6.10
荷兰(一)	2.62
比利时(8)	2.10
芬兰(n/e)	1.65
奥地利(n/e)	1.57
瑞典(n/e)	1.38
丹麦(9)	0.84
卢森堡(一)	0.10

来源：CEC（1996），Evans and Foord（2000b）
n/e：非合格会员

在这里，以游客为主导的旅游业在后共产主义东德的复兴中　*208*
也被采用。例如，在开姆尼茨[德意志民主共和国（DDR）时期的
卡尔·马克思城]，有 6200 万埃居花费在这个城市歌剧院翻修
上，就业率达到了 20％以上，30000 以上的居民到别的地方寻找
工作（Evans 1995b）。在前工业城市（包括一个电影制作中心）德
绍，统一后的失业率接近 25％，同时，市中心以外的零售公园也
加速了市中心的衰落。东德人觉得自己已经被西方殖民了，这是
情有可原的（参见柏林，第八章）。

爱尔兰提出了另一个似是而非的"成功故事"，这是一种建立
在外来投资、税收优惠、后福特主义生产——在新技术和旅游以

及一支高素质劳动力队伍基础上的蓬勃发展的经济（尽管人口基数和经济基数都很低）。10 多亿英镑的欧洲结构性基金已被授予并与文化和旅游方案的私人投资相匹配，这些投资已经体现在农村和历史城镇以及遗址的传统遗产开发和博物馆上（占所有"产品投资"的 37％），还体现在首都都柏林典型旗舰和文化区项目中（Deegan and Dineen 1998）。然而，都柏林以外的旅游活动增长却并没有兑现，似乎很少有遗产计划是可行的（或者说，除了它们吸引的欧元基金之外，它们还曾在当地得到过所需的资金），同时都柏林是一个"文化城市"，城市旅游和文化消费结合在一起，使都柏林成为伦敦机场外最频繁的目的地（超过了纽约和巴黎）。正如沃波尔慷慨陈词的那样："都柏林的美轮美奂、别致，国际形象与是坦普尔酒吧再生项目紧紧联系一起的，市中心的一个破败部分已被改造成一个小企业、唱片公司、设计公司、咖啡厅、酒店和餐馆的繁华区。"（Levine et al. 1997：115）在这里，就像在其他后工业城市一样，它是一个高度集中的区域，马歇尔区代表了这个新兴文化城市的象征和经济实力（Zukin 1996）以及新发现的文化城市中心（如伦敦的泰晤士河畔；CELTS 2000）。无论是出于善意还是故意，都通过集中资源和缩小欧洲文化身份和活动的概念——零售娱乐和遗产占主导地位——促进了这一点，到目前为止，这已成为欧洲区域发展基金和城市方案分配的典型。在那里，再次引用沃波尔的话，"形式跟随资金"（Levine et al. 1997：114）。

与在结构性基金计划下运作的五年计划不同，欧盟文化预算一直是基于年度拨款，因此很少有机会进行长期规划。表 7.7 概述了部门改组之前五年的文化预算（不包括各种媒体方案），并且列出了结构性基金计划不同的比例，分配给具体文化方案的数额相对较少。

　　欧盟五年的"文化 2000 计划"也缺乏财政承诺或者与其他规划和区域发展方案的整合。1999 年通过该方案之前的筹备行动共支持了 55 个项目(400 多项提案),共计 607 万项。与过去一样,这些项目主要是跨国文化合作项目和活动,例如,纪念巴赫逝世250 周年:"把这位伟大的德国和欧洲音乐大师的作品带给更广泛的观众。"

209

表 7.7　欧盟文化预算(1994—1999)

单位:百万埃居

年份	与第三方国家的文化合作	建筑遗产(拉斐尔,1996 年开始)	万花筒(被文化取代,2000 年,见下文)	文学/翻译(阿里亚娜1996 年开始)	总数
1994	1.40	8.00	4.40	1.00	14.80
1995	1.95	8.85	7.25	1.35	19.40
1996	6.00	10.00	7.50	2.50	26.00
1997—1998	-	30.00	26.50	7.00	63.50
1999	-	nil	10.20	4.10	14.30

　　来源:Ellmeier and Rasky (1998),欧盟教育与文化总部(www.europa. eu. int,1999)1994 年的支出;1995 年—1999 年的承诺(未被使用)的资金

　　注:万花筒是欧洲委员会(DGX)1995 年推出的一项计划,以欧洲形象促进文化活动,奖金为 50000 埃居——英国的例子包括"跨越边界"女性剧场信托基金和庆祝欧洲移民社区的布拉德福德节。为欧洲青年和巴洛克管弦乐团提供资助和著名的"欧洲文化之城"和"欧洲文化月"奖金。

　　该方案还注重文化工作者的自由迁徙和联动,以符合自由贸210易、文化交流和遗产条约的目标。尽管文化产业的重要性——据估计,到 20 世纪 90 年代中期,在欧盟所有就业岗位中,估计有300 万个或 2% 以上的会不断增长(见第六章)——并基本上是以信息社会发展、技术进步和服务业全面发展为基础,但它们都得

Cultural Planning:
an urban renaissance?

到了承认。因此，欧洲文化经济是以技术决定的"文化"（更少文化含量和表达）传播为前提的，所以，着眼于文化产业创造就业机会的区域发展确实希望这样的活动能够增强他们的知识和技能，促进社会互动，并使该区域对新的企业和居民更具有吸引力。

结　论

这一批评得出的一个结论是，主要的欧洲结构和区域基金使通过欧洲艺术、媒体和文学语言计划进行的直接干预变得相形见绌。因此，欧洲区域援助主要用于艺术基础设施，特别是针对重大（和政治上具有知名度）的复兴和以游客为导向的宏大项目，而较少涉及就业、培训和技术计划。显然，这一点是由欧洲区域资助的规模发展（如至少创造 10 个就业机会）需要的性质所决定的，尽管这似乎破坏了支持小型企业的目标（见上文）。然而，文化计划的性质及其在合格区域内的位置是一项国家/区域决定，而不是由一个中心化的欧洲决定的，因为在这个层面上没有对项目进行文化评估。由于这类方案是作为国家区域援助和其他资助制度的一部分（最值得注意的是自 1995 年以来在联合王国的国家彩票）来运作的，因此，可以把它们看作城市和区域经济政策的一部分，而不是艺术或范围更广的文化政策。由于缺少规划或者以需求为导向的框架，这种投资就取决于受益于公共资金的城市经济复兴的成功。但是，正如切希尔和哈伊（1989）的分析所认为的，在结构性基金的早期经验中，在获得欧洲区域发展基金援助的地区与城市贫困和需求的最差地区（如意大利南部）之间一直缺乏一种"空间一致性"。他们得出的结论是，这些资金并不一定有

益于城市地区，它们不同于城市的中心商业区和历史街区。实际
上，这种区域的碎片化或分散化趋势在实践中又回到了城市或区
域竞争的零和场景中。这是一种不可持续的情况，像加勒比这样
的地区发现了岛屿之间相互激励的内部投资，欧洲内部正在为外
来投资（如日本、美国）和相互竞争的亚区域发展机构（如苏格兰
和威尔士）之间进行一场博弈。

　　欧洲的经验还表明，更大的自主权、权力下放和区域发展可
能会导致分析和解释碎片化，因为文化领域内加剧了对集中化报
告和标准（便利设施、规划）的抵制，削弱了对发展规划和规划政
策和效力进行更复杂的分析和评价的尝试。正如文化资金分析所 *211*
得出的结论表明的，这无疑是一种轻描淡写的做法，并且反映了
欧洲的政策分离："文化部并不总是了解其他部所管理的有利于
文化领域的活动。"（Bates and Wacker 1993：iii）另外，区域政策
和发展的加强也使区域规划和治理变得越来越重要（Lowyck and
Wanhill 1992），欧洲区域发展基金的基础设施资金已经在几个欧
盟成员国提供了这方面的资助。而且，正如阿克赫斯特等人
（1993）所认为的，似乎有一个区域性层面的转变，而国家结构变
得不那么重要了，欧盟和不同地区以牺牲国家组织为代价而变得
越来越重要。在整个欧洲范围内，一些趋向于更具主题性的政策
和行政结构（欧洲"联合政府"）的举措，可能会给文化和旅游、运
输和土地利用规划等相关领域带来一些希望。这些领域跨越了几
个政策和方案领域以及欧盟理事会的责任范围，但这些领域是条
约和超国家目标的核心，可能会以更综合的方式得到处理。在国
家层面上，保持这一领域的公共投资方案的政策总揽和额外性的
现实措施，很可能需要在中央、区域和地方各级在政策和资源分
配方面做出更具有实质性和有组织的合作努力。如果要执行文化

和旅游领域的国家和欧洲政策，如准入和文化多样性，并必须对其影响进行评估，区域政策就必须满足最需要的领域，而不是资源的集中和欧洲文化身份概念的缩小。而欧洲文化身份是欧洲区域发展基金和城市方案分配的典型。

注释：

[1]自 1944 年以来，英格兰东南部的城市面积增加了 44%，超过了大伦敦本身的面积（CPRE，1993 年）。同样，政府试图在现有市区内恢复废弃土地的使用——通过放弃土地出让金计划——到目前为止都失败了。自 1974 年开始实施以来，只有 6% 的指定废弃土地已投入使用。

第八章　文化城市与文化复兴

　　正如我们在历史上所看到的那样，著名的文化城市和文化之都既不是一种新现象，也并不必然是超越特色帝国（Hall 1998）以及社会、政治和其他变革力量影响的一种现象。然而，后工业时代正在见证一种更具有自觉意识和自我风格的文艺复兴城市的重新创造，无论这种情况在居民和局外人看来似乎有多么肤浅或可疑。正如第七章所讨论的那样，自 20 世纪 80 年代后期以来，欧洲中心对"区域"和区域主义所给予的鼓励和帮助——既是经济上也是文化上的——都有利于城市，特别是城市地区的发展，并且有利于城市的主要中心和复兴区的文化旗舰和文化区项目。在政治上，这也增强了城市当局对中央甚至区域（"中间"）各级政府的权力（Balchin et al. 1999），与文艺复兴后期商人和早期工业城市的权力相呼应，并成为欧洲"共同命运和遗产"的代表性场所，以理想化的方式向内部（居民）和外部（即旅游业——商业、休闲/文化）展示消费。勒·加尔斯和勒凯纳的看法是："这并不奇怪……现代欧洲在某种程度上就是在中世纪的城市中发明的。"

(1998：250)并且，正如纽曼和索恩利所认为的那样："文化展示也有助于增强城市政府的自信，并突显出国家规划的相对弱点。"(1994：16)

因此，文化规划过程和实践的一个不可回避的重点，就是城市在时间的变迁中所体现的作用和范例。在超国家的地区，例如，欧洲联盟（欧盟）已经围绕贸易集团和地缘政治联盟而发展和组织起来——如北美自由贸易区（美国、加拿大和墨西哥）、中美洲、加勒比共同体（加勒比海）、东盟（东南亚）、南方共同市场和其他地区的协会和联盟（阿拉伯、非洲、拉丁美洲）及其发展机构——在这些地区内，空间的集中性和决定性也非常明显。这种核心边缘的划分已经推动和支持了对边缘化亚区域补偿的政策干预，改善了与中心的交通联系，并为其文化诉求（如语言、工艺品）提供资助。不过，相对于国家和城市的文化资源来说，这大体上是象征性和边缘性的。与此同时，这一差距也强化了文化之都和前工业城市的文化活动和设施的规模等级。在最高（全球）层面上，可以说，这些城市已经把它们的都市社会和人们的相关流动（和文化影响）转化成了比较优势。正如金针对全球城市表现出来的这种矛盾所做的评论那样：

> 同时，它既是"西方"大众文化产生和传播的中心，也是其民族、种族、亚文化、另类世界主义、核心和边缘性表征的多样性，也是改变这种"西方"文化一种手段……正在被重新调整的不仅仅是经济，而且是民族文化和身份的性质。
>
> (1990：150)

曾经使用过文化的城市，无论是建筑、设计（包括公共艺术/领域计划)、事件/活力还是基于生产的文化,都被誉为和视为文化主导再生的成功的支持者,通常也是一般城市复兴的拥护者。区域性首府如巴塞罗那以及后来的西班牙毕尔巴鄂、苏格兰格拉斯哥、德国法兰克福,还有一些英国(哈德斯菲尔德、曼彻斯特、谢菲尔德)和法国(里昂、格勒诺布尔、雷恩、蒙彼利埃)的二级城市都利用了不同层面的城市文化规划方案,正如美国工业城市对它们各自的滨水区和城市中心区(如巴尔的摩、波士顿、圣保罗、洛厄尔、新泽西)自我宣传的版本那样(Boyle and Meyer 1990)。在这些国家和其他欧洲国家,那些较小的城镇和城市都试图采用这些规划方案。事实上,美国城市艺术和复兴的庆祝活动是在 20 世纪 80 年代末通过英美艺术协会(BAAA) 会议和系列出版物(1988,1989,1990,1993)才得以在欧洲传播的。具有先见之明的美国作家如凯文·林奇(1960)和简·雅各布斯(1961)对这些举措也产生了影响。雅可布斯认为,美国的城市已经由于国际风格的不恰当应用而变得语无伦次:"与过去……决裂的实践剥夺了美国城市的自然秩序感和空间感。"(Vickers 1999:166)麦克纳尔蒂,是宜居空间伙伴的创始人,他引用了肯塔基州应对经济衰退的一个早期例子:

　　从传统上看,美国城市在经济上已经繁荣发展,然后用一种自我标榜的兴盛和不加掩饰的城市自豪,创造了确定为伟大城市的设施——公园、博物馆、体育场馆、公共广场、林荫大道。事实上,这正是路易斯维尔肯塔基在繁荣兴盛的时代所做的事情。但是,当经济繁荣的时候,这个城市做出了一个非正统的决定,就要看看尾巴是否能摇动狗了——看看通过集中于生活设施、生活质量和旅游业,它希望那些事

情会发生，它可以保证会以一个充满生机活力的路易斯维尔
重返繁荣。

(McNulty et al. 1986：95)

1970 年以来，路易斯维尔市的人口已经下降了 17％，但是，
1984 年关于肯塔基艺术中心的提案却包括了一个 2400 个主座位、
610 个座位的剧院和三个排练空间，耗资 2600 万美元，它将为路
易斯维尔交响乐团、公民芭蕾舞团、儿童剧院和肯塔基州歌剧公
司提供服务。有些人主张分散艺术设施，而另一些人主张翻新现
有的剧院，但是却选择了一个新建的巨大项目，从而表明了对以
旅游和休闲零售为导向的艺术设施的偏好和策略。正如已有的重
大升级项目一样，它类似于巴黎的卢浮宫、巴塞罗那的滨水区、
利物浦的艾伯特码头，英国北部的劳瑞中心、索尔福德码头和盖
茨黑德码头，以及巴尔的摩、多伦多和蒙特利尔的港湾滨道
(Bruttomesso 1993)。

例如，在新泽西州的纽瓦克，一项占地 4.8 万平方米的混合
用途重建项目，从帕塞伊克河延伸到军事公园。这是一项总体规
划的一部分，这项规划把该市二十街区的市中心艺术区与城市博
物馆和图书馆连接起来。麦克纳尔蒂在做出评论的十年之后（见
上文），零售、酒店和办公综合设施内的文化设施组合仍然被当
作一种战略采用，但是，其他方面如办公区的开发，已经失败
了。纽瓦克的经济和就业率也出现了大幅下滑。自 1960 年以来，
有一半的私营部门、四分之三的制造业和一半的零售企业都在流
失（纽瓦克在 1967 年经历了街头骚乱）。因此，耗资 1 亿 8000 万
美元的新泽西表演艺术中心是一个旗舰项目，人们希望它不仅能
够吸引当地居民，也希望能够吸引来自纽约及周边郊区的游客。

一个 6000 座位的棒球场将与这个中心相辅相成，两者都由一个 3200 米长、耗资 7500 万美元的滨河广场相连接。这种对艺术和城市复兴的持续接纳并不完全是被动和实用主义的，但是，它也反映了从 20 世纪 60 年代以来甚至更早时候城市重建计划的失败。当时，联邦资金流入了"问题"城市，但是可以说，这种模式直接导致了城市核心地区的衰败和郊区的崛起（Norquist 1998）。

从最近的美国角度来看，在一个大型回顾展里——1998 年在华盛顿举办的"建设城市中心文化：振兴美国城市的新途径"——许多项目都主要是由它们的建筑师和市长（支持者）模仿和赞同的。他们宣称，好像以前从没有发生过这样的事情，"今天，城市都在利用其传统资产——艺术和文化——振兴它们的城市中心。它们正转向博物馆、表演艺术中心、剧院、歌剧院和音乐厅以推动经济增长"（国家建筑博物馆，1998）。在介绍圣何塞（硅谷）、沃思堡、堪萨斯城、辛辛那提和明尼阿波利斯的主要发展项目时说："不同于 20 世纪 60 年代的艺术中心，如肯尼迪中心和纽约的林肯中心，新文化建筑的设计旨在加强与城市的联系……不是被理想化为文化的纪念碑，而是通达街道的无障碍建筑，而这些建筑却往往反映了它们的城市环境的愚蠢性。"（同上）看一看这次全国展览会上的留言簿就会明白，这些主张不仅仅夸大其词，而且也表明缺少人文维度："当地社区怎么样"，"文化主导的再生项目并未惠及居民"，"项目在这些'后现代'（po-mo）艺术和娱乐区产生了负面的物理影响"。同样具有双重讽刺意味的是，在 20 世纪 90 年代由皮埃尔·查尔斯·莱芬特用宏伟风格设计的首都城市举行的展览中，在那里，郊区的漂移变成了人口外流，残余的少数民族聚居区以双重生活的方式存在，犯罪行为猖獗，而又有美国国会山、国家艺术馆、图书馆、博物馆和纪念碑（如

Cultural Planning:
an urban renaissance?

肯尼迪中心、史密森尼博物馆、国家剧院），以及附近有美国宪
法和军事历史的其他标志物。20 世纪 80 年代中期，华盛顿实施
了它的艺术和文化供给"激活"计划（Cuff and Kaiser 1986），这表
明它的机构性和"代表性"（即多元文化）设施的扩展。然而，这既
没有与城市或文化规划、当地艺术供给和需求相结合，也没有更
广泛地解决因政府和国家的活动、土地使用的过度集中而造成的
城市衰落和萧条问题，而现在成了一个被分裂的城市，被日益扩
张的边缘城市和郊区漂移所"包围"（原文如此）。

在美国，着眼于艺术、遗产和外来投资项目的城市复兴已有
15～20 年的历史，需要进行纵向和客观的研究。不仅要评估它所
采取的文化战略和各自的体制模式，而且也要评估从工业晚期和
后工业国家出现的不断变化的景观、社区和经济。例如，在马萨
诸塞州的洛厄尔，这是美国工业革命的发源地，也是典型的新英
格兰磨坊之乡，它力求摆脱 20 世纪 20 年代工业（纺织品）衰退和
20 世纪 70 年代高失业率（15％）的影响。这是通过 1984 年新指定
的城市国家历史公园和王安实验室（Wang Laboratories）新的世界
总部的搬迁发现的，这也吸引了一些规模较小的技术和支持公
司。洛厄尔的文化规划也是一个公私伙伴关系的典范，并雄心勃
勃地提出了文化是否应该被广泛定义的问题："是把文化导入某
个地方的规划，还是重视和加强该地方的文化？"（Halabi 1987,
and in BAAA 1988：13）这个规划被人们认为是成功的，它认为：
"文化是重要的，文化表达是我们时代的标志……在洛厄尔，经
济发展和生活质量是重要的……如今，城市的精神和人的发展被
认为是至关重要的，而文化规划则为实现这个目标提供了一种方
法。"（Kreiger 1989：182）即使在被纳入洛厄尔规划十年之后，人
们仍认为现在评估规划工作的结果还为时尚早，尽管这一过程被

215

认为是具有包容性的，并提高了艺术在企业和社区中的重要性："旧的新英格兰城市治愈自己……是 1985 年 2 月 1 日《华尔街日报》头条文章的一部分。"(这使洛厄尔的成功与俄亥俄州的阿克伦城的失败形成鲜明对比；Zukin 1995)自从被关闭以来，王安留将洛厄尔的遗产作为其主要的资产，但是，随着遗产和其他形式的文化旅游在城市、历史城镇和自然遗产地数量的迅速增长，以及无所不在的对高科技产业的普遍追求的增加，斯科特的说法听起来带有点儿警告的意味："正如 20 世纪 80 年代许多实际的地方经济发展努力的经验所表明的那样，当硅谷存在于其他地方的时候，尝试成为一个硅谷通常是不可取的。"(2000：27)当文化产业和艺术还不足以扎根于社区生活之时，也可以说同样的话。

在北美、欧洲大陆以及最近在澳大利亚和东南亚(见下文)，通过文化发展实现城市复兴的不同模式和做法在某种程度上都取决于相关的社会和政治差异，以及各个城市所保留的历史性和象征性的影响。在很大程度上，全球资本、国际旅游、文化互参和文化融合的其他力量表明导致文化主导或至少文化影响城市再生的因素都是共同的，尽管内生性的文化偏好、参与层次、规划和设施体系也影响文化城市形成的性质和范围。在亚太地区的城市中，鉴于它们的增长步伐和城市化快速发展，正是城市本身的条件在迫使建筑师和规划师们进行通盘考虑。在这里，高土地成本和人口密度创造了一个连接节点系统的日本模式，例如，说它明显地不同于曼谷。曼谷是一个缺乏规划和毫无节制开发的例子，它使这个城市陷入了实体经济停滞状态(见下文)。在第二世界城市对渴望第一世界地位和文化与经济网络成员资格的回应中，他们在自己的城市再生和城市复兴版本中寻求西方的经验。

在这里，国际设计实践专注于把"基于娱乐的零售空间营造"

216

当作一个公式，"许多城市规划者都认为这已经成了振兴城市中心的一种标准方法"（Levine et al. 1997：124）。在 20 世纪后半叶，在美国，这一现象的先驱者——并且这反映了现在为人熟知的强化核心边缘和科技城的预测——著名商业区和滨水区的一些非常成功的、备受瞩目的再生项目，却被到处持续衰败的景象和绝望之感所包围。正如在美国，城外购物中心的扩张造成了过度的供应和鬼城场景（一种综合体/休闲零售园区可能效仿的风险；见第三章和第四章），城市复兴依赖于持续的社会和经济振兴的外部公式，它不可避免地预示着一场赢家和输家的博弈，这是任何一种单独的文化干预都无法阻止的现象。正如比昂基尼和帕金森认为的那样："来自美国和西欧城市的经验表明，文化政策主导的复兴战略——特别是当它们集中于以城市为中心的'声望'项目时，可能给大部分人带来的好处就很少。"（1993：168）在选编文集中所包含的城市案例研究范围或许提供了最好的比较，即在 20 世纪 80 年代的欧洲，城市文化政策究竟是怎样出现的，在政治上又是如何被合理化的。在经济发展方面，特别是在创造就业方面，在这些案例中几乎没有证据表明，这种投资所带来的当地就业的持续改善，它本身往往是没有可持续性的。在引用汉堡和博洛尼亚（1993：201）的例子时，比昂基尼注意到，在创建社区艺术设施时，文化设施的空间分布是针对这种差异的一种回应。然而，在文化设施已经成为市政设施的基本基础设施的地方，如英国和法国，公共开支的减少和调整已经导致了中心与周边、社会艺术和旗舰艺术以及艺术设施与文化产业生产活动之间的鸿沟日益扩大。这一点在当地城市地区也很明显，事实上，以文化产业/旅游小区为重点的文化规划，增大了空间和经济的鸿沟，而毗邻地区则缺乏社区和文化设施，同样也缺乏手段来克服当地居民克服参与文化和相关经济活动的障碍，正如维也纳（见下文）和伦敦东区的情况所表现的那样（Landry et al. 1997a，b，Mokre 1998，Evans and Foord 1999）。在宏观经济方面，通过规模经济（大型项目和综合体）和以牺牲更加多样化的、地方性的文化设施和方案为代价的主要单一文化发展，已经出现了社会和文化"排挤"和空间集中的现象（Evans 1999b）。

在这些欧洲国家的案例研究中，城市复兴实际上在多大程度上是由文化政策引起的，也是值得怀疑的，因为文化部门一般没有在任何重要程度上参与发展规划和设计阶段。正如作者自己在某些情况下所观察到的那样："博洛尼亚并没有针对城市的衰败制定一种强有力的文化政策"（Bloomfield 1993：91），"格拉斯哥缺乏一种综合的文化政策"，并且，值得关注的是，"在某种程度上，这是文化与发展过程之间的模糊性关系的一种反映"（Booth and Boyle 1993：42）。无论是从形象重塑，还是从具有竞争力的城市前景来看，格拉斯哥都是一个被经常回顾的艺术和城市复兴的例子，包括它与爱丁堡的多年较量和竞争。这是在位于"傲慢自大"的格拉斯哥与"疲惫衰老"的老爱丁堡之间的新国家苏格兰艺术馆变得精疲力竭之后的情况。正如萨迪奇——他本人作为格拉斯哥 1999 年节庆的导演加入了文化特使行列（见上文）——所评论的：

> 在后工业化世界中，一个国家博物馆开始承担起有如汽车厂或机场一样的国家意义……新一代企业家拼命争夺的讨价还价筹码，证明他们在战胜竞争对手上占有优势。与其把它们看作公民自豪感的奖杯，不如把它们看作在当地经济中创造就业的基石。

（1993：5）

Cultural Planning:
an urban renaissance?

格拉斯哥打出的"王牌"是提供 1000 万英镑的欧共体地区援助（爱丁堡没有资格获得这个援助的数额），如果美术馆的选址在那里：这是超国家文化干预的一个例子，与艺术规划有一点关系，却是在第七章所讨论的区域经济发展标准的支持下进行的（Evans and Foord 2000b）。用墨玛斯和范德普的话说是："城市成了一种需要推销的商品。"（Bramham et al. 1989：264）

继媒体对毕尔巴鄂新的古根海姆特许经营权、当时的柏林和雷姆·库豪斯在拉斯维加斯的赌场前哨（模仿威尼斯大运河）的狂热报道之后，利物浦已开始向该基金会招揽 6000 万英镑的公共（欧洲彩票）和私人资金，用于建造容纳比古根海姆博物馆更多藏品的建筑。位于默西塞德泰特美术馆和沃克艺术馆附近的一个（世界遗产）遗址，是因为这个城市仍在试图摆脱负面的形象，而失去了与西北城市竞争对手曼彻斯特的战斗力："意识到利物浦在 20 世纪 60 年代未能充分利用'默西之声（Mersey Sound）'，曼彻斯特在 20 世纪 90 年代开始推广其流行文化。例如，大曼彻斯特旅游会展局不是在一家大型酒店、展览或会议中心，而是在该市的大庄园（Hacienda），即在这个城市的顶级音乐俱乐部里成立的。"（O'Connor and Wynne 1996：84）此外，法国南部的里昂以及世界上从里约到累西腓的 60 多个城市，正在追赶古根海姆基金会及其随处可见的收藏和品牌，建立一个更多的卫星博物馆，以补充其主要的会议和交通发展。回到原创性的古根海姆博物馆的原址（见图版 8.1）之家，一座耗资 8.5 亿美元（再次涉及盖里）的新古根海姆博物馆，包括一个图书馆、教育设施、剧院、溜冰场和一座漂浮在曼哈顿东河四个现有码头之上的公园："博物馆不仅是展览空间，而且是教学机构和城市景观，老古根海姆博物馆与洛克菲勒大厦融合在一起"（Ryan 2000：91），同时，"毕尔

图版 8.1　纽约古根海姆博物馆

巴鄂的宝贝儿正在各地降生"。这就是对盖里的西雅图互动体验
音乐项目（EMP）的评论。这是为了向当地英雄吉米·亨德里克斯　*218*
致敬，其目的是利用华盛顿州西雅图南部兰顿亨德里克斯墓吸引
数千名游客，就像格雷斯兰作为埃尔维斯的神殿一样。这可能会
确保它的生存能力，与西约克郡谢菲尔德无人参观的国家流行音
乐博物馆形成鲜明对比（见上文，见图版 7.4，第七章）。单靠城
市地理位置不足以引起人们的兴趣——为了克服新的和继承下来
的文化设施的任意性，需要有象征意义的和具有地方性的社团
（Lynch 1972）。大众文化的各个方面是否可以成功地被博物馆
化，例如，体育、流行音乐，也是值得怀疑的。因为在那里，人
们只能收集艺术品、纪念品和录制品，而这些东西在其他地方也
可以买到，而且也已经获得了更丰富的经验。

　　现在，格拉斯哥正处于以文化为主导的复兴的第三个阶段，
从 20 世纪 80 年代开始，"格拉斯哥的未来更美好"的运动（1983）

便开始了。随后，1987 年举办了国家花园节，1990 年举办了欧洲文化城市节（Booth and Boyle 1993），并继续扩大文化活动，如五月节、爵士音乐节。艺术设施，如现代艺术馆，尽管教育和博物馆服务削减了预算，但最近还是成为 1999"建筑设计和城市艺术节"的主办方。其中包括进一步的建筑改造项目，如灯塔建筑中心——一级格拉斯哥先驱大厦——纪念查尔斯·雷尼·麦金托什及其他苏格兰和国际设计师。许多年来，花园节的场地都是多余的，就像其他 20 世纪末的博览会和大型活动一样，克莱德再生区的零星开发方式预计将在没有总体或文化规划的情况下产生一个由不相关建筑物组成的建筑动物园。

219　　　然而，这个城市的人口也在持续下降和向外漂移，并且，苏格兰的入境旅游，新项目可行性和再生计划投资的一个关键因素，也在逐年减少，文化设施的前景难以为继，筹资方案受到限制（20 世纪 90 年代之后，在成为文化城市之后不到一年的时间里，一些文化设施就关闭了，如第三只眼中心）。正如休伊森所提出的："伊斯特豪斯或哥尔巴斯还会感受到对市中心的好处吗？在马戏团离开后，格拉斯哥还会是一个文化中心吗？"（1990：176）由于受到公共服务合理化和预算限制，20 世纪 80 年代的文化投资方案无法持续，这也反映出人们对事实上产生的文化方案以及经济活动的性质和受益者都感到不安。将当地文化政策和产业战略转用于区域性乃至国际性的文化旅游战略，现在已成为当地设施和文化发展的两难困境，并且，这需要更具有地方性的经济回应，正如比昂基尼建议的那样：

　　　　未来十年的挑战将超越狭隘的以消费为导向的战略，以及最终具有破坏性的 80 年代零和博弈，争夺有限的外来投资或旅游收入。有必要开发更多的本地控制的生产系统，无论是在……制造业……还是在诸如电影、时尚和设计等文化产业中。

(1991b：12)

城市再生的过程本身也在与全球资本、地缘政治和供需运动的直接关系中发生转移——如办公空间的过度供给、设计和信息流动的新技术、住宅和休闲零售发展的增长、东南亚的经济和政治危机等——继续寻找增值机会和"有质量"的大型开发项目，包括设计、动画片制作、公共领域（如园林，公共艺术）和高艺术殿堂。在这些宏大设计中，规模变得越来越重要——看看维也纳中心最近的巨型工程吧。这里正在兴建一个博物馆区，号称是世界上最大的文化建筑区和十大文化区之一。它占据了前皇家马厩，在艺术史博物馆和自然历史博物馆的后面，将有近20个独立的艺术组织要设置在这个文化区，预计该文化区将"吸引游客和金钱，这是邻近地区的一个文化中心，它将给这个城市带来新的创造性动力"——用该计划项目经理的话来说：这是一个"文化的购物中心"。不那么引人注目的文化发展也是同时存在的，或者更确切地说，是同时发生的，因为它们很少与这些宏大工程项目有任何联系。自1995年以来，在维也纳开展了一个由欧盟资助的城市项目（1995—1999年3200万埃居），重点是格特尔西部地区的77000套住房。该地区建筑密集，缺乏便利设施（每个居民1平方米的绿地），三分之一以上的居民是非奥地利人（如土耳其和东欧移民），失业率是这个市失业率的两倍。这个城市复兴计划的一项内容就是致力于发展一种新的社会和文化公众："为公众的不同生活方式、文化需求和成就的公共表现提供可能性。"（Mokre

1998)一个特殊项目，即"一英里青年文化"，由前卫艺术项目、
青年多元文化以及零售和餐馆设施组成。然而，即使是这个社区
发展方案也有经济上的迫切性。该项目预计需要自筹资金，吸引
来自全市的人和各地游客。这种矛盾的"伙伴关系"（公私合营）制
度已经看到了土耳其青年艺术项目埃克泰克（Echotek）因为不切
实际的财务预期而宣告失败的结果，由于文化的社会发展服从于
主要基于游客的和旗舰计划的相同标准和原则（Evans and Foord
2000a），这种情况出现在整个城市经历的城市复兴过程之中。然
而，在资本密集的博物馆区（museums quartier）的许多主要艺术
机构，同世界各地其他城市的艺术机构一样，继续吸引直接补
贴，有时超过其年度预算的 75%（如伦敦的泰特艺术馆；Evans
1999g）。甚至比经济理由更尖锐的是，"极端主义、民粹主义"的
右翼奥地利政府利用诉讼来压制那些直言不讳的艺术家和科学
家，已经从两个现有的文化团体（公共网络基地和仓库）中撤走了
资金，这些团体将占用博物馆区的房舍。两者都是在文化和政治
上抵制政治政权的聚会点，它们都已经在这个新文化区中失去了
自己的场所，官方"为其他尚未开发的创新活动腾出空间"
（M. Mokre，维也纳奥地利科学院，个人通信，2000 年 9 月 26 日）。

因此，主要的文化建筑在很大程度上是与通常邻近的社区艺
术、文化发展活动和许多新的艺术和创造性活动的来源是平行
的，无论是所谓前卫艺术还是非合法的和"种族的"艺术。以伦敦
泰晤士河岸的泰特现代美术馆为例，它于 2000 年年中作为国家
千禧年大项目之一开业（见表 8.3）。毗邻的艺术家聚居地同时占
领了一座前工业建筑，同时也失去了它的家园，因为房地产租金
和高价值的使用把这个转型的文化区资本化了。在皮姆利科泰晤
士河对面的原泰特美术馆（后更名为英国泰特美术馆），尽管那里

220

有新的建筑工程和展览，但是在这种体制内，由于同时出现了可怜的参观率而在一定程度上超过了赞扬这个美术馆的眼前成功和喝彩声。至今仍然没有回答的问题是，这类大型艺术建筑在多大程度上能够促进游客数量的净增长，或者说，是否真的可以达到饱和（这一点在静态中是显而易见的，甚至表演艺术的观众也在下降）（Evans et al. 2000，见第五章）。在康沃尔圣艾夫斯一个早期附属泰特艺术馆案例中，定位和选址都遵循那里既有的视觉艺术传统（画廊，工作室），其中包括芭芭拉·赫普沃斯、本·尼科尔森和帕特里克·赫伦等艺术家。就像伦敦泰特博物馆对现有公用场所的再利用一样，在这种案例中利用的是当地的煤气厂。这个美术馆被宣传为以文化带动经济发展的成功典范（包括欧洲区域资金 20％ 的资本成本），在一个经济萧条的地区，即便是在现有的旅游市场中，也没有什么前景或增长的可能性（Arts Council 1994）。当地的阻力是显而易见的，当地人更喜欢其他的设施，如对游泳池的长期呼吁，以及讨论一种现代艺术收藏究竟为什么要设在那里等问题。艺术馆要收取门票（不像伦敦的主要收藏馆是免费的，在泰特现代美术馆的例子中，由中央政府提供额外的补助金来保证），这更是一种侮辱。邻近的城镇和村庄，包括英国一些最贫穷的城镇和村庄，几乎没有从这个前卫的国家美术馆中获益。在这里，与许多其他地方一样，艺术和经济复兴高度集中在当地的少数个人、企业中——无论是已有的还是新来的。在当地，尤其是文化机构本身，由于经济和文化利益的严重"泄漏"，完全脱离了影响区域。

重大文化设施的规模和选址也提供了商业和零售方面的可能性。它们的设计、规划、地位和管理文化决定了它们的运作和与其关键利益相关者——国家和城市文化部和机构之间的关系。这

221

种零售现象现在随处可见——从"附属于博物馆的王牌咖啡馆"
（为伦敦博物馆改造而设计的）（Evans 1995c），到贝聿铭的卢浮扩
建区和地下购物广场入口的"卢浮宫旋转木马"。这些或许借鉴了
最初在一个屋檐下的一种休闲购物体验，也就是本·马赛百货公
司在这里首次衍生出现代绘画展示技术（Williams 1982，Rearick
1985，Cowen 1998）。正如瑞安所认为的："新博物馆本身可能在
物质上依附于旧的东西（部分是寄生虫，部分是生命维持系统），
而这些机构的当代性质似乎不可避免地围绕着新的摄影机会，即
所谓明星建筑和放大的购物场景。"（2000：90）当然，巴黎、柏林
和维也纳有一个蛮不讲理的"总体规划"历史（见第二章），它直接
或间接地为游客提供了现在作为国家遗产和象征性场所的历史文
化街区。就维也纳而言，这有助于创造一个遗产岛，而在它上面
进行当代的改造（博物馆区，见上文）。正如罗宾斯认为的："城
市更新反映了理性主义更可接受的一面，但并不能适应城市文化
的情感维度。"（1996：88）埃尔梅尔和拉斯基是这样回答的："今
天，城市规划的任务还包括补偿差异和创建必要的社区，让城市
可以发挥全方位的作用……如果不均匀性变得明显可见，如果同
质化的国家或城市文化的观念不再站得住脚，那么，城市、城市
空间就变得重要了。"（1998：80）然而，过去 20 年来，在文化城
市和主要场所及其仿制品中，都有证据表明，城市空间仍然保持
着同质状态，在定义和设计上具有补偿性和不寻常性，而实际上
在空间性和象征性方面却处于边缘地位。

　　事后看来，可以说，我们在文化政策和发展方面正处于城市
复兴的第三个阶段——20 世纪 80 年代中期，在自由规划和私营
部门主导的阶段达到顶峰之前，社区艺术和社会行动运动与城市
政策密切相关，失业率不断上升。在自由规划和私营部门主导阶

段之前的早期阶段——20世纪80年代中期达到顶峰，社区艺术和社会行动运动参与了城市政策，（特别是"结构性"和青年）失业人数不断增加，在社区/艺术中心和新兴文化产业实践中表现出来。艺术和城市复兴的第二阶段恰逢文化机构接受"公私伙伴关系"和艺术再生作用，明显选择了艺术理由的经济重要性（如上文所述）。当前阶段表现出前两个时期的各个方面——一方面是社会排斥议程、获得艺术的机会、社区复兴（Shaw 1999，见第九章），而另一方面是私营部门融资、小企业（SME）发展和创意产业举措。伙伴关系是这种治理术（Foucault 1991，also Foord cited in Evans and Foord 1999，2000a）最新版本的更重要、更具有象征性的方面，它包括公民在这种社会契约中的责任，但是，以前把美国增长联盟与更具有社会政治意味的欧洲城市治理方法区别开来的政体理论（Stoker and Mossberger 1994），如今在当前这个时代更加趋同了。在以场地和地区为基础的再生项目中，文化是一个普遍的、甚至是必要的主题和组成部分，艺术兴趣现在占据了这些城市伙伴关系的一部分，尽管正如芬斯坦（1994）所说的那样，重要的不仅仅是谁参与的问题，而且还是一些行为者如何实施所提出的目标的问题。地方治理和权力很少是稳定或平等的，这自然决定了"文化"的性质和受益者，这种文化在项目设计和开发计划中得到直接资源和考虑，艺术中的表征同样反映了政治偏好（如审美、设计、创意产业与社区艺术、多元文化和多元主义）以及中介机构等在发展过程中具有的关键作用，例如，规划、资源分配和"地方"之间的中介（Evans and Foord 2000a，b）。

在某种程度上，城市和城市筹资方案的拼凑在一起，或者至少打算在城市政策议程中把这些社会和经济的文化原理混为一谈。可是，虽然有些评论认为，20世纪后期的后工业城市如今已

Cultural Planning:
an urban renaissance?

不再与 19 世纪的艺术传统和对文化同质性的追求联系在一起
（Ellmeier and Rasky 1998），但是，对便利设施、社会排斥和经
济创意产业基础的关注，与维多利亚时代的理性娱乐（和更早的
工业）运动以及长期稳定的文化与商业之间的关系却有着明显的
共鸣（Casey et al. 1996，Hall 1998，Cowen 1998）。当然，文化
多样性、民族国家和占主导地位的（欧洲）文化之间的紧张关系，
不仅在国家层面（如法语国家、伊斯兰国家），而且在区域层面，
文化之都之间的紧张关系——实现它们作为国际大都市的角色与
区域政府的"身份"观念之间的紧张关系——都是一个持续地关切
和冲突根源，后者往往涉及历史的重新书写和单一的文化形象。
很显然，这已经在巴塞罗那（加泰罗尼亚）和蒙特利尔（魁北克）得
到了强调。有关多元文化、多元主义和"身份"的辩论，究竟多大
程度上严重影响了城市文化和再生的政策和过程，并不清楚。然
而，几乎没有迹象表明，制度性的霸权，包括欧盟、世界银行和
联合国教科文组织，它们负责艺术和遗产与城市经济政策计划，
已经接受或反映了这些问题，并试图拓展文化政策和更加民主的
规划。或许，需要提出的关键问题是，鉴于城市复兴时代文化政
策的经验和演变，对于当前的政策和实践来说，这一经验究竟有
多大的意义，中介机构的作用究竟怎样反映政策目标（这些目标
在哪里得到了清晰表达），在专业、体制和文化利益方面，政策
究竟"定位"在哪里（Evans and Foord 1999）。文化规划在一个重
要意义上与社区规划方法并举，在扩大政策和资源分配进程并使
其民主化方面中发挥重要作用。它虽关注空间和环境，但也不太
依赖于艺术形式、合法的文化实践以及僵化的体制。

"南部"的文化城市和西化的城市规划

正如前几章所讨论的，城市文化形态在很大程度上要归功于对前工业化城市的传承，以及古典的和前哥伦比亚文化的影响，主要是非西方文化，或者至少是受到非西方文化的影响。因此，城市复兴及其后工业改造可能会有一些西欧的根源（尽管有很多是被过分夸大和重新想象的），但是，在晚期资本主义的经济全球化时代，城市文化的形态和功能越来越遵循普遍的路线（Hall 1977）。虽然文化消费和生产的传播可能在经济上是全球性的，但是，正如霍布斯鲍姆认为的，"（经济）全球化并不是一种以相同的方式发生在所有人类活动领域的普遍过程"（2000：62）。这种情况在政治上也是如此，且受到地理、气候和历史等环境因素的影响。与其他的东西相比，不同的文化习俗也更容易传递："传统文化通过一种已经被全球所采用的欧洲模式来传播……在大阪、芝加哥或约翰内斯堡举办的音乐会节目会呈现同样的曲目——欧洲古典音乐。这并不适用于文学，因为它受到了很大的限制，即语言差异。"（同上：122）这一点在传统歌剧院、非欧洲国家及"非土著"民族的剧院和音乐厅的持续发展以及在否定其文化价值和意义的社会中对文物和收藏品的博物馆化方面都表现得很明显（Clifford 1988，1990）。然而，大众文化是更加融合的，霍布斯鲍姆把所谓高雅文化与大众文化区分开来，因为"后者为所有人共享，包括那些熟悉高雅文化的人，但反过来说却并不真实……这就是为什么全球性的偶像都来自流行文化的原因"（2000：123）。或许，这低估了亚文化和另类文化资本的重要性，而非更加商品化和"可获取"（即以供应为主导，"酷"）的大众产业文化爆发。

也许，如此热情地接受西方文化和后现代设计，并且毫无疑问地通过媒体技术和跨国扩张（如好莱坞、音乐设备——从索尼到雅马哈）来推动其商品化的亚洲国家，就是第二次世界大战后的日本。在日本的城市中，一方面是引人注目的消费文化，另一方面是传统日本的约束性和低调、工作伦理以及对雇主和家庭的忠诚。这种悖论是很明显的，日本的城市的"无中心性、霓虹灯闪烁的街道、临时性景观大楼、模仿区（购物中心、性爱酒店、娱乐和虚拟现实中心，电影院）……它们既是消费的场所，也是被消费的景观"（Clammer 1987：47）。可以把日本的当代文化描述为一种无节制和可见性的文化，一个"景观社会"（Debord 1983）。这体现在主题公园的普及和发展上，以及日本大型活动和世界博览会不同寻常的成功中（例如，1970 年的大阪，吸引了6000 万人次前来参观，并计划 2005 年在爱知举办世博会）（Naka-ta，1998）。这与其他国家形成鲜明对比，在其他国家，居民和游客的态度和反应最好是喜忧参半。在这里，文化规划的欧洲空间模式并不像西方和殖民地城市那么明显。就艺术和文化产业而言，与其他国家一样，首都东京在日本全国占有主导地位，有20％的博物馆和剧院，60％的表演艺术公司，68％的电影和视频制作基地（Yamada and Yasuda 1998）。

在日本和其他亚洲的城市，正如在过去的欧洲一样，也正在出现一个新兴的中产阶级："向新的城市开放，渴望城市的先进水平，他们是新的全球市场文化产品的理想消费者……然而，他们在社会方面也非常保守……这是一种西化现代主义和民族主义传统的杂糅。"（Hanru and Obrist 1999：12）易卜拉欣描述了（从14 世纪到 17 世纪）欧洲（城市）复兴和启蒙运动的世俗性与具有宗教和传统基础的亚洲复兴之间所具有的一种差异性。（1996）然而，这一点在印度的宝莱坞、中国香港的功夫电影业，在旁遮普、伦敦以及其他欧洲和北美的城市的侨民中的文化同化方面就不那么明显了。此外，正如其他快速发展的地区（如拉丁美洲）一样，东亚的发展速度和全球资本以及文化流动速度，已经表明了文化"在本质上是混合的、不纯的和矛盾的。随着新城市的建立，以及现有城市的扩展、翻新和改造，为迎接经济全球化而突出了不同的文化标志"（ibid.：10）。而且，正如吴指出的，城市发展的外国投资体现了场所营造的全球维度，同时，在城市景观的重塑中，"国际化不仅带来了外来的生活方式，而且提供了一种诠释其象征意义的方式"（2000：1364）。

在这些城市的文化发展和设计中，规划究竟处于什么样的位置尚不清楚，因此，即使是由国际城市设计师、开发商和（或）城市和国家政府制定的总体规划，也与更多地考虑便利设施、社区形态和文化表现的社区规划相去甚远，因为这种规划将会使居民和工人在其环境中具有某种主人翁精神和保护意识。当金融危机使这些金融城市的国家和它们的附属国家陷入瘫痪之时，当然是这些社区受到最大的影响。它们的财产和共享价值也是不可持续的。西化的观点（King 1991，Sklair 1991）认为，由于"可口可乐殖民化、西方电影、音乐和跨国企业"，发展中世界的城市是消费品的被动受害者，"西方文化正在逐渐地支配城市的生活方式，并导致了整个发展中世界的同质化"（Potter and Lloyd-Evans 1998：116）。正如波特和劳埃德所指出的那样，这样的消费文化，无论是产品、"场所"，还是基于参与的文化，都并不是所有人都能够拥有或得到的，内在的不平等是明显的，社会鸿沟（"排除"）在增大。然而，这并不是发展中国家独有的一种现象——很少有所谓发达资本主义城市在社会、空间、经济和文化方面不存在分歧，而文化消费者和受众范围（如互联网接入）（如第五章所表明的）也像以往一样集中在高收入群体。正如在现代时期曾经有过的现象一样，因为支持更大规模和集中化的文化旗舰、商业娱乐综合体从而导致了地方设施水平的恶化。现在，社会排斥或包容欧洲和北美引起了共鸣。人们希望这些国家的创意和知识产业会通过信息社会技术得到缓解，并且增强这些产业的权能（Werthner et al. 1997，EC 2000），正如捐助国的消除贫困目标要求参与世界贸易和全球经济规则一样，包括对国际旅游、新技术和文化产业的"开放"（Landry 1998，2000，Evans and Cleverdon 2000）。

225   另一个关于城市综合征（主要适用于发展中城市，但与西方城市不怎么有关系）的天启式观点，却鼓掌称赞"贫民窟里的人们的勇气和耐力……佩服和惊叹他们的适应能力，建造他们的避难所的能力，创造他们的生活的能力，在城市经济的其他地方寻找生计的能力"（Seabrook 1996：5-6）。这也在那些认同里约热内卢贫民窟（favelas）与"狂欢精神"、加勒比棚户区、南非小镇以及美国城市黑人聚居区的城市文化中得到了体现（e.g. Harlem；Younge 2000）。当然，它们也向西方主流文化输出并与西方主流文化融合，从说唱音乐和瑞格舞到萨尔萨舞曲和索卡乐。"街头"文化可能是一个包罗万象的术语（Fyfe 1998），但现实的情况是，这些团体没有别的地方可去，即使有，除了某个共享的教堂或社区会堂以外，几乎没有任何当地文化或社区设施或办法，也无法获得既有的艺术和文化生产设施。正如德克尔在 20 世纪 70 年代巴西人口爆炸之后，公民生活实际上遭到破坏时所写的那样："如今，最具特色的文化证物不是剧院的外立面，而是无数的电视天线，甚至是最贫穷的贫民窟的卫星天线。"（2000：184）与西方主流文化产业的接触，为少数人提供了传播和商品化的可能性，但对产生这种创造力和人才的社区几乎没有或根本就没有影响。对当地文化熔炉遇到火药桶的"当地文化"的颂扬（和赞助）也遭到梅西的抵制，他"警告不要把一种集中于空间的社区概念浪漫化了"（1994：163-164，Tomlinson 1999：157）。通过参与不同文化实践、消费和符码（道德、文化、普遍主义），由于不可抗拒的文化适应和"混合"过程，尽管经济全球化已经威胁到了少数族裔，但是，也正如雅克布森所认为的那样："地方认同与国际规范模式之间的一种讽刺性的、更加牢固的纽带把国家扔在了一边……因此，至少在理论上，民族群体在争取文化认同和政治影响上得到了国际性的支持。"（2000：22）

虽然国际后现代（po-mo）风格（原文如此）的建筑和城市设计在较不发达国家（LDC）的城市中很明显，这些城市往往是在西方建筑师的指导下，以殖民和后殖民的方式进行的。但是，随着1997年东南亚经济和房地产危机的加速，发展的步伐放缓了。例如，在越南和马来西亚，人们正在寻求更适合本国的解决其社会和环境气候问题的办法。也正如梅西等人指出的："近年来，某些伊斯兰国家企图设计和建设一个并不在每个细节上都以西方发展模式为榜样的未来……某些电影、一些音乐已经被禁止，来自西方文化的影响也受到了仔细的审查和控制。"（1999：120）然而，非陆地媒体和其他形式的全球文化传播（包括国际旅游）却使这些尝试变得脆弱，正如东欧集团和其他黯然失色的邻国（如中美洲）所经历的那样。在城市中心和历史中心展示官方和公共文化的同时，人们也会发现更多的"隐性"消费，正如西布鲁克在《电影院的星期天》中所发现的：

226

　　在通向电影院的一条小巷或小街上，这条小街是曼谷最繁忙的道路之一。入口处在小巷的尽头，很不起眼；唯一的标志是半圆形的混凝土遮阳篷。它曾经给电影做过宣传，当时的电影可能非常可观。现在，它们甚至不能告知有电影，因为它们不是真的在放电影，而是放映来自日本、德国、中国香港和美国色情片的片段和丢弃的画面……这种乌烟瘴气的、破旧的小电影院肯定不会长期承受曼谷的发展需要。它们已经被高层公寓所遮蔽，它所占据的土地太宝贵了，不能留给这种奇怪的无辜者来满足人类的需要。

（1996：264-265）

　　以联合国教科文组织和世界银行等发展机构的形式进行的国际干预（援助），也通过文化和建筑环境促进了一种经济发展的模式。这种模式着眼于西方式的文化消费和文化生产，并且依赖于本土的和全球的文化精英和中介。例如，厄瓜多尔的基多（Quito）正在尝试一种类似于巴塞罗那的方法，以恢复这个城市扩展的历史核心区的中心地段（Rojas 1998）。桑给巴尔是坦桑尼亚沿海以穆斯林为主的岛屿社区，将进行大规模（10亿多英镑）的旅游和基础设施改造，其中包括以波多黎各为基础新征召的世界遗产城市。包括石头城，一个新征用的世界遗产，以波多黎各巴努斯为基础，这是一个沿着马贝拉到阳光海岸的不真实后现代滨水渠开发（Evans 1999c）。对发达国家和发展中国家城市中的世界性和象征性遗产遗址的关注，需要在地方和国家需求之间取得平衡——生活质量、经济和物质权利、尽量减少中产阶级的影响和在保存的遗产方面强加"阶段性的真实性"——以及由谁和谁来解释和维护城市文化。沙克利等人主张，更多地应用一种文化规划的形式，并在文化遗产地区实行定价机制，因为这些地区"游客人数多、解释不清楚、可获得的信息少、交通拥堵和污染都影响着这种体验的质量。遗憾的是，这种质量只能以高昂的成本来维持"(1997：205)。谁来制定、实施和执行这些计划和控制（如定价、开发）是一个同样重要的问题，这个问题必须从继承者和社区居民出发。他们常常管理遗产、遗址，但又往往是总体规划过程（如巴勒斯坦，玛雅）以及土地使用和发展援助分配的受害者(Evans 1999c)。正如纳苏迪安认为的那样："为了恢复他们的传统文化和宏伟纪念碑，亚洲的第一个地方遗产支持者……向以前的殖民者寻求建议……但是，他误解了城市的复杂性，城市不仅仅是生活，而且充满了生命……当地的同行和文化爱好者有时候没能把城市重建的想法转化为当地的现实。"(1998：28)

在正在进行现代化的新世界(New World)城市中，商业与文化并列，以文化场所、设施和纪念碑的形式取代公共文化（"领域"），似乎比在旧城显得更为强烈。在很大程度上，这是由于与旧工业城市和世界城市相比，现代化发生的时间较短。在某些情况下，还由于它们从经济发展的初级阶段跃升到第三阶段和后工业阶段。这尤其表现在纪念碑式的建筑方面："办公楼综合体、购物中心、娱乐中心、国际酒店。因此，香港有时代广场和太古广场，吉隆坡有双威水上乐园，新加坡有其中心区，北京有新东安广场……"(Hanru and Obrist 1999：11)高达 450 米的吉隆坡双子塔通过这个具有竞争力的旗舰集中体现了这种场所营造的极致，在这种情况下最终还是被上海金融中心所超越。到了 2003年，芝加哥在一个狭小空间上耸立起一座高达 2000 英尺的圆柱形建筑。由同一事务所设计，开发了伦敦码头区的金丝雀码头、纽约的巴特里公园以及好莱坞电影《陷阱》(1998)中具有特色的塔

227

Cultural Planning:
an urban renaissance?

楼。在其中一幕中，肖恩·康纳利从贫民窟爬到摩天大楼，这导致马来西亚总理禁止拍摄这部电影的这个画面（他认为这个贫民窟就在马六甲南部）。然而，正如里克沃特所指出的那样，这并不是对艺术真实性的一种辩护，而"真正引起［总理］愤怒的是把双子塔解读为社会不平等的一种形象。当然，这是因为它展示了吉隆坡的很多贫民窟"（2000：227）。在双子塔附近，马来西亚的一个市场被重新建立起来，在库哈斯发明的"普遍城市"中提供了一种真实性的体验。许多亚洲城市都有一套政策，按照迪士尼和拉斯维加斯的套路来重新创造"历史"和重建"本土"文化，这是城市居民被吸引到国外这些地方来消费的原因之一。他们的消费没有任何讽刺意味，并且，在国内也复制同样的东西（如世博会，见下文）。然而，在这里，"这些举措的结果就是真正的历史区的消失，它们被夷为平地，为超'真实'的传统仿像鸣锣开道"（Hanru and Obrist 1999：12）。

　　在这一地区，具有竞争力的城市化的另一个例子是新加坡。它几乎位于赤道附近，被认为是东方与西方之间的一个枢纽。作为国际航空运输枢纽和会议城市，市政府已经把一个复兴城市的标签作为明确引入西式娱乐战略的一部分。全球艺术城市的前提是，使新加坡成为该地区领先的艺术和娱乐企业的投资基地、东南亚的剧院中心，并因此也成为游客的主要娱乐目的地："一个融入国际网络的世界性城市，能够汇聚和增加世界人才和思想。"（STB 1996：9）一项主要的发展计划就是海湾的滨海艺术中心——这是一项耗资2.5亿美元的工程，包括一个有1800个座位的音乐厅和另一个有2000个座位的音乐剧院，它旁边是一座现代化的滨海湾酒店和零售建筑群。在那里，新加坡河延伸到了高层商业区（见图8.1）。

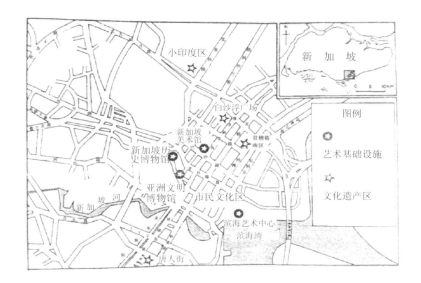

228

图 8.1 新加坡中心区：选定的艺术基础设施和文化遗产区

来源：Chang 2000：822

　　这个海滨艺术中心本来应该为当地团体提供更小的工作室和表演空间——"亲密的亚洲演出和中国歌剧"——但这些计划很早就被取消了。艺术从业者表达了担忧，由于其庞大的结构和昂贵的租金，滨海艺术中心主要受外国流行音乐会和百老汇演出等大型活动的影响，不太适合小型、地方性、实验性和非营利性的演出(Chang 2000：824)。用一个观察者的话来说："这是为发达世界的顶级表演团体在亚洲巡演时提供的一个得体场所……而对新加坡的实验艺术没有什么好处。"(Kong and Yeoh，即将出版，第四章)同样，这一开发进程既没有文化计划，也没有就这样的外来投资战略可能带来的文化和经济利益达成共识，更重要的是，哪些文化活动和潜力可能会被排除在外，以及新加坡政府究竟要寻求什么样的身份，以及为什么。

自 1990 年（投资自由化向西方开放）以来，在工业大国城市上海，主要的城市发展规划把外国资本和设计与当地结合起来，而不是社会主义对规划和土地使用的控制。在这种情况下，经济全球化还增强了地方一级的规划和治理能力，但是也牺牲了中央计划经济和城市发展方案。这种情况下的城市发展模式遵循的是国际风格和规则，正如吴所认为的：“外国建筑公司参与城市设计和规划。位于城市中心的上海中心是一个巨大的多用途综合体，包括 472 套豪华公寓，25000 平方米的高级办公空间，一家剧院，一个标志性的展览中心和豪华的五星级酒店。”（2000：1365）这个城中城是由一个英国公司设计、日本的承包商建造的，而新加坡的艺术中心是由美国和英国的建筑师设计和策划的。西方设计和资本的影响也延伸到了外交干预（因为建筑师和建筑合同是一种有价值的出口贸易），如在北京紫禁城的案例中。在这里，这座伟大城市的管理者们所关注的是城门外的一个大型文化综合体的开发，包括歌剧院、音乐厅、主剧场和表演空间，是“世界之最”（能容纳 10000 人）。中标的英国建筑师被三次告知他们赢了，然后又被三次告知他们没有赢。在法国政府的干预下，该委员会去了一家法国公司。这家公司提出了一项更加宏伟的设计——一个玻璃椭圆形穹顶——让人想起拿破仑式的规模。正如落选的建筑师所说：“这个建筑是一种象征，而不是作为城市综合体一部分的文化建筑。”（Farrell 2000：32）

229

马来西亚政治家安瓦尔·易卜拉欣在撰写关于亚洲复兴的文章时，认为对文化同化的回应在于培育一种亚洲美学（esthetique），而不是退回到其多元而丰富的文化遗产中去：“近年来，人们已经看到了西方的或者受西方影响的文化产品铺天盖地的蔓延……亚洲不仅必须加强自身抵御消极文化轰炸的可能性，〔而且]还必须能够对公正和公平的新世界文明做出积极而持久的贡献。"(1996：97)因此，他认为，对亚洲文化以及传播的影响来说，一个机遇就是"对同质化趋势、伴随经济全球化而来的文化还原论的强有力的反向运动……只有创造力和想象力才能赋予亚洲以社会文化的力量，不仅能够抵御新的、更微妙的统治形式，而且[还]能够平等地为世界提供自己的文化输出"(ibid.：98)。文化发展究竟在多大程度上是被规划的，这当然取决于地方和城市治理的形式、制度和文化权利的观念。这些观念在何种程度上像在其他城市社会中一样能够体现在亚洲社会中，这是值得怀疑的。(在臭名昭著的具有政治动机的鸡奸案中，在首相唆使下进行的一场作秀的审判中，副总理易卜拉欣被马来西亚法院判处九年监禁。)具有讽刺意味的是，在20世纪90年代中期，马来西亚向英国寻求一项国家文化政策发展，引进西北艺术委员会的一个团队来制定它的文化规划以及基于艺术形式的政策。这是从克罗地亚到南非的新兴国家反复出现的一种模式(Landry 2000)，在这些国家，英国的艺术顾问们一直在帮助制定文化政策(往往得到了国家和国际基金的支持)，而城市总规划师和设计师则推迟主要发展计划——这表明他们缺乏信心、不尊重他们自己的理念、远见和文化基础。正如易卜拉欣所认为的那样："亚洲最大的讽刺是，其伟大的思想家和文学艺术作品必须由'西方'来发现，才能在亚洲人自身当中找到更为广泛的受众。"(1996：98)而且，这种对西方认可的需求似乎也延伸到了文化和城市的规划方面。

　　文化规划在何种程度上受到了全球和竞争压力的推动，以及参与(因而促进)国际旅游线路和艺术、文化产品分配的需要，部分取决于社会表现、能够保持的文化完整性与独特性的程度和稳健性(King 1991)。就像科恩所认为的那样，在当今时代，"在艺

Cultural Planning:
an urban renaissance?

术中，文化融合的最突出的例子不是来自全球的中心，而是来自世界的边缘；它们主要体现了全球风格发展趋势中的一种本土化的努力——西方艺术风格或者形式与第三、第四世界的本土文化元素相融合"(1999：45)。这种动态的交流，不仅有助于为当地受众带来国际性的和其他的文化形式和实践，而且能够使当地艺术家赢得更为广泛的受众，并为他们自己、他们的群体甚至他们可能代表的（民族/族群）文化赢得认可。正如科恩补充说的："因此，艺术家们扮演了一个中间角色，努力在他们被悬置于其中的不同世界之间架起桥梁，同时又不会丧失他们的本土声音和身份。"(ibid.：45)世界上最著名的例子是（如"植根于非洲的"）音乐、文学、视觉艺术/手工艺、时尚和最广为流传的食物。

230   艺术家和艺术团体的作用、传承——传统、遗产、精神——和地位，也会影响到城市设计和规划，如公共艺术、生产和交流等更为明显的活动，以及国家在艺术创作、集体消费和社会行动中允许的相对自由。更具有协商性的城市规划过程和文化基础设施投资所带来的更广泛的利益，也影响到参与和实践的成功可能性，如降低犯罪率。据说这与设计质量、设施和选址决策直接相关。在美国，一位城市警察局长的话证明了这一观点："我们相信，艺术活动往往有助于减少街头犯罪。无论是在波士顿那些有固定街道文化活动的地区，还是在我们的剧院区，犯罪率往往都比较低"；还有，"我确实认为，对圣何塞文化活动的最大兴趣和参与是我们享有的低犯罪率的一个因素"(Kreisbergs 1979)。公共领域的活力和重要性以及安全与明亮的私人区域与关门的店面、封闭的购物中心和黑暗的小巷——（非工作时间）形成鲜明对比(Bianchini et al. 1988)。因此，文化规划问题与文化方案和设施本身同等重要。例如，在 1981 年至 1997 年，在巴塞罗那完成了

140多个城市空间项目，但是，它们大多采用硬质广场的形式：小而坚硬的广场和小型场地。在城市中占主导地位的公共空间美学"属于无树木的传统"。这些新的广场被设计成户外的起居室，而不是花园，"包括一种亲密的公共建筑，一种在充满信心和信任的体验中把人们聚集在一起的建筑"（Worpole et al. 1999）。最近，人们一直强调要鼓励机构和私营公司在这种人口稠密、高楼林立的城市中心建设小型公园和花园。这远不同于"边缘城市"（《新前沿词汇》，Garreau 1991：443-459），用开发商的话说，边缘城市的公园要么是一种"被动休闲"，要么是一种"非结构性的开放空间"环境。即便是总体规划建筑师也会落入这个陷阱。在城市工作小组报告（DETR 1999）中，理查德·罗杰斯认为："开放空间就是把建筑物黏合在一起的胶水。"作为一名建筑设计师，这种观点或许并不令人惊讶。然而，应该有人指出，虽然这可能发生在室外，但首先出现的正是这种"空间"（并且后来因为建筑物变得老旧、过时、倒塌和被拆除；Bohrer and Evans 2000：148）。就像奥纳普大学景观规划系的斯坦·哥朗松更大胆地指出的那样：

　　绿色城市要素突出和赋予品质；它们区分和结构化，它们结合在一起并创造整体性；它们有助于明确方位；它们具有一种对比鲜明的和软化的效果；它们创造一个人性的尺度；它们反映文化和自然的历史；它们是一种象征和表现（如自然、公园、农村）；它们展示文化、艺术和建筑，它们是重要的视觉形象和城市公共形象。

（Worpole et al. 1999）

Cultural Planning:
an urban renaissance?

巴塞罗那赢得了 1999 年英国皇家建筑师协会（RIBA）金奖，这是一个城市而不是一个单独的建筑师获得的荣誉，这是第一次"在某种意义上这是向英国政治家们传达一种信息"。建筑师和巴塞罗那城市项目前主任何塞·埃斯比洛批评英国不愿意让当地人

231 参与重建项目，并且说"如果玛格丽特·撒切尔曾经是巴塞罗那的市长，那么这个城市的公共领域就会什么都不是了"。同时，巴塞罗那市长却引述了这个事实，即"犯罪率在 10 年内从 25％下降到了 5％，而在伦敦 10 年的法律和秩序中，犯罪率却上升了 1.5 倍"（Maragall，quoted in Fairs 1999：1）。

巴塞罗那、格拉斯哥和其他具有自己风格的文化城市，如果要想保持其文化之都的地位、游客和文化经济活动水平，就不能故步自封或自鸣得意。这需要定期增加文化设施和规划。在巴塞罗那，用《巴塞罗那的未来》中设计师恩佐·马里的话来说，这通常是由一个有远见的规划塑造的："一个真正的城市应该在其未来的愿景中包含一定程度的乌托邦。"（2000：4）那就是把自己表现为一个公认的知识之都，其标志将是一种"增强创造力的更新精神，并且对文化的承诺将促进经济和政治领域的主要决策"（同上）。另一个全球性事件是由联合国教科文组织发起的、由巴塞罗那主办的 2004 年"全球文化论坛"，这是城市核心区与圣阿德里亚之间的贝索斯河改造与复兴的一部分。由于得到了奥林匹克运动会和区域发展的欧洲、国家和外来私人投资的投入，这个城市在改建的蒙特惠克民族宫中经出现了新加泰罗尼亚国家艺术博物馆；一座新的音乐厅，它与加泰罗尼亚国家剧院一起形成一条通向荣耀广场和新里西奥大剧院的文化轴。巴塞罗那的十年城市规划并不满足于它所提供的文化服务，它还受益于一般的政策举措，如一个支持文化事业的公私联合机构，一个计划促进视听

和电影制作的大都市艺术与科学理事会。正在进行的项目包括在蒙特惠克剧院城、波恩区的巴塞罗那中央图书馆和毕加索博物馆的扩展。或许，巴塞罗那为我们提供了一个经典的控制案例，文化城市项目在多大程度上能够维持更长的时间，以及它在多大程度上能够有效地创造一种比较的优势，从而使其能够在区域性和国际性的竞争、多变的旅游市场和区域性的投资体制（即后依赖性）中生存下来。在许多方面，把空间维度扩展到城市区域已经扩大了这种战略和机会，而不是过分依赖于城市核心、历史中心和遗址。在何种程度上，巴塞罗那是或将成为一个更具创造性的城市还不太清楚，并且更难判断的是，居民、失业人员和下层服务人员的福利可能会在这里经受考验，因为他们在其他地方正处在新兴和后工业城市进行的城市复兴和场所营造之中。就像斯科特认为的："只要企业知识、创意能量和公共政策的正确组合能够影响到相关的发展问题，这些城市就没有什么理由不能把它们现有的和潜在的文化产品部门有效地发展为主要的全球性产业。"（2000：209）

双城记

与区域主导的巴塞罗那城市复兴不同，撒切尔时代和密特朗时代提供了两个世界城市的例子，特别是伦敦和巴黎主要分区域再生的不同方法及其各自的体制。因为它们的游客规模（每年超过 2000 万人次）和多样化（Pearce 1998 on Paris，Evans 2000c on London），伦敦和巴黎也代表着特别古老的文化之都和旅游城市。它们的再生和场所创造方法遵循不同的政治和规划解决方案，包括文化设施、旅游和交通供给之间的联系。20 世纪 80 年代，主

232

Cultural Planning:
an urban renaissance?

导空间和公私合作计划的典型再生地区是伦敦东区的码头区和两个巴黎的宏大工程（grands travaux），即拉德芳斯和拉维莱特。尽管拉德芳斯开始于 20 世纪 60 年代，而伦敦码头区 20 世纪 70 年代才开始，但是，"不同于其当代的、灾难性的伦敦码头区，[拉德芳斯]是依照精心规划的路线而发展起来的，综合利用公共和私人的支持来创造繁荣和新生活"（Stungo 1994：18）。1980 年伦敦码头区预期的时间跨度较短，通常为 15 年，与拉德芳斯形成鲜明对比。20 世纪 60 年代中期成立了为期 30 年的拉德芳斯区公共规划机构（ÉPAD），它又被延长了十年（ÉPAD 1993）。

两个开发机构——拉德芳斯区公共规划机构（ÉPAD）和伦敦码头区开发公司（LDDC）——都是由中央资助和任命的，目的是一旦基础设施投资到位就能够自筹资金。根据 1968 年 6 亿 8000 万法郎的债务，拉德芳斯区公共规划机构表明到 20 世纪 90 年代中期实现了盈利，而伦敦码头区开发公司却一直依赖于政府资助，直到 1998 年才结束。然而，值得注意的是，巴黎项目在政府和现任地方当局之间享有平等的权利，而后者则在 1981 年部长任命的伦敦码头区开发公司中被剥夺了这种权利。法定的权利从地方议会移交给了开发机构，就像中央政府在其他城市实行的城市开发公司（UDCs）其他早期模式一样（如默西塞德郡；DCC 1987）。这种举措旨在尽量减少法定规划过程和公共部门（在土地使用、就业和投资方面）所认为的排挤，以支持一种快速的、自由的发展制度，并以投资激励措施作为后盾。例如，在指定的企业区免征为期 10 年的地方财产税（"率"）。然而，拉德芳斯区公共规划机构的总体规划工作可以追溯到 1964 年，并且在 20 世纪 80 年代初，巴黎规划当局出于对城市向西放任扩张的恐慌，设计了一个重建城市东部的庞大规划，让巴黎回到传统的紧凑、高密度的规划。与之形成鲜明对比的是，伦敦码头区提供了一个无规划的环境，允许开发商一马当先："码头最初是一个充满希望的故事；一个开拓这个地区的梦想，以满足世世代代生活在那儿的伦敦东区人的需求和愿望。一旦被私营部门的开发商以一种新的市场为主导的政府支持的方法劫持，它很快就会变成了一场噩梦，政府放松了规划而被大规模地过度开发。"（Coupland 1992：160）在对文化供给的影响方面，由于战略性规划的缺乏和社区艺术项目的消亡，一些剧院和博物馆陷入了困境，并处于暂停状态，而新的金丝雀码头办公大楼复杂的艺术活动，实际上得到了大量公共资金的支持（1989 码头论坛）（Evans 1993a）。同一开发商（奥林匹亚和约克）在其位于纽约的巴特里公园建筑群和毗邻的监管园区、娱乐与公共艺术区（见图版 8.2）策划了免费活动和娱乐活动，得到了其威望显赫的租户即世界金融中心的资助。就像佐京所提出的那样，这些"虚假的聚集场所……创造了新的城市可读

233

图版 8.2　纽约巴特里公园

性吗?"她注意到"那些羡慕公共空间的纽约人说：'它一点儿也不像纽约'"(1996：54)。

这种忽视规划和当地需求的做法，也很少或者根本没有提及现有的艺术和娱乐服务供给以及对艺术组织的影响。在伦敦码头区："20世纪80年代，开发商需要提供艺术设施，作为规划收益的一部分，但是，在这样做的时候，却往往不征求未来用户的意见。结果，建设的一些新设施并不足以提供给艺术组织使用。"(Horstman 1994：4-5)房地产崩盘，使旗舰金丝雀码头（以及奥林匹亚和约克在纽约、巴特里公园和多伦多的其他大型写字楼项目）和邻近的新的多用途伦敦竞技场陷入了金融危机，这体现了一种以市场为导向的依赖当地艺术供给的短期性质：那里"采用的'再生'观念主要是以地产和土地为基础的"(Bianchini and Schwengel 1991：219)。由于土地利用和艺术规划的真空，伦敦这一地区的公共艺术供给还不如18年前在码头开始的大量公共投资，尽管早就有警告说："在场所与建筑物、需求与手段、金钱与质量，愿望与成就之间，码头区存在着极其令人震惊的不匹配。"(Wolmar 1989：5，also DCC 1987，1990，Colenutt 1988，ALA 1991，Brownhill 1990)由于地方民主和规划中的不足和缺陷以及对高杠杆资产融资方案的依赖，码头区的活力被破坏了，发展文化活动和混合使用的努力也逐渐减少。在两年期的伦敦码头区开发公司"艺术和旅游规划"(1989)中，各项计划和人员支持都已被合理化，而提供艺术设施及设施的私人发展计划亦被证明是短暂的。

发展的障碍之一，因此也是这两个地区取得成功的关键——交通便利——提供了另一种对比。设置在拉德芳斯的法国高速城铁(RER)离凯旋门(RER)只有四分钟。在它的东区，也正在增加新的地铁线路和车站，再加上增加了（双层）铁路运输能力，还建设了一个巴黎—里昂高速火车（TGV）。同时，通往拉德芳斯的公共交通投资是与提供行人专用区和设施的政策结合在一起的："只要走过拉德芳斯，就能看到这里的行人是国王。滨海艺术中心把汽车赶走了，散步又成为真正的乐趣。"（ÉPAD 1993：4）高级别行人专用区允许开展范围广泛的公共和室内娱乐、展览、节庆活动。例如，全国爵士乐比赛，除了大拱门本身外，还计划建设一个全天域电影院、汽车山庄、意象之城，举办一次重要的200周年庆祝活动，它已经成为这个城市最热门的景点之一。公共艺术的支持、雕塑公园以及附近能够容纳歌剧芭蕾舞学校和阿曼狄剧院的公园区，已经在这个独特的再生案例中创造了一种城市政策。这种政策与现在由商业驱动的生活和工作环境并不矛盾——这是需要把设计、规划和"城市文化"融合起来的关键综合体。这一文化举措赢得了1989年的法国艺术赞助奖，并且，这方面的经验和规划方法并不仅局限于对巴黎西部拉德芳斯的开发，因为："东部城市的规划是一种模式或者以城市设计为主导的再生……[它]强调巴黎公共赞助与现代建筑、城市设计和文化投资以及似乎在伦敦不存在的公共教育之间的联系。"（Punter 1992：81）考虑到世界城市和新兴文化首都之间的城市间竞争，伦敦的地位，尽管它具有相对的优势，但是，它越来越依赖于它的物质的和文化的环境，不然的话："巴黎和法兰克福这两个城市因其环境和公共交通问题而变得步履维艰，并且确保其中心商业区的多样性，包括文化，它们越来越有可能把伦敦的商业吸引过来。"（Sherlock 1991：161）

对公共领域、混合使用和文化活动的关注并不局限于这些城市的中心区和核心区。在城市的东北部，拉维莱特公园的开发来

Cultural Planning:
an urban renaissance?

自巴黎郊区的再生土地、废弃的遗址和工业建筑。从 19 世纪 60 年代起，该公园曾是一个牲畜市场和屠宰场的所在地，为巴黎服务，连接着乌尔克运河和圣德尼运河，通过运河、地铁、客车和公共汽车到达公园，占地 0.55 平方千米。除了公共艺术、铺盖的人行道（地面和增高的）、设有咖啡馆和游乐区的广场外，公园还设有一个大礼堂/展览中心（1500 人的容量）、一个可容纳 6400 个座位的剧院和一个博物馆/娱乐区，内有一家影院、设有天文馆的科学博物馆、水族馆，它们对高级中学/教育使用（博物馆是富有操作性和体验性的）、家庭、传统公园用户和游客都很有吸引力。除了以前的大厅，在这座工业建筑之外，表演单元还得到了户外活动的补充，包括大型的电影放映。这一发展得到了大量国家资金（大项目）。就像拉德芳斯，现在对当地人、巴黎人和游客来说，它成了这个城市的主要景点——考虑到其不太可能的城市边缘/工业荒地的位置以及来自旅游蜜罐的竞争，这绝非易事。仅在第一年，这座公园就吸引了 300 万游客，每年接待 500 多万人，待客总量相当于埃菲尔铁塔。

与此同时，在伦敦，有限的运力和缓慢的码头轻轨系统的失败已经加入了伦敦交通民俗的行列。重要的地下和跨铁路连接则因英国政府不愿投入公共资金而被一再拖延，私营部门对资助政府都似乎不相信的东西持一种冷漠的态度（Bashall and Smith 1992）。扩建周年大庆地铁线路尽管耗资 35 亿英镑，但是，最终把伦敦市中心与码头区部分地区和伦敦东部/东南部联系起来了。这一扩建工程最初是在 1945 年第一次被提出来的，但是迟至 1999 年底才得以完工，正好赶上格林尼治北部（见下文）一个新车站的千禧年展览现场（穹顶）。就像一个世纪之前开辟通往大型集体艺术和娱乐场所的现代交通一样，公共交通与现有系统和模式的一体化在提升文化活动水平方面已经发挥了重要作用，正如毕尔巴鄂、里昂和巴黎已经证明的那样。因为延长地下线路上的新建和扩建的车站，在部分改建泰晤士河岸发电站而成的泰特现代艺术馆启用后一个月内，就有100多万人参观了这座艺术馆，是预期数量的三倍，而不是第一个年度预测的250万（CELTS 2000）。

这个艺术馆还举办过一次相当不错的展览——"世纪城市：现代大都市的艺术和文化"。正如霍尔（1998）曾经洋洋洒洒地阐述的那样，这次展览旨在探索创造性与城市之间的关系，在关键的时刻以九个城市代表"创新的关键"。入选的城市包括拉各斯、孟买、莫斯科、东京、纽约、里约、维也纳、巴黎和伦敦。然而，就像霍尔说的一样，展览对于城市与城市文化、艺术与创新环境之间的因果关系，既没有得到清晰的表达，也没有得到令人信服的阐明，城市规划和发展与文化之间的关系——好与坏——也没有得到充分的认识。在一定程度上，这反映了艺术和建筑之间的张力，正如萨迪奇评论的那样："艺术家们可以提供创造城市文化氛围的前提条件，但是真正建造和塑造它们的却是建筑师。"（2001：10）在某种程度上，这也反映了把城市用作策展人的背景，而实际上是要弘扬当代艺术："城市是城里边最重要的文化故事。"（Hanru and Obrist 1999，Design Museum-Architecture Foundation 2000）

人们不得不对这些例子呈现出来的对城市的内在态度进行比较。法国在巴黎市（阿森纳馆）有一个永久性的展览，它主要是一个庆祝城市的展览（如蓬皮杜）（1994），每年都有成千上万的人前来参观。其他的城市日益融入城市规划——过去和未来——的永久性和临时性展览。例如，格拉斯哥1999年的建筑、设计和城市节；巴塞罗那（1999）和圣地亚哥-德孔波斯特拉朝圣期间的《文

化城市 2000》。然而，伦敦试图建立建筑中心和确立建筑基金会
的努力，却由于艺术与建筑、建筑与规划、建筑与自身之间令人
不舒服的风气而落空。尽管城市政策和规划显然需要一体化，但
是伦敦的反应在很大程度上却取决于各个行政区的企业，尤其是
因为它们代表着大量的人口以及离散的文化和遗产场所。"其 33
个行政区中的每一个都容纳了一个中小城市的人口。但是，其中
许多行政区的艺术设施数量都远远少于大多数城市。因为大伦敦
市议会（GLC）的终止……伦敦缺乏地方政府的战略性水平。这已
经削弱了艺术规划。"（Arts Council 1993a：115）正如利奇菲尔德
所认为的："地方当局应该重申它们的首要任务；承担更新规划
的主动权。这应该通过以当地为基础的举措来实现，而不是依赖
于反应不那么灵敏的国家和区域资助机制。"（1992：4）

　　伦敦和其他古老的世界城市一样，呈现出精神分裂式的规划
和文化模式。它所产生和吸取变化的连续性和能力与更完善的
"规划"和文化资源丰富的竞争对手形成了鲜明的对比。这一历史
性悖论也通过其具有里程碑意义的展览表现出来。它产生了关键
性的文化设施和场所，即 1851 年的世界博览会及其后继者（见表
3.1 和表 8.1）、1951 年的英国战后艺术节和 2000 年的千禧年庆
典——这成为新工党在格林尼治穹顶的噩梦般的新千禧年体验。
（这个穹顶工程是由前保守党政府鼓动并由新千年体验公司代表
政府千禧年委员会运作的。）这一片被收回的遗址最初是要卖给日
本野村集团，建造一个圆顶欧洲主题公园的。从这里继承下来的
遗产，究竟在多大程度上可能效仿南肯辛顿的博物馆岛和南岸的
节庆大厅，仍有待于观察。其雄心勃勃的新运营商声称，它将被
打造成"第一个提供欧洲最佳娱乐、文化和美食服务的城市娱乐
度假胜地"。然而，这一出售邀约在最后一刻被撤回了，因为穹

顶难以维持其偿付能力，拯救其日渐衰败的公众和媒体形象。一个"清醒"（原文如此）的想法是，这家日本投资公司也是英国特许酒吧的最大所有者，也是对另一种主题形式的关注。然而，这种情况确实体现了回归到作为娱乐事件的大博览会，把以场所为基础的再生与主题文化活动的努力嫁接起来，这是一种反直觉的，同时在政治上和经济上都有风险的更加同质化的时代，回归过去的价值观和统一性。事实上，除了数字圣经的千年定义之外，形象地说，这也是意味着"一个良好的政府、巨大的幸福和繁荣的时期"（Evans 1996a）。

节庆、博览会和大型活动

> 对城市而言，世博会就是餐馆的快餐。它是一块会瞬间融化的糖，提供大量拥挤和奇妙的文化，却让你渴望得到更多的东西。
>
> （Sudjic 1993：213）

从与基础设施和环境改善结合在一起的地方城市规划政策的立场来看，在许多方面，文化设施规划方面都是"看不见的"。也许，20世纪末的公共文化就是最明显的例子，它提出了文化规划、公共选择和民主问题，即当代的大型事件和文化节。城市再一次迎来了这些在政治和经济上高风险的冒险行为。正如斯丹果所认为的那样，"自19世纪以来，建筑从未如此有意识地被用来提升公民的自豪感，甚至是国家的自豪感"（2000）。因此，它们的位置、规模和容量，它们被资助的理由以及对当地的、现有的和渴望的艺术和文化设施的影响，在文化活动和建筑的自我意识

237　狂热中，都随着世纪末（the fin de siècle）进入了新千年，都得到了进一步的考虑。两个主要的城市文化复兴的标志性表现是节日或"世博会"活动以及重大文化项目（Grand Projet Culturel）。

　　从一开始，当代公共节日作为具有象征意义和游客吸引力的演变——"即时性遗产"——提出了一个相互关联的问题，即如果说它们的目的和可持续性超出了不断增长的文化盛宴的日程周期，那就值得关注了。节日节目表和评论部分专门刊登在报纸副刊和指南中。旅游局的促销活动和具有杀伤力的主题都表明，这是一种既不神圣又不世俗的祭品（Falassi，1987），是陈旧的场地、竞争性的城镇和城市宣传者以及表演艺术巡回演出的一种程式化套路，补充着淡季酒店和旅游路线。如今，世博会式的文化节和大型活动已经跻身于民族主义和目的地推广机构的行列，而公共和私营部门的主要利益都押在了这些机构的赌注上，尽管事实上"城市旅游景点到处都充斥着过分乐观、过度评价项目和注销贷款的碎片"（Middleton 1994：88）。

　　盖茨对节庆的一般定义是"一种以时间为中心的、有明确目的的公共主题庆祝活动"（1991a）。尽管在功能上正确，但是，在当代节日情况下也往往缺乏一种明确的目的。例如，霍尔把宗教与文化节庆区别开来，包括里程碑性的（如百年纪念、周年）事件（1992：22）。然而，重大节庆（如爱丁堡的）被商品化了。如在英国，只有 38％的艺术节是自愿举办的（Rolfe，1991），它们不同于更传统的节日，传统节日仍然保留着更多的原初目的和本土参与，以及它们所具有的神圣的和世俗的根源。即使在节庆成为大规模文化活动的地方，情况可能都是这样。例如，特立尼达（Mason 1998）和里约的狂欢节，以及多伦多加勒比那狂欢节和伦敦的诺丁山狂欢节。后面这几个节日都把当地人、参与者和游客结合起来，可是它们却掩盖了这些活动开始前的几个月的计划、专题研讨会、工艺制作和彩排（Owusu and Ross 1988）。值得注意的是，它们也发生在"竞争性空间"中，经常与州政府和官方节庆和旅游活动发生冲突。历史性的节日，如在威尼斯、瓦伦西亚举办的节庆，巴黎的"秋冬时装秀"以及尼姆和塞维利亚的斗牛节，也都保留了它们的主人翁意识，而没有"排斥"游客，并以此为契机，颂扬、重申当地的文化和公民的自豪感（Evans 1993a，b）。节日地点的再生潜力以及活动（或系列）本身，也成为欧洲、澳大利亚和北美城市复兴计划和发展的一个重要组成部分。通过举办大型活动，特别是体育赛事所产生的认识，对于发展中国家和发达国家来说也都成为具有普遍性的灵丹妙药。不管本土的相关性如何，情况都是如此。例如，汉城奥林匹克运动会上，有许多比赛项目都是外来的。还有赞助商可口可乐的流行语是"可口可乐延年益寿"，被翻译成"可口可乐让你的祖先起死回生"。（Evans 1993a）。

与混合用途的城市发展方案相融合的节日场地，也一直被人们所赞赏，并被当作典范来仿效。从巴尔的摩的节日海港广场（参见南安普顿的海洋村，Law 1992；多伦多的港湾），到英国作为一种区域性再生和外来投资策略而推广的限时园艺节（PACEC 1990）。同样，欧洲文化城市也被用来促进城市发展和文化旅游，力图协调统一性与多样性（民族、地域），并把节日当作欧洲化项目的一部分（见第六章）："当我们再一次意识到，城市就是一种文化、风格和艺术卓越性的场所的时候……此时，工业生产就不会比漂亮的广场和艺术画廊更值得夸耀的。"（Jones 2000：5）2000年，在南墨西哥尤卡坦州的首府梅里达举行了第一次文化城市会议[1]。这一宣传活动现已在美洲得到了推广。节庆在激活和重新发现方面的作用也出现在英国工业遗产地，如布拉德福德的小德国、加布里埃尔码头、伦敦硬币街，在再生和重建之间经常使用临时建筑和场地。因此，在城市衰落的地区，它们的再生潜力并没有丧失："举办大型活动往往被深思熟虑地利用，它们试图通过建设和发展新的基础设施……道路和铁路网、机场、下水道和住房来'复兴'或发展城市区域。"(Hall 1992：69)这种情况出现在了 1967 年蒙特利尔世博会中。它是几十个金字塔型公共项目的一个借口，包括新地铁系统、公路和占地约 3 平方千米的公园(Peters 1982，in Hall 1992：71)。在塞维利亚举办的 1992 年世博会和周边的安达鲁西亚地区，以及 1992 年巴塞罗那奥运会，都得到了欧洲区域发展援助(Evans，1993b，1998b)。正如萨迪奇所作评论的那样："塞维利亚的规划[是]一种老式的'分肥政治(pork barrel politics)'的模棱两可混合体……由于政客们渴望获得连任而大量挪用国家的资金……用复杂的尝试来克服经济落后的问题。"(1993：31)

　　根据定义或规模，标志性或大型活动几乎通常都超越了任何一种规划、文化甚至经济原理和评估。尽管所有这些或多或少都被宣称为具有正当理由的活动，都是由城市政府通过国际竞争和国内消费而举办的，但是在霍恩看来，它创造了"一种伪造的公共文化，不仅意味着是统治者的文化，而且[也]意味着全体人民的文化"(1986：184)。它们具有明显的政治性，并且，鉴于实现生存所需的投资规模和基础设施规模，还需要在一定程度上达成全国共识，并使抵抗和抗议活动最小化和边缘化。霍尔列举了1968 年墨西哥举办奥运会以来的具体抗议活动(1989：95)，甚至连通过 1967 年蒙特利尔世博会促进的凝聚力也掩盖了根本的冲突："魁北克分裂主义只是最为明显的；日益增长的种族和区域主义多样性、妇女运动和土著主张同样挑战了任何一套适用于所有人的象征性存在。"(Kroller 1996：6)在这里,文化象征主义以前所未有的激烈程度被创造、被挑战和被修正。例如,围绕国旗、国歌和1967年世博会标志的激烈辩论,让议会忙乎了好几个星期——这些符号往往成为对立的东西,即反映了支离破碎的、相互冲突的身份认同。英国千禧年庆典作为一个国家庆祝活动并向世界发出邀请,在已经是著名的文化旅游之都举办。它既面临着场所创造的政治学,又面临着民族凝聚力的再创造(Irvine 1999；也见下文)。正如博内迈松所表达的那样,"它像一座纪念碑那样发挥作用,支持和强化权力的形象,无论是宗教的或世俗的形象"(1990：25)。在这里,"世俗的"具有讽刺性的意味,因为犹太教—基督教日历被用来证明这个千禧年超级工程(以及其他的工程),在很大程度上,这是一种世俗的捐赠,资金来源于赌博(即彩票)收益(Evans 1996a)。

239

世界博览会

著名的英国伦敦世界博览会和早期世界博览会(见第三章)是在另一个时代举办的。然而,它们仍然为要求在开办年之后取得成功和保持游客量的博览会提供了一种富有启示的方案。规模最大的展览(每年有1000万到1200万名游客)都有占地广阔、"产品"种类繁多和政府踊跃参与的特色(Benedict 1983,Ryder 1984,Greenhalgh 1991)。19世纪末的展览的半永久性的设施,在随后的几年里至少被重复使用了四次,从而保持了同样的游客水平,形成了具有永久性的场馆,产生了伯爵宫、怀特城以及后来的温布利体育场。因此,对于建立一种可持续的世博会场地(如水晶

宫、埃菲尔铁塔和皇家节日大厅）来说，建设永久性的设施或景
观是至关重要的。因为主办方和参展商的举办成本巨大，A 类世
博会[2]一般每十年不允许超过一次。作为临时场地的英国园艺
节，就像格拉斯哥、利物浦和威尔士的埃布韦尔等长期废弃的场
地一样，被证明是不太成功的例子。这些 20 世纪 80 年代英国重
新改造的东西都是按照联邦园艺博览会（bundesgartenschauen）的
德国模式设计的。20 世纪 40 年代末，这种模式作为战后德国重
建的一部分开始了它们的现代形态（Gooding 1995）。它们的糟糕
的可持续性和在英国使用后的记录很大程度上是因为它们对休闲
地产公式的过度依赖。选择废弃和受污染的场地（就像命运多舛
的千年穹顶——英国天然气遗址）导致了高昂的资本成本，而且
只有在长时间内才有可能实现效益，如果真的有可能的话。塞维
利亚世博会占地 5.3 平方千米，目前只有 20％在使用中，一个主
题公园已被封存，等待重新融资。1998 年里斯本的 B 类世博会最
早要到 2009 年才能收回 10 亿英镑的资本投资。就连里斯本漂亮
的新滨水区也是一座稀奇古怪的边缘城市，它并没有与作为一个
整体的结构成功地融合在一起。2000 年汉诺威世博会运营商甚至
在活动最繁忙的时候也在为出售场地和设施做广告，就像它在伦
敦（千禧穹顶）长达一年的展览一样，它的显著特点是缺少参与
者、成本高昂并受到严厉批评，包括当地和环保团体在展会开幕
时的示威活动（Irvine 1999）。尽管高昂的资本成本以及这种活动
主导的复兴导致了疑虑重重的后期利用问题，但是，国家和区域
政府仍在继续寻求国际性的展览。表 8.1 列出了世博会与战后时
期的主要展会。

表 8.1 战后的博览会、展销会和英国园艺节 *240*

年份	展览/节庆	类别	出席人数/百万人	使用后设施
1951	英国节		8.5	节庆大厅和伦敦南岸
1958	布鲁塞尔世界展销会		41.5	原子球塔和海瑟尔展览中心
1967	蒙特利尔世博会	A	50.0	艺术馆、植物园
1970	日本大阪	A	60.2	综合开发
1974	美国斯波坎	B	3.8	歌剧院、会议中心
1982	诺克斯维尔能源世博会	B	11.0	会议中心
1984	英国西北利物浦	园艺	3.4	（多余场所）
1985	筑波	B	20.0	科学城
1986	英格兰北部斯托克	园艺	2.2	住宅、休闲
1986	温哥华世博会	B	16.0	会议中心
1988	布里斯班	B	8.0	会议中心
1988	苏格兰格拉斯哥	园艺		宾馆、展览中心；部分多余场所
1990	英格兰东北盖茨赫德	园艺	3.0	住宅
1992	威尔士埃布韦尔	园艺	2.0	住宅、休闲
1992	塞维利亚	A	20.0	基础设施
1993	斯图亚特	C		公园
1993	韩国大田	B	10.0	高科技展览中心
1998	里斯本	B		公园、商务区、海洋馆
2000	伦敦东南格林尼治	千禧年体验"穹顶"		以 1000 万美元出售给日本投资银行野村证券流产的穹顶（场所/结构成本 7 亿 5 千 8 百万英镑）
2000	汉诺威	A	20.0（估算）	住宅、公园（扩展）、道路和铁路升级

Cultural Planning:
an urban renaissance?

续表

年份	展览/节庆	类别	出席人数/百万人	使用后设施
2005	日本爱知	A		基础设施

来源：Allwood（1977），Benedict（1983），PACEC（1990），Greenhalgh（1991），Evans（1996a）

推动竞争性节日进程的政治声望和信誉的可行性和追求，也要求在这样一种重大的城市复兴项目中考虑到社会影响和社区参与，尤其是因为它们一般都超出了正常的土地使用规划和进程。然而，对重大事件的"东道主"影响的评价却没有考虑到经济计量（Ritchie 1984，Smith 1991，以及奥乌苏和罗斯对 1988 年诺丁山狂欢节的社会文化历史研究）。盖茨（1994）、梅菲尔德和康普顿（1995）以及乌伊萨尔等人（1993）对事件旅游的社会动机和真实性问题进行了研究。然而，大型活动的演变和规划从本质上说是一个自上而下的过程，它超出了个人或甚至社区代表（包括当地企业）讨论会的控制和范围。驱动这类城市和旅游发展的政治要务"创造了一种政治和经济的语境，其中的标志性事件被当作借口来使用，从而否决了规划立法和参与性规划过程，并在此过程中牺牲了地方性场所"（Dovey 1989：79-80）。首先，让地方团体参与并赋予其权力的机制从伙伴关系一级开始：在董事会中占有一席之地。其次，社区展望的过程可以作为社区规划工作的一部分。正如泰茨一再重复的：因为"公共决定的设施有助于塑造城市的物质形态和提升其中的生活质量"（1968：35）。霍尔（1992：82；Burns and Mules 1989）也讨论了大型活动的社会效益问题，包括对文化身份、公民自豪感、社区发展所具有的不那么明显却仍然真实的影响。对于大型活动而言，它甚至具有"精神上的"裨益。然而，也正如霍尔所指出的那样："标志性事件的社会维度在整个社区中的分布并不均衡，其方式与活动的直接和间接经济影响相同。"(1992：82)这种成本效益比的恶化在围绕大规模事件的危机中表现得最为突出，在参观和基础设施的开发和建设方面往往通过规划程序"快速"推进，而且通过公众咨询程序对活动的社会和经济层面的评估仍然是不完整的(同上)。

把一个生活和工作的城市旅游目的地转变为一个重大节庆、活动或者展览的主办地，会引发一些最复杂和最矛盾的预测、规划和政治问题。这些问题来自游客主导的城市更新举措，尤其是在其社会和分配效应方面。因为，正如霍尔所说的："应该认识到，社会影响评价将提出一个难以解决的问题，即谁能够从中受益？这个问题的核心是城市为什么要举办标志性活动，来改善或振兴其形象，吸引旅游业和投资。"(1992：82)就像里奇和史密斯已经观察到的那样，后者需要在发展阶段就加以考虑，而不是作为一种后验活动来考虑，因为可行性受到质疑，责任也被分摊："考虑举办这样一场大型活动的城市必须预见到一种重要的知晓率和形象率衰减，并采取应对它的措施。"(1991：3)把环境影响评估、承载能力建模和社区协商活动结合起来，能更多元地评估这类城市特大活动的机会、成本和效益。但是，一个文化规划框架的存在会促使这个过程考虑到暂时的干预和长期的后果，以及更为广泛的社会、经济、土地使用和其他环境因素。

重大工程和项目

就像大型活动一样，文化规划在当地设施以及对需求和偏好的评估方面很少考虑到作为国家政治文化表达的大型建筑大项目，无论是从城市创始人们那里继承下来，还是由当代政府——

城市、地区或国家——以及赞助者推动的重大项目。在巴黎，
"蓬皮杜中心就是反对所有规划部门而做出的决定，他的发言或
讲话就是'没有更多的机构'和'没有更多的巴黎机构'。然而，蓬
皮杜决定要干下去"(Girard 1987：10)。密特朗（和雅克·朗）对
巴士底歌剧院也做出了一种类似的决定，"这要么与历史传统要
么与君主的直觉或愿景有关，从定义上讲，[这]不可能是理性的
决定"（同上）——或者是基于一种文化民主的"规划"。法国的制
度被认为是一种"文化君主制"，"在他喜欢的地方，在任部长用
一种君主式的方式，根据'开明专制'的原则，确定他的选择和做
出他的决定"(Wangermée 1991：35)。博伊兰强调了从蓬皮杜开
始的历任总统而不是文化部部长的主导作用(1993)。他认为，总
统的自大比文化部部长们更为强烈，除了首任部长安德烈·马尔
罗和密特朗总统任期内的社会主义者杰克·朗外，文化部部长们
基本上都是微不足道的短期在任者。其中，许多重大项目的共同
之处都是高昂的成本，往往逾期未付，实质上都高于最初的预算
（有些透支超过100%），以及蔑视公共规划或选择。在这种情况
下（表8.2），已经进行了30多亿英镑的资本投资，600多个省级
重大工程项目的成本超过了申报的2亿英镑。到目前为止，持续
和额外的支出将超过这些总额，如大卢浮宫项目的最后阶段。

表8.2　重大工程的资本成本

工程	英镑/百万
奥赛博物馆	169.0
维莱特工业与科学城	569.0
维莱特公园	140.0
维莱特音乐城	97.8
大卢浮宫	526.0

续表

工程	英镑/百万
阿拉伯世界研究所	30.7
大拱门(拉德芳斯)	113.4
贝尔西——(为卢浮宫腾出空间)新法国内阁	375.0
巴士底歌剧院	293.0
法兰西图书馆	549.0
国际会议中心	263.0
各类国家博物馆翻新	105.2

来源：Biasni(1989)，Comedia(1991b：54)

注：20 世纪 80 年代，这些项目的成本平均占国家预算的 0.2%。

这些建筑和文化古迹会朝什么样的方向发展令人很难下结论。然而，它们的历史和古典的联想和愿望，无论是在起源上是公民的、君主的或是民族主义的，都不容忽视，因为："我们新时代的大部分符号，对于一个戴高顶大圆礼帽或穿衬裙的维多利亚人来说，就像今天穿运动服的人一样，都是可以理解的。"(Stungo 2000)与今天的情况不同的是，资助和发起许多民间文化机构和设施的私人赞助者很少由中央协调(从某种意义上说，这些项目是在竞争中进行的，甚至不顾中央的影响)。正如斯丹果接着说的那样："今天的公民自豪感似乎是某种被强加的，而不是自然而然的东西。"(Stungo 2000)1997 年，鲍德里亚访问伦敦时，或许是在后现代状况下提出了这个问题。他评论说："20 世纪末的历史已经写好了，不可能有千禧年了。"导致这种令人不安的情况的原因在于，这种假想的真实性是经济全球化影响更广泛的一部分——通过城市设计和经济的融合，因而也就成了文化同化消费的融合。金在这方面有更进一步的认识，他认为，这种制度性的文化政策在本质上是"反文化"的，或者，用汉德勒的话说

243

Cultural Planning:
an urban renaissance?

是："人人都想把［他们］自己的文化放进［他们］自己的博物馆中。"(1987：137)

　　　　在何种程度上，国家(或城镇、城市)没有自己的历史博物馆，没有自觉的"文化政策"，没有具有历史依据的政策，没有关心文化同质化、民族认同和西方化，就是对其文化和亚文化独特性的最准确和最有说服力的评论；文化自觉的"不同"程度就标示着它们在多大程度上是相同的。

(King 1991：153)

　　不仅是城市文化和消费的连续复制，而且以前在很大程度上植根于收藏品和公司的地方的流动性，也把艺术和手工艺品看作随心所欲的东西。例如，在约克郡工业城市布拉德福德，地方当局的文化政策(艺术理事会，1991)起源于1979年。尽管当地的复兴举措集中于社区节庆活动，但是却一直以旅游业为主导。为了应对20世纪70年代丧失的63000个工作岗位，市议会恢复了一项文化旅游战略。该战略最初是在1960年代中期启动的，重点是工业遗产、勃朗特山脉、乡村景观和含混的"区内艺术"。它所带来的结果不是居民的生活质量提高或者文化机会增加，而是游客人数的增加、建立旅游基地(如过夜住宿)和鼓励商业搬迁，以及普遍提高的布拉德福德以外的城市形象。文化旗舰是这个复兴的一部分：国家影视博物馆、阿尔罕布拉大剧院、几个遗产中心和博物馆："产业革命的里程碑……这些大规模的再利用项目已经变成了都市主义的壮观作品，更多的是塞西尔·德米尔(Cecil B. de Mille)，而不是城市规划。"(Sudjic 1993：185)这包括利用大卫·霍克尼与该城市在希普利的萨尔茨磨坊城走廊联系起来的开发，以及被拖延了很长时间的南印度人收藏搬迁，从维多利亚和艾尔伯特博物馆（V&A Museum）搬迁到提议转化的曼宁厄姆（李斯特丝绸）厂，估计资本成本为 6000 万英镑。这一举动被人们认为是对来自印度次大陆的本市居民大社区的一种欢迎姿态。因为它的移民服务于纺织厂，而现在却为了容纳输入的收藏和陈列品而被扫地出门。实际上，大多数建议移交的藏品都是印度教和耆那教的，主要是人形神像的表现，并且有可能会对布拉德福德的主要少数民族群体——巴基斯坦、孟加拉国和旁遮普血统的穆斯林——造成极大的冒犯。当代巴基斯坦的文化和青年艺术表达或者生产，在多大范围上是由这一版本的文化经济战略提供的，同样不清楚。1995 年夏天，维多利亚和艾尔伯特博物馆悄无声息地放弃了布拉德福德项目。这一关于维多利亚和艾尔伯特博物馆的建议，虽然没有得到落实，但却是这一竞争激烈的城市文化挑战的一个例子。即"自由放任"的博物馆和艺术藏品，与城市争夺它们的新的"家园"（原文如此）和地区前沿阵地，希望在艺术政策方面既能达到分配目标，又有助于应对对美术馆和博物馆的批评，因为它们的藏品大多被隐藏和封存起来了：

　　　　现在，几乎所有受人尊敬的艺术收藏、经济上可行的歌　244
剧公司或有清偿能力的区域性交响乐团的老板们，都发现自己具有曾经由欧洲迪士尼和日产公司占据的相同优势地位。每一个渴望树立其标志的雄心勃勃的城市都热切地追捧、奉承和贿赂他们……并且被安排在他们的后院里。

（Sudjic 1993：4-5）

在另两个约克郡城市利兹和谢菲尔德之间为伦敦塔军械库的搬迁

而进行的不体面的争夺中，后者似乎是一个更合适的"本土"家园（拥有金属手工业遗产），但利兹在 1996 年却以商业资助的"主题博物馆"赢得了这场竞争。这个博物馆每年需要 750000 名游客的回报。三年内，每年的游客总数并没有达到 400000（包括免费入场），到 1999 年也只有 250000，还有 2000 万英镑的债务需要政府出手救援和重组这一特殊的计划外的区域性重大项目。博物馆本身的国际品牌最近出现在了西班牙北部的毕尔巴鄂，以及古根海姆博物馆的发展中——这是纽约"原创"的 30 年特许经营。把文化旅游当作形象重塑的工具——毕尔巴鄂这个工业和污染城市在当地的绰号是"窟窿"——机场、公路和铁路网的扩展也是城市复兴的特色。其中，包括一座由圣地亚哥·卡拉特拉瓦设计的新机场航站楼（客容量为 250 万人）；诺曼·福斯特设计的一条同时在河两岸运行的新地铁；连接高速列车、巴士、地铁和停车场的阿班复式联运站，这是斯蒂林和威尔福德设计的住宅和商业综合开发项目的一部分。美国建筑师弗兰克·盖里设计的、位于大为改善的港口区的古根海姆博物馆群，被这样描述："一个钛怪物，类似于一艘银河系的远洋客轮，横跨在内维奥［河］……两岸。真正的原因是毕尔巴鄂就在旅游地图上，它已经登上了文化旅游者必须参观的名单的头榜，成为 20 世纪的旅游热点之一。"（Barrell 1998：3）并且好像是为了安抚国际性美术馆的来访者："谢天谢地，感觉到城市没有被淹没——你不可能在博物馆外遇到另一个外国人。"（同上）巴斯克人的反应却不那么热烈："其直接的、主要的东西是负面的……被这样一个大项目的秘密所激怒……成本估计为每年 4 亿比塞塔，在他们看来，这笔钱直接划拨给巴斯克自治区的问题解决要好得多。"（MacClancy 1997：2）开幕时，一名保安人员因恐怖组织埃塔安放的炸弹而受伤。这里所提供的到底是谁的文化？是在城市当局采用的旅游式复兴战略中，比如利兹和布拉德福德的，还是无数的欧洲、美洲和亚洲城市的？文化旅游者可以被天真地描述为文化政治中的一个政治中立者，而在他们到来之前，文化政治就已经被打了出来。回到布拉德福德，"独特性"（原文如此）与人造的"熟悉性"相结合是城市艺术和博物馆官员采取的策略：

> 我想象一对退休的夫妇在波恩查阅信息，以便他们可以到世界各地寻求一种文化体验，并且至少有一次很好的机会，他们可能会来布拉德福德，因为它有独特的景点，因为那些根据参与公共和私营领域的意愿而制造的景点，带着确信而有把握的认识，他们会找到他们在自己的家乡可能期望的那种设施。
>
> （Arts Council 1991，cited in Evans 1998a：13）

在现代重大工程的背后，核心边缘、旗舰设施的二份法的书写是堂而皇之的。从一个高度利己的观点看：

> 这些产生于巴黎和各省的法国重大工程建设中的新的文化作用，有如此之多的开放建筑。它们以某种特定的城市理念为中心，这种集体生活方式，大约 2500 年前，希腊人就第一次勾勒出了我们现在所说的民主的轮廓。
>
> （F. Mitterrand，quoted in Biasni 1989：5）

然而，从另一个角度看：

245

不管它们作为建筑设计作品的价值如何，它们都并不是被大肆吹嘘的城市复兴的先驱者。相反，就像马戏团比赛一样，它们把注意力直接集中在对巴黎无情的侵蚀和对郊区的残酷漠视上。

(Scalbert 1994：20)

法国工程的规模和成本虽然庞大，但并不独特，当然也不限于首都巴黎。与 20 世纪 70 年代的文化馆一样，从格勒诺布尔、雷恩斯、里昂到马赛，各区域城市的市长和市政大厅都建立了新的和更新的文化设施，那里正在实施一项耗资 12 亿美元的住房、工业发展方案(欧洲国际商业中心)，包括改造以前的乡村中心。这一被恢复的欧洲城市信心正在导致自封的"城市-国家"的(再)创造，其目的是通过在公共领域的投资来确保国际竞争力。因此，新美术馆、图书馆和博物馆就成为这种城市综合体的重要组成部分。这并不限于更具有天主教、文艺复兴传统的国家。例如，在鹿特丹、荷兰和瑞乌普萨拉，在这些地方，大型图书馆和城市重建项目都把博物馆公园(museum parks)与高等教育设施和住房结合起来。

在英国，继新的彩票推动艺术、遗产、体育和千禧年"里程碑"项目之后，重大的文化建设方案(假如可以用这样一个词的话，但实际上，这些并不是任何组织化、空间上或战略意义上的"规划")，这是显而易见的。在这里，超过 20 亿英镑的千禧年委员会和其他彩票基金被授予国家和地区项目，以"纪念"新千年的到来，并支撑在某些方面一直处于衰退状态的物质性文化基础设施。不仅是维多利亚时代以来的文化基础设施，而且也包括 20 世纪 70 年代公共资本支出的下降。(在对英格兰地方当局的一项研究中，估计艺术和娱乐设施的维护和修理积压超过了 1.02 亿英镑，而 1996/1997 年度的新项目资本预算却只有 2000 万英镑；
Evans and Smeding 1997：16-18。)表 8.3 提供了这些具有共同主
题的具体重大项目的例子——那些城市更新、科技、环境以及教
育娱乐的大趋势。这并不包括指定的格林尼治半岛英国千年节，
名义上是"时间之家"（位于零度经线子午线上），它以超过 7 亿 5
千万英镑的资本成本收到了 6 亿 2800 万英镑的彩票资金，用于这
座声名狼藉的和临时性的"穹顶"（见上文）。由于政府自己的彩票
规则不允许这样的计划，因此，这些新的项目，特别是新场地的
新开发项目，预计将吸引足够的游客量，而这些项目尚未有可行
的定位。在没有任何规划框架的情况下，由于几代人对文化设施
的最大公共投资没有任何规划方案，其中许多计划都面临着严重
的问题，而且并不怎么受公众的欢迎，因为他们没有参与资源的
分配或设施本身的选址和设计。由于文化活动和设施是以这种方
式没有任何规划地积累起来的，因此，文化地图就被重新绘制，
空间关系也随之发生变化，从而就不可避免地并且不断地破坏先
前的期望和需求。

表 8.3　英国千禧年委员会资助的裁定额为 1500 万英镑及以上的项目

项目	英镑/百万	开放日期
伦敦河岸泰特现代艺术馆	130	2000 年春
加地夫千禧球场和橄榄球博物馆	134	1999 年
唐克斯特地球中心环境研究中心	100	1999 年（第一阶段）
伯明翰千禧时刻多媒体学习中心	113	2001 年秋
索尔福德劳瑞海滨剧院和美术馆	98	2000 年春
伦敦大英博物馆大中庭	94	2000 年秋
布里斯托尔野生动物电影和科学博物馆	97	2000 年春
贝尔法斯特奥德赛项目科学与体育中心	90	2000 年秋

续表

项目	英镑/百万	开放日期
苏格兰高地与岛屿大学	86	2001 年秋
伦敦英国皇家植物园千年种子银行	81	2000 年夏
朴次茅斯海事博物馆和地标大厦	79	2001 年春
康沃尔圣奥斯特尔伊甸园项目植物研究	77	2001 年春
克莱德运河和联盟运河千年连接	78	2001 年春
爱丁堡动感地球环境游客中心	71	1999 年
威尔士千年中心、加地夫威尔士文化剧院	70	2002 年春
诺维奇图书馆、商务和遗产中心	60	2001 年春
纽卡斯尔国际生命中心	58	2000 年夏
利物浦"国家探索公园"多媒体中心	54	2001 年冬
莱斯特国家空间科学中心天文馆	46	2001 年春
格拉斯哥汉普登公园体育馆	46	1999 年
米德尔顿威尔士国家植物园	43	2000 年春
曼彻斯特千年区城市中心再生（爱尔兰共和军轰炸后）	41	2001 年冬
罗瑟汉姆钢铁展览中心	37	2001 年春
格拉斯哥科学中心	31	2001 年春
"深海"水族馆和研究中心	18	2001 年冬

来源：千禧年委员会（直接来源/通讯，1999）。

247　在斯丹果看来，尽管运用了现代的技术和材料，但是，在许多这样的新古典、后现代建筑中有让人让感到熟悉的东西，与维多利亚时代的建筑（见上文）一样，提供了一条线索，因为它们把本质上是古典的形式和概念，并且就像戴维等人所认为的那样，这些宏伟结构的效果早已确立：

　　　　主要用于艺术和娱乐的建筑物一直都有一种不可渗透的

成分。我们从远古时代继承下来的伟大娱乐类型，剧院、马
戏团、体育场和圆形剧场都是内向的，正如其现在的后继者
一样……它们与周围的空间和生活环境令人不愉快地结合在
一起。

(1993：4)

在一些战后的城市艺术区，确实缺乏一种场所感和方便用户
的设计方案。正如巴克指出的："像巴比肯中心和南方银行一样
用艺术来划分大建筑区——建成的伦敦西区或用老旧的、重新利
用的结构导致了一种你无法想象的荒凉感。"(1999：31)这是一种
以其昂贵的和成问题的升级改造来致力于提升的情境，但并未获
得成功。新的文化建筑——美术馆、博物馆、图书馆、艺术中心
和其他民用建筑——当然支持了国际建筑师的杰出名号，这是一
种特殊的文化氛围，这里的标志性建筑与艺术总监和策展人一样
受到人们的追捧。他们的大部分作品都在他们自己的国家之外
(如哈迪德、罗杰斯和迈耶；Blaser 1990)，但是，他们也代表了
20世纪早期乌托邦式建筑师的传统，其代表人物是勒·柯布西
耶、兰克·劳埃德·赖特和路德维希·密斯·凡·德罗，他们的
权力和影响力远远超过了古代雅典人或"设计建造者"，如克里斯
托弗·雷恩爵士这样的做零活的工头(arkhitektron)。迈耶的巅峰
之作"大博物馆"，盖蒂基金会的新艺术博物馆都已获得了马里布
"罗马别墅"(原文如此)大部分的藏品，需要游客使用所谓快速交
通(实际上是一段缓慢的路程)连接到六层有1200个车位的地下
停车场的预定停车位。在繁忙的周末，游客要花费一个小时的时
间排队，才在关闭时间前下山。正如萨迪奇所指出的，这"让我
们清楚地认识到，从大多数欧洲城市两小时的步行街景观来看，

在一个汽车化的大都市里，生活是多么的不一样"（1993：135）。
设计师在规划艺术设施方面的作用是有限的（当然是受艺术家或
前人方面的限制），艺术设施往往是预先确定的，但考虑到它们
的象征和空间重要性，人们可能会更多地考虑场所、地方风格以
及对当地的影响。正如伊曼纽尔·康德所写的，建筑本质上是要
实现人的目的："房子或建筑物的美（无论是教堂、宫殿、兵工厂
还是避暑别墅），都预设了一个目的的概念，它决定了事物的本
质，从而决定了其完美性的概念。"（1790 in Beck 1988：230）当
然，康德既不是建筑师、建筑家，也不是规划师。20 世纪末期的
现代建筑师之一，巴西的奥斯卡·尼迈耶，与被誉为天才作品的
博物馆和公共建筑联系在一起，尽管它们的建筑内部常常没有兑
现自己的诺言。他的巴西利亚成立博物馆，这个终极的新城市的
博物馆（因其在 20 世纪建筑和规划中的重要性，1987 年被联合国
教科文组织宣布为世界遗产），可能会被人们误认为是位于地下
一个平淡的空间里的一座陵墓，因为它没有提供任何解释。巴西
利亚作为公共领域的价值所在，就是服从于全球消费主义与现代
运动所采用的分离功能（《雅典宪章》；Jencks 1996，Rykwert
2000）。正如德克尔认为的那样，这种"都市性的概念并没有真正
体现出对城市空间的充分表达……乌托邦式的原创性超级街区
（superquadras originais）的文化设施并没有形成一个有机的整体：
从根本上说，这个城市就没有任何可以让人们满足和享受公共领
域的机构……这个城市里几乎没有什么文化活动"（2000：189）。
正如他接着写的那样：

> 因为没有中央文化区而剥夺了这个城市的文化生活重
> 心；国家剧院是完全孤立的……巴西利亚电影院（Niemeyer

1960)被广泛认为是巴西利亚最舒适的电影院，但是，在夜
晚从邻近的超级街区穿越它的风景空间时是很吓人的。在这
两个地方，既没有给城市生活提供酒吧，也没有咖啡馆，更
不用说小吃了。一般的公众都喜欢有商场和快餐店的电影
院，这是一种城市生活的仿像。

（2000：189）

他最近的位于尼泰罗伊的新美术馆成了一个视觉地标，俯瞰着通
往里约的海湾，却又用了一种单调乏味且无法进入的公共空间形
式（见图版 8.3）。这个设计拙劣的美术馆的土地和设施使用仍未
得到解决，致使这个文化"地标"了无新意和毫无生气，就像新古
根海姆博物馆一样："毕尔巴鄂现在看起来非常壮观，但是，30
年之后它会不会变得不那么有说服力呢？"（Thurley，quoted in Ir-
ving 1999：28）例如，巴塞罗那新的现代艺术馆（又是梅耶的作

图版 8.3 里约热内卢尼泰罗伊美术馆，奥斯卡·尼迈耶设计（1997）

品)尴尬地坐落在这座城市一个较贫穷的地区——拉瓦尔。从前是人们所熟知的中国区——俯瞰梯田的房屋部分被拆除了，以便适应于这个新的闪闪发光的大厦(见图版 8.4 和图版 8.5)。如今，宏伟工程精心确定在一个贫困和边缘化的地区是一种常见的再生机·····制(土地成本更低，当然可利用性也促成了这一点)，但是，当地人

图版 8.4　巴塞罗那当代艺术(MACBA)博物馆内部装饰(1998)

图版 8.5　巴塞罗那当代艺术博物馆(MACBA)广场(1998)

坐在大楼的边上(从没有进入里面)看到的这栋大楼,有别于博物馆、附近的咖啡馆、酒吧和公共广场,贫民窟,还有身后跟着的大狗,似乎既有问题,也不舒服。

这项开发已经成功地吸引了一家博物馆出版社、大学教师和设计中心,可是,在这个城市和拉瓦尔本地却被人们看作一个不怎么成功的艺术区。因为它可望成为一个巴黎风格的马莱区或巴塞罗那的索霍区——尽管城市文化管理者付出了努力,但是很少有画廊和艺术家搬到这一地区。正如乌尔德莫林斯所认为的那样:"文化街区的成功或失败,将被解释为艺术商人采取冒险行动的保守策略以及该地区被当地社区确信为象征价值的结果。"(1999:28)而且,这两个因素既不能被认为具有明显的和谐价值体系,也不能被认为对在全球语境中经营的文化旗舰的外部创造 *250* (即国际文化旅游、艺术馆和美术馆市场)有着类似的反应。

尽管后现代建筑风格和保守主义占有主导地位,但是,现代建筑的例外和更"开放"的设计,包括对公共领域、便利性和安全性的基本关注,却是显而易见的。这包括对现代经典例子的适应性改变,如密斯·凡·德罗在芝加哥长滨路的麦考密克宫(1951),这是他在美国建造的仅有的三栋房子之一。它没有被毁坏、拆除,而被运到伊利诺斯的一个新地址并形成了一个建筑物,成为新皇后艺术博物馆的一部分。密斯本人在1943年《小城市的博物馆》中写道:"第一个问题是要把博物馆确立为艺术享受的中心,而不是艺术的羁绊。在这个项目中,艺术作品和生活社区之间的隔阂被一种用来展示雕塑的园艺方法消除了。"(Wislocki 2000:18)对于许多文化建筑的封闭性,公园和花园环境中的艺术设施(如第四章所述)保留了象征性的城市设计解决方案。另一个城市的例子,也许是早期巴黎政权中最重要的例子之一,它是重大工程蓬皮杜中心的先驱。1977 年启用并由伦佐·皮亚诺和理查德·罗杰斯设计，蓬皮杜中心"展示了现代技术如何把巨大的美术馆融入一座古老的城市中心的方法，同时也提升了两者的生命价值"（Wislocki 2000：5）。在另一个例子里，尼尔斯·托普设计的奥斯陆阿克尔码头，成功地把娱乐、商业和家庭生活融合在一起，把剧院、咖啡馆、画廊、体育设施整合到商店、公寓和办公综合体之中。因此，晚期现代主义建筑设计也体现在几个城镇和城市之中，"所运用的想象抵消了建筑的孤立主义和还原倾向，因为用一种多维的方式把娱乐融入总体的生活中"（同上）。蓬皮杜中心通过耗资 5500 万英镑的翻修工程而重新崛起，这无疑对其所在地波布尔产生了影响，并且有可能继续发挥它的象征和旅游作用。但是，它的艺术功能目的却不那么有效，因为，在每日25000 名游客中实际上进入"艺术博物馆"设施本身的却不到20％，他们只是为了见见世面，出去走走而已（参见赫尔辛基当代艺术博物馆）。蓬皮杜中心，就像许多公共艺术中心和博物馆一样，在很大程度上只是作为一种文化上合法的"游乐园"和文化咖啡馆（Heinich 1988，Evans 1995c）。博物馆代表了社区文化的一种特殊试金石，因为它们的寿命和作用都是在过去的表征与当前以及对后代和未来的希望之间起桥梁作用——《博物馆的时间机器》（Lumley 1988）。博物馆曾经是公民在不确定的文化价值深度上航行的一个标杆。正如吉登斯在《现代性的后果》一书中所写的那样，今天的博物馆"就不再确定它的作用，不再确保它的寿命，不再孤立于政治和经济压力，也不再孤立于图像和意义的爆251 炸。可以说，在当代社会中，这些图像和意义把我们的关系转变成为时间、空间和现实"（Irving 1998：26）。

为了更深入地考虑这个问题，贝内特从文化政策的角度撰写了《社区、文化和政府》一书，他拒绝这种对立的立场，即把博物馆和社区放在分界线的一边，认为它是创造性的"自下而上"文化发展进程的一部分，而另一边是国家或政府，认为它是"自上而下"文化政策的外部代理人和强制形式（1998：202）。借用詹姆斯·克利福德的著作（1997）和作为联系区的博物馆的说法，20世纪后期的许多人民宫所代表的当代博物馆（以及类似的"中心"），都被视为已经背离了它们的19世纪前身，作为收藏的博物馆体现了"从殖民边缘向大都市中心的进程"，它成为这样一种博物馆，即"把目标重新定位为在不同文化之间进行意义和价值协商的过程（常常是激烈的争论）的场所"（同上：203）。其中有许多文化馆，无论是新建的还是重新包装的（新瓶装旧酒）所提供的范围、规模和关键馆藏，究竟在多大程度上能够应付这种国际大都市和文化发展的挑战，很可能取决于策展人所具有的力量和开放程度："构成当代公民社会文化复杂结构的东西，来自多样化支持者的不同声音和价值观之间的多声调对话。"（同上：204）它也取决于有助于其形成、定位和发展的文化规划程度。这与上面所讨论的早期博物馆收藏品和殖民时代的世界博览会的民族主义、普遍主义性质大相径庭。然而，除了策展人的主题风格与按时间顺序的编年解释风格的优雅气氛之外，这一愿景却尚未实现。

法国和后彩票时代的英国可能代表了重大工程和文化建筑购物清单的特例，但是，许多新兴城市和那些正在重塑自身形象的城市，如巴塞罗那、法兰克福、拉丁美洲和东南亚的城市，都沉迷于大型综合用途和滨水区的开发。很少有人反对的第三个特例是"新"柏林。柏林作为重新统一后的德国首都，或许已经见证了涉及国际建筑师和公共的以及公司开发的最大公共建筑项目之一（如梅赛德斯-奔驰、索尼）。然而，在这一转变中，对东西柏林的文化供给的影响却是痛苦的。正如第二章和第三章所提到的那样，战后德国重建出现了数以百计的剧院、文化馆和大厅的发展。1948 年刚刚分崩离析的柏林，则在城市建筑师/规划师汉斯·沙隆的指导下，建设了一些新的私人和公共建筑，例如，坐落在幽灵般的波茨坦广场的空荡荡的、被彻底摧毁地区（现在被重新开发成一个混合用途的娱乐综合体）的爱乐乐团，普鲁士州立图书馆，以及 20 世纪 60 年代密斯·凡·德罗设计的文化公共综合体国家美术馆。正如泰勒提醒我们的：

> 由于其与世隔绝的地位，西柏林只有在波恩——经济上的、文化上的、道义上的不断帮助下才能生存下来……为了吸引包括文化产业人员在内的人在那里定居下来，西柏林采取了财政上的和其他方面优惠措施，而演员和音乐家的客串表演也提高了文化士气。

（1997：364）

在东柏林，政府确实保存和修复了国家歌剧院、老博物馆和菩提树大街的博德博物馆（见第三章），其动机是想要赢得国际声誉和公众的注意，也是出于真正的文化信念。因为人们熟知的马克思恩格斯广场已经成为新的仪式和国事场合中心。东德领导人瓦尔特·乌布利希也在重新开发两公里长的大道（斯大林大道，也被称为卡尔·马克思大道）中发挥了重要作用。大道两侧有七层至十层的公寓和办公楼，包括商店、餐厅和休闲设施（Taylor 1997）。今天，柏林墙的拆除和文化供给的重复，当与代价高昂的统一优先事项相抵触时，就意味着"国家对文化的赞助也是必须争取的……假如一种被补贴的文化事业被认为是多余的，那么

252

当局就会毫不犹豫地撤回支持"(1997：391)。夏洛滕堡的席勒剧院就是这样一个受害者，尽管（并且如泰勒认为的，因为）有其进步的传统。由于这种双重的文化遗产，两种城市国家制度的解体同样意味着文化和教育体制也被合理化了，但是，在认为值得继续支持之前，任何来自东德的东西都必须被净化、"去公有化"。德国国会大厦的重建（诺曼·福斯特设计）也呼应了弗里茨·朗1926年对柏林的未来憧憬（Richie 1998）。急于在德意志第三帝国的废墟上恢复和重新塑造的艺术遗产也看到了新建的和翻新的建筑物，在这个古老的博物馆岛中收藏了150多种藏品，从改造过的波茨坦广场上的玛琳·黛德丽博物馆到丹尼尔·里伯斯金的新犹太博物馆，许多艺术美术馆和艺术中心都占据着重复使用的建筑物。尽管正如第六章所讨论的那样，国际艺术家的聚居地在这里被取代了，就像在其他城市一样，而这些城市又一次按照首都土地利用断层线进行重新划分。在拆除东欧社会主义文化设施方面，最具讽刺意味的是，一体化工作场所/工业的物质性模式，以及住房、社会和文化设施，包括假日设施（Evans 1995 b：70-71），都正在被复制到"西部"。例如，第四代商业园，其"低密度、景观优美、生态精致的环境。场所、公共交通的社会和休闲设施……以及作为一揽子计划一部分提供的住住宅"（Doak 1993）。

艺术和城市建筑的这种无节制的狂热行为并不局限于欧洲文化之都（从2005年起，欧盟一年一度的文化城市授予将更名为文化之都）。如加拿大的蒙特利尔，20世纪80年代中期以来，这个城市正在从新自由主义政府强加的对所有新文化设施的开支的有效冻结中走出来，并摆脱了对过去巨型项目（世博会、奥运会）的痛苦和昂贵记忆。六年多来，蒙特利尔在文化设施上投资了4.4

亿加元（见表 8.4）。尽管这并不是文化规划的一部分，也不是对
"需求"的真实评估（除了它们的支持者和常驻公司的愿望外）。更
多的项目包括对魁北克电影资料馆（5000 万加元）的重大扩建和一个
900 座音乐厅的恢复使用，以及仿照巴塞罗那的滨水区进行的开发。
每一个项目都有一个特定的故事，这决定了它的位置和理由。

253   **表 8.4   蒙特利尔的主要文化设施投资（1988—1993）**

单位：百万加元

设施	魁北克政府	加拿大政府	蒙特利尔政府	私人领域	总成本
美术博物馆	33.0	33.0	0.9	27.0	94.0
加拿大建筑中心	4.0	4.0		57.0	65.0
生态馆	57.0		6.0		63.0
当代艺术博物馆	37.2				37.2
麦科德加拿大历史博物馆	3.0	3.0		24.5	30.5
艺术中心"艺术宫"	25.7				25.7
加拿大博物馆美术分馆	9.0	12.0	6.6		27.6
幽默博物馆	5.5	5.5	2.5	7.5	21.0
国家纪念馆	8.8	8.1	0.1	0.7	9.7
生物圈环境中心		17.0			17.0
皮埃尔-墨丘利音乐厅	3.3	3.2		4.1	10.6
昆虫馆	1.1	0.6	3.2	0.7	5.6
今日剧院	2.2	3.4	0.2	0.1	5.9
迪欧酒店博物馆	2.2		0.1	2.3	4.6
舞蹈广场	2.9	0.5		0.6	3.9
丽都剧院	1.5	2.2		0.6	4.2
邦塞库尔市场展览中心			3.7		3.7

续表

单位：百万加元

设施	魁北克政府	加拿大政府	蒙特利尔政府	私人领域	总成本
圣加布里埃宫	0.2	1.4		0.8	2.5
独角兽剧院	0.3	0.2		0.5	1.0
作家出版社	0.3	0.2	0.1	0.5	1.1
蒙特利尔历史中心	0.3		0.3		0.6

来源：Latouche（1994）。

然而，公共资金的提供是基于对当时的研究所强调的艺术和文 *254*
化产业（见第六章）对城市形象塑造和就业增长的追求。表8.4列出了
这一时期获得支持的主要项目，并区分了在城市、州/省和联邦各
级供资的项目（纯粹的魁北克项目没有资格获得联邦文化资金）。

对于这种语言上的因而也是文化上的"分裂城市"来说，政治
问题就是某个特定位置推断出来的属地方面的问题。由于英语和
法语区之间划分的东西城市，以及在这些有争议的地区之间占据
"中立"飞地的多民族团体，其实是区位的决定性带来了这种特殊
的政治维度："在一个种族文化和社会经济断层线往往相互交叉
并随时间变化的城市，是一项非常微妙的任务。"（Laperrière and
Latouche 1996：13）因此，"大部分的文化设施，它们的定位和它
们的程序都可以通过对作为一种分裂和冲突的蒙特利尔城市场景
的视野来解释。没有多少东西与城市复兴战略有关"（同上）。以
更加多元化的方式对待多样性（不同于多元文化主义/边缘化和
通过文化互渗的同化）的一种回应，就是提供艺术场地和项目，
提倡各种文化形式和传统之间的融合和互动。例如，位于城市语
言区之间的新世界剧场（见图版8.6）。

图版 8.6　蒙特利尔新世界剧场（1999）

也正如这些作者指出的，它们确认了中小型设施的价值：

> 按照世界标准，［与法国总统的重大工程相比］这些新文
> 化设施中的许多设施相对来说较小……这个想法似乎是创造
> 相对较小的设施来满足尽可能多的观众，尽管当地主办的活
> 动来自"大"世界。
>
> （Laperrière and Latouche 1996：19）

255　　　最后的评论与大多数城镇和城市采用的旗舰建设策略有关。
因为，一些演艺公司（如 1990 年从伦敦搬迁到伯明翰的萨德勒的
威尔斯皇家芭蕾舞团，成了伯明翰皇家芭蕾舞团）、艺术总监和
策展人被吸引到了其他地方，创作内容和常驻的艺术资本越来越
缺少——在过去建造房子的地方接收房子（如剧场）；相对于内部
机构或新作品的巡回展览和收藏、舞蹈、戏剧和乐队巡回演出，
"土生土长"的东西则不被考虑或不能进入较大的场馆。这一点在

艺术委员会的全国评议中得到了认可，从而开创了一个创造性的未来(1993a)："英国的艺术和媒体正处于危机之中。几乎每天都有新闻报道说剧院关门了；资助在削减或者观众数量在减少；缺乏所有艺术形式的优秀创新作品；缺乏方向感、目标感和大胆的创新。"(Arts Council 1991：1)新作品的展示(如工艺品、艺术家、年轻的公司)当然会出现，但这是对文化空间和资源的一种非常小的、通常是象征性的使用，比如打折票，儿童、学校音乐会和表演。在教育中和社区艺术工作中，艺术在专业参与和设施规划方面都被看作贫穷的表亲(见第五章)。因此，文化资本的下降不能单靠物质资本的大量支出来抵消。例如，由来已久的英国剧院在国际上的显赫地位，尽管最近在重建和新建的表演场所上进行了投资，但并没有得到保证："剧院现在所面临的信任危机比二战以来的任何时候都更严重。演员、导演和设计师曾经学习过的区域性剧目体系，以及后来充斥着巡演剧院和西区并且丰富了电影和电视大部分产品的来源，都一直在缓慢下降。"(Longman 1999：7)

结　论

具有自我意识的文化之城有着悠久而多样的历史，尽管今天没有人能声称艺术在社会或前工业和原有的文艺复兴城市的城市形态中所具有的中心地位。正如斯科特所说，文化经济的双重概念在"历史遗产的商业化，或者为城市改造的利益而对集体文化消费的文物进行大规模公共投资"(2000：5)之间，往往都出现在这些后工业的版本之中。例如，将"遗产"工业建筑改建为艺术场馆[如伦敦泰特现代艺术馆；盖茨黑德/纽卡斯尔的波罗的海面粉厂(见图

版 8.7)；维也纳博物馆区]，或者把新设施作为历史街区的一部分
[如西班牙巴塞罗那和圣地亚哥的当代艺术博物馆（见图版 8.8)；

图版 8.7　盖茨黑德波罗的海面粉厂，改建的艺术馆(2000)

**图版 8.8　圣地亚哥德孔波斯特拉加利西
亚当代艺术美术馆和人民博物馆(2000)**

魁北克文明博物馆]。它们之间的关系、关于它们的定位、资源
配置和优先次序的依据，在文化规划、设施设计以及城市和其他
城市定位可能选择的标识方面，都体现出一种关键性的张力。一
方面，在文化的经济地理方面，集群和"文化的特权中心"得到了
认可："这一过程对许多地方文化产生了深刻的侵蚀，或者至少
是变革性的影响。"（2000：4）另一方面，利用其中的一两项形象 *256*
重塑和经济发展战略来实现城市复兴的影响也仍然存在，而偏偏
忽视了空间、社会和不平衡的分配影响（如就业、经济流失、游
客流动），即使人们一再声称这是他们的首要利益和目标，以及
所提供的文化活动和经验范围在缩小，即同质化。

　　具有讽刺意味的是，无论是公开的还是具有更广泛基础的大 *257*
型活动（如世博会）实际上都代表了极端的案例，尽管它们在主题
上和设计上都力图突出独特性。再加上民族主义的弦外之音，它
们在影响城市再生方面的主张被夸大了，而不仅仅表现在给主办
城市留下财政负担和累赘、麻烦场地的失败中——从里斯本到蒙
特利尔——而且即便是在那些与成功复兴有关的城市。如巴塞罗
那，在申办奥运会之前，也经历了重大的再生和重建，如《建筑
设计》所言："如果你想要富有成效的再生，一次聚会也许就不是
开始的地方。"（2000：13）

　　有证据表明，通过文化和相关形式的文化消费接受和受益于
城市振兴的地区与社会和经济上最需要帮助的地区之间是不相匹
配的——许多（大多数）城镇和城市都无法维持足够数量的人口，
无法通过贸易与"地方垄断力量"展开竞争（同上：5）。所有这一
切都表明，缺乏规划，缺乏文化规划，文化甚至就是主要的因
素，是一种地方治理的危机。因此，这情况反映了存在于发展和
竞争性城市进程中的制度和权力游戏，特别是在协调和调节全球

与地方的中介机构的作用上。正如萨森在《全球城市》(1991)中指出的，影响植根于当地，因为全球化的权力关系和整合正是在这里被看到和被感受到的："从这种观点来看，地方社区被视为全球化力量的基本接受者和传播者。"(Richards and Hall 2000：3)然而，这充其量只是一个被动的角色，因为它们既不是规划的所有者，也不是发现自身作为关注中心的大部分文化的生产者。

　　然而，抹杀文化城市和创意城市的辩护是目光短浅的，尤其是因为它的繁衍使它成为城市演变和当代分析中的一个普遍现象。也不要过分概括和抹平那些城市的影响和经验，它们为不太成功的城市提供了更好的模式或者可能的指导，以及回应了罗宾斯、哈维和比安基尼等作家提请注意的更有害的反应。从根本上说，这种批评的很大一部分就在于对场所以及对文化表达自由方面的权力。这表明，后工业城市复兴与土地利用的冲突，与当地社区、经济和治理之间的紧张关系以及文化多样性与遗产之间的矛盾都具有相似之处，这是许多发展中国家和第二世界国家(例如，印度尼西亚、墨西哥；Style 2000)的一个特点，它们与高效生产的国家—全球压力和所谓自由贸易的必要性相冲突。特别是鉴于本书的重点，就规划形态的程度而言，在文化上影响规划的经验与软性和硬性艺术文化基础设施的重要性，在多大程度上就是文化和城市发展的要素，这仍然是一个关键问题。在某种日益变得重要的程度上，一个比较框架是由正在经历其经济基础的更新和重新定位的城市的数量和寿命、其不断变化的景观及其居民的生活方式和愿望的变化所提供的，两者既是转瞬即逝的，也是义不容辞的。在某些方面，这就要求采取一种更加全面的和跨学科的方法，对世界主义、全球文化影响的不明确概念和后工业社会的连续性和变化性进行评估。我认为，这有助于把文化与规划结合起来，应对一些传统的经济学和文化地理学、文化和政策研究以及各种"城市"研究的限制——通过批判性的文化研究和地缘政治、经济之间更有成效的协同作用，假如不是在实践中，那么就是在理论上更接近索亚所寻求的东西（2000：xiii）。尽管他们所关注的是人文地理和人类文化的研究（Tuan 1976），然而，与观察到的社会效果和物质形态不同，后现代主义和后都市主义的拥护者严重缺乏对创造性、文化发展力量和影响或者对艺术的形而上学和象征意义的真切感受。

注释：

[1]美利达，被称为"白色之城"，是西班牙征服前伊萨的前玛雅城市。1542 年在西班牙卡洛斯五世的敕令下，所有殖民地城市都是围绕一个中心广场组织的、强制实施的严格网格规划，广场上设有控制/权力的主要建筑物，对殖民者和被征服者进行分区。中心注定属于欧洲人/克里奥尔人的，尽管这个城市的西部有两个郊区被玛雅人占领。东边的一个郊区是阿斯卡波察尔科印第安人的地方，他们被西班牙入侵者带进了这个城市。后来，建设了一个北部郊区以容纳"黑人和混血儿"。这些"郊区"——小城镇——在地方总督任命的印第安首领领导下有它们自己的自治权和代表镇委员会。随着时间的推移，这个中心被这些"郊区"的入侵所占有，这些"郊区"逐渐向外延伸，使它们的本土原居民离中心越来越远，并因此失去了其几何形的街道布局和宽敞的形式[墨西哥尤卡坦美利达奎达达（Cuidad）博物馆展出，1999]。

[2]类别：A. 200 多公顷；130 多个参与国；每个国家都有一块土地用来建造它们本国的展馆；B. 80 多公顷；100 多个参与国；东道国提供展览空间；C. 国际园艺节。

第九章　艺术规划：　一种城市复兴？

本书从历史和当代城市两个视角考察了各种形态的文化设施和文化经济规划，并从地方和微观层面对城市地区和国家对艺术和文化产业分布和价值的评估进行了分析。无论是主要由就业和经济政策、更广泛的社会政策，还是由具体的城市和文化政策所驱动，可以说，良性的和自吹自擂状态的艺术规划都在城市形成、发展和更新中具有某种特殊的地位。通过它们的艺术和文化，神圣的和著名的东西都体现在城市所拥有的物质文化、"表演"和遗产之中。正如图安所认为的那样："过去的事件不会对当前产生任何影响，除非它们存储在历史书、纪念碑、盛会、庄严的而愉快的庆祝活动中……世世代代的市民都可以借此维持和重建他们的地方形象。"(1977：174)

正如第一章所解释的那样，在不同的空间和经验维度上进行文化规划以及提供艺术和相关设施，可能都会被在全球范围内的文化传播和消费形式以及社会在创造和参与艺术和相关休闲活动的日益私有化的领域所忽视和淘汰。然而，追求荣耀和普遍认同的公民和民族文化发展的模式和方式，在"旧"工业和"新的"以及新兴城市和地区中都很明显。这一点从宏伟的建筑表达和体制性的文化之家——歌剧院、剧院和音乐厅、艺术中心、美术馆和博物馆的必要性中——与所谓发达国家那些历史悠久的文化进行竞争和比较（如北京的新歌剧院），无论它们是否具有本土相关性或国内吸引力，都是值得注意的。正如图安再次观察到的，新城市和现代城市国家的市民领导者们"必须大声说话。咄咄逼人的自我吹嘘就是创造一种令人印象深刻的技术……建设大型公共工程和提供艺术补贴等等豪举，[因为]支持者们很少会夸耀他们城市的过去或文化，因此，用来塑造大国形象的象征手段看起来却像一个具体的场所"（1997：174-176）。体制性的和全国性的文化中心和活动保留了一种剩余价值和重要性。尽管在许多情况下，它们的知名度越来越低，阶级基础也越来越狭窄，但是，借用威廉斯的话说，"共同文化"是日常生活的文化习俗和经验的象征。正如威利斯所说：

> 高雅艺术的新殿堂……可能会受到一些公司的欢迎，但是，它作为一种公共景观，而不是私人的激情，作为一种被观看的场所，而不是在场所之中。实际上，有声望的旗舰不过是审美上的天衣无缝，抗衡着日益增长的共同文化。让我们跟着浪潮走吧。
>
> （1991：13）

260

威利斯并不那么积极地认为一些主流文化机构也应该成为焦点（参见第四章的"艺术中心"），而是应该促进与地方艺术、文化活动和网络的合作与协作。例如，通过更生动、更容易理解的解释方式发展地方图书馆和博物馆、社区和教育中的艺术以及使用互动技术(如英国舞蹈伞节的数字舞蹈)，它们已经为曲高和寡的高雅文化和大众文化之间的辩证关系架起一座桥梁。并且，他提出了一种更具有文化民主性的方法，再一次呼应了威廉斯(1981，1983)：

> 一些博物馆和艺术馆最近在吸引更广泛的人、与新观众进行交流方面取得的成功，许多图书馆在提供越来越广泛的象征性材料方面继续取得的成功，并不取决于把旧的观念扩张到新人上，而是取决于让新人及其非正式的含义和交流植入到……这种机构之中。

(Willis 1991：12)

20 世纪末目睹的文化设施扩展——新的、搬迁的和翻新的——是否标志着一种通过削弱民族国家和地区从而恢复其象征和经济权力的企图，或者城市国家是否仰慕过去的城市先驱、商人和实业家，从而恢复或重新定位他们的形象和地方经济，从维多利亚时代和工业时代、早期的城市文艺复兴，甚至从古典时期以来，城市艺术和文化在很大程度上都从那里汲取灵感和形式，公共文化供应的地图一直就没有如此努力过。这种反直觉的发展展示了所有这些方面，尤其是在新的和旧的生产方式中平淡无奇地拥抱文化经济，从多媒体和信息通信技术到现场表演、设计和手工艺/设计师制作。

文化旅游与城市和历史街区旅游的拓展动机——休闲、教育、家庭("探亲访友")、商务和会议——还需要一系列的服务、设施和体验，包括现场和视觉艺术、博物馆和动画，通过节日、文化旅程/线路、活动和游乐区。这种迁徙和定居——种族和地理的——移民和定居的扩大——移民的和地理——是暂时的和永久的返回散居者，也创造了一种民族的运动，他们带来并利用了国际大都市的文化。因此，公共文化的消费者，包括居民、工人、游客和投资者，与政治家和市长、艺术家/推动者和市场营销者一样，在倡导和提供文化城市方面都发挥了作用。旅游业和贸易展览、讨论会、会议和中心的持续增长，也与它们的未来主义设想相矛盾，这种设想充满信心地预测它们的替代品将出现在虚拟旅行、视频会议、信息通信技术（ICT）和电子商务中。这种人文地理现象直接和间接地满足了新的和重新包装的文化场所和文化活动；然而，它们在艺术上和财政上能够得到支持的程度还有待观察，同样地，竞争性文化资本的不断增长的循环是否能够生存和繁荣下去。

　　尽管有短暂的重大活动和重大项目，并且在中央文化区和文化娱乐岛屿之外——城镇、地区和"城市村庄"，尽管存在着不均衡，但人们都在当地和市政文化中看到了一种市民自豪感正在重新抬头。城镇中心的改造和对新文化和手工艺经济的承认，可以被乐观地看作当地经济和景观的重要组成部分。例如，城镇中心的振兴战略试图以文化消费和文化参与为基础，巧妙地处理现代城市生活的需求，设法克服障碍，并制定与交通、就业、住房、休闲及其空间关系有关的更可持续的城市政策。这已扩大了地方当局和地方商业协会在城镇中心管理、增强活力和城市设计规划中的作用，在区域层面上，通过把城市规划与战略性城镇中心的概念联系起来加强这方面的作用。关注城镇中心和较大的"城市村庄"，而不是更加迷人和强大的市中心和市中心地区，无论是对已建成、衰落还是新兴区域（Haringey 1991，Davies et al.

1992)的关注，都既是对城市外围和城市边缘地区在休闲、零售和住房开发(几乎完全基于汽车使用情况)方面的漂移的回应，也是对中心位置优势的一种回应。其中，包括当地的足够人数、跨行业贸易和公共交通联系的好处。当然，这些中心可以提供的东西包括文化设施的位置和开发以及教育——学校、学院和专门设施，如设计、信息通信技术和生产者服务。这种城镇中心网络是传统大都市地区战略规划的关键，旨在保护自己免受边缘城市和城外转移的影响。它们被认为有可能"提供一种场所感和社区关注点……有助于获得一系列服务的机会，延长白天以外的经济活动，并保持和加强……社区和文化特色"(LPAC 1993：21-22)。市场重新认识到它们的生存能力的一个迹象是，在城镇开设了多功能影剧院、休闲零售中心和翻新的文娱设施，而不是郊区、市区边缘和绿地休闲"公园"，以及市中心地区人口下降的逆转。这是一系列研究所提出的愿景，这些研究导致了英国城市特别工作小组的"城市复兴"(DETR，1999)，并且体现在从曼彻斯特到丹佛的城市经济和人口增长上(Gratz and Mintz 1998)。它们为开发棕色场地和工业建筑提供了机会，并回到了被振兴的和所谓被丰富的城市中心(Worpole and Greenhalgh 1999)。

那些对速效对策的寻求——并且这是政治任期、发展资金和一些社会期望的基本限制——是一个不可避免的从根深蒂固的、支离破碎的利益和土地以及建筑使用基础开始的再生过程，这是一个长期的过程。大型开发计划，无论是活动项目、旗舰项目还是混合用途项目，都是通过正常的咨询程序来推动的。或者用历史证明不太可能得到实现的(如园博会、博览会)承诺，为它们的创造者和自吹自擂者提供更快捷的途径和更具体的证词。鉴于文化规划和更具有协商性的规划方法所需要的复杂性和广泛关切，时间可能是最宝贵的资源，但是，在再生和发展规划方面，时间却是最不可信的资源。它们往往是由有限的公共资金和业绩指标，以及自由商业金融家和开发商（包括移动文化企业家）的虚张声势和威胁所驱动的。例如，在北伦敦哈林盖区（人口约为 20万），可以看到资源限制、政治和行政能力以及决定土地利用和经济变化的渐进主义的现实。该行政区包括一个战后的城镇中心［被乐观地命名为伍德格林（Wood Green）］，因战后失败的"购物城"而著名（原文如此），它由一条主要道路和一个区域性巴士车库分为两半。虽然伍德格林"缺乏迈克·戴维斯（1990）在洛杉矶描述'堡垒城市'，但是关于准入、监视和控制的问题却太突出了"（Jackson 1998：188）。地方议会召集了一个多学科城市设计行动小组（伦敦哈林盖区），试图为其基础不断下降、城市设计不佳以及与毗邻的亚历山德拉宫和公园（人民宫，见第三章）的联系找到解决办法，后者也同样处于金融危机之中。这项工作所提出的设计解决方案几乎没有获得通过，然而，1993 年，该行政区还为艺术和文化产业开展了一项经济战略研究，着眼于该镇文化街区的发展（Evans 1993d）。差不多十年过去了，这个城市已经投资了小规模的城市设计改善，综合放映大片、宝莱坞电影和艺术片，还拥有一个大型文化产业设施即巧克力工厂（Chocular Factory），包括当地艺术委员会和媒体培训、一个大学艺术与设计校园和小型文化企业生产。这个例子并不是特别的，基本上是渐进的，但是它提供了文化规划在一个复杂而动态的城市中所需要的时间尺度和稳定发展的证据。这一点必须被接受，它现在已成为常态。

　　北美典型的市中心购物中心的早期例子，最初与 1959 年在密歇根州卡拉马祖首次出现的行人专用区实验（Brambilla et al. 1977）有关，与城市对其中心商务区免受汽车干扰的目标有关，拉丁美洲和欧洲也有类似的解决方案，如超市和零售"公园"（原文如此）。然而，正如戈斯认为的（并且声称19世纪的美国郊区；Sennett 1970），购物中心开始"重塑中产阶级的想象力，'街道'——一种理想化的社会空间自由，凭借私有财产、规划和严格控制，不受天气的不便、汽车的危险与污染的影响。最重要的是，摆脱了与今天的城市环境有关的犯罪恐惧"（1992：24）。同样的观点可以用于塑造城市复兴计划核心的文化旗舰和综合体，特别适合于夜间使用。然而，艺术和城市中心综合体保留了大量开放的、公共的领域，包括大厅活动和表演（见图版9.1和图版9.2），它能够而且确实克服了本质上私有化的、并且最终是零售驱动控制的环境，这种环境也会在关闭的时候回到一个贫瘠、不安全（如商店、门道被关闭）和当风的场所。然而，一旦确立了公共用途，这些空间的商品化就是一项诱人的战略，部分原因是为了维持其收入，减少对公共补贴的依赖。例如，为伦敦的南岸艺术中心和毗邻纽约（现代艺术博物馆）和巴黎（中央市场卢浮宫）的博物馆零售业务提出的重建计划，都是明显的。

263

图版 9.1 伦敦南岸皇家国家剧院免费演出（2000）

图版 9.2 瓜达拉哈拉镇广场的自由表演（1998）

公共文化空间的私有化和商品化本身也体现了规划本身的失败，因为对毗邻地区的独立零售、工作空间和专业服务的影响都是负面性的，其方式类似于旅游区和遗产区（事实上，这就是它们现在变成的样子）。而这些机构的市场导向给它们的核心使命和组织文化带来了机会和交易成本（Evans 1995c，1999g，2000b）。

文化规划与公共物品

264

现在，人们认识到的规划和土地使用制度的缺陷，不仅指向了政治经济中的困境——如捍卫公共/工艺物品、混合经济、建筑物的混合用途、公共领域和空间的合理性依据，承认多元化和多样性，而不是假定的趋同/同化——而且指向了承认需要扩大规划职能和制订计划本身并使其（文化）民主化。正如布里克巷社区发展信托基金在伦敦东区所做的评论：

Cultural Planning:
an urban renaissance?

参与必须超越发展规划阶段的实施和管理……我们不希望得到简单的结果，如规划被许可或被否定，或一次性的计划收益，如金钱或社区中心……我们想要的是参与制定该地区未来 20 年的经济发展战略。

(ten Kate 1994：16)

如果一种简单的市场机制即使是善意的（"看不见的手"），也就是说，假如没有经得起检验的公共/公益物品依据，文化生产链就会迅速而不可避免地瓦解。这首先要消除文化供给、建筑和场地使用结构层次中的垫脚石，以及拆除通过相互依赖的技能、专业知识和设施而发展起来的艺术社区和工作场所。例如，手工艺和设计师制作会导致协同效应和临界质量的丧失。这种情况一旦发生，在城市出现"发展收益"的情况下，无论是这种趋势的逆转还是这些趋势的再创造，作为某种形式的规划方案能否实现都是值得怀疑的，至少没有大量的再投资，这种情况本身并不能保证文化环境和文化活动的特定景观能够再次蓬勃发展的条件。对公共利益（或者"非私有"利益）（O'Hagan 1998）的重新界定和某种意义上的重新定义，还要求在一定程度上捍卫这一概念，防止娱乐服务和设施无法满足更广泛的公平和参与性检验，部分原因在于缺乏社区文化规划以及消费主义文化所提供的虚假意识（或者一些经济学家仍愿意称之为"市场失灵"）。然而，这并不局限于特定的活动、服务或设施，因为正如有人认为的那样："城市本身确实可以被视为一种最持久的公共物品……[公共物品是]基本生活品质最重要的东西。"（Worpole and Greenhalgh 1999：16）然而，就像佐京所警告的那样，城市规划的民主化以及对视觉和物质环境的更大关注，往往并不具有包容性或共识性（与保护和环境运动类似）。并且，正如我在这里所提出的，它很少与更广泛的规划和城市设计方案充分结合起来："艺术作为一种公共物品的概念也会引发了一些问题，即一个城市是否有能力保持其作为文化之都的身份，尽管人们要求分享文化战略所带来的好处。"（1995：155）

地方文化战略：艺术与社会排斥 265

最近在文化规划方面再一次把重点放在本地区的尝试也表明，在一种地方性环境语境中重新回到对设施供给的关注。这是否标志着重申社会（设施）艺术本身的价值是值得怀疑的。然而，在英国和加拿大，艺术与邻里复兴（Shaw 1999；SAC 1992，Landry 1996；Jeanotte 1999）之间的联系，在地方层面上至少利用了更加综合的规划方法，以及文化发展可能对社会排斥、贫困和经济衰退等特定城市问题做出的贡献。继其法国和更广泛的欧洲和美国基金会之后，英国新工党政府正在审议的社会排斥议程，也在澳大利亚（Guppy 1997）和加拿大（Jeanotte 1999）得到了反映，并且再次表明社会和文化政策的趋同现象，以及更加强调艺术和文化产业的经济价值的平衡。因此，几项对艺术社会影响的研究都引发了对这种政策的关注和联系（SAC 1995a，b，Comedia 1996a）。在某种程度上，这是对 20 世纪 80 年代大量出现的经济影响研究和基本原理的回应（见第六章）。

因此，尽管许多发达和发展中国家采纳的创意产业政策都获得了进一步的动力（DCMS 1998，Landry 1998，World Bank 1998），利用所谓社会市场以及信息社会技术和文化"知识经济"的平等潜力，但是，对社会排斥以及参与艺术活动和机构的关

注，也需要重新考虑邻里的地方艺术供给和更为广泛的社会经济
和环境政策议程（Shaw 1999）。这一关注并不完全脱离文化经济，
因为，它被看作通过小规模文化生产、教育、培训和社区企业为
贫困、失业和相关下降领域（如卫生、住房和环境）提供机会，以
及为展示文化多样性（丰富多样）（Evans and Foord 1999；Foord
1999；Worpole and Greenhalgh 1999）提供机会——如支持民族艺
术和节庆。然而，应该说，民族主义和融合/同化、多元文化主
义和多元主义的概念与现实之间的紧张关系，在欧洲或其他大都
会中并没有得到认真的解决，更不用说在文化或社会政策领域中
得到解决了（Evans et al. 1999）。"他者"仍然在很大程度上存在
于建成环境、公共设施和合法性（补贴）艺术和文化设施之外。正
如克里斯托弗森在"真正的民族文化"与"为销售而制造的文化"之
间所做的区分那样（1994：414），私人和公共的排他性分离也把
广泛的市场实践和机会混为一谈，从而低估了主导公共文化和再
生策略的强大霸权和中介经纪，正如我在艺术和城市再生以及文
化城市方面所讨论的那样。因此，杰克逊提出："消费者公民身
份的概念需要进行细致的定位和社会性的区分……而不是假定商
品化和私有化本质上就是不民主的和反动的社会进程。"（1998：
188）故而，大众媒体、电子技术、通信技术和亚文化形态所提供
的文化民主化现象，都适用于传统上存在于主流和文化资源基础
之外的许多群体。

　　在英国，政府的广泛的社会排斥政策议程要求所有部门对此
做出回应（社会排斥办公室，2000），特别是在社会经济贫困程度
较高的目标地区，以邻里和住宅区为基础的城市（和乡村）计划，
并且，这在当地设施方面已经通过的《地方文化策略》（DCMS
1999）框架中得到了提升。值得注意的是，这些措施旨在把文化

活动与当地环境的其他方面结合起来，包括经济发展、交通、卫生、环境质量（LA 21）和教育，更重要的是法定的土地使用规划。文化部发布的指南（DCMS 1999）指明了地方文化战略可能包括的规划和协商过程范围（见图 9.1）。

267

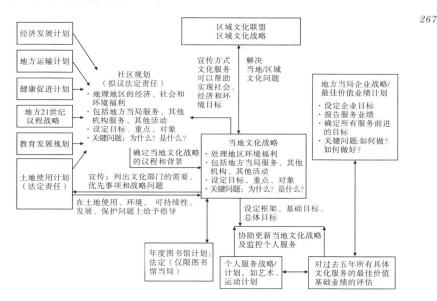

图 9.1　战略和规划之间的联系

来源：DCMS（1999 "Exhibit Five"）。

　　就更高层次的协调和巩固而言，如供给的规模层次、城市和区域规划，这些地方性规划将构成区域文化联盟（即全市范围）的一部分，通过这种联盟来解决地方/区域的文化规划问题，例如，供给、策略和地方设施提供方面的重复和差距，以及相关的基础设施需求，包括文化（如艺术形式、多样性、资源）和环境（如交通）。因此，一种文化伙伴关系的建立，是为了推进文化问题，提出一种处理［全市］范围内的文化问题的方法（CSP 1999：14）。作为这一新模式所体现的利益范围的一个标志，文化战略伙伴关

系包括负责遗产、图书馆和档案、电影、体育、旅游、彩票、公
园、博物馆、地区志愿部门、外来投资和城市推广以及政府再生
方案的机构（LAB 1999：3）。引用一个城市当局文化规划简报中
的话来说："地方当局第一次有法定权力/义务……促进其社区的
社会、经济和环境福祉。"（桑德兰县议会，2000：1.2.1）在文化
服务领域，这种权力提出的方式可能是非常重要的，而且一种整
体性战略应该能够使地方当局有信心解决这一问题。当与地方自
治计划（整体发展计划；见附录 I）提供的综合办法相结合时，这
一办法可能与前面概述的文化规划概念最为接近，特别是，如果
社区规划被指定为居民社区真正能够参与和影响的一项职责的
话，就更是如此。然而，假如不加强地方治理，更多地关注权力
的分配——集中在"治理术"的冲突过程上（Foucault 1991, Bar-
nett 1999）——而且，假如没有对公众选择和资源分配的更大控
制，那么，地方文化规划就永远不会脱离"规划"状态，或者也不
会被证明对过去具有典型特征的艺术规划的既定霸权和家长式作
风是无效的。正如贝内特所主张的那样，文化本身应该被看作是
"具有天然治理性的"，因此，"文化是指一套社会管理的惯例，
这些惯例被运用到构成自我治理人口的社会管理中。文化被用来
指涉一套社会管理的惯例，这些惯例被用于构成作为自我治理的
自律人群之中"（1995：884；Barnett 1999：371）。

也可以把"城市复兴"看作对地方的重新解释和重新发现，而
不是通过"结构性悲观主义"（Byrne 1997）的否定性观念，或者看
作是对退化的一种补偿性反应。与金的看法（1990，1991）相反，
艺术和文化产业可以通过恢复身份（Hough 1990）以及当地经济来
使自己变得引人注目，在一个折中的城市社会中，意识到的不仅
仅是传统的文化，而且还有其他的文化（和生活方式），也无论是

在地方性还是在全球范围内通过大众媒介以及以一切形式的交流/融合所体验到的文化。

当代世界城市的多元文化和多元化状态都表明，无论是一种简约性的公共文化（Home 1986）还是被动的、连续复制的城市艺术规划都是不公平的，也不足以达到它们的目的。根据确定的当地需要和状况而进行的文化规划，需要反映地方、自治区甚至亚区域地区的文化构成，从而延伸到当代的和"共同的"文化以及拓展到传统的艺术和遗产。

文化还是遗产？

因此，遗产利益——建成环境、手工艺品、表演和视觉艺术"经典"——与通过一种共同历史和文化发展相互联系的生活和工作文化之间的协调，似乎对更可持续的文化政策范式来说是至关重要的。虽然保护区、建筑物目录和遗产地位保护了外观和"遗址"，但是，却没有为艺术家（少数例外）、文化生产或文化经济的创造性目的以及建筑用途的混合提供这样的保护。《世界遗产公约》（教科文组织，1972）本身规定了各国有义务采取一项一般的政策，让文化和自然遗产在社区生活中发挥作用（第 5 条 a）——但是，每个成员国都必须界定这些"突出价值的性质"（第 1 条），对世界遗产名录提出建议。在实践中，很少有这样的社区规划（和管理），或者很少有博物馆和遗产在社区再生中发挥重要作用的文化资源实例（Newman and McLean 1998：149）。

然而，正如游客的过度集中以及少数欧洲和其他遗产地的经济活动所表明的，这并不是一场专门的遗产辩论（见第七章）。由国际机构和保护专家主导的遗产运动，现在受到了现代运动（20

Cultural Planning:
an urban renaissance?

世纪建筑）的双重要求的挑战，这一运动被视为从迈阿密（艺术装饰）到曼彻斯特高楼大厦的"普遍遗产"的一部分，以及第一次寻求获得世界遗产地位的发展中国家的压力，从西班牙城镇（牙买加金斯顿）到石头城（坦桑尼亚桑给巴尔）都是如此。在许多方面，这种情况正在扭曲发展中国家和新兴国家城镇的文化规划，在这些国家里，历史街区的遗产旅游，再加上西式博物馆、美术馆和文化馆的发展，耗尽了稀缺的文化预算和投资。这也发生在接受遗产和博物馆化的老牌城市地区，如伦敦的海事格林尼治和旧魁北克（分别于 1985 年和 1997 年被宣布为世界遗址）。那里的日常生活由于市场营销和形象塑造的迫切需要以及遗产区的需求不足而变得黯然失色（Evans and Smith 2000）。例如，在格林尼治，这种情况与所谓多元文化，与部分贫困常住人口，或者与全体居民实际参与和向往的特定文化活动几乎或者根本就没有什么共鸣（伦敦格林尼治区，1998）。在这种情况中，遗产管理规划没有更广泛地涉及当代城市文化、居民社区或其共同存在（《英国遗产》，1997）。社区的界定和划分往往不能反映流离失所者或者那些遗产属于但可能不再居住在当地本身的人，令人遗憾的是，遗产"发展"（原文如此）也造成了社区的被迫搬迁或挤出，不仅由于高昂的土地/财产成本和税收成本（Evans 1994，1999c，Rojas 1998，1999），而且也因为冷酷无情的规划立法。

我们城市和城镇文化以及其他便利设施的继承，也反映了诸如维多利亚时代以及类似的理性娱乐时代以来政治共识和控制演变的经验。这些双重意识形态反映了从 18 世纪到 19 世纪以来，人们通过提供公民、城市艺术和娱乐活动来调和阶级冲突的尝试（Yeo and Yeo 1981，Harris 1994）。马克思把"遗产"与"传统"区别开来，前者涵盖了所有的历史和风格时期，无一例外地包含了所有的社会形态，而后者只是前者的一个组成部分——即"公众头脑中形成的丰富的观念，它需要从某些阶级、社会阶层和群体的角度对遗产进行选择、接受和解释"（Andra 1987：156）。通过选择、抉择、重新评估和文化变革引起的张力将是这一进程中的一个自然而困难的方面。然而，斯塔克更具建设性地提出了在过去、现在和未来的艺术之间达到平衡的一种未来愿景：

> 我们的论点是……在这个[21]世纪，我们应该向往的文化是更加谨慎地权衡世界上最好的艺术遗产的文化……通过专业人士投入艺术生产，通过对设施和机会的投入，使所有年龄、文化和传统的人都能通过积极参与来享受、探索和颂扬艺术。
>
> （1994：3）

"非规划"？

早在 1926 年，弗里茨·朗的无声电影《大都会》中就有一行字幕，叙说了巴别塔在现代城市建设方面的传奇（以柏林为基础），它警告说"那些辛勤劳作的人根本不知道那些计划者的梦想"。这里所用的规划观念和恐惧没有谈到战后重建和福利国家时代所认可的基础设施、准入和文化表达"权利"（Henry 1993：15-25，Sinfield 1989），因此，也没有谈及一种平衡的城市和城市生存所需的资源。对人力资本的投入，无论是获得专业和业余技能和文化经验的机会，还是创造和维持这些经验和互动的场所，不管是正式的和指定的，还是私人的和非正式的，都可以说是文化民主和合理的资源规划的重要组成部分。普遍的理由无论是以便利设施为基础，还是以生产为基础，情况都是这样。自由主义的预设似乎是，把艺术规划为存在是艺术和文化规划或为文化活动而规划的一种必然结果。事后看来，社会主义规划、宣传和审查制度之间的联系，以及过度规定性的法比安城镇规划，都被指责为高楼大厦和野蛮的公共（和私人）计划的罪魁祸首，这些

计划充斥在城市和郊区边缘地带，在任何意义上都保持着对规划的新抵制。在英国，非规划（Non-Plan）是 20 世纪 60 年代后期由规划者和建筑师们（彼得·霍尔《世界城市》；雷纳·班汉姆《机器时代的理论与设计》；现代主义建筑师赛德里克·普莱斯，作品"玩乐宫"；作家彼得·巴克《社会中的艺术：另一个英国》）发起的。30 年来，这个群体认为有必要重新启动《非规划》宣言（1999），认为没有过多的规定所产生的增长是最好的（反之亦然），"是创新决定城市的增长，而不是规划者的决定"（Barker 1999：30）。适时地引用《城市的富饶》（Worpole and Greenhalgh 1999）中的话来说："我们唯一能够确定的是城市的变化无常的性质，它们抵抗自上而下的规划或预测。"（同上）但是，这里拒绝的是物理规划的反应式、家长式的应用，而不是说社区规划及其文化发展是多余的。天真的假设是，由于一座高楼大厦要么是满的，要么是空的，即很难出租，或者是市外的购物中心和多层"受欢迎的"，这是公共选择（原文如此）在可行的备选方案之间的结果，或者完全是公众的代表，忽略了市场失灵的模式。这是一种天真的假设，因为一座高楼大厦要么是满满当当的，要么是空空荡荡很难出租的，或者是城外的"受欢迎"的购物中心和多功能影剧院，这是在可行的备选方案之间的公众选择（原文如此）的结果，或者完全是公众的代表，因而忽视了市场失灵的模式。这种所谓自由市场确保选择和竞争的概念违背了这样一种现实，即增

加/保护市场份额、扼杀或获取竞争都是常态——尤其是在休闲产业中——正如商品化、规模经济和同质化/仿制设计（如零售、休闲、品牌）的必要条件一样，这些都是另一种"规划"形式，即企业的结果。1999年年底，跨国公司"苍鹭国际"在马德里开设了首家欧洲零售休闲业发展连锁店，这是被称为"一个'全球品牌'的首期开发，并通过其设计形象反映了当地的独特风格……加强了我们正在目睹的全球趋势，（这似乎是一个自然现象）零售和休闲发展体现了当地社区目的地"（休闲机会，2000）。这样的故弄玄虚之词会让《大都会》和《1984》的规划者感到自豪——不管你喜欢不喜欢——此外，它还要在巴塞罗那、里尔和斯德哥尔摩规划"苍鹭之城"，米兰、布鲁塞尔和里斯本也将紧随其后。

土地利用规划和承认基础设施和生产链的争论本身不太可能保证有更多的供给，当然不是更好的"艺术"，更不用说更大的文化民主了："一个人们可以自由地聚集在一起生产、分配和接受他们所选择的文化的社会。"（Shelton Trust 1986：111）然而，如果没有公平的艺术资源水平，没有被认可的通过适当的基础设施，如旅游、生产和教育场所（学校和非正规）以及无障碍的设施结构来促进艺术发展，以实现文化发展和加强参与性，这种供给就很可能达不到国家和地方的准入和公平目标。规划，包括在某种程度上根据现有设施、活动和消费模式以及地方/区域"需要"制定规范和最低供应水平，是一种值得考虑的做法。一种文化设施和生产的艺术和城市规划办法，也可能更自然地涉及某种文化政策，并且可能避免基于空间和人口的城市中心/核心与郊区/边缘之间艺术设施的不平衡。在20世纪80年代和20世纪90年代的城市复兴战略中，这些政策的缺席以及再生的范例表明，保持许多规划和设施所需的公共干预水平以及将这种投资扩大到欠发

271 达地区的问题一直被低估了。这也可以说是城市政策本身、"涓滴效应"和乘数效应的概念，以及公共和私人"伙伴关系"的概念的失败，在那里，"意识形态就是杠杆，利用最少的公共资源资助私营部门的投资"（Shurmer-Smith and Burtenshaw 1990：41）。不论政治局面如何，这一口号依然存在，如在给公共设施的公共财政倡议（PFI）推广和公共设施继续私有化方面。在公共和发展项目的融资方面，规划历来保持沉默（而且无能为力）。然而，在商业发展的性质上，私人融资的公共设施基本上失去了对公益的保护——迟早都需要回报，这将给其运营商带来负担，不可避免地影响其准入、定价和方案编制，并转向商品化机会，而不是公共文化设施所能支持的不引人注目的组合。正如索和格策尔斯认为的："公共规划者必须能够为理解社会需要什么并且塑造社区土地用途以反映这些愿望的未来承担责任。虽然自由市场的坚定拥护者可能对这一观念并不满意，但它却是规划的核心。"（quoted in LeGates and Stout 1996：403）在实践中，在经济发展压力和要求凌驾于社区和环境偏好的情况下，一种过于务实甚至腐败的局面普遍存在。从理论上讲，避免公共财政和宏观经济借贷的必然结果就是降低税收（或增加其他地方的支出），从而使个人（或至少有应纳税所得额的人）有更多的自由和可支配的收入。同样，这也体现了从公共物品向私人产品的转移，以及文化公平和集体文化供给利益的逆转，这是 19 世纪许多娱乐和教育设施的牢固基础，具有讽刺意味的是，这也是其规模经济的坚实基础（Jevons 1883）。

一个艺术规划规范和标准的案例？

本书的一个中心问题是，批判性地考察赞成提供艺术设施的规划规范的论据和理由，这些设施可以在城镇规划和艺术规划中得到认可和使用，与那些长期被接受的娱乐和其他便利设施的语境相平行。在这个语境下，对不同的艺术规划模式的考察也包括第一章所定义的城市文化规划的相关的且更广泛的概念。第四章和第五章详细介绍了用于设施规划的不同方法，这些方法借鉴了空间、"需求"以及其他建模和预测技术。特别是在地方性和战略性的艺术设施和功能以及文化生产和分配方面阐述了层次结构和生产链概念。地方性规划虽然承认和接受艺术设施是当地设施的基本要素（在过去并不总是如此），但是，在某些情况下将它们的范围扩大到包括文化产业、生产/服务和其他经济（如旅游业）发展的考虑因素等方面。

与此相关的是，对于这种供给来说，基本的公共/公益物品的合理根据，尽管可以说是私人拥有和经营的艺术和娱乐设施和资源（包括"封闭"社区），但是这绝不排除规划的必要性。从这个意义上说，规划是"中立的"，因为一个给定地区的艺术、文化和"娱乐"的均衡和可持续的分配，必须包括所有的供给和土地使用，而不考虑提供者或所有者。通过补贴、定价和其他机制，公平和获得机会的问题将仍然是社会和艺术政策（在中央和地方政府上）的首要关切，因为单靠规划并不能确保或规定这一点。然而，城市规划和相关的经济发展系统，通过发展规划和分区，在保护和促进空间的公共使用和建筑物的混合用途（如文化区、保护区）方面发挥着作用，从而调节土地和财产估价——公共娱乐

272

用地、管理工作场所、现场工作室——以及诸如城市设计、安全和公共领域保护等文化设施中的环境规划的创造性利用。

在极有限的基础上，缺乏对体育和其他娱乐设施所接受的当地规定的定量标准，艺术、文化和娱乐的地方经济和规划的重要性，已开始渗透到一些城市的城市规划和娱乐规划过程中（见附录Ⅰ）。合理性的根据主要是环境（建成环境、保护、运输）和经济，因为它符合城市规划的功能和关切。因此，在这方面，有效运用艺术政策和文化规划方法是一种务实的做法，这在某种程度上是对损害的限制，从而反映了规划运作的特定时代和政治制度，而这些政策和制度往往是在呼吁更大的"远见"和伙伴关系的情况下制定出来的，尽管战略（包括艺术）规划和文化民主追求的努力基本上仍然缺乏（Tomkins 1993）。而传统的行政区规划过程强化了这一点，因为它主要是由官员领导的，并且在风格上是规定性的。关于场地和地区规划的机构之间的协商强化了这种官僚做法，并且在大多数情况下，它排除了艺术和创意部门及现有社区的观点。尽管在文化参与、旅游和劳动力市场以及包括城市发展本身在内的资本流动等方面，都有高度人为的行政区边界模式，但是，规划的政治地理却仍然是被限制的，因为正如史密斯所写的："大多数城市地区在法律上都是由行政边界来界定的，但它们只是偶然地反映了日常社会交往活动的范围。"（1992：107）显然，最后这一点是文化规划的基础，它涉及区域和结构层面的设施规划，涉及参与者、消费者和集体活动场所之间的关系，以及宏观的和超国家的规划考虑因素。文化供给、跨国交流和媒体以及移民和流浪欲望（wanderlust）的结构层次都绕过了行政边界。正如里德所写的，有关艺术家的孤离状态，假如不是艺术本身的话："一个岛屿就只有参照另一片陆地来界定。"（1964：

18)在支持文化消费和经验流动所需要的基础设施方面，以及在解决仍然普遍感受到的参与和表达障碍方面（尽管通过社区有线电视和广播等方式取得了一些进展），不能把微观层面的艺术规划政策与区域性的和更高层次的规划以及最终的文化政策发展分离开来。对文化城市及其区域集水区的高水平设施、庙宇和艺术大教堂的重视，低估了以参与式为基础的艺术中心、媒体资源中心、教育和社区设施对更广泛社区的贡献和分配效果。更为重要的是，在规划和方案方面，所有规模的设施和艺术发展（如扩大服务范围、教育艺术、旅游）都应该被看作机会金字塔中的一种纽带。这是为了反对霍恩的观点所必需的，他认为"对许多公民来说，'艺术'〔就是〕替他们所做的和给他们做的某种东西。这种想法实际上走偏了，甚至把艺术变得似乎不切实际。事实上，许多艺术都是以那种针对市民的方式被呈现出来的"（1986：234）。正如休伊森所回应的那样，这不应该限于教育和分配，它还意味着有权了解艺术机构及其设施的政策（和计划），而不仅仅是把公众视为消费者、市场的被动构成部分（1990：176）。

如果试图制定协调一致的综合政策或者更全面的地方文化政策是相当成功的——其中涉及艺术和社区发展——那么，它所关切的范围就要扩大到包括教育和培训、文化多样性以及与文化设施和准入有关的操作性问题的各种事项。所有这些都需要以掌握现有资产、资源（文化图绘）和活动、使用情况、社区偏好和愿望的研究为基础，甚至包括人口、技术和比较的参与和案例研究等竞争和变化因素，在规划层面上进行适当的协调。也正如克劳奇指出的那样，"大众专业知识的业余地图"就是大众文化本身的地图，"它们代表着文化实践……在某种程度上是按照消闲习惯方式所体现的地方性所指的东西"（1998：163）。这种大众的地理知

273

识和全面的审核评估可以纳入规划制定、土地使用指定过程以及民主参与资源分配和评价。有一段时间，希利等(1988，1997)和其他人都主张更积极地参与一种更具有广泛意义的"合作"规划，并且认为这是必要的，假如对经济全球化的地方性回应就是要同时引起一种发展与设施的共识和归属感——一种对乔治·尼克尔森（前大伦敦市议会议员）所谓的混乱政府运动的认识（1990），那么：

> 那种认为人口仅仅是容易辨别的住所单元、交通联系和社会福利需求的人口统计数字的陈旧规划理念，正在让位给这样的认识，即社区是因不同的生活策略……由个人、亚文化、兴趣团体和联盟组成的。
>
> （Worpole and Greenhalgh 1999：38）

为了监测和评估艺术和相关政策在"规划"期间的执行情况和稳健性，还需要有进一步的评估研究。这必然需要一个更纵向的参照框架，但是，这个参照框架不能严重依赖于线性和标准的社会和经济统计数据，也不能严重依赖于土地使用的变化——两者都是肤浅的，并且都被国际社会和人类机构的复杂性削弱：事物根本就不是它们看上去的那样，也不是很容易进行分类。比安基尼也注意到"缺乏城市一级丰富的决策经验和传统的比较知识和研究"(1993：207)，并且呼唤"新的方法和指标……来衡量文化政策和活动在生活质量、社会凝聚力和社区发展方面所具有的影响"(1993：212；1994：16)。这些方法和测量需要一种比过去使用的短期或定量经济影响技术更为复杂的方法，但是，它们仍然是对"成功"和"回报"进行政治和财务评价的先决条件："当文化本身变成了一个产业的时候，成本—效益方程就更加容易了。"（von Eckardt 1982：125）例如，"绿色"智囊团、新经济基金会（Lingayah et al. 1997）都试图应用社会企业审计技术，建立一项把"文化"纳入其中的更全面的生活质量指数，这些技术也是通过公平贸易和伦理投资评估指标提出来的。然而，这些指数却往往侧重于艺术和社区更新的社会影响（Shaw，1999），并且在一定程度上减少了"多样性"（族群、残疾人、性别"配额"；Hacon et al. 1998）的绩效指标。同时，对合法的、专业的艺术和创意产业的评估继续寻求经济效益和影响验证（Evans 2000 B）——这是一种"共同"文化的两个世界还是一个世界的两种"文化"呢？还需要一种更包容和更复杂的办法，因为正如我和其他人（Pratt 1997、1998，Evans 1999a、Scott 2000）所指出的那样，传统的经济和就业状况忽视了"新的"文化产业，已经表明，这些传统的经济和就业状况都低估了非正规的、隐性的艺术经济和零散而勤劳的工作，而它们越来越体现出城市艺术和文化场所的特征（Evans，1999a）。因此，蒙哥马利认为：

> 我们有充分的理由进行初步的定性研究，以便一劳永逸地建立一种敏锐但严格的方法，用反映其日常作用的方式来界定［创意产业］亚领域，对营业额和就业情况做出完全可靠的估计，并且可以在今后每隔一段时间进行重新评估。
>
> （Urban Cultures Ltd 1994：12-13）

如果没有这样的认识和理解，那么就会像奥康纳在论述文化和城市基础设施之间的关系时所认为的那样："规划者无法从知识和文化资本的角度来重视这些活动，这意味着文化产业往往是他们

帮助激励的复兴的第一受害者。"(1999：24)

　　在考虑艺术和文化规划的时候，一个中心问题是："文化活动的最佳空间安排是什么？"正如约翰逊接着问道的："究竟什么标准支撑着'最佳'的概念？"(2000：15)艺术设施和公共产品之间的张力和日益激烈的冲突，以及通过侵蚀公共领域的文化产业和消费文化的艺术商品化，在规划和资源分配上都呈现出一种辩证法。因此，合理性根据和规划策略因此，理据和规划战略一方面取决于便利设施、福利供给和支持创造性表达之间的平衡，另一方面取决于文化经济——地方与全球——之间的平衡：

275
　　　　如果主要关注的是刺激特定人口群体的高雅或低俗文化兴趣和活动的发展，那么，答案可能（但不一定）不同于某种关注所产生的问题，即最大限度地提高文化产业的效率，或者鼓励不同文化形式之间的互动，或者使广大人口获得尽可能广泛的接触。

　　　　　　　　　　　　　　　　　　　　　　　　　　　（同上）

所有这些立场的例子在本书中都进行了讨论，一个明确的趋同不仅在经济和相关的文化再生的理由上是显而易见的，而且也通过量化和价值体系致力于把文化资源和资产作为有竞争力的创造性城市目标的一部分来利用(Landry 2000)。

　　然而，创意城市和产业的做法未能充分考虑到的问题是，艺术和创意活动通过生产链和供给框架的层次结构（见第四章和第五章）所产生的作用和关系，以及对当地设施和供给与作为参与者、创意人群和有眼光的消费者的城市居民的需求的整合。因此，在这个语境中，战略经济和土地利用规划继续低估或者完全忽视了构成城市状况、公民观念并且最终是城市地位和生存能力的人性维度和相互关系。与其他城市相比，对主要艺术文化产业领域的排名（Comedia 1991 b，Landry 2000），也在很大程度上遵循了定量（有形设施、就业、经济价值）测量原则，而这种方法忽视了供给的质量和多样性、其影响范围和公平可能性、流动性问题以及创造性工作的所有关联。简言之，这些活动所衡量的是投入和有限的产出，而不是对（可持续的）文化发展的成果或概念的任何考虑（Evans 2000b）。国家、部门和城市的比较研究也复制了诸如顶级城镇的排行榜分析（Focas et al. 1995），它们根据的是某一地区的标准文化设施数量，而不是在更广泛的场地和场所中进行的参与和生产。对文化支出和生活方式的国际比较，例如，综合的人类发展和生活质量指数（Daly and Cobb 1989：410-455，UNDP 1995）以及生活费用调查，产生的也往往是矛盾性的和简化性的城市和国家排名——一个良好的文化城市的环境排名可能会很差——意味着一个城市可能是枯燥的、健康的或富有创造力的，但犯罪猖獗。纽约哈莱姆区的复兴，扬格称其为"世界黑人之都，长期与城市贫困和文化丰富性联系在一起"（2000：1），把移民定居的悠久历史（17 世纪荷兰人、19 世纪爱尔兰人、意大利人和犹太人，来自南方农村的 20 世纪非裔美国人）和其他工业城市的"主人"（如伦敦东区）混为一谈。这种中产阶级化和城市复兴也发生在分离的城市地区，在地理上这些地区通常位于靠近高价值的商业和住宅区。伦敦通常被评为"最佳的"文化城市，却是"最糟糕的"生活城市，也是欧洲最昂贵的城市。里约（有趣、贫民窟、可怕）也与被规划的（即无生气、孤立的退休之家）巴西利亚、悉尼和堪培拉、旧金山和西雅图等城市形成鲜明的对比。因此，在任何意义上，我们都不能把城市说成是同质性的场所，而

276 它们的多元文化、丰富混合的图像主要存在于它们的形象制造者选择性投射的文学和神话之中。正如瑞安所追问的那样："理想的城市和作为人类危机和退化场所的城市似乎是矛盾的主题……在［建筑］学派里，索多姆和蛾摩拉甚至很少被提及。难道这些表面上对立的城市观点——好的城市和坏的城市——实际上是相互对立的，需要彼此作为争论的对手吗？"(2001：23-24)

因此，城市混乱培植的城市二分法（及其必然结果，在郊区/边缘城镇和城市、乡村手工艺和所谓土著社会中重新创造的乡村田园诗），通过创造性的国际大都市形象得以延续，显然这是规划者、政治家和开发商都致力于设计、净化和规划的一种城市神话。即使在农村发展问题上，不久前也进行了一种定性的区分："乡村产业应该重新开始，而不是在旧的基础上。它们应该是整个国家发展不可或缺的一部分，而不应该是拙劣工艺的巧妙复兴。"(Mairet 1933)从对不容易融入文化城市范式或常规街头生活的大众休闲形式的反应中，人们也可以看到一种虚伪，就像在被压抑的青年文化追求中表现的那样，如涂鸦艺术和滑板运动。尽管当涂鸦进入（画廊、书籍和电影）"内部"时得到了某种认可，而在其他地方，如在印度，它既是受欢迎，也是流行文化和街景的一种生动体现(Edensor 1998，Dawson 1999)。狂欢节和相关的酸屋(acid house)、车库和电子音乐以及毒品场景是另一个规划困境："正如波普文化的编年史家指出的……这并不是什么真正的新鲜事物。道德恐慌以前曾发生过，以回应［通常是工人阶级］青年的亚文化，这通常被定义为社会中一个被压抑的范畴。"(Rietveld 1999：42)在这个意义上，规划不可能具有包容性，除非尊重自由、新兴和非传统（甚至是对立的）文化习俗，并且考虑到它们的表达需求（如狂欢和舞蹈活动的安全场所），就像现有的文化和娱乐设施那样。

在区分建成环境的政治经济和象征性领域时，佐京"集中关注社会群体的表征以及在公共和私人空间中排除或包含它们的视觉手段。从这个角度看，建成形态——建筑、街道、公园、室内——文化意义的不断协商有助于社会身份的建构"（1996：43）。这表明，假如文化规划要把它本身与土地利用的经济学区别开来，以及在发展控制过程中处于一种否定性的起始立场，那么，这些"文化和权力的解释和相互渗透"就需要得到更好的理解，象征经济也需要得到认可，就像她接着所说的那样："问一问是谁的城市，意味着不仅仅是一种占领的政治学；它还问谁有权居住在城市的主导形象中。"（同上）没有创造性行动、风险和创新的公共选择也是一种停滞的良方，也是对过去的和沉默的多数人的安全艺术的回归。通过无可置疑的保护、城市设计和严格的分区来规划新的东西，可能会扼杀文化的发展，而对委托的信赖也表明，正如威廉斯不久前所认为的那样，前和后新艺术都可能并且确实会改变看法。以《北方天使》（Gormley 1998）的故事为例，这是一座由州彩票资助的纪念性雕塑，它最初受到当地和全国性的鄙视，在模特和绘画阶段受到了蔑视，并且它的安装也受到了抵制[一份"阻止雕像"运动收集的请愿书、电话民调结果是 10 比 1（反对者占多数）]，然后才被真正的接受和拥有，因为这座重要的公共艺术标志塑造了鸟瞰英格兰东北部盖茨黑德的最佳景观。也许，对市政文化缺乏信心和信任，以及艺术家、当地人和消费者/参与者之间传统的疏远关系，不仅反映了精英主义和霸权，而且也反映了由于平淡无奇的城市规划以及当今社会设施的设计和位置，缺少与文化的更普遍的接触。

正如第四章和第五章所探讨的那样，在规划对话中，对艺术发展机构和倡导者的主要挑战之一，就是缺少对艺术和其他"设施"的强有力而有用的定义，以及适用于在土地使用和城市规划方面解释艺术和文化设施需求的适当标准（Cullingworth 1979；Nadin 1994），加之在自治市或国家层面上也缺乏任何明确的文化政策。就像在城乡规划领域本身中表现的那样，政客们往往对"规划"（或者相反，过于狂热和指令性）这一概念持敌视态度，甚至反对在艺术领域采取正式政策。对此，在《艺术规划》和《城市规划》中出现了一种显著的回应（见第五章），两者都采用了特定的城市规划概念和术语（即源自环境/城市规划），这些概念和术语更接近人文地理分析，并且，《艺术规划》的语言更容易为市镇规划人员所理解，包括环境部公务员，因而也包括区议员。

区域和城市规划中的战略性和地方性区分也提出了一个重要的方法论问题，即艺术是否应被视为一个独立的主题领域，还是应该把实现艺术、文化和娱乐利益的政策与该规划中提出的更广泛的机制结合起来。例如，城市中心战略、城市设计、公共交通、企业发展和培训，并纳入不同的开发场所和地区（LPAC 1990b）。这个问题涉及地方文化政策发展的核心，而不是更狭隘和单独的艺术政策（Challans and Sargent 1991），这是因为，通过典型的艺术形式和艺术设施方法来定义艺术供给，无法把更广泛（和更优先的）政策和规划举措，特别是经济发展以及教育、卫生、住房、就业、环境、交通、土地使用和开发的其他社会方面结合起来。一个同一标准的城市复兴战略需要采取一种把所有这些供给领域都包括在内的方法，因此，一项文化政策将着眼于整合各供给领域内的艺术文化需求和机会，如教育中的艺术、艺术与居住、艺术与健康、公共艺术/领域、艺术与文化工业、就业及培训等。正如比昂基尼所建议的那样："为了实施文化规划战

略，地方当局必须克服'部门化'，并且采取更具有整体性、综合性的政策制定办法。"(1991a：39)

然而，即使是比较进步的部门和政策合作实例，也存在一个弱点，那就是它们的机构和市政官员占主导地位——无论是来自艺术家，还是来自艺术和社区团体的真正外部代表都为数不多。正如兰德里指出的那样："批评人士还声称，规划者低估了社会动态，它们与土地使用或房地产服务一样重要……从土地使用到市场营销的规划人员都没有足够的创造性。"(2000：1268-1269)这反映了文化和其他公共政策领域和决策结构的职业化和官僚化(Coalter 1992，Henry 1993：113)以及拉芬和扬(1985)所说的"官僚政治家"以及邓利维所谓"意识形态社团主义"(1980)。这也反映了城市规划(和工程)功能本身各自为政的特点(Davidoff 1965)。一项牺牲文化民主的文化政策，特别是舍弃了艺术家的声音的文化政策，面临自由意志主义者如此担心的城市文化和规划方面的最糟糕的风险，并且无法满足文化需求和多样性。例如，即使是伯明翰设计的一流的城市中心投资策略也受到了质疑(Loftman and Nevin 1993)。随后，一些高级政府部长对此进行了抨击，他们指责工党控制的议会站在重要城市政治家的立场，出于个人的虚荣心和威望的需要，为了支付主要的新文化、展览和旅游景点，而没有足额支付其名义上的拨款。在他们的辩护中，这也效仿了美国提供的"模式"(这是伯明翰的政客们在 20 世纪 80 年代曾经寻求的)，但是，它们就像购物中心和综合体一样尚未通过时间的检验。这种经典的城市中心战略，就像许多其他城市一样，同样忽视了这样一个事实："如果不提供当地设施，中心区的信誉项目就可能会疏远郊区社区的居民。"(Symon and Verhoeff 1999：741)这种负面的反应和机会成本说明了这种单一

278

战略的风险，新加坡等城市没有充分考虑这种风险（或在规划上加以考虑），或者随时准备压制这种风险。在这方面，就像以旗舰为主导的其他城市复兴一样（见第八章），人们可能会得出结论说，一种文化政策还不存在，而是基于对"涓滴效应"的盲目信念而制定的经济和城市中心战略。在这方面，对伯明翰两个著名艺术团体（伊康画廊和黑人艺术中心爵士鼓）进行的比较提供了一个具体例子，两者都是彩票和欧洲资助的建筑搬迁（Evans and Foord 2000b），但是，它们使用了明显不同的处理方式和解决方案。前者被重新安置在中央商业和娱乐区，后者则被安置在一个环境不那么好的和非中心的地方，由此得出的结论是，这表明"在为白人和非白人观众规划城市投资时需要考虑到微观的环境因素"（同上：730）。从这个意义上说，这一过程和最终的定位都会对形象、途径/使用、市场，因而对文化组织的生存能力产生强烈的影响。因此，这反映了某些文化习俗与其他文化习俗的等级价值观，即使表面上看来，它们属于同一艺术形式或流派以及在同一城市和文化制度内得以实施，也同样如此。

因此，一个分裂的后工业城市的各个方面正出现在以文化为主导的复兴例子中，这些例子试图回应它们日益衰落的工业角色和目的。无论是建立在现有的土地利用分离、社会经济和族裔语言的分歧上，还是在强化核心边缘方面，它们都表明了规划过程中的一种失败，从根本上说，这种规划过程就不是真正的规划，而是一种发展的后验的（posteriori）理性化结合——无论是以市场为主导还是以公共计划为主导——佐京认为，这种最糟糕的文化策略"不要颠倒地方的等级制度，这种等级制度会导致对资本和劳动力的特殊部分的竞争……[并且]表明完全缺乏新兴产业的增长战略，即缺乏在吸引生产性活动方面有任何成功机会的地方性

战略"（1995：274）。比如说，巴塞罗那及其比较者在多大程度上
能够并将在未来通过高调的重新开发和文化项目来增强和分配它
们的文化资本和发展潜力，或许现在做出判断还为时过早。正如
过去所看到的那样，创造力和文化公平并不一定与场所营造的努
力和经济增长相吻合。一些不太可靠的例子，如都柏林、利物
浦、格拉斯哥、毕尔巴鄂等，以及在北美和发展中国家的新兴文
化城市，似乎不太可能维持自己或实现（甚至表达）真正的文化发
展目标。可以说，它们缺乏对自身发展的全面评估或文化规划方
法，"所有这些战略的共同要素都把文化的多个维度和冲突降低
为一种连贯的视觉表现"（同上：271）。文化多样性的最小化和边
缘化是这里所考虑的许多城市文化再生进程的一个共同方面；而
建成环境及其资本形态的同质化则是另一个方面。

公共选择与零基数

在微观层面上，在资源分配过程对短期投资决策和关键投资
决策都产生影响的情况下，一个城市、城镇或区域或国家文化机
构实行零基数预算（ZBB）似乎就是带来麻烦的一个原因。然而，
只有这样做，即使最初是假设性的，才能真正评估艺术和社区的
需要，而不是资源和供给以及计划的制订。如果不这样做，我们
就无法摆脱对过去遗产的偏好——道德判断、"品味"、公共利益
的外在性和家长式作风——而这些都是对规划和生活文化做出反
应的障碍。正如罗伯茨 25 年前所观察到的：

> ［城市］当局选择活动的正当理由只不过是历史的偶然加
> 上"有价值的"休闲的概念……私营企业为我们提供飞盘、松

鸡射击和夏天乐园，而埃平森林、节日大厅和我们当地的网
球场则是由公共财政提供的。

(1974：10)

公共选择是文化和其他类型的设施规划和发展的一个固有方面，
但是，如果没有规划的参与，政府和其他分配机构将会决定"是
满足人们的喜好，还是试图改变人们想要的东西……影响他们选
择的环境是在政治进程中自己决定的……选择会受到结构、体制
和环境因素的很大影响"（Dunleavy 1991：256-257）。后一条路径
是自然默认的，塞内特根据其《公众人物的堕落》（1986）的长期观
点认为，这种"错位通过欺骗我们相信权力和资源分配问题能够
通过信任和诚恳来解决，从而破坏了政治"（p. xvii）。在资源分配
过程中，从一张干净的纸开始，当然会对现有的利益和受益者构
成威胁，然而，这项工作本身可能需要并导致对其地位没有任何
疑问的承诺和利益做出一种更加认真的评估，因为这些承诺和利
益实际上阻碍了新的举措和需要（简单地说，是"高雅艺术"——
遗产和经典与当代的和大众的文化相对抗）。正如博尔哈和卡斯
特尔指出的那样，在体现欧洲和北美的城市复兴和区域发展方案
的模式的时候：

实际上，资源的缺乏便意味着更高层次的政府通过部门
方案或个别项目取代了地方政府。在其他情况下，行动是由
私营部门采取的，但是没有纳入协调一致的城市方案中。然
而，在另外的情况下，城市和居民的主要地区根本就没有任
何文化设施。

(1997：113)

正如我们一次又一次地看到的那样，在公共文化和设施资源的空间和财政分配方面，中心在地理位置、资源比例和高雅艺术活动的性质方面都占据主导地位，并且很明显，在世界各地的新老城市中都通过城市更新和旗舰反应得到了加强。在超国家、全国性、区域性、亚区域和城市层面上，甚至在中产阶级小区、新住宅区的地方范围内，这种情况也越来越多，它们与经济上和设施上贫瘠的地区共享行政边界，以及较高层次的文化设施和小区以牺牲邻里设施为代价占领了转换区。文化资源遵循这样一种集中性。例如，在巴黎、巴塞罗那和伦敦，70％的艺术组织的公共资金在英国仅占接受资助的全国受众的40％，而设在首都的五家国家公司则获得了国家艺术资金总额的近50％，但仅占被资助的艺术部门受众总数的16％（Evans et al. 1997，2000b）。尽管有这种慷慨资助，国家"旗舰"公司的观众和表演的数量却一直在下降，而它们的票价却远远高于通货膨胀率，因此，它们现在实际上把大多数收入群体排除在了这些从前的公共/公益文化服务之外（Evans 1999e）。皇家莎士比亚剧团的观众在其伦敦基地就一直在减少，但在埃文河畔斯特拉特福，它们的观众的数量却在一直在增加。这里的旅游价值是显而易见的，也许，这表明了国家文化规划需要解决的一种断裂现象。随着旅游者在博物馆和美术馆参观者、节日游客和街头市场中所占比例的日益增加，差别价格（以及目的地的游客/床位税；AMA 1990，WTO 2000）也许是一种可以确保当地准入和文化资源以抵消文化旅游和排挤带来的负面影响的机制。没有考虑到广泛的文化活动和设施（比传统旅游艺术更广泛）的旅游规划和低估了旅游活动的作用和影响的艺术计划——谁是游客，他们为什么要来/可能来这个地区旅游？——意味着旅游也应该被视为地区和城市区域文化规划的一部分，而不是仅限于酒店接待、承载能力和预定行程及旅游景点的营销。对"经典的"和以遗产为主导的文化之家和机构的顽强支持和扩展（重大项目），包括许多博物馆和美术馆——在有限的文化资源范围内，缺乏公共（即纳税人）的支持、身份认同和参与，并从金融和管理危机走向危机——这表明，几乎没有例外，它们都应该被完全排除在"文化平衡"之外（Willis 1991）。它们的成本效益和公益产品应在旅游业和国家经济影响标准范围内进行重新调整，使共同文化和文化发展在一个更具创造性和分配性的框架内得到自由发展，包括在市场方面的适度发展。

281   虽然公共文化仿效依赖于前者的商业部门，但是，公共艺术/产品与私人城市消费之间的差距显然也在扩大——如果不能解决这一风险，艺术政策和中介机构就将面临以下风险：社会、人口、文化和经济上持续两极分化的趋势、受众群体缩小以及集中关注"堡垒"家居和休闲体验。正如第一章所指出的那样，对那些选择大众娱乐和文化表达的人来说，被合法化的艺术在他们看来没有什么意义，他们是被社会所排斥的（Le Grand 1998），并且那些在艺术观众中"缺席"的人都有一个共同点，即当文化规划和设施是由中间商和官僚制定的，而对他们来说艺术实际上又是一种独占之物的时候，他们就沉默了，就失去了权力。同样，在核准和指定场所之外产生出来的文化表达，无论是仓库狂欢、社区或民族节日，还是在里约等城市边缘定期举行的后市场集会（"集市"），都表明因为其大量的参与者而使普通文化蓬勃发展，但是，一旦被完全体制化并且通过文化官僚机构，那么其基本性质就会被减弱。因此，宽容与控制和合法化一样都是一种良好的反应。就像佐京所说的那样："无论规划与否，文化资本都在商业、非营利和艺术经济的跨部门中蓬勃发展……即使经济振兴的文化

战略取得了成功，空间的经济价值也不可避免地会压倒符号的文化力量。"(1995：151)

　　我们需要思考的是所谓休闲社会以及相关的流动和传播媒介是否产生了聚集理论家所声称的空间重组(Zelinsky 1992)，或者相关的个人主义是否也创造了一种新的区域主义："景观都反映了大众文化。"(Jordan-Bychkov and Domosh 1999：320)休闲景观既可以是文化者的，也可以是消费者的，或者从本质上说是以设施为基础的，并且它们越来越受到视觉策略的渗透和影响(Zukin 1995)。文化，在这个意义上，正如我试图在本书中表达的，有一个空间维度。卡斯特尔(1977)将空间结构定义为社会结构在空间上被表达的特殊方式(Pickvance 1976)，但是，尽管社会、文化和经济活动的分离在过去一直都是现代城镇和总体规划的一个特征(Jencks 1996)，但是，"活动与流动、土地利用与运输、生产与消费之间的长期争论却已经开始消失"(Solesbury 1998，see also Marx 1973)。正如里克沃特最近指出的，"与规划和建筑有关的一切行动都不可避免地带有政治的色彩"(2000：245)。我和他一样，对今天的"空间"概念感到不安，认为"空间"是创造的中性焦点，即艺术空间、空间规划者和策划者，他们都突出其建筑物，并把它们的背景("环境")视为它们之间的良性开放空间(Rogers et al. DETR 1999)。正如里克沃特喜欢说的那样："一切有价值的建筑……都必须包括场所的营造……形成合围，人们可以在不使用暴力的情况下居住在那里，并且感觉到是合适的。"(2000：245)正如我已经指出的那样，在一个城镇中规划艺术的观念，特别是城市规划的框架，要把社会和文化需求放在物质规划过程的中心位置："我们需要不断的社区参与和介入来塑造我们的城市，并使它们变得具有表达功能。"(同上：246)因此，艺

术发展、文化民主以及对城市社会和经济语境的认识，同样是反
对社会、经济和技术变革的文化规划方法的基础，这种变革使传
统的城市规划和指令性的艺术政策失效。随着世纪末（fin de
siècle）的过去，在《极端时代：短暂的 20 世纪》中，埃里克·霍布
斯鲍姆讲述了个人对一个更有组织、更集体化的社会的胜利。在
这个社会中，"角色总是被规定的，假如不是总是被书写的话"：

> 20 世纪后期的文化革命……可以理解为个人对社会的胜
> 利，或者更确切地说，它扯断了过去把人类编织成社会纹理
> 的千丝万缕……这种纹理不仅构成了人与其组织形态之间的
> 实际关系，而且也构成了这些关系的一般模式和人们行为的
> 预期模式。
>
> （1995：334）

倘若艺术和文化的表现形式真的就是"权利"，那么，它们的供给
和实践就对社会具有持续的重要性，倘若要使分裂的城市和地区
得到和解，而不是完全取决于外部力量和全球化政治经济的支配
和塑造，那么，艺术的规划就要满足可持续的社区、经济、教育
和文化的发展以及多样性的需要。在这种碎片化的场景中，可能
需要对这些人际关系的"线索"有更加深入的理解，把它们当作一
种被更新的城市织锦的基本原则。

附录 I　艺术、文化和娱乐的示范规划政策：一项行政区调查

引　言

可以把文化政策纳入环境规划进程的一个途径是通过机制和主题的发展，以便将文化规划措施纳入定期的区域和城市规划。在伦敦，所有 33 个地方规划当局都要求为自己的行政区制订十年整体发展计划（〔UDPs〕，这为在城市规划本身中解释文化提供了机会〔DoE 1992a〕）。"整体"一词指的是，在没有区域一级政府，因此也没有城市规划的情况下，这些规划实际上都是一种单一层面的法定规划，它们既是战略性的，也是地方性的。这些区域计划在通过之前要经过当地的调查和协商，并且那个时候："人们对新制度寄予厚望——它应该会减少专门用于规划要求的资源……规划体系应该变得更加简单和更具有回应性……使人们更容易参与规划过程。"这使行政区规划（UDP）成为开发控制的首

要考虑因素，实际上使之成为每个区都可执行的蓝图："这一方法将毫无疑问地说明以规划为主导的体系的重要性。"（Culling-worth and Nadin 1994：58）

艺术政策和其他机制都可以从行政区规划（UDP）中提取的主要政策领域，遵循第五章和第六章探讨的艺术基础设施分析。除了规划政策中的具体艺术政策表述——一般或特定地区——行政区也有机会把艺术确定为其战略"愿景"的一部分，因此被列入其计划的第一部分（战略）。所以，根据"艺术、文化和娱乐政策范本"（LPAC 1990 a，b），对以下类别进行分析。在每一个主标题下，具体的次级政策和机制分析如下。

第一部分

1. 战略和地方语境

艺术被认为是战略性的，具有全区范围的重要性，而不仅仅是活动和基于地方或地点的。（LPAC，1990b）。

284   第二部分

2. 经济与就业

·次级政策：通过增强经济活动、就业、容量/使用和艺术市场，最大限度地利用设施。

·政策影响：除了创造就业潜力外，还包括"促进自愿和合作组织，支持和鼓励负担得起的商业场所供给，并扩大开放空间的使用"（同上：6）。

3. 环境

次级政策：更换现有设施；规划—收益；艺术百分比。

政策影响：涉及城市和战略中心、多余和遗产建筑的更新及其改善；安全，特别是市中心和边缘地区，以及城市设计和景观美化。

4. 形象

· 次级政策：指定艺术和文化区。

· 政策影响：包括将设计细节、信息展示和环境举措结合起来，以"形成艺术、文化、娱乐（ACE）活动的一致形象，特别是文化街区"。

5. 可达性

· 次级政策：设施（社区、艺术和体育、教育）双重用途；公共交通服务。

· 政策影响：包括与运输营办商、警方及市政部门联络，以改善安全和保安，并确保有足够的夜间服务；提供停车场；残疾人士可使用的艺术设施，以及行人专用区计划和网络。

6. 基础设施

· 次级政策：设施的提升/保障；公共交通安全。

· 政策影响：包括协调"设施的供给和需求"；跨区联络和规划；在伦敦市中心以及战略和增长中心保留具有社会价值的土地混合使用。

7. 均等机会

· 次级政策：残疾人通道

8. 设计

· 次级政策：良好的城市设计

9. 艺术、文化和娱乐

· 次级政策：在规划中设专章讨论这一主题领域。

Cultural Planning:
an urban renaissance?

在第 9 点中，有一个例子表明了艺术的重要性，这足以在计
划中单独设立一章，"然而，作为参与整体发展规划（UDP）筹备
工作的规划者，我们也认识到这种观点可能并不具有普遍性"
（LPAC 1990 c：3）。对特殊恳求的看法也可能不利于艺术的推
广，而不是其他相互竞争的资源或土地使用要求，然而，近 25％
的伦敦行政区整体发展规划（UDPs）包含了有关艺术的单独章节，
其中包括四个伦敦外围区（它们提供的文化设施较少，无论在地
理空间上还是按人均）。

虽然在内容上没有限制，但是，行政区规划主要集中于土地
使用、基础设施和建成环境，以及经济活动和社会需求对这些方
面的影响。因此，同时通过内部综合政策制定和外部协商，在文
化经济和艺术设施方面把规划政策和社会及经济发展转化为文化
经济和艺术设施的规划当局，在某种程度上通过对伦敦敦各行政
区整体发展规划（UDP）的比较分析来进行评估。具体而言，表
Ⅰ.1 总结了采用艺术规划示范政策的情况以及纳入这些政策的理
由，并就这些主要和次级政策领域提供了三十三个区发展规划的
分析框架。在行政区规划（UDP）文档中，每个参照都显示通过章
节或章节引用，单独包含的相关艺术（"艺术、文化、娱乐"）政
策。缩写是每个行政区规划（UDP）中所使用的缩写，在大多数情
况下都表示章节主题：

· REC：娱乐

· ACE：艺术、文化和娱乐

· STRAT 或 ST：策略

· L/A/R：休闲/艺术/娱乐

- ENV：环境
- TRANS：交通
- DES：设计

第1栏指行政区规划(S，策略性)第一部分以及地方(L)规划政策考虑中提到的艺术——事实上，所有三十三个区都在第一部分把"艺术、文化、娱乐"(ACE)作为一种策略问题提出来，同时把第二部分放在规划主题下面(第2-13栏)。

总结分析

各行政区在多大程度上把艺术和文化政策纳入其行政区整体发展计划，并考虑到了艺术基础设施问题，可从以下矩阵加以衡量。具体而言，正如下面所概述的，这表明在每个主要问题或专题领域中已经提及的特定政策指导方针和机制的频率，以及更受欢迎或更容易纳入行政区规划进程的政策。这些政策的引用频率和采用率是密切相关的，表明显然偏向于那些对建筑环境、土地利用和开发进程有明显影响的艺术政策，反之亦然。上述分析确实强化了内外城的差异，但这种差异既不是全面的，也不是一种简单的党派政治分歧。

286

Cultural Planning:
an urban renaissance?

表I.1　艺术、文化和娱乐政策——行政区统一发展规划分析

行政区	战略或地方语境 [1]	次级政策											
		设施使用的最大化 [2]	替换受影响的场所 [3]	指定文化区 [4]	设施的双重使用 [5]	提升/保护设施 [6]	艺术百分比 [7]	规划收益供给 [8]	公共交通供给 [9]	公共交通安全 [10]	良好城市设计 [11]	残疾人通道 [12]	艺术与文化区 [13]
伦敦市	S, L	REC14 REC4	REC12 REC10			STRAT11 REC11/13RIV3	RIV6 REC10		TRANS1		ENV5 RIV1 RIV6	REC11 SOC3	n/a
巴金和达格南	S, L	STG5 AT4	AT3	AT5AT6		AT3AT7 BTC10	AT9	AT9	CHAP11	CHAP11	CHAP7	E4AT8 C14 LAR18	CHAP10
巴尼特	S, L		L.5.1			L.5.2		L.5.3	M4.1			M4.2	n/a
贝克斯利	S, L			TAL18 BJC9	TAL16	TAL14 TAL17	TAL23		CHAP8		CHAP5	TAL3	n/a
布伦特	S, L	STR27 ACE2	ACE1	STR19 EMP11 S40WTC5 WTC8 HN3	HN-24-6	ACE5 ACE6 CF3 HN22/3	ACE3 E40E25 WTC16 HN14/18	ACE4	STR28 STR23		STR4 STR5E2	E16E17 DS16	

续表

行政区	战略或地方语境 [1]	设施使用的最大化 [2]	替换受影响的场所 [3]	指定文化区 [4]	设施的双重使用 [5]	提升/保护设施 [6]	艺术百分比 [7]	规划收益供给 [8]	公共交通供给 [9]	公共交通安全 [10]	良好城市设计 [11]	残疾人通道 [12]	艺术与文化区 [13]
							次级政策						
布罗姆利	S. L	B/L. 3	B/L. 2 L17	B/L. 1-3		B/L. 1			CHAP6		CHAP9	APP. IV C6	n/a
卡姆登	S. L	LC19 SLC2	LC16		LR7	LC16 LC17 SCE2 EC15 SKC1	LC23 SSH3	LC19	STR1 LC18	STR5	SEN4 EN7	LC6 LC21	CHAP8
克罗伊登	S. L	SP35	LR2 CC13	SP38LR5 CC11 CC12		SP38 CC11 CC13LR5 LR6	BE15	LR6 CC12	P17	P21	SP1B19 And 20	BE29 BE30LR8 CC20	n/a
伊令	S. L	CF8	CF10	E25	CF37	OL15 CFLCE19 EDviiS24	P2DEV37	P2	T7T12		H30	T11	n/a

续表

行政区	战略或地方语境 [1]	设施使用的最大化 [2]	替换受影响的场所 [3]	指定文化区 [4]	设施的双重使用 [5]	提升/保护设施 [6]	艺术百分比 [7]	规划收益供给 [8]	公共交通供给 [9]	公共交通安全 [10]	良好城市设计 [11]	残疾人通道 [12]	艺术与文化区 [13]
恩菲尔德	S，L				AR2	AR1AR4		AR5	T1T2		GD4	GD12	CHAP13
格林威治	S，L	ACE3	ACE11	ACE5	ACE7C17	ACE1 ACE10 T23 W3	ACE8 ACE9 C6	ACE2 ACE4 ACE8	M10		D6W4	ACE6	CHAP 10
哈克尼	S，L	ACE6	ACE3	R1	ST39	ACE1 ST42	ACE4 ACE5	ACE2 ACE4 ACE5	ST28	CHAP 6	ST4 CHAP2 CHAP11	ST6ACE1 ACE8	CHAP 10
哈默史密斯和富勒姆	S，L	CS13	CS1		CS13	CS2 E12	EN13				EN8	E11	n/a
哈林盖	S，L	LE13.3	LE13.5 LE13.6	LE13.4		LE13.1 and 2 LE13.7	LE13.8 ENV1.19	LE13.8	TSP4		ENV1 STC4	CPS8	n/a

次级政策

续表

行政区	战略或地方语境 [1]	设施使用的最大化 [2]	替换受影响的场所 [3]	指定文化区 [4]	设施的双重使用 [5]	提升/保护设施 [6]	艺术百分比 [7]	规划收益供给 [8]	公共交通供给 [9]	公共交通安全 [10]	良好城市设计 [11]	残疾人通道 [12]	艺术与文化区 [13]
							次级政策						
哈罗	S、L				S22	R2 S22			T15		E6 E44	A1-9	n/a
黑弗灵	S、L	LAR2		LAR4	LAR3	LAR2 LAR4 STR33	ENV20		T15 TRN3 TRN13	TRN14	ENV1		n/a
希灵登	S、L	R6	R5	S1	R6	R9 R10 LE8		R10 LE8			BE8		n/a
蒙恩斯洛	S、L		C6.1			C6.2	ENV1.8 ENV1.11	IMP3.1	T.1 T.3		ENV1.1	ENV1.8 ENV3.1 C4.3	n/a
伊斯灵顿	S、L	STRATR23		IMP14	ED11	R2 and 22 V4	D9	D9	CHAP6	CHAP6	CHAP12	ENV11	n/a

续表

行政区	战略或地方语境 [1]	设施使用的最大化 [2]	替换受影响的场所 [3]	指定文化区 [4]	设施的双重使用 [5]	提升/保护设施 [6]	艺术百分比 [7]	规划收益供给 [8]	公共交通供给 [9]	公共交通安全 [10]	良好城市设计 [11]	残疾人通道 [12]	艺术与文化区 [13]
								次级政策					
肯辛顿和切尔西	S, L	LR23 LR24	LR26		LR27 SC10	STRAT34 LR28 LR33	CDpara. 3.29 LR32	LR31 LR32	TR3		STRAT 35 CD27	SC15 CD42	n/a
泰晤士河畔金斯顿	S, L	STR16	RL3 KTC15	KTC10 KTC15	RL4 STR12	LTC15	UDpara. 5.37		STR16/19 CHAP11		STR9/ 10	STR11	n/a
兰贝斯	S, L	G45	AT1 B8	AT2 AT4 B8 B9		AT2 B9	AT3 E19	E11-19 ED2 S16-21	CHAP5	CHAP5	CHAP6		CHAP11
刘易舍姆	S, L			GEN39	GEN36	GEN35							
默顿	S, L	L21	L22[ii]	WTC.11 WTC.12	L16	L2 L22	ER27	L22	M1-3 M.6 M.8 M. 10	M9	CHAP3 CHAP10 CHAP11	LR9	n/a

续表

行政区	战略或地方语境 [1]	设施使用的最大化 [2]	替换受影响的场所 [3]	指定文化区 [4]	设施的双重使用 [5]	提升/保护设施 [6]	艺术百分比 [7]	规划收益供给 [8]	公共交通供给 [9]	公共交通安全 [10]	良好城市设计 [11]	残疾人通道 [12]	艺术与文化区 [13]
								次级政策					
纽汉	S. L		LR1	LR3	LR2.2	LR2	LR4	LR2.3 LR4				LR9 LR2.1	n/a
雷德布里奇	S. L	LP. RL10	LP. RL10	LP. RL19		LP. LAR10					CHAP9 LP. CS6		n/a
泰晤士河畔里士满	S. L	CET5 STG9	CET1		CET2	CET1 CET3 CET5 CET6 HEP4 HEP15	CET4	CET4	STG11 CHAP11	CTG14	CHAP9 CHAP4	LP. CS6 CET2(d)	CHAP7
南华克	S. L	ENV3. 2	C4. 2			C4	ENV2. 6		TRANS CHAPTER		ENV. CHAPTER	CS. 1	n/a

续表

行政区	战略或地方语境 [1]	设施使用的最大化 [2]	替换受影响的场所 [3]	指定文化区 [4]	设施的双重使用 [5]	提升/保护设施 [6]	艺术百分比 [7]	规划收益供给 [8]	公共交通供给 [9]	公共交通安全 [10]	良好城市设计 [11]	残疾人通道 [12]	艺术与文化区 [13]
萨顿	S，L	CLF21 CLF27		CLF29 STC5	CLF8 CLF9 CLF27	G/CLF2	CLF30	STC5	CHAP9		CHAP4	G/CLF6	n/a
陶尔哈姆莱茨	S，L	ST38	ART2	ST10 ART5 CHAP12		ART1 ART6	ST40 ART5 ART6 DEV19	ART5 ART6 DEV3 DEV19	CHAP5		CHAP1	ST10	n/a
沃尔瑟姆福里斯特	S，L		LAR14	SHP6	LAR4(i) GSC11	LAR14		LAR14(i)	CHAP3	CHAP3	CHAP2		n/a
旺兹沃思	S，L	LR1	LR1			LR3，11 And 12	LR11		CHAP17		CHAP TBE	LR2 LR3	n/a
威斯敏斯特	S，L			THE6	THE3	THE5 CA2	DES17		STRAT17 TRANS9		STRAT22 DES1		n/a

来源：行政区整体发展计划(LPAC 1990a，b，霍斯特曼，1994。

影响艺术政策在行政区规划中渗透的关键性相互作用因素有：近期发展和一个行政区土地使用变化的范围和规模；经济发展的相对重要性——失业、社会/"社区需要领域"和随之产生的再生举措的作用——以及现有文化设施的集中度（表Ⅰ.2）。

表Ⅰ.2　按行政区统一发展规划频率排列的艺术规划政策　*289*

政策/机制（n＝UDP引用的频率）	内容排名	行政区百分比（n＝33）
提升/保护措施	1（n＝84）	100％
城市规划	2（n＝47）	94％
残疾人通道	3（n＝45）	88％
艺术百分比	4（n＝44）	78％
公共交通	5（n＝41）	85％
指定艺术/文化区	6（n＝38）	64％
规划收益	7（n＝35）	64％
替换受影响的设施	8（n＝34）	78％
设施使用的最大化	9（n＝29）	70％
设施的双重使用	10（n＝28）	67％
公共交通安全	11（n＝10）	58％
单独的"艺术"（ACE）章节	12（n＝9）	27％

几乎所有行政区都有提升和保护艺术设施的政策，而大多数地区则有两项或两项以上的单独参考，只有三个行政区有城市设计方面的政策，后者反映出越来越多地采用设计政策指导方针作为开发控制程序的一部分。几乎所有的行政区都提到了残疾人出入设施和公共场所的需要和要求，但有五个例外，包括威斯敏斯特中央（西区）区。

大多数行政区都包括了《艺术百分比和规划收益》政策。考虑到为期十年的整体发展规划（UDPS），考虑到商业和工业（作为发

Cultural Planning:
an urban renaissance?

展资金的来源)继续向伦敦之外转移，那些没有在其法定规划中提出规划收益和艺术百分比政策的区政府可能会被看作是目光短浅的。然而，在所有这些情况下，行政区(官员和成员)都不愿明确规定指令性的政策，这些政策会限制或阻止潜在的开发商(私有的和公有的)，而更愿意按照英国自由裁量和可协商的规划制度传统，进行更多的自由市场和逐地规划审查(Sharp et al. 1992)。

三分之二的行政区都包括了支持指定文化区的政策，重点是特定的地点和中心。所建议的这些政策一般是把一批或大量的文化设施与公共领域(城镇广场、行人专用区、商店、咖啡馆等多种用途)相结合。这些规划政策包括继续支持现有的文化区，特别是城镇和战略中心以及重新开发地区或规划的未来地区。与此相反，在一些可以预料到的行政区没有这样的指定，这表明缺乏一种政策和规划协调。

290   虽然大部分行政区也曾经在其整体发展规划中采用了替代政策(78%)和艺术设施的最大化(70%)，但有几个外城区和两个伦敦内城区，最令人惊讶的是，包括威斯敏斯特市，都没有感觉到两者中任何一项政策的重要性。在这些前郊区的行政区里，艺术设施的短缺被用来作为这一疏忽的理由，然而，由于每个行政区都只有一个公共艺术中心，而且商业娱乐(例如电影院)不断减少，因此，这些大区因当地艺术设施的关闭或使用不足而蒙受的损失最大，这一事实没有说服力。尽管有保护剧院信托基金提供的"回退机制"，并保护剧院建筑(主要是"列出的"遗产)不受用途改变的影响，但这种自由放任(laissez-faire)的态度在威斯敏斯特也是很明显的，虽然威斯敏斯特拥有欧洲最高的剧院集中度。最后，这项调查显示，虽然较少行政区为了进一步扩大艺术参与和艺术参观而采用了侧重于改善安全和环境障碍的政策，但是，大部分行政区都承认公共交通设施在提供艺术服务方面的重要性。其中包括好几个城市和内城区，包括中央核心区的主要旅游区。

　　因此，很明显，通过行政区整体发展规划制度，通过发展控制（给予规划许可、设计、准入）过程和硬件基础设施供给，例如，残疾人通道、城市设计和设施保障以及公共交通供应，规划部门第一次提出了能够解决实际和建成环境问题的政策。这些政策实现了更广泛的社会政策目标，而不仅仅局限于艺术的"特殊需要"，也反映了传统的城市规划关切。从它们在行政区的整体发展规划中提出的建议来看，规划师们对艺术和文化设施的最大化和双重利用、促进交通和公共领域的更大安全的更积极主动和更有效的建议表示了较少的信心。对城市设计的认识和艺术百分比机制（以及在较低程度上用于提升公共艺术和设计要素的规划收益）现在已经较好地建立起了，即便还不是普遍的做法。从与规划者的讨论来看，这体现了公众和当选人对建筑和城市设计（以及现代主义和后现代主义的辩论）的高度认识，公众和专业人士对战后的大规模建设，特别是高层住宅和办公室的反应，以及对姗姗来迟的大型购物和休闲零售商场和中心的看法。"良好设计"（建筑/材料质量、公共领域、美学、民间风格）在"生活质量"和改善城市形象方面的重要性，也得到了规划和艺术官员的承认，并且期望欧洲规划准则（环境影响评估；见第七章）需要设计和美学标准。人们认为，欧盟规划立法之间的更大协调将导致一种更重要的以规划为主导的制度，这种制度会鼓励更广泛的范围以及对行政区整体发展规划的解释，并将持续到 21 世纪。

附录II　　摘录：　《艺术空间》（大伦敦政府 1991：　8—9）

　　以下实施艺术、文化和娱乐（ACE）倡议的机制清单并不是所有可能采取的措施的目录。这表明地方当局可以有效地采用各种方法。同样重要的是，它们并非彼此排斥。要想取得成效，很可能有必要将各种措施结合起来，以满足某一特定建筑物、地点或地区的需要。改善经济和环境的更广泛的目标之一，就是保护脆弱的社区设施和创业企业，使它们能够实现其对经济、环境和一个地区长期福祉的潜在好处。有些措施是"以规划为主导"的，而其他措施则由其他地方当局负责。

　　·指定艺术文化和娱乐活动区（ACE），D(1)和D(2)类（"艺术及娱乐"）的土地用途及其他有关土地用途预计会占主导地位。

　　·一个规定最低限度的"艺术百分比"计划，用于协商，包括规划收益。

　　·包括在重建或翻新的规划大纲中提供 ACE 设施。

· 推定现有的 ACE 设施不被其他用途所占用。

· 列出建筑物或建筑群,或者宣布小保护区,包括 ACE 区域。

· 建立社区发展或社会财产信托基金,为 ACE 活动特别是各种小型的托管工作空间提供资金和收入支持。

· 根据 1990 年"城乡规划法"第 106 条达成的协议("规划收益"/社区福利)确保 ACE 活动的组成部分。

· 指导市政服务机构或联合市政服务机构和私营部门的举措以支持或促进特定的 ACE 活动。

· 作为地方当局处置资产的一部分,以营业额或与利润有关的租金为 ACE 活动提供市政局处所。(合并规划和房地产投资组合可能有助于实现这一目标。)

· 维护适用于 ACE 活动的私有和公共短期财产的注册。

· 制订一项艺术计划,并在适当情况下与邻近/亚区域 *292* 当局一道为本区制定一项休闲和旅游战略,并进行市场营销。

· 与公共交通运营商协商,改善与 ACE 活动发展相关的服务。

· 确保学校,特别是学院提供当地 ACE 活动所需的技能课程,并在学校/学院和潜在雇主之间建立联系。

· 在公共建筑或城市中心/购物中心露天场所为当地艺术和设计学院提供展示空间。

· 建立代表地方当局、艺术组织、社区和地方企业的街区或镇中心协商委员会,促进地方一级的各种社区活动。

参考文献

Abercrombie, N. (1982) *Cultural Policy in the United Kingdom*, Paris: United Nations Educational Scientific and Cultural Organization (UNESCO).

Abercrombie, P. (1944) *The Greater London Development Plan*, London: HMSO.

Abercrombie, P. and Forshaw, J. H. (1943) *County of London Plan*, London: HMSO.

ACME Housing Association Ltd (1990) *Studios for Artists*, London.

Adams, H. (1970) "Arts administration in the United States", in Schouvaloff, A. (ed.) (1970) *Place for the Arts*, Manchester: North West Arts Association: 205-206.

Adorno, T. W. (1991) "Culture and administration", in Adorno, T. W. (ed.) *The Culture Industry: Selected Essays on Mass Culture*, London: Routledge.

Adorno, T. W. (ed.) (1991) *The Culture Industry: Selected Essays on Mass Culture*, London: Routledge.

Adorno, T. W. and Horkheimer, M. (1943) "The culture industry: enlightenment as mass deception", in *Dialectic of Enlightenment* (trans. Cumming, J.), New York: Seabury, 1972; repr. in During, S. (1993) *The Cultural Studies Reader*, London: Routledge: 29-48.

Adorno, T. W. and Horkheimer, M. (1964) "L'Industrie culturelle", *Communications* 3: 12-18.

Aitchison, C. (1992) "Internationalisation and leisure research: the role of comparative studies", paper given at the International VVV/Leisure Studies Association Conference, Tilburg, The Netherlands: LSA.

Akehurst, G., Bland, N. and Nevin, M. (1993) "Tourism policies in the European Community member states", *International Journal of Hospitality Management* 12: 33-66.

ALA (1991) *Ten Years of Docklands: How the Cake Was Cut*, London: Association of London Authorities.

Albertazzi, D. (1999) "National vs local cultures: discussing the dream of the 'knowable community' in Raymond Williams and the Italian 'Lega Nord'", paper given at the Researching Culture Conference, University of North London, September.

Aldous, T. (1992) *Urban Villages: A Concept for Creating Mixed-Use Urban Developments on a Sustainable Scale*, London: Urban Villages Group.

Alexis, W. (1838) "Berlin in seiner neuen Gestaltung", in Brockhaus, *Conversations—Lexikon der Gegenwart*. 453-463.

Allwood, J. (1977) *The Great Exhibitions*, London: Studio Vista.

AMA (1990) *Tourist Tax "Green Paper"*, London: Association of Metropolitan Authorities.

Amin, A. and Thrift, N. (eds) (1994) *Globalization, Institutions and Regional Development in Europe*, Oxford: Oxford University Press.

Anderson, B. (1991) *Imagined Communities: Reflections on the Origin and Spread of Nationalism* (2nd revd ed.), London: Verso.

Andra, I. (1987) "The dialectic of tradition and progress", in *Architecture and Society: In Search of Context*, Sofia: Balkan State Publishing House: 156-158.

Antoniou, J. (1992) "Europe now", *Building Design*, 10 July: 14-16.

Appadurai, A. (1990) "Disjuncture and difference in the global economy", *Public Culture* 2: 295-310.

Architect's Journal (1987) "Use classes order guide", 29 July and 5 August: 57-61.

Architect's Journal (1989) "Development economics: arts buildings—1. An economic catalyst", 1 March.

Architect's Journal (1990) "A Vision for London" [Special Issue], 11(191).

Argyle, M. (1995) *The Sources of Joy*, London: Penguin.

Arnott, J. and Duffield, B. (1989) "Leisure and community development in rural areas", in Ventris, N. (ed.) *Leisure in Rural Society*, London: Leisure Studies Association.

Artists Space Journal (1992) "Philadelphia creates its first owner-occupied artists live/work cooperative", no. 6.

Arts Business Ltd (1991) *The Cultural Economy of Birmingham*, Birmingham: Birmingham City Council.

Arts Council (1955) *Housing the Arts: The Tenth Annual Report of the Arts Council of Great Britain 1954/1955*, London: Arts Council of Great Britain.

Arts Council (1959) *Housing the Arts in Great Britain: Part I : London, Scotland, Wales*, London: Arts Council of Great Britain.

Arts Council (1978) *Annual Report and Accounts 1997/1998*, London: Arts Council of Great Britain.

Arts Council (1983) *Annual Report and Accounts 1982/1983*, London: Arts Council of Great Britain.

Arts Council (1984) *The Glory of the Garden: A Strategy for the Development of the Arts in England*, London: Arts Council of Great Britain.

Arts Council (1985) *A Great British Success Story: An Invitation to the Nation to Invest in the Arts*, London: Arts Council of Great Britain.

Arts Council (1986) *An Urban Renaissance: The Case for Increased Private and Public Sector Co-operation*, London: Arts Council of Great Britain.

Arts Council (1987) *Le Corbusier: Architect of the Century*, London: Arts Council of Great Britain.

Arts Council (1989) *Directory of Arts Centres in the United Kingdom*, London: Arts Council of Great Britain.

Arts Council (1991) *Today's Arts, Tomorrow's Tourists*, Conference Report, Science Museum, London: Arts Council of Great Britain.

Arts Council (1993a) *A Creative Future: National Arts & Media Strategy*, London: HMSO.

Arts Council (1993b) *The Millennium Map: Capital Audit of the Arts in England*, London:

Arts Council of Great Britain.

Arts Council (1994) *Tate Gallery St Ives*, National Lottery Broadsheet 1 Arts, London: Arts Council of England.

Arts Council (1995) *Public Attitudes to Local Authority Funding of the Arts*, London: Arts Council of England.

Ashworth, G. (1993) "Culture and tourism: conflict or symbiosis in Europe?", in Pompl, W and Lavery, P. (eds) *Tourism in Europe: Structures and Developments*, Wallingford: CAB International.

Ashworth, G. (1994) *Let's Sell Our Heritage to Tourists?*, London: Council for Canadian Studies.

Ashworth, G. and Dietvorst, A. G. J. (1995) *Tourism and Spatial Transformations: Implications for Policy and Planning*, Wallingford: CAB International.

Ashworth, G. and Voogd, H. (1990) "Can places be sold

for tourism?", in Ashworth, G. and Goodall, B. (eds) *Marketing Tourism Places*, London: Routledge.

Atelier-Gesellschaft (1992) "No arts, no city", in *Artists Need Studios*, Berlin. Audit Commission (1989a) *The Management of Local Authority Premises*, London: HMSO.

Audit Commission (1989b) *A Review of Urban Programme and Regeneration Schemes in England*, London: HMSO.

Audit Commission (1989c) *Urban Regeneration and Economic Development: The Local Government Dimension*, London: HMSO.

Audit Commission (1989d) *Sport for Whom? Clarifying the Local Authority Role in Sport and Recreation*, London: HMSO.

Audit Commission (1991a) *Local Authorities, Entertainment and the Arts*, Local Government Report No. 2, London: HMSO.

Audit Commission (1991 b) *The Road to Wigan Pier: Managing* Local Authority Museums and Art Galleries, Local Government Report No. 3, London: HMSO.

Australia Council (1991) *Local Government's Role in Arts and Cultural Development*, Canberra: Local Government and Arts Taskforce.

BAAA (1988) *Arts and the Changing City: Case Studies*, ed. J. J. Horstman, London: British American Arts Association.

BAAA (1989) *Arts and the Changing City: An Agenda for*

Urban Regeneration，London：British American Arts Association.

BAAA（1990）*Investing in the Changing City*：*Arts Initiatives Beyond Sponsorship*，London：British American Arts Association.

BAAA（1993）*The Artist in the Changing City*，London：British American Arts Association.

Bahrdt，H. P.（1969）*Die Moderne Großstadt. Soziologische Überlegungen zum Stadtebau*，Hamburg：Ellert & Richter.

Bailey，P.（ed.）（1986）*Victorian Music Halls*，vol. 1：*The Business of Pleasure*，Milton Keynes：Open University Press.

Bailey，P.（1987）*Leisure and Class in Victorian England*：*Rational Recreation and the Contest for Control*，*1830-1885*（2nd ed.），London：Routledge & Kegan Paul.

Bailey，P.（1989）"Leisure，culture and the historian：reviewing the first generation of leisure historiography in Britain"，*Leisure Studies* 8：107-127.

Bailleu，A.（2000）"Purple haze"，*RIBA Journal* August：6-7.

Baird，N.（1976）*The Arts in Vancouver*：*A Multi-Million Dollar Industry*，Vancouver：Arts Council of Vancouver.

Baird，V.（1999）"Green cities"，*New Internationalist* June：7-10.

Balchin，P.，Sykora，L. and Bull，G.（1999）*Regional*

Policy and Planning in Europe，London：Routledge.

    Barcelona Future（2000）*BCN Future 2004-2010*，Barcelona：Barcelona Future.

    Barker，P.（1999）"Non-plan revisited：or how cities really grow"，*Journal of Design History* 12：95-110.

    Barnett，C.（1999）"Culture，government and spatiality. Reassessing the 'Foucault effect' in cultural policy studies"，*International Journal of Cultural Studies* 2：369-397.

    Barrell，S.（1998）"A short stay in…Bilbao"，*Independent on Sunday*（*London*）7 June：3.

    Barton，A.（1978）"London comedy and the ethos of the city"，*London Journal* 4：158-180.

    Barucci，P. and Becheri，E.（1990）"Tourism as a resource for developing southern Italy"，*Tourism Management*，11：227-239.

    Bashall，R. and Smith G.（1992）"Jam today：London's transport in crisis"，in Thornley，A（ed.）*The Crisis of London*，London：Routledge：37-55.

    Bates and Wacker，S. C.（1993）*Community Support for Culture*，Brussels.

    Batten，D. F.（1993）"Venice as a 'Theseum' city：the economic management of a complex culture"，paper given at the International Arts Management Conference，HEC-Paris，June.

    Baud-Bovy，M. and Lawson，F.（1998）*Tourism and Recreation Handbook of Planning and Design*，Oxford：Architectural Press.

Baumol, W. and Bowen, W. (1966) *Performing Arts: The Economic Dilemma*, Cambridge: Twentieth Century Fund.

Building Design (2000) "All the fun of the fair?" [Comment], 22 September: 13.

Beck, L. W. (ed.) (1988) *Kant: Selections*, New York: Scribner/Macmillan.

Becker, G. S. (1965) A theory in the allocation of time, *Economic Journal* 75: 3.

Becker, G. S. (1976) *The Economic Approach to Human Behavior*, Chicago: University of Chicago Press.

Becker, G. S. (1996) *Accounting for Tastes*, Cambridge, MA: Harvard University Press.

Begg, D., Fischer, S. and Dornbusch, R. (1994) *Economics* (4th ed.), London: McGraw-Hill.

Behr, V. *et al.* (1988) *Kulturwirscafht in bochum Berichte aus dem Institut fürRaumplanag*, band 23, Dortmund: Universität Dortmund.

Bell, C. and Bell, R. (1972) *City Fathers: The Early History of Town Planning In Britain*, Harmondsworth: Penguin.

Benedict, B. (ed.) (1983) *The Anthropology of World Fairs*, London: Scolar.

Bennett, T. (1995) "The multiplication of culture's utility", *Critical Inquiry* 21: 861-889.

Bennett, T. (1998) *Culture: A Reformer's Science*, London: Sage.

Berger-Vachon, C. (1992) *Ateliers: Artists' Studios*, Paris: City of Paris/Mairie de Paris.

Besant, W. (1903) *London in the Eighteenth Century*, London: Black.

Best, G. (1979) *Mid-Victorian Britain 1851-1875*, London: Fontana.

BFI (2000) *Film and Television Handbook 2001*, London: British Film Institute.

Bianchini, F. (1987) GLC-RIP: cultural policies in London 1981-1986, *New Formations* 1(1).

Bianchini, F. (1989) "Cultural policy and urban social movements: the response of the New Left, in Rome (1976-1985) and London (1981-1986)", in Bramham, P. , van der Poel, H. and Mommaas, H. (eds) *Leisure and Urban Processes: Critical Studies of Leisure Policy in Western European cities*, London: Routledge: 18-46.

Bianchini, F. (1991a) *Urban Cultural Policy*, National Arts & Media Strategy, Discussion Document No. 40, London: Arts Council.

Bianchini, F. (1991b) "Alternative cities", *Marxism Today* June: 36-38.

Bianchini, F. (1993) "Culture, conflict and cities: issues and prospects for the 1990s", in Bianchini, F. and Parkinson, M. (eds) *Cultural Policy and Regeneration: The West European Experience*, Manchester: Manchester University Press: 199-213.

Cultural Planning:
an urban renaissance?

Bianchini，F.（1994）"Shaping the cultural landscape"，*International Arts Manager* June：11-16.

Bianchini，F. and Parkinson，M.（eds）（1993）*Cultural Policy and Urban Regeneration*：*The West European Experience*，Manchester：Manchester University Press.

Bianchini，F. and Schwengel，H.（1991）"Re-imagining the city"，in Corner，J. and Harvey，S.（eds）*Enterprise and Heritage*：*Crosscurrents of National Culture*，London：Routledge：212-234.

Bianchini，F.，Fisher，M.，Montgomery，J. and Worpole，K.（1988）*City Centres*，*City Cultures*：*The Role of the Arts in the Revitalisation of Towns and Cities*，Manchester：Manchester Free Press for the Centre for Local Economic Strategies.

Biasni，E.（ed.）*Grands Travaux*，Paris：Connaissance des Arts.

BID（1994）*BID No. 3*，London：Prospect Research，London：Building Intelligence Digest.

Bird，J. *et al.*（eds）（1993）*Mapping the Futures*：*Local Cultures*，*Global Change*，London：Routledge.

Bishcof，D.（1985）*Die wirtschaftliche Bedetung der Züricher Kulturinstitute*，Zurich.

Blaser，W.（1990）*Richard Meier*，*Building for Art*，Berlin：Birkhauser.

Bloomfield，J.（1993）"Bologna：a laboratory for cultural enterprise"，in Bianchini，F. and Parkinson，M.（eds）*Cultur-*

al Policy and Urban Regeneration: *the West European Experience*, Manchester: Manchester University Press: 73-89.

BMRB (1996) *Survey of Arts and Cultural Activities in Britain*, London: British Market Research Bureau, for the Arts Council.

Boese, M. (2000) "How 'culturally diverse' are Manchester's cultural industries?", paper given at the Cultural Change and Urban Contexts Conference, Manchester, September: 16.

Bohrer, J. and Evans, G. L. (2000) "Urban parks and green space in the design and planning of cities", in Benson, J. and Rose, M. (eds) *Urban Lifestyles*: *Spaces*, *Places*, *People*, Rotterdam: A. T. Balkema: 147-154.

Bonnemaison, S. (1990) "City policies and cyclical events", *Celebrations*: *Urban Spaces Transformed*, *Design Quarterly* 147, 24-32.

Booth, P. and Boyle, R. (1993) "See Glasgow, see culture", in Bianchini, F. and Parkinson, M. (eds) *Cultural Policy and Urban Regeneration*: *the West European Experience*, Manchester: Manchester University Press: 21-47.

Borja, J. and Castells, M. (1997) *Local and Global*: *Management of Cities in the Information Age*, London: Earthscan.

Borsay, P. (1989) *The English Urban Renaissance*: *Culture & Society in the Provincial Town*, *1660-1770*, Oxford: Clarendon.

Bourdieu, P. (1984) *Distinction*: *A Social Critique of the*

Judgement of Taste, London: Routledge & Kegan Paul.

Bourdieu, P. (1993) *The Field of Cultural Production*, Cambridge: Polity.

Bourdieu, P. and Darbel, A. (1991) *The Love of Art*, London: Polity.

Boyer, C. (1988) "The return of aesthetics to city planning", *Society* 25: 4-56.

Boylan, P. (1993) "Museum policy and politics in France, 1959-1991", in Pearce, S. (ed.) *Museums in Europe 1992*, London: Athlone: 87-115.

Boyle, R. and Meyer, P. (1990) "Local economic development in the USA", *Local Economy* 4(4) [Special issue: "Lessons from USA, Baltimore, Saint Paul, Chicago"]: 272-277.

Braden, S. (1977) *Artists and People*, London: Routledge & Kegan Paul.

Bradley, P. (1993) "Cultural policy in metropolitan Toronto: creating a culture of access", paper given to the London Arts Conference, 31 March, South Bank Centre.

Brambilla, R., Longo, G. and Dzurinko, V. (1977) *American Urban Malls: A Compendium*, New York: Institute for Environmental Affairs.

Bramham, P., van der Poel, H. and Mommaas, H. (1989) *Leisure and Urban Processes: Critical Studies of Leisure Policy in Western European cities*, London: Routledge.

Braudel, F. (1981) *Capitalism and Material Life 1400-1800*, London: Collins.

Braudel, F. (1985) *The Structures of Everyday Life*, New York: Harper & Row.

Bretton Hall (1999) *Cultural Industry Baseline Study: Yorkshire and Humberside Region*, July, University of Leeds.

Briggs, A. (1990) *Victorian Cities*, London: Penguin.

Brinson, P. (1992) *Arts and Communities: The Report of the National Inquiry into Arts and the Community*, London: Community Development Foundation.

Brownhill, S. (1990) *Developing London's Docklands*, London: Paul Chapman.

Bruton, M. and Nicholson, D. (1987) *Local Planning in Practice*, Cheltenham: Stanley Thornes.

Bruttomesso, R. (ed.) (1993) *Waterfronts: A New Frontier for Cities on Water*, Venice: International Centre Cities on Water.

Bryan, D. *et al*. (1997) *Transmitting the Benefits: The Economic Impact of BBC Wales*, Cardiff: BBC Wales.

Bryan, J. *et al*. (1998) *The Economic Impact of the Arts and Cultural Industries in Wales*, Cardiff: Welsh Economy Research Unit.

BTA (1995) *Overseas Visitor Survey*, London: British Tourist Authority.

Bubha, H. (1994) *The Location of Culture*, London: Routledge.

Buckley, R. (ed.) (1994) "NAFTA and GATT: the impact of free trade", in *Understanding Global Issues*, Cheltenham: European Schoolbooks.

Buck-Morss, S. (1995) *The Dialectics of Seeing: Walter Benjamin and the Arcades Project*, Cambridge, MA: MIT Press.

Burckhardt, J. C. (1990) *The Civilization of the Renaissance in Italy* (trans. Middlemore, S. G. C.), London: Penguin.

Burgers, J. (1995) "Public space in the post-industrial city", in Ashworth, G. and Dietvorst, A. G. J. (eds) *Tourism and Spatial Transformations: Implications for Policy and Planning*, Wallingford: CAB International: 147-161.

Burns, J. J. and Mules, T. (eds) (1989) *The Adelaide Grand Prix: The Impact of a Special Event*, Adelaide: Centre for South Australian Economic Studies.

Burtenshaw, D., Bateman, M. and Ashworth, G. J. (1991) *The European City: A Western Perspective*, London: David Fulton.

Burton, T. L. (1971) *Experiments in Recreation Research*, London: George Allen & Unwin.

Byrne, D. (1997) "Chaotic places or complex places", in Westwood, S. and Williams, J. (eds) *Imagining Cities: Scripts, Signs, Memory*, London: Routledge.

CABE (2001) *The Value of Urban Design*, London: Bartlett School of Architecture & Planning for the Commission for Architecture and the Built Environment.

Cahiers Français (1993) *Culture et societe*, No. 260, Paris:

La documentation française.

Calvino, I. (1979) *Invisible Cities*, London: Pan.

Casey, B., Dunlop, R. and Selwood, S. (1996) *Culture as Commodity: The Economics of the Arts and Built Heritage in the UK*, London: Policy Studies Institute.

Castells, M. (1977) *The Urban Question*, London: Edward Arnold.

Castells, M. (1989) *The Informational City: Information Technology, Economic Restructuring and the Urban-Regional Process*, Oxford: Blackwell.

Castells, M. (1996) The Information Age: Economy Society and Culture, vol. 1: *The Rise of the Network Society*, Oxford: Blackwell.

CEC (1996) *Report on Economic Cohesion*, Brussels, Committee of the European Commission.

CELTS (Evans, G. L., Shaw, S. and Bertram, J.) (2000) *Visitor Baseline Study of the Jubilee Line Extension*, JLE Impact Study Unit, London: University of Westminster.

CENTEC (1995) *Employment and Training Needs in the Media and Entertainment Industries*, London: Arts Business for Central London Training & Enterprise Council.

Cervero, R. and Landis, J. (1997) "Twenty years of the Bay Area Rapid Transit System: land use and development impacts", *Transport Research* Part A, 31: 309-333.

Chalklin, C. W. (1980) "Capital expenditure on building for cultural purposes in provincial England 1730-1830", *Business*

History 22: 51-70.

Challans, T. and Sargent, A. (1991) *Local Authorities and the Arts*, Discussion Document No. 16, National Arts & Media Strategy, London: Arts Council.

Chanan, M. (1980) *The Dream that Kicks: The Prehistory and Early Years of Cinema in Britain*, London: Routledge & Kegan Paul.

Chang, T. C. (2000) "Renaissance revisited: Singapore as a 'Global City for the Arts'", *International Journal of Urban and Regional Research* 24(4): 818-831.

Cherry, G. (1972) *The Evolution of British Town Planning (1914-1974)*, London: Lawrence Hill.

Cheshire, P. and Hay, A. (1989) *Urban Problems in Western Europe*, London: Allen & Unwin. Choay, F. (1969) *The Modern City Planning in the Nineteenth Century*, London: Studio Vista.

Christopherson, S. (1994) "The Fortress City: privatised spaces, consumer citizenship", in Amin, A. (ed.) *Post-Fordism: A Reader*, Oxford: Blackwell: 409-427.

City of Cardiff (1994) *The Economic Importance of the Cultural Industries in Cardiff*, Report to the Economic Development Committee, March.

City of Toronto (1991) Cityplan'*91: Public Art Policy Study*, No. 20, March.

Clammer, J. (1987) *Contemporary Urban Japan*, Oxford: Blackwell.

Clawson, M. and Knetch, J. (1986) *Economics of Outdoor Recreation*, Baltimore: Johns Hopkins University Press.

Clifford, J. (1988) *The Predicament of Culture*, Cambridge, MA: Harvard University Press.

Clifford, J. (1990) "On collecting arts and culture", in Ferguson, R. (ed.) *Out There: Marginalisation and Contemporary Culture 4*, Cambridge, MA: MIT Press.

Clifford, J. (1997) "Museums as contact zones", in Clifford, J. (ed.) *Travel and Translation in Late Twentieth Century*, New Haven: Harvard University Press.

Coalter, F. (1990) "The politics of professionalism: consumers or citizens", *Leisure Studies* 9: 107-119.

Cohen, E. (1999) "Cultural fusion", in *Values and Heritage Conservation*, Los Angeles: Getty Conservation Institute: 44-50.

Cohen, J. -L. and Fortier, B. (1988) *Paris La Ville et Ses Projets (A City in the Making)*, Paris: Babylone.

Colenutt, B. (1988) "Local democracy and inner city regeneration", *Local Economy* 3: 119-125.

Comedia (1991a) *The Cultural Industries in Liverpool*, Report to Merseyside Task Force, Liverpool: Comedia.

Comedia (1991b) *London World City: The Position of Culture*, London: London Planning Advisory Committee.

Comedia (1996) *The Social Impact of Arts Programmes*, Working Papers 1 to 6, Stroud: Comedia.

Connolly, D. (1998) "Paper dreams of the Parisian future",

Architect's Journal 9 July: 49.

Connolly, S. (1997) "The measurement of additionality: a case study of the UK National Lottery", *in Business and Economics in the 21st Century*, vol. 1, BES International Conference.

Conway, H. (1989) "Victorian parks. Part 1", *Landscape Design* September: 21-23.

Cook, A. J. (1981) *The Privileged Playgoers of Shakespeare's London, 1576-1642*, Princeton: Princeton University Press.

Cook, M. (1993) *French Culture Since 1945*, Harlow: Longman.

Cook, R. M. (1972) *Greek Art*, Harmondsworth: Penguin.

Cooke, P. (1990) *Back to the Future*, London: Unwin Hyman.

Cooke, P., Terk, E., Karnite, R. and Blagnys, G. (2000) "Urban transformations in the capitals of the Baltic States: innovation, culture and finance", in Bridge, G. and Watson, A. (eds) A *Companion to the City*, Oxford: Blackwell.

Coombes, A. (1994) *Reinventing Africa*, New Haven and London: Yale University Press.

Cosh, M. (1990) *The Squares of Islington*, Part 1: *Finsbury and Clerkenwell*, London: Islington Archaeology & History Society.

Council of Europe (1991) *European Parliament VI Resolu-*

tion on a Community Tourism Policy 11/6/91, 88/631, Strasbourg: Council of Europe.

Council of Europe (1992) *European Urban Charter*, Standing Conference of Local and Regional Authorities of Europe (CLRAE), 18 March, Strasbourg.

Coupland, A. (1992) "Every job an office job", in Thornley, A. (ed.) *The Crisis of London*, London: Routledge.

Coupland, A. (1997) *Reclaiming the City*, London: E & FN Spon.

Cowan, R. and Gallery, L. (1990) "A vision for London", *Architects' Journal* [Special Issue]11(191): 29-87.

Cowen, T. (1998) *In Praise of Commercial Culture*, Cambridge, MA: Harvard University Press.

CPRE (1993) *The Lost Land*, London: Council for the Protection of Rural England.

Craig, S. (1991) *Customer Service Audit of Leisure Facilities*, London: Leisure Futures Ltd.

Craig, S. and Evans, G. L. (1995) *The London Millennium Study—A Survey of Events and Projects Planned for the Millennium in London*, London: London First.

Crang, M. (1998) *Cultural Geography*, London: Routledge.

Crickhowell, N. (1997) *Opera House Lottery: Zaha Hadid and the Cardiff Bay Project*, Cardiff: University of Wales Press.

Crimp, D. (1985) "On the museum's ruins", in Foster,

H. (ed.) *Postmodern Culture*, London: Pluto: 43-56.

Crouch, D. (1998) "The street in the making of popular geographical knowledge", in Fyfe, N. R. (ed.) *Images of the Street: Planning Identity and Control in Public Space*, London: Routledge: 161-175.

Crowhurst, A. J. (1992) "The music hall, 1885-1922. The emergence of a national entertainment industry in Britain", unpublished PhD thesis, Cambridge: University of Cambridge.

CSP (1999) *Culture and the City—Ten Ways to make a Difference*. Agenda 3. 2, Consultation Document from the Cultural Strategy Partnership for London.

Cubeles, X. , and Fina, X. (1998) *Culture in Catalonia*, Barcelona: Fundacio Jaume Bofill.

Cuff, P. and Kaiser, B. (1986) *Animation of the City: Washington, DC Downtown Study*, Washington, DC: Partners for Liveable Spaces.

Cullingworth, J. B. (1979) *Town & Country Planning in Britain* (7th ed.), London: George Allen & Unwin.

Cullingworth, J. B. and Nadin, V. (1994) *Town and Country Planning in Britain* (11th ed.) London: Routledge.

Curran, J. and Porter, V. (1983) *British Cinema History*, London: Weidenfeld & Nicholson.

Cwi, D. (1981) *Economic Impact of the Arts & Cultural Institutions*. Case studies in Columbus, Minneapolis/St Paul, St Louis, Salt Lake City, San Antonio, Springfield. Washington, DC: National Endowment for the Arts.

Cwi, D. and Lyall, K. (1977) *Economic Impacts of Arts & Cultural Institutions: A Model for Assessment and a Case Study in Baltimore*, Research Report No. 6, Washington, DC: National Endowment for the Arts: 21-24.

Daly, H. E and Cobb, J. B. (1990) *For the Common Good: Redirecting the Economy towards Community, the Environment and a Sustainable Future*, London: Merlin.

Darton, D. (1985) *Social Change and the Arts*, London: National Association of Arts Centres and Henley Centre for Forecasting.

Davey, P. (ed.) (1993) "Recreation", *Architectural Review* 194(1157): 4-98.

Davidoff, P. (1965) "Advocacy and pluralism in planning", *Journal of the American Institute of Planners* 21(4); repr. in LeGates, R. T. and Stout, F. (eds) (1996) *The City Reader*, London: Routledge: 421-432.

Davidoff, P. and Reiner, T. A. (1973) "A choice theory of planning", in Faludi, A. (ed.) *A Reader in Planning Theory* (1994 repr.), Oxford: Pergamon.

Davies, H. W. E. (1994b) Towards a European planning system?, *Planning Practice and Research* 9: 63-69.

Davies, H. W. E. and Gosling, J. A. (1994a) *The Impact of the European Community on Land Use Planning in the United Kingdom*, London: Royal Town Planning Institute.

Davies, N. (1982) *The Ancient Kingdoms of Mexico*, London: Pelican.

Davies, R. *et al.* （1992） *The Effect of Major Out-of-Town Retail Development*, London: HMSO.

Davies, S. and Selwood, S. （1999） "English cultural services: government policy and local strategies", *Cultural Trends* 30: 69-110.

Dawson, B. （1999） *Street Graphics India*, London: Thames & Hudson.

DCC (1987) *Urban Development Corporations: Six Years in London's Docklands*, London: Docklands Consultative Committee.

DCC (1990) *The Docklands Experiment: A Critical Review of Eight Years of the London Docklands Development Corporation*, London.

DCMS （1998） *Creative Industries Mapping Document*, London: Department for Culture, Media and Sport.

DCMS （1999） *Draft Guidance for Local Cultural Strategies*, London: Department for Culture, Media and Sport.

DCMS （2000） *Creative Research: A Modernising Government Review of DCMS's Statistical and Social Policy Research Needs*, London: Department for Culture Media and Sport.

De la Durantaye, M. （1999） "Municipal cultural policies in Quebec and quality of life indicators", in Proceedings of the International Conference on Cultural Policy, Bergen: 275-285.

De Ville, B. and Kinsley, B. （1989） *Cultural Facilities: Oversupply or Undersupply—Guidelines for Increasing Participation*, Ottawa: Department of Communications.

Debord, J. (1983) *The Society of the Spectacle*, Detroit: Black & Red.

Deckker, T. (2000) "Brasilia: city versus landscape", in Deckker, T. (ed.) *The Modern City Revisited*, London: E & FN Spon: 167-193.

Deegan, J. and Dineen, D. A. (1998) "Tourism policy and rapid visitor growth: the case of Ireland", paper given at the TOLERN Annual Conference, University of Durham, December.

Deffner, A. (1992a) "Cultural activities and free-time: social and geographical dimensions", in Maloutas and Economou (eds) *Social Structure and Urban Organisation in Athens*, Athens: Paratitrits: 377-442.

Deffner, A. (1992b) "Cultural spaces in Athens: continuity and change", paper given to the Leisure and New Citizenship, European Leisure and Recreation Association—Ⅷ Congress, Bilbao.

Deffner, A. (1993) "Cultural activities in Greece: tradition or modernity? (geographical distribution of cultural spaces in Greece)", paper given to the Leisure Studies Association 3rd International Conference, *Leisure in Different Worlds*, 14-18 July, Loughborough University: LSA.

Department de Cultura (1998) *Economy and Culture in Catalonia: Basic Statistics*, Barcelona: Generalitat de Catalunya.

Derrida, J. (1991) *The Other Heading: Reflections on Today's Europe*, Paris: Autre Cap.

Design Museum-Architecture Foundation (2000) *Living in the City*, London: Design Museum-Architecture Foundation.

Dethier, J. and Guiheux, A. (1994) *La ville: arts et architecture en Europe 1870-1993*, Paris: Editions du Centre Pompidou.

DETR (1999) *An Urban Renaissance*, *Final Report of the Urban Task Force*, for the Department for the Environment, Transport and the Regions, London: Routledge.

Devesa, M. (1999) "The policy of cultural expenditure in Castilla-Leon (Spain)", paper given to the Incentives and Information in Cultural Economics, FOKUS-ACEI Joint Symposium, Vienna, January.

DMU (1995) *Course Prospectus for MA in European Cultural Planning*, Leicester: De Montfort University.

DNH (1995) *Guidance on Local Authority Arts Provision*, London: Department of National Heritage.

Doak, J. (1993) "Commercial property boom, gloom, and the way ahead", *Planning Practice and Research*, 8(4).

Dobson, L. C. and West, E. G. (1988) Performing arts subsidies and future generations, *Journal of Cultural Economics* 12: 8-115.

Docklands Forum with Miller, C. (ed.) (1989) *Does the Community Benefit?: What Can the Private Sector Offer? Lessons from the London Docklands*, May, London: Docklands Forum.

DoE (1974) *Structure Plans*, Circular No. 98/74, London:

Department of the Environment.

DoE (1977a) *Recreation and Deprivation in Inner Urban Areas*, London: HMSO for the Department of the Environment.

DoE (1977b) *Leisure and Quality of Life Experiments* (2 vols), London: HMSO for the Department of the Environment.

DoE (1984) *The Reallocation of Planning Functions in the Greater London Council (GLC) and Metropolitan County Council (MCC) Areas—Revised Proposals Paper*, 14 June, London: Department of the Environment.

DoE (1985a) *Local Government Act, 1985: Section 5*, London: HMSO.

DoE (1985b) *Streamlining the Cities*, White Paper, Cmnd 9063, London: HMSO.

DoE (1986) *Paying for Local Government*, Cmnd 9714, London: HMSO.

DoE (1987a) *Historic Buildings and Conservation Areas—Policy and Procedures*, Circular No. 8 (87), London: HMSO.

DoE (1987b) *Use Classes Order 13/87*, London: Department of the Environment.

DoE (1988a) *Urban Programme 1986-1987: A Report on Operations and Achievements in England*, London: HMSO.

DoE (1988b) *General Development Order*, London: Department of the Environment.

DoE (1989a) *Regional Guidance for the South East*, Planning Policy Guidance No. 9, London: HMSO.

DoE (1989b) *Planning Agreements*, *Consultation Paper on Section 52*, TCPA, 1971, London: Department of the Environment.

DoE (1990a) *The Town and Country Planning Act*, London: HMSO.

DoE (1990b) *Tourism and The Inner City: An Evaluation of the Impact of Grant Assisted Tourism Projects*, London: HMSO.

DoE (1990c) *This Common Inheritance*, London: HMSO.

DoE (1990d) *Planning Policy Guidance on Archaeology and Planning*, PPG No. 16, London: HMSO.

DoE (1990e) *Planning and Compensation Act*, London: HMSO.

DoE (1991a) *Planning Policy Guidance on Sport & Recreation*, No. 17, London: HMSO.

DoE (1991b) *Strategic Guidance for London*, RPG3, London: HMSO.

DoE (1991c) *Census of Employment*, London: HMSO.

DoE (1992a) *Unitary Development Plans: Public Local Inquiries*, London: HMSO.

Dovey, K. (1989) "Old scabs/new scars: the hallmark event and the everyday environment", in Syme *et al.* (eds) *The Planning and Evaluation of Hallmark Events*, Aldershot: Avebury: 73-80.

Downey, J. (1999) "XS 4 All? 'Information Society' policy and practice in the European Union", in Downey, J. and

McGuigan, J. (eds) *Technocities*, London: Routledge: 121-138.

Downey, J. and McGuigan, J. (eds) (1999) *Technocities*, London: Routledge.

Doxiadis, C. (1968) *Ekistics: An Introduction to the Science of Human Settlements*, London: Hutchinson.

DPA (2000) *Creative Industries Strategy for London*, London: David Powell Associates for the London Development Partnership.

DRV Research (1986) *Economic Impact Study of Tourist and Associated Arts Developments in Merseyside*, The Tourism Study.

Du Gay, P. (ed.) (1997) *Production of Culture/Cultures of Production*, Milton Keynes: Open University.

Dumont, C. (1979) *Cultural Action in the European Community*, CEC, 3/1980, Brussels.

Dunleavy, P. (1980) *Urban Political Analysis*, London: Macmillan.

Dunleavy, P. (1991) *Democracy Bureaucracy & Public Choice: Economic Explanations in Political Science*, Hemel Hempstead: Harvester Wheatsheaf.

During, S. (1993) *The Cultural Studies Reader*, London: Routledge.

Eagleton, T. (2000) *The Idea of Culture*, Oxford: Blackwell.

EC (1997) *The European Observatory for SMEs*, 5th Annual Report. Brussels: European Commission.

EC (1998) *Culture，The Cultural Industries and Employ-ment*，Commission Staff Working Paper，Brussels: European Commission.

EC (1999) *Information Society Technologies for Tourism*，DG XIII，Brussels: European Commission.

EC (2000) *Information Society Technology: Work Pro-gramme 2001*，Brussels: European Commission.

Edensor，T. (1998a) "The culture of the Indian street"，in Fyfe，N. R. (ed.) *Images of the Street: Planning，Identity and Control in Public Space*，London: Routledge: 205-224.

Edensor，T. (1998b) *Tourists at the Taj: Performance Meaning at a Symbolic Site*，London: Routledge.

Edgar，D. (1991) "From Metroland to the Medicis"，in Fisher，M. and Owen，U. (eds) *Whose Cities?*，London: Penguin: 19-31.

Ehrenreich，B. and Ehrenreich，J. (1979) "The profes-sional-managerial class"，in Walker，P. (ed.) *Between Labour and Capital*，Boston: South End.

Ellison，M. (1994) "Orchestras 'lack audiences not fans'"，*The Guardian* 13 October: 3.

Ellmeier，A. and Rasky，B. (1998) *Cultural Policy in Europe: European Cultural Policy? Nation-State and Transna-tional Concepts*，Austrian Culture documentation. Vienna: In-ternational Archive for Cultural Analysis.

Englefield，D. (1987) *Local Government and Business: A*

Practical Guide, London: Municipal Journal Ltd for the Industry and Parliament Trust.

English Heritage (1997) *Maritime Greenwich : Draft Management Plan for Consultation*, October, London: English Heritage.

ÉPAD (1993) *La Défense*, Point Info-Service Communication, Paris: Établissement Public de Aménagement de la Region de La Défense.

EU (1995) *Structural Outline and Current Situation of Cultural Statistics in Member-States of the European Union*, Working Papers (France, Netherlands, Sweden, Italy, Germany), Paris: Ministere Culture Francophonie.

Evans, G. L. (1989) *Survey of Employment in the Arts & Cultural Industries in Islington*, London: London Borough of Islington/Greater London Arts.

Evans, G. L. (1990) *Premises Needs and Problems of Crafts Firms in Clerkenwell*, London: Local Enterprise Research Unit, Polytechnic of North London.

Evans, G. L. (1993a) "Leisure and tourism investment incentives in the European Community: changing rationales", paper given at the International LSA Conference, Loughborough University.

Evans, G. L. (1993b) *Arts and Cultural Tourism in Europe: Policy and Markets*, Proceedings of the 2nd International Arts Management Conference, HEC-Paris, June.

Evans, G. L. (1993c) *Planning for the Arts and Regenera-*

tion in London：*An Urban Renaissance*?，PILTS Paper No. 6，London：University of North London Press.

Evans，G. L.（1993d）*An Economic Strategy for the Arts & Cultural Industries in Haringey*，and *Survey of Employment in the Arts & Cultural Industries*，London Borough of Haringey Technical & Environmental Services，London：London Arts Board.

Evans，G. L.（1994）"Tourism in Greater Mexico and the Indigena—whose culture is it anyway?"，in Seaton. A.（ed.）*Tourism*：*State of the Art*，Chichester：Wiley：836-847.

Evans，G. L.（1995a）"The National Lottery：planning for leisure or pay up and play the game?"，*Leisure Studies* 14：225-244.

Evans，G. L.（1995b）"Tourism & leisure in Eastern Europe：the Westernisation Project"，in Leslie，D.（ed.）*Tourism*，*Culture and Participation*，vol. 1，Publication No. 51，Brighton：LSA：59-79.

Evans，G. L.（1995c）"Tourism and education：core functions of museums?"，in Leslie，D.（ed.）*Tourism*，*Culture and Participation*，vol. 1，Publication No. 51，Brighton：LSA：157-180.

Evans，G. L.（1996a）"Planning for the British Millennium Festival：establishing the visitor baseline and a framework for forecasting"，*Journal of Festival Management and Event Tourism* 3：183-196.

Evans，G. L.（1996b）*Health*，*Travel and Tourism*，London：Health Education Authority.

Evans, G. L. (1996c) "Planning for the arts and culture in London and Toronto: a tale of two cities", paper given at the British Association for Canadian Studies Annual Conference, University of Exeter.

Evans, G. L. (1996d) *Media, Services Sector—Report on the Pilot Network in the CILNTEC Area*, London: CELTS for City & Inner London North TEC.

Evans, G. L. (1997) *MultiMedia Sector—Employment and Labour Market Report*, London: CILNTEC.

Evans, G. L. (1998a) "In search of the cultural tourist and the post-modern Grand Tour", paper given at *Relocating Sociology*, the International Sociological Association—XIV Congress, International Tourism, Montreal, July.

Evans, G. L. (1998b) "La Demande Européenne en Matiere de Tourisme Culture!", in Rautenberg, M. (ed.) *Le Tourisme Culturel, Phénomène de Société Publics et Marches*, Lyon: Presses Universitaires de Lyon.

Evans, G. L. (1998c) "European regional development policy and the arts and urban regeneration", paper given at the UACES European Cultural Policy Conference, City University, London, April.

Evans, G. L. (1998d) "Urban leisure: edge city and the new pleasure periphery", in Collins, M. and Cooper, I. (eds) *Leisure Management—Issues and Applications*, Wallingford: CAB International: 113-138.

Evans, G. L. (1998e) *Study into the Employment Effects*

of Arts Lottery Spending in England, Research Report No. 14, London: Arts Council of England.

Evans, G. L. (1998f) "Millennium tourism: planning, pluralism and the party", paper given at the 5th World Leisure & Recreation Congress, Sao Paulo, October.

Evans, G. L. (1999a) "Measuring the arts and cultural industries—does size matter?", in Roodhouse, S. (ed.) *Proceedings of The New Cultural Map: A Research Agenda for the 21ˢᵗ Century* Conference, Bretton Hall, University of Leeds: 26-34.

Evans, G. L. (1999b) "Leisure and tourism investment incentives in the European Community: changing rationales", in McPherson, G. and Foley, M. (eds) *Sustainability and Environmental Policies* (Vol. 1), Publication No. 50, Brighton: LSA: 1-27.

Evans, G. L. (1999c) "Heritage tourism: development and diversity", paper given at the 12ᵗʰ World Congress of Conservation and Monumental Heritage, *The Wise Use of Heritage*, ICOMOS Assembly, Mexico.

Evans, G. L. (1999d) "Last chance lottery and the millennium city", in Whannel, G. and Foley, M. (eds) *Leisure, Culture and Commerce: Consumption and Participation*, Publication No. 64, Brighton: LSA.

Evans, G. L. (1999e) "The economics of the national performing arts—exploiting consumer surplus and willingness-to-pay: a case of cultural policy failure?", *Leisure Studies* 18: 97-118.

Evans, G. L. (1999f) "Cultural tourism and cultural poli-cy—identity and the European project", in Proceedings of the International Conference on Cultural Policy Research, University of Bergen.

Evans, G. L. (1999g) "Cultural change and cultural management in London's Tate Galleries", paper given at the International Arts Management Conference, Helsinki School of Economics, June.

Evans, G. L. (2000a) " Historic Quebec—capital city, World Heritage City and the Québecois Project", paper given at the BACS 25th Annual Conference, Edinburgh, July.

Evans, G. L. (2000b) "Measure for measure: evaluating performance and the arts organisation", *Studies in Cultures, Organizations and Societies* 6: 243-266.

Evans, G. L. (2000c) "Planning for urban tourism: a critique of unitary development plans and tourism policy in London", *International Journal of Tourism Research* 2: 326-347.

Evans, G. L. and Cleverdon, R. (2000) "Fair trade in tourism—community development or marketing tool?", in Richards, G. and Hall, D. (eds) *Tourism and Sustainable Community Development*, London: Routledge: 137-153.

Evans, G. L. and Foord, J. (1999) "Cultural policy and urban regeneration in East London: world city, whose city?", in Proceedings of the International Conference on Cultural Policy Research, University of Bergen: 457-494.

Evans, G. L. and Foord, J. (2000a) "Landscapes of cul-

Cultural Planning:
an urban renaissance?

tural production and regeneration", in Benson, J. and Rose, M. (eds) *Urban Lifestyles: Spaces. , Places, People*, Rotterdam: A. T. Balkema: 249-256.

Evans, G. L. and Foord, J. (2000b) "European funding of culture: promoting common culture or regional growth?", *Cultural Trends* 36: 53-87.

Evans, G. L. , Foord, J. and White, J. (1999) *Putting Cultural Activity back into Stepney*, London: London Borough of Tower Hamlets.

Evans, G. L. and Reay, D. (1996) *Arts Culture and Entertainment Park Plan—Topic Study*, Waltham Abbey: Lee Valley Regional Park Authority.

Evans, G. L. and Shaw P. (1992) *Arts Centres Review for Portsmouth*, Portsmouth City Arts/Hampshire County Arts, Winchester: Southern Arts Board.

Evans, G. L. and Shaw, S. (1999) "Urban tourism and transport planning: case of the Jubilee Line Extension and East London Corridor", paper given at the RGS/IBG Symposium British Tourism: The Geographical Research Frontier, University of Exeter, September.

Evans, G. L. , Shaw, P. and White, J. (1997) "Digest of arts and cultural trends 1987-1996", Pre-Publication Draft, Arts Councils of England, London: ACE Research Publication.

Evans, G. L. , Shaw, P. , White, J. *et al.* (2000) *Artstat: Digest of Arts Statistics and Trends in the UK 1986/1987-1997/1998*, London: Arts Council of England.

Evans, G. L. and Smeding, S. (1997) *Survey of Leisure Services Revenue and Capital Budgets 1998/1987*, Associations of Metropolitan Authorities, District Councils and County Councils, London: University of North London.

Evans, G. L. and Smith, M. (2000) "A tale of two heritage cities: Old Quebec and Maritime Greenwich", in Robinson, M. *et al.* (eds) *Tourism and Heritage Relationships: Global, National and Local Perspectives*, Sunderland: Business Education Publishers: 173-196.

Evans, R. (1997a) *Regenerating Town Centres*, Manchester: Manchester University Press.

Evans, R. J. (1997b) *In Defence of History*, London: Granta.

Everitt, A. (1992) "Homage to the arts", *The Insider Winter*. 6-7.

Fainstein, S. (1984) *The City Builders: Property, Politics and Planning in London and New York*, Oxford: Blackwell.

Fainstein, S. , Gordon, I. and Harloe, M. (1992) *Divided Cities*, Oxford: Blackwell.

Fairs, M. (1999) "Spanish let fly—Barcelona's Royal Gold Medal Winners use RIBA ceremony to deliver broadside at neglect of Britain's cities", *Building Design* 25 June: 1.

Falassi, A. (ed.) (1987) *Time Out of Time: Essays on the Festival*, Albuquerque: University of New Mexico Press.

Faludi, A. (1973) *A Reader in Planning Theory* (1994

repr.), Oxford: Pergamon.

Fanstein, S. (1994) *The City Builders: Property, Politics, and Planning in London and New York*, Cambridge, MA: Blackwell.

Farrell, T. (2000) "Urban regeneration through cultural masterplanning", in Benson, J. F. and Roe, M. (eds) *Urban Lifestyles: Spaces, Places People*, Rotterdam: A. T. Balkema.

Faubion, J. D. (ed.) (1994) *Michel Foucault: Power, The Essential Works 3*, London: Allen Lane.

Featherstone, M. (1991) *Consumer Culture and Postmodernism*, London: Sage.

Feist, A. (1995) "A statutory basis for the arts", October, London: Arts Council of England: 24-52.

Feist, A. , Fisher, R. , Gordon, C. and Morgan, C. (1998) *International Data on Public Spending on the Arts in Eleven Countries*, ACE Research Report No. 13, London: Arts Council of England.

Feist, A. and Hutchison, R. (1989) *Cultural Trends 1*, London: Policy Studies Institute.

Fernandez-Armesto, F. (1996) *Millennium: A History of Our Last Thousand Years*, London: Black Swan.

Field, B. and MacGregor, B. (1987) *Forecasting Techniques for Urban and Regional Planning*, London: Hutchinson.

Fisher, M. (1991) "Introduction", in Fisher, M. and Owen, U. (eds) *Whose Cities?*, London: Penguin: 1-6.

Fisher, M. and Owen, U. (eds) (1991), *Whose Cities?*, London: Penguin.

Fisher, R. (1993) *The Challenge for the Arts: Reflections on British Culture in Europe in the Context of the Single Market and Maastricht*, London: Arts Council.

Fleming, T. (ed.) (1999) *The Role of Creative Industries in Local and Regional Development*, Sheffield: Government Office for Yorkshire and the Humber.

Focas, C., Genty, P. and Murphy, P. (1995) *Top Towns*, London: Guinness Publ.

Foley, D. L. (1973) "British town planning: one ideology or three?", in Faludi, A. (ed.) *A Reader in Planning Theory*, Oxford: Pergamon: 69-94.

Fontana, J. (1994) *Europa ante el espejo*, Barcelona: Critica. Foord, J. (1999) "Creative Hackney: reflections on hidden art", *Rising East* 3: 38-66.

Forrester, S. (1985) *Arts Activities in Building-based Organisations Throughout Greater London*, London Association of Arts Centres, London: Policy Studies Institute.

Forster, W. (1983) *Arts Centres and Education*, London: Arts Council. Foster, H. (ed.) (1983) *Postmodern Culture*, London: Pluto.

Foucault, M. (1991) "Governmentality", in Burchell, G., Gordon, C. and Miller, P. (eds) *The Foucault Effect: Studies in Governmentality*, London: Harvester Wheatsheaf: 87-104.

Fox，C. (1992) *London—World City 1800-1840*，New Haven and London：Yale University Press in association with the Museum of London.

Frampton，K. (1985) "Towards a critical regionalism：six points for an architecture of resistance"，in Foster，H. (ed.) *Postmodern Culture*，London：Pluto：16-30.

Frangialli，F. (1998) *The Role of Private Financing in Sustainable Cultural Development*，28 September，Washington，DC：World Bank.

Frey，B. S. and Pommerehne，W. W. (1989) *Muses and Markets：Explorations in the Economics of the Arts*，Oxford：Blackwell.

Frey，R. L. (1976) *Theater und Ökonomie. Eine wirtschafitliche Analyse der Basler Theater von Ökonomiestudenten der Universität Basel.*

Friedmann，J. (1986) "The World City hypothesis"，*Development and Change* 17：69-83.

Frost，M. and Peterson，G. O. (1978) *The Economic Impact of Non-Profit Arts Organisations in Nebraska 1976-1977*，Omaha.

Fuller-Love，N.，Jones，A. and Peel，D. (1996) *The Impact of S4C on Small Businesses*，Aberystwyth：ESRC Research Report.

Fyfe，N. R. (ed.) (1998) *Images of the Street. Planning Identity and Control in Public Space*，London：Routledge.

Garcia，S. (ed.) (1993) *European Identity and the Search*

for Legitimacy, London: Pintner.

Gardiner, C. (1998) *Box Office Data Report 1997*, London: Society of London Theatres.

Garnham, N. (1983) *The Cultural Industries and Cultural Policy in London*, AR116 and IEC 940, London: GLC.

Garnham, N. (1984) "Cultural industries: what are they?", *Views*, Independent Film and Video Producers Association, London.

Garreau, J. (1991) *Edge City: Life on the New Frontier*, New York: Anchor.

Getz, D. (1991a) *Festivals, Special Events and Tourism*, New York: van Nostrand.

Getz, D. (1991b) Assessing the economic impact of festivals and events, *Journal of Applied Recreation Research* 19: 61-77.

Getz, D. (1994) "Event tourism and the authenticity dilemma", in Theobald, W. (ed.) *Global Tourism*, Oxford: Butterworth-Heinemann: 313-329.

Giedon, S. (1963) *Space, Time and Architecture*, Cambridge, MA: Harvard University Press.

Gilhespy, I. (1991) *The Economic Importance of the Arts in the South*, Bournemouth Polytechnic, Winchester: Southern Arts Board.

Girard, A. (1987) "The Ministry of Culture", in Stewart, R. (ed.) *The Arts Politics, Power and the Purse*, London: Arts Council: 8-12.

GLA （1989） *Study into the Turnover, Salary and Conditions of Key Arts Workers*, Leisure Futures Ltd, London: Greater London Arts.

GLA （1990a） *The Arts Plan for London*, London: Greater London Arts.

GLA （1990b） *A Strategy for the Arts in London*, London: Greater London Arts.

GLA （1990c） *Supporting the Arts in London: Summary of the Arts Plan for London and*

GLA's Strategy for the Arts 1990-1995, London: Greater London Arts.

GLA （1990d） *Supporting the Arts in London: Funding Guidelines* (1), London: Greater London Arts.

GLA with Montgomery, J., Evans, G. L. and Gavron, N. (eds) (1991) *Space for the Arts in London —Planning for London's Arts, Culture and Entertainment*, London: Greater London Arts.

Glasgow District Council （1990） *The Economic Importance of the Arts in Glasgow*, Factsheet No. 6, Glasgow: Festivals Unit.

Glasgow, M. and Evans, B. I. （1949） *The Arts in England*, London: Falcon.

Glass, R. （1973） "The evaluation of planning: some sociological considerations", in Faludi, A. (ed.) *A Reader in Planning Theory*, Oxford: Pergamon: 45-68.

GLC （1967） *Greater London Development Plan*, London:

Greater London Council.

GLC (1975) *Greater London Recreation Study*, Research Report 19, London: Greater London Council.

GLC (1985) *State of the Arts or the Art of the State: Strategies for the Cultural Industries*, London: Greater London Council.

Glennie, P. D. and Thrift, N. (1992) "Modernity, urbanism and modern consumption", *Society and Space* 10: 423-443.

Glennie, P. D. and Thrift, N. (1993) "Modern consumption: theorizing commodities and consumers", *Society and Space* 11: 603-606.

Gonzalez, J. M. (1993) "Bilbao: culture, citizenship and quality of life", in Bianchini, F. and Parkinson, M. (eds) *Cultural Policy and Urban Regeneration: The West European Experience*, Manchester: Manchester University Press: 73-89.

Gooch, A. (1998) "Catalan quotas spark fear of Babel", *The Guardian 9* July: 20.

Goodey, B. (1983) *Urban Culture at a Turning Point?*, Strasbourg: Council of Europe for the Council for Cultural Co-operation.

Gooding, A. (1995) "Garden festivals unpacked—ephemeral vistas or prospects for the future?", unpublished MA dissertation, University of North London.

Gormley, A. (1998) *Making an Angel of the North*, London: Booth-Clibborn.

Gorz, A. (1989) *A Critique of Economic Reason*, London:

Verso.

Goss，J.（1992）"The magic of the mall: an analysis of form，function，and meaning in the contemporary retail built environment"，*Annals of the Association of American Geographers* 83: 18-47.

Gowland，D. A. ，O'Neill，B. C. and Reid，A. L.（1995）*The European Mosaic: Contemporary Politics，Economics and Culture*，Harlow: Longman.

Graburn，N. H.（1976）*Ethnic and Tourist Arts: Cultural Expressions from the Fourth World*，Berkeley: University California Press.

Graham-Dixon，A.（1999）*Renaissance，London*: BBC Worldwide.

Grant，A.（1990）"Out of town leisure developments"，paper given at the UK Leisure Property Conference（4: 4）: London.

Gras，H. K.（1999）"Myths and statistics，or a clearer view on the nineteenth-century stage"，paper given at the Researching Culture Conference，University of North London，September.

Gratz，R. B. and Mintz，N.（1998）*Cities Back from the Edge: New Life for Downtown*，New York: Wiley.

Greed，C. H.（1994）*Women & Planning*，London: Routledge.

Greenhalgh，P.（1988）*Ephemeral Vistas. The "Expositions Universelles"，Great Exhibitions and World's Fairs*，1851-

1939，Manchester：Manchester University Press.

Greenhalgh，P.（1991）"Lessons from the great international exhibitions"，in Vergo，P.（ed.）*The New Museology*，London：Reaktion.

Griffin，E. and Ford，L.（1980）"A model of Latin American city structure"，*Geographical Review* 70：397-422.

Gujral，R.（1994）"Opinion"，*Architecture Today* 50：7-8.

Guppy，M.（ed.）（1997）*Better Places Richer Communities*，Sydney：Australia Council.

Habermas，J.（1987）*The Theory of Communicative Action*，vol.1：*The Critique of Functionalist Reason*，Cambridge：Polity.

Habermas，J.（1992）"Citizenship and national identity：some reflections on the future of Europe"，*Praxis International* 12：1-19.

Hacon，D.，Dwinfour，P. and Jermyn，H.（1998）*A Statistical Survey of Regularly Funded Organisations based on Performance Indicators for 1997/1998*，London：Arts Council of England.

Halabi，H.（1987）*The Lowell Cultural Plan：A Study*，Department of Urban Studies and Planning，Cambridge，Mass：MIT.

Hall，C.M.（1988）"The politics of hallmark events：a review"，paper given to the APSA，University of New England，Armidale.

Hall, C. M. (1992) *Hallmark Tourist Events: Impacts, Management, Planning*, London: Belhaven.

Hall, P. (1977) *Europe 2000*, London: Duckworth.

Hall, P. (1988) *Cities of Tomorrow*, Oxford: Blackwell.

Hall, P. (1996) *Cities of Tomorrow: An Intellectual History of Urban Planning and Design in the Twentieth Century*, Oxford: Blackwell.

Hall, P. (1998) *Cities and Civilization: Culture, Innovation, and Urban Order*, London: Weidenfeld & Nicholson.

Hall, S. (1990) *Cultural Identity and Diaspora*, in Rutherford, J. (ed.) *Identity*, London: Lawrence & Wishart.

Hall, T. (1986) *Planung europascher Hauptstadte*, Stockholm: Almqviwst & Wiksell.

Handler, R. (1987) "Heritage and hegemony: recent works on historic preservation and interpretation", *Anthropological Quarterly* 60: 137-141.

Hannigan, J. (1999) *Fantasy City*, London: Routledge.

Hanru, H. and Obrist, H.-U. (1999) "Cities on the move", in *Cities on the Move, Urban Chaos and Global Change, East Asian Art, Architecture and Film Now*, London: Hayward Gallery Publ.: 10-15.

Hargreaves, D. H. (1983) "Dr Brunel and Mr Dunning: reflections on aesthetic knowing", in Ross, M. (ed.) *The Arts: A Way of Knowing*, Oxford: Pergamon.

Harland, J. and Kinder, K. (1999) *Crossing the Line: Extending Young People's Access to Cultural Venues*, London:

Calouste Gulbenkian Foundation.

Harman, J., Sharland, R. and Bell, G. (1996) "Local Agenda 21 in action", *RSA Journal*, April: 41-52.

Harris S. P. (ed.) (1984) *Insights/On Sites—Perspectives on Art in Public Places*, Washington, DC: Partners for Liveable Spaces.

Harris, J. (1994) *Private Lives, Public Spirit: Britain 1870-1914*, London: Penguin.

Harvey, D. (1993) "Goodbye to all that? Thoughts on the social and intellectual condition of contemporary Britain", *Regenerating Cities* 5: 11-16.

Harvie, C. (1994) *The Rise of Regional Europe*, London: Routledge.

Haverfield (1913) *Ancient Town Planning*, Oxford: Oxford University Press.

Haywood, L. *et al.* (1989) *Understanding Leisure*, Cheltenham: Stanley Thornes.

HCP (1997) *Helsinki Urban Guide*, Helsinki: Helsinki City Planning Department.

Healey, P. (1997) *Collaborative Planning: Shaping Places in Fragmented Societies*, London: Macmillan.

Healey, P. *et al.* (1988) *Land Use Planning and the Mediation of Urban Change: The British Planning System in Practice*, Cambridge: Cambridge University Press.

Heartfield, J. (2000) *Great Expectations: The Creative Industries in the New Economy*, London: Design Agenda.

Heidegger, M. (1971) "Building, dwelling, thinking", in *Poetry, Language, Thought*, New York: Harper Colophon.

Heilbrun, J. and Gray, C. M. (1993) *The Economics of Art and Culture: An American Perspective*, Cambridge: Cambridge University Press.

Heinich, H. (1988) "The Pompidou Centre and its public: the limits of an Utopian site", in Lumley, R. (ed.) *The Museum Time Machine*, London: Comedia.

Hendry, T. (1985) *Cultural Capital: The Care and Feeding of Toronto's Artistic Assets*, Toronto: Toronto Arts Council.

Henley Centre for Forecasting (1985) *Social Change and the Arts*, National Association of Arts Centres, London: Henley Centre for Forecasting.

Henley Centre for Forecasting (1998) *Leisure and Value for Time*, P. Edwards for the World Tourism Organization, London: Henley Centre.

Henley, J. (2000) "Artists' luxury squats paint portrait of life in the Seine ", *The Guardian 17* August.

Henriques, B. and Thiel, J. (1998) "The cultural economy of cities: a comparative study of the audiovisual sector on Hamburg and Lisbon", paper given at the Xth Association of Cultural Economists Conference, Barcelona, June.

Henry, I. (1980) *Approaches to Recreation Planning and Research in the District Councils of England & Wales*, Leisure Studies Association Quarterly, London: LSA.

Henry, I. (1993) *The Politics of Leisure Policy*, London: Macmillan.

Hewison, R. (1990) *Future Tense: A New Art for the Nineties*, London: Methuen.

Hewison, R (1995) *Culture & Consensus: England, Art and Politics Since 1940*, London: Methuen.

Hibbert, C. (1985) *Rome: The Biography of a City*, London: Penguin.

Hillman, J. (ed.) (1971) *Planning for London*, Harmondsworth: Penguin.

Hillmand-Chartrand, H. and McCaughey, C. (1989) "The arms-length principle and the arts—an international perspective: past present and future", in Cummings, M. C. and Schuster, J. M. (eds) *Who's to Pay for the Arts: The International Search for Models of Support*, New York: American Council for the Arts.

Hitchcock, M. (1998) "Cool Britannia and tourism: museums, arts—development for the new millennium", University of North London Professorial Lecture, London.

HMSO (1993) *Treaty on European Union*, Maastricht, 7 February 1992 (entered into force 1 November 1993).

Hobsbawm, E. J. (1971) "From social history to the history of society" *Daedalus* no. 100: 20-45.

Hobsbawm, E. J. (1977) *The Age of Capital 1848-1875*, London: Abacus.

Hobsbawm, E. J. (1995) *Age of Extremes: The Short*

Twentieth Century 1914-1991 , London: Abacus.

Hobsbawm, E. J. with Polito, A. (2000) *The New Century* (trans. Cameron, A.), London: Little Brown.

Hogarth, T. and Daniel, W. W. (1988) *Britain's New Industrial Gypsies* , London: Policy Studies Institute.

Holbrook, E. L. (1987) *The Economic Impact of the Arts on the city of Boston* , Boston: ARTS/City of Boston.

Home, D. (1986) *The Public Culture: The Triumph of Industrialism* , London: Pluto.

Horowitz, H. (1989) "Cultural change and econmic planning", *Cultural Economics 88: An American Perspective* , Association of Cultural Economists, Ohio: University of Akron: 163-170.

Horstman, J. J. (1994) *Creating Spaces, Unitary Development Plans and the Arts, Culture and Entertainment* , London: London Arts Board.

Hough, M. (1990) *Out of Place: Restoring Identity to the Regional Landscape* , New Haven and London: Yale University Press.

Howard, E. (1898) *Garden Cities of Tomorrow* , London: Faber & Faber.

Howard, E. (1902) *Garden Cities of Tomorrow* , London: Swan Sonnenschein.

Huet, A. *et al.* (1991) *Capitalisme et industries culturelles* (2nd ed.), Grenoble: Presses Universitaires de Grenoble.

Hughes, G. (1989) "Measuring the economic value of the

arts", *Policy Studies* 9: 33-45.

Hummel, M. (1988) *Die volkswirtschaftliche. Gutachen im Auftrag des Bundesminister. Des Inneren*, Munich: Kurzfasung. Ifo Institut für Wirschaftsforschung.

Hummel, M. and Berger, M. (1988) *The National Economic Significance of Culture*, Berlin: Dunker & Humblot.

Hustak, A. (1998) "Last laugh goes to fest organizers", *Montreal Gazette*, 28 July.

Hutchison, R. and Forrester, S. (1987) *Arts Centres in the United Kingdom*, London: Policy Studies Institute.

Ibrahim, A. (1996) *The Asian Renaissance*, Singapore: Times Books International.

Irvine, A. (1999) *The Battle for the Millennium Dome*, London: Irvine New Agency.

Irving, M. (1998) "Museum trouble", *Blueprint* no. 156: 26-28.

Jackson, P. (1998) "Domesticating the street", in Fyfe, N. R. (ed.) *Images of the Street: Planning, Identity and Control in Public Space*, London: Routledge.

Jacob, M. A. (1995) *Culture in Action*, Seattle: Bay Press.

Jacobs, J. (1961) *The Death and Life of Great American Cities*, Harmondsworth: Penguin.

Jacobsen, S. (2000) "Indonesia on the threshold: towards an ethnification of the nation?", *International Institute for Asian Studies* Newsletter, 22 June: 22.

Janne, P. （1970） *Facilities for Cultural Democracy*, Council for Cultural Co-operation, Strasbourg: Council of Europe.

Jardine, L. （1996） *Worldly Goods: A New History of the Renaissance*, London: Macmillan.

Jay, M. （1973） *The Dialectical Imagination: A History of the Frankfurt School and the Institute of Social Research 1923-50*, London: Heinemann Educational.

Jeannotte, S. （1999） "Cultural policies and social cohesion: perspectives from Canadian research", in *Proceedings of the International Cultural Policy Research Conference*, Bergen, November: vol. II, 623-641.

Jencks, C. （1996） "The city that never sleeps", *New Statesman*, 28 June: 26-28.

Jenkins, S. （1995） *Accountable to None: The Tory Nationalization of Britain*, London: Hamish Hamilton.

Jevons, W. S. （1883） *Methods of Social Reform*, New York: Augustus M. Kelley.

Johnson, P. （2000） *The Renaissance*, London: Weidenfeld & Nicholson.

Jones, B. and Keating, M. （1995） *The European Union and the Regions*, Oxford: Clarendon.

Jones, J. （2000） "Come friendly bombs...: the Eurocrats want to boost the arts by creating a few cities of culture", *The Guardian*, 8 January.

Jordan, G. and Weedon, C. （1995） *Cultural Politics: Class,*

Gender, Race and the Postmodern World, Oxford: Blackwell.

Jordan-Bychov, T. G. and Domosh, M. (1999) *The Human Mosaic: A Thematic Introduction to Cultural Geography*, New York: Addison-Wesley.

Judge, D., Stoker, G. and Wolman, H. (eds) (1995) *Theories of Urban Politics*, London: Sage.

Juneau, A. (1998) "Impact Economique des Activites du Sectuer de la Culture, des Cinq Regions du Montreal Metropolitan et de la Region de L'ile de Montreal", Montreal.

Kahn, A. (1998) "From the ground up: programming the urban site", *Harvard Architecture Review* 10 [*Civitas/What City?*]: 54-71.

Kant, I. (1790) *Critique of the Faculty of Judgement* (excerpts trans. Bernard, J. H.) (London 1892); with revisions in *Kant: Selections* (1988), ed. Beck, L. W., New York: Scribner/ Macmillan.

Kate ten K. (1994) "Claws for thought: people power is fashionable with developers and planners once more. But does it work?", *The Guardian*, 10 June: 16.

Kauffman, T. D. (1995) *Court, Cloister and City: The Art and Culture of Central Europe 1450-1800*, London.

Kelly, A. (1998) *The Brief History of Western Philosophy*, Oxford: Blackwell.

Kelly, A. and Kelly, M. (2000) *Impact and Values—Assessing the Arts and Creative Industries in the South West*, Bristol: Bristol Cultural Development Partnership.

Kelly, O. (1984) *Community, Art and the State: Storming the Citadels*, London: Comedia.

Keynes, M. (1930) *A Treatise on Money*, London: Macmillan.

King, A. D. (ed.) (1991) *Culture, Globalization and the World-System*, Basingstoke: Macmillan.

King, A. D. (1990) *Global Cities: Post-Imperialism and the Internationalization of London*, London: Routledge.

King, A. D. (1991) "The global, the urban and the world", in King, A. D. (ed.) *Culture Globalization and the World System*, Basingstoke: Macmillan: 149-154.

Kitto, H. D. F. (1951) *The Greeks*, Harmondsworth: Penguin.

Kloosterman, R. C. and Elfring, T. (1991) *Werken in Nederland*, Schoonhoven: Academic Service.

Knight, L. C. (1937) *Drama and Society in the Age of Jonson*, London: Chatto & Windus.

Knott, C. (1994) *Crafts in the 1990s*, London: Crafts Council.

Knuttson, K. E. (ed.) (1998) *Culture and Human Development*. Report on a conference on Culture, Cultural Research and Cultural Policy, August 1997, Stockholm: Royal Academy of Letters, History and Antiquities.

Kong, L. and Yeoh, B. S. A. (forthcoming) *Landscapes and Construction of a "Nation"*, Syracuse: Syracuse University Press.

Konstepidemin (1993) *Working Studios*, Gothenburg: Galleri Konstepidemin, Haraldsgatan.

Kostof, S. (1991/1999) *The City Shaped: Urban Patterns and Meanings Through History* London: Thames & Hudson.

Kotowski, B. and Frohling, M. (1993) *No Art, No City*, Atelier-Gesellscahft, Kulturwerkl des Berufsverbandes Bildender Kunstler, Berlin: BBK.

KPMG (1994) *The Arts: A Competitive Advantage for California*, Sacramento: California Arts Council.

Kreisbergs, L. (ed.) (1979) *Local Government and the Arts*, New York: American Council for the Arts.

Kreitzman, L. (1999) *The 24 Hour Society*, London: Profile.

Krieger, K. (1989) "Community cultural planning in Massachusetts", *Cultural Economics 88: An American Perspective*, Association of Cultural Economists, Ohio: University of Akron: 171-182.

Kroller, E. -M. (1996) "'EXPO' 67: Canada's Camelot?", in *Proceedings of the British Association for Canadian Studies Annual Conference*, April, University of Exeter: 6.

Kruger, H. P. (1969) "The German theatre today: some reflections on the promotion of the arts in the Federal Republic of Germany", in Schouvaloff, A. (ed.) (1970) *Place for the Arts*, Liverpool: Seel House: 201-203.

LAAC (1984) *Forum on the Arts in London*, Greater London Council, ICA, London: London Association of Arts Centres.

LAB (1992a) *The Arts and Urban Policy*, National Arts & Media Strategy Seminar, London: London Arts Board.

LAB (1992b) *London and the Arts*: *The City's Role and Contribution*, Report on Consultative Seminar for theNational Arts and Media Strategy, Arts Council, 13th January, London: London Arts Board.

LAB (1993) *Annual Report 1992/1993*, London: London Arts Board.

LAB (1999) *Arts and the City*, Quarterly News from the London Arts Board, no. 1.

Lacroix, J.-G. and Tremblay, G. (1997) "The information society and cultural industries theory", *Current Sociology* (Trend Report, trans. Ashby, R), 45.

Laffin, M. and Young, K. (1985) The changing roles and responsibilities of Local Authority Chief Officers, *Public Administration* 63.

Landry, C. (1998) "Culture and cities", *Urban Age* September: 8-10.

Landry, C. (2000) *The Creative City. A Toolkit for Urban Innovators*, London: Earthscan.

Landry C. *et al.* (1997a) *The Economic Importance of Cultural Industries to the London Borough of Tower Hamlets*, Stroud: Comedia.

Landry C. *et al.* (1997b) *Cultural Industries Strategy for Tower Hamlets*, Stroud: Comedia.

Lane, J. (1978) *Arts Centres—Every Town Should Have One*, London: Paul Elek.

Lane, R. (1998) "The Place of Industry", *Harvard Architecture Review 10* [*Civitas/What City?*]: 151-161.

Laperièrre, H. and Latouche, D. (1996) "So far from culture and so close to politics: the new art facilities in Montreal", *Culture et Ville* no. 96-98, Montreal: INRS.

Laperrière, H. and Latouche, D. (1999) *Nous Sommes Tous Des Quebecois: La Representation Des Regions Du Quebec Dans La Capitale*, Montreal: INRS.

Lash, S. and Urry, J. (1994) *Economies of Signs and Spaces*, London: Sage.

Latouche, D. (1994) *Les arts et les industries culturelles dans la region de Montreal: bilan et enjeux*, Montreal: INRS-Urbanisation.

Law, C. M. (1992) "Urban tourism and its contribution to economic regeneration", *Urban Studies* 29: 599-618.

Law, C. M. (1993) *Urban Tourism: Attracting Visitors to Large Cities*, London: Mansell.

Lawless, P. and Gore. T. (1999) "Urban regeneration and transport investment: a case study of Sheffield 1992-1996", *Urban Studies* 36: 527-545.

LCC (1987) *An Arts and Cultural Industries Strategy for Liverpool: A Framework*, Planning Department, Liverpool: Liverpool City Council.

Le Corbusier (Jeanneret, J. C.) (1929) "A contemporary

city", in *The City of To-morrow and its Planning*, London: John Rodher.

Le Gales, P. and Lequesne, C. (eds) (1998) *Regions in Europe*, London: Routledge.

Le Grand, J. (1998) "Social exclusion in Britain today", ESRC Seminar discussion paper, London: London School of Economics.

Leadbeater, C. (2000) *Living on Thin Air: The New Economy*, London: Penguin.

Lee, A. (1991) *Consultation with Aboriginal & Ethno-Racial Communities*, Metro's Role in Arts and Culture, Municipality of Metro Toronto.

Lee, J. (1965) *A Policy for the Arts: The First Steps*, Cmnd 2601, London: HMSO.

Lee, L. (1969) *As I Walked Out One Midsummer Morning*, London: Penguin.

Lee, M. (1997) "Relocating location: cultural geography, the specificity of place and the City of Habitus", in McGuigan, J. (ed.) *Cultural Methodologies*, London: Sage.

Lefebvre, H. (1974) *The Production of Space* (trans. Nicholson-Smith, D.), Oxford: Blackwell.

LeGates, R. T. and Stout, F. (eds) (1996) *The City Reader*, London: Routledge.

Leisure Consultants (1996) *Leisure Forecasts 1996-2000*, Sudbury: Leisure Consultants.

Leisure Opportunities (2000) *Heron City*, 24 January:

18-20.

Lejeune, J.-F. (1996) "The city as landscape", *Journal of Decorative and Propaganda Arts* [Cuba Theme Issue 1875-1945].

Leonnard, M. (1998) "Cool Britannia", *Sunday Times*, 26 April: 9.

Leslie, D. and Muir, F. (1996) *Local Agenda 21, Local Authorities and Tourism: A United.*

Kingdom Perspective, Glasgow: Glasgow Caledonian University.

Leventhal, L. M. (1990) "The best for the most: CEMA and state sponsorship of the arts in wartime, 1939-1945", *Twentieth Century British History*, 1: 293-303.

Levine, J., Lockwood, C. and Worpole, K. (1997) "Rethinking regeneration", *World Architecture* 58 (4) [Special Issue: Urban Regeneration].

Levine, M. and Megida, A. (1989) "Is the party over for Baltimore?", *Baltimore Jewish Times*, 14 July: 54-60; in Giloth, R. (1990) "Beyond common sense: the Baltimore renaissance", *Local Economy* 4: 291.

Lewis, J., Morley, D. and Southwood, R. (1987) *Art—Who Needs It?: An Audience for Community Arts*, Leisure Report No. 1, London: Comedia.

Ley, D. and Olds, K. (1988) "Landscape as festival: world's fairs and the culture of heroic consumption", *Environment and Planning D: Society and Space* 6: 191-212.

Lichfield, D. (1992) *Urban Regeneration for the 1990s*, DLA, London: London Planning Advisory Committee.

Lim, H. (1993) "Cultural strategies for revitalizing the city: a review and evaluation", *Regional Studies* 27: 589-595.

Lingayah, S. , MacGillivray, A. and Raynard, P. (1997) *The Social Impact of Arts Programmes—Creative Accounting: Beyond the Bottom Line*, Working Paper 2, Stroud: New Economics Foundation and Comedia.

Lintner, V. and Mazey, S. (1991) *The European Community: Economic and Political Aspects*, London: McGraw-Hill.

Lipjhart, A. (1977) *Democracy in Plural Societies: A Comparative Exploration*, New Haven and London: Yale University Press.

LIRC (2000) *Leisure Forecasts 2000-2005*, Sheffield: Leisure Industry Research Centre.

Lissitzky, E. (1970) *Russia: An Architecture for World Revolution* [Vienna, 1930] (trans. Dluhosch, E.), London: Lund Humphries.

Loftman, P. and Nevin, B. (1993) *Urban Regeneration and Social Equity: A Case Study of 1986-1992 Birmingham*, Birmingham: University of Central England in Birmingham.

Loman, P. et al (1989) *The European Communities and Cultural Policy: A Legal Analysis*, Zeist.

London Borough of Enfield (1993) *Unitary Development Plan*, 13.3.3. , London: Enfield Environmental Services.

London Borough of Greenwich (1998) *The Greenwich Cul-*

tural Plan—A Framework for Development, April, London.

London Borough of Haringey (1991) *Urban Design Action Team—Alexandra Palace and Wood Green Report*, London: Urban Design Group.

Longman, P. (1999) *Director's Report*, The Theatres Trust 22nd Annual Report Year ended 31 July 1999, London: Theatres Trust.

Looseley, D. L. (1997) *The Politics of Fun. Cultural Policy and Debate in Contemporary France*, Oxford: Berg.

Lopez, R. S. (1971) *The Commercial Revolution of the Middle Ages, 930-1350*, Englewood Cliffs: Prentice-Hall.

Lopez, R S. (1952) "The trade of medieval Europe: the south", in Postan, M. and Rich, E. E. (eds) *The Cambridge Economic History of Europe*, Cambridge: Cambridge University Press: 257-354.

Lopez, R. S. (1959) "Hard times and investment in culture", in Dannenfeldt, K. H. (ed.) *The Renaissance: Medieval or Modern*, Boston: DC Heath: 50-61.

Lowyck, E. and Wanhill, S. (1992) "Regional Development and tourism within the European Community", in Cooper, C. and Lockwood, A. (eds) *Progress in Tourism, Recreation and Hospitality Management*, London: Belhaven: 227-244.

LPAC (1988) *Strategic Planning Advice for London*, London: London Planning Advisory Committee.

LPAC (1990a) *Strategic Planning Policies for the Arts, Culture and Entertainment*, Report No. 18/90, London: London Planning Advisory Committee.

LPAC (1990b) *Model UDP Policies for the Arts, Culture and Entertainment Activities*, London: London Planning Advisory Committee.

LPAC (1991) *London: World City Moving into the 21st Century*, London: HMSO.

LPAC (1992a) *Strategic Planning Issues for London: A Discussion Document*, London: London Planning Advisory Committee.

LPAC (1992b) *Review of the relationship between UDPs and Strategic Advice and Guidance*, Report No. 22/93, London: London Planning Advisory Committee.

LPAC (1993) *Draft 1993 Advice on Strategic Planning Guidance for London*, June, London: London Planning Advisory Committee.

LSE (1996) *The Arts and Cultural Industries in the London Economy*, London: Group for the London Arts Board, London School of Economics.

Lumley, R. (ed.) (1988) *The Museum Time Machine*, London: Comedia.

Lynch, K. (1960) *The Image of the City*, Cambridge, MA: MIT Press.

Lynch, K. (1972) *What Time is This Place?*, Cambridge, MA: MIT Press.

MacCannell, D. (1996) *Tourist or Traveller?*, London: BBC Education.

MacClancy, J. (1997) "The museum as a site of contest. The Bilbao Guggenheim", *Focaal Journal of Anthropology* 1: 271-278.

Macdonald, I. (1986) *Arts, Education and Community*, London: London Association of Arts Centres.

MacKeith, J. (1996) *The Art of Flexibility: Art Centres in the 1990s*, The Arts Council of England Research Report No. 8, London: ACE.

Mackin, M., Johnson, D. and Edmund, J. (1998) *The Cultural Sector: A Development Opportunity for Tourism in Northern Ireland*, Northern Ireland Tourist Board.

Mackrell (1995) *Working for Dance*, London: Arts Council of England.

Mairet, E. (1933) *Rural Industries Magazine*, Rural Industries Bureau.

Mairie de Paris (1993) *Studio-Flat Combinations (Ateliers-Logements)*, Paris: Mairie de Paris.

Malraux, A. (1966) "For a Maison de la Culture", speech made at the opening of the Maison de la Culture at Amiens on 19 March; in Schouvaloff, A. (ed.) (1970) *Place for the Arts*, Manchester: North West Arts Association: 134-136.

Malraux, A. (1978) *The Voices of Silence*, Princeton: Princeton University Press.

Manchester Polytechnic (1989) *The Culture Industry, The Economic Importance of the Arts & Cultural Industries in Greater Manchester*, Manchester: Centre for Employment Research.

Mango, C. (1998) *Byzantium: The Empire of the New Rome*, London: Phoenix.

Manley, L. (1995) *Literature and Culture in Early Modern London*, Cambridge: Cambridge University Press.

Mariani, M. A. (1998) "Arts and tourism: enterprise development in the cultural and environmental sector", paper given at the Xth International Conference on Cultural Economics, Barcelona, June.

Marquand, D. (1994) "Prospects for a Federal Europe. Reinventing federalism: Europe and the left", *New Left Review* 203: 17-26.

Marshall, A. (1925) *Principles of Economics* (8th ed.), London: Macmillan.

Marshall, A. H. (1974) *Local Government and the Arts*, Institute of Local Government Studies, Birmingham: University of Birmingham.

Marwick, A. (1991) *Culture in Britain Since 1945*, Institute of Contemporary British History, Oxford: Blackwell.

Marx, K. (1973) *Grundrisse*, London: Penguin.

Maslow, A. H. (1954) *Motivation and Personality*, London: Harper.

Mason, P. (1998) *Bacchanal!: The Carnival Culture of Trinidad*: Philadelphia: Temple University Press.

Massey, D. (1984/1995) *Spatial Division of Labour* (2nd ed.), Basingstoke: Macmillan.

Massey, D. (1994) *Space, Place and Gender*, Cambridge: Polity.

Massey, D., Allen, J. and Pile, S. (1999) *City Worlds*, London: Routledge.

May, E. (1931) "City building in the USSR", *Das Neue RuBland* 8-9: 703-704.

Mayfield, T. L. and Compton, J. L. (1995) "Development of an instrument for identifying community reasons for staging a festival", *Journal of Travel Research*, Winter: 37-44.

McGuigan, J. (1996) *Culture and the Public Sphere*, London: Routledge.

McNulty, R., Leo Penne, R. and Jacobson, D. (1986) *The Return of the Liveable City*, *Learning from America's Best*, Washington, DC: Acropolis.

Meller, H. E. (1976) *Leisure and the Changing City*, London: Routledge & Kegan Paul.

Mennell, S. (1976) *Cultural Policy in Towns: A Report on the Council of Europe's "Experimental Study of Cultural Development in European Towns"*, Council for Cultural Co-operation, Strasbourg: Council of Europe.

Middleton, P. (1994) *Urban Tourism 90's Style—Or a New Search for Pixie Dust*!, British Urban Regeneration Association News 5/88-89.

Midwest Research Institute (1980) *Economic Impact of the Performing Arts on Kansas City*, Kansas City: Midwest Research Institute.

Miles, M. (1997) *Art Space and the City. Public Art and*

Urban Futures, London: Routledge.

Mills, C. W. (1959) "The cultural apparatus", *The Listener* 61: 552-556.

Ministry of Cultural Affairs (1995) *New Zealand Cultural Statistics*, Wellington, New Zealand.

Ministry of Education (1959) *Standards of Public Library Services*, London: HMSO.

Mitterrand, F. (1989) "Preface", in Biasni, E. (ed.) *Grands Travaux*, Paris: Connaissance des Arts.

Modi, A. (1998) *Theatrical Traditions in India*, WLRA Congress, Sao Paulo, October.

Mokre, M. (1998) *EU Cultural Intervention in Area Regeneration processes*, UACES European Cultural Policy Conference, City University, London, April.

Molotoch, H. (1996) "LA as design product: how art works in a regional economy", in Scott, A. J. and Soja, E. (eds) *The City: Los Angeles and Urban Theory at the End of the Twentieth Century*, Berkeley: University of California Press: 225-275.

Montgomery, J. (1989) *Socio-Economic Profile of the Southern Arts Region*, Winchester: Southern Arts Board.

Montgomery, J. and Gavron, N. (1991) *Paper on Arts Infrastructure*, London: London Arts and Urban Regeneration Group: 1-4.

MORI (1998) *The West End Theatre Audience*, Research Study conducted for the Society of London Theatre, November

1996-November 1997, London: MORI.

Morin, E. (1987) *Penser Europe*, Paris: Gallimard.

Morin, E. (1991) *Europa Denkem*, Frankfurt.

Morris, E. (1994) "Heritage and culture. A capital for the new Europe", in Ashworth, G. J. and Larkham, P. J. (eds) *Building a New Heritage. Tourism, Culture and Identity in the New Europe*, London: Routledge: 229-259.

Morrison, W. and West, E. (1986) Child exposure to the performing arts: the implications for adult demand, *Journal of Cultural Economics*, 10: 17-24.

Mostafavi, M. (1999) *"Cities of distraction", in Cities on the Move, Urban Chaos and Global Change, East Asian Art, Architecture and Film Now*, London: Hayward Gallery Publ. : 7-9.

Mulder, P. (1991) *European Integration and the Cultural Sector*, Discussion Document No. 15, National Arts &.: Media Strategy, London: Arts Council.

Mulgan, G. and Worpole, K. (1986) *Saturday Night or Sunday Morning? From Arts to Industry —New Forms of Cultural Policy*, London: Comedia.

Mulhern, F. (1993) "A European home?", in Bird, J. *et al.* (eds) *Mapping the Futures: Local Cultures, Global Change*, London: Routledge.

Mulryne, R. and Shewring, M. (1995) *Making Space for Theatre. British Architecture and the Theatre since 1958*, Stratford-upon-Avon: Mulryne &. Shewring Ltd.

Mumford, L. (1940) *The Culture of Cities*, New York: Seeker & Warburg.

Mumford, L. (1945) *City Development*, London: Harcourt Brace Jovanovich/Harvest.

Mumford, L. (1961) *The City in History: Its Origins, Its Transformation, Its Prospects*, Harmondsworth: Penguin.

Munro, T. (1967) *The Arts and their Interrelations* (2nd ed.), Cleveland: Western Reserve University Press.

Museum of Finnish Architecture (1978) *Alvar Aalto: 1898-1976*, Helsinki.

Myerscough, J. (1988) *The Economic Importance of the Arts in Britain*, Londpon: Policy Studies Institute.

Myerscough, J. (1989) *Economic Strategy for the Arts in Hampshire*, Winchester: Hampshire County Council.

Myerscough, J. (1990) "The economic contribution of the arts", paper given at *Tourism and the Arts* Conference, Science Museum, June, London: English Tourist Board.

NACCCE (1999) *All Our Futures: Creativity, Culture and Education*, Report of the National Advisory Committee on Creative and Cultural Education, London, May.

Nagata, C. (1991) "Consultation with area municipalities", in *Metro's Role in Arts and Culture*, Toronto: Municipality of Metro Toronto.

Nasution, K. S. (1998) "The challenge of living heritage", *Urban Age*: 28.

National Building Museum (1998) *Building Culture Down-*

town: *New Ways of Revitalizing the American City*, Washington, DC.

National Playing Fields Association (1971) *Outdoor Play Space Requirements*, London: NPFA (under review).

Negrier, E. (1993) "Montpellier: international competition and community access", in Bianchini, F. and Parkinson, M. (eds) *Cultural Policy and Urban Regeneration: The West European Experience*, Manchester: Manchester University Press.

Newman, A., and McLean, F. (1998) "Heritage builds communities: the application of heritage resources to the problems of social exclusion", *International Journal of Heritage Studies* 4: 143-153.

Newman, P. and Thornley, A. (1994) *A Comparison of London, Paris and Berlin*, Department of Land Management and Development, Reading: University of Reading.

Nicholson Lord, N. (1994) *Ecology, Parks and Human Need*, Working Paper No. 4, Stroud: Comedia.

Nicholson, G. (1990) "The campaign for messy government; or perfect structures don't work", paper given at the Vision for London Conference "Preparing Unitary Development Plans", 19 March, London: Association of London Authorities.

Nicholson, G. (1992) "The rebirth of community planning", in Thornley, A. (ed.) *The Crisis of London*, London: Routledge: 119-134.

Norquist, J. O. (1998) *The Wealth of Cities: Revitalising the Centers of American Life*, Reading, MA: Addison-Wesley.

O'Brien, J. (1997) *Arts Centres in England: A Statistical Appendix*, London: Arts Council of England.

O'Brien, J. and Feist, A. (1995) *Employment in the Arts and Cultural Industries: An Analysis of the 1991 Census*, ACE Research Report No. 2, London: Arts Council of England.

O'Connor, J. (2000) "Markets and customers", in Roodhouse, S. (ed.) *Proceedings for The New Cultural Map: A Research Agenda for the 21st Century*, Bretton Hall: University of Leeds: 16-25.

O'Connor, J. and Wynne, D. (1996) *From the Margins to the Centre: Cultural Production and Consumption in the Post-Industrial City*, Aldershot: Arena.

O'Hagan, J. (1998) *The State and the Arts: An Analysis of Key Economic Policy Issues in Europe and the United States*, Gloucester: Edward Elgar.

Observer, The (2001) "Century city", *The Observer* 1 February-29 April.

Olds, K. (1995) "Globalization and the production and new urban spaces: Pacific Rim megaprojects in the late 20th century", *Environment and Planning A*: 1713-1743.

Olsen, D. J. (1982) *Town Planning in London: The Eighteenth and Nineteenth Centuries*, New Haven and London: Yale University Press.

Office for National Statistics (ONS) (1999) *Social Trends 29*, London: HMSO.

Owusu, K. and Ross, J. (1988) *Behind the Masquerade:*

The Story of the Notting Hill Carnival, London: Arts Media Group.

PACEC (1990) *An Evaluation of Garden Festivals*, Inner Cities Research Programme, Department of the Environment, London: PA Cambridge Economic Consultants.

Parkinson, M. and Bianchini, F. (eds) (1993) "Liverpool: a tale of missed opportunities?", in *Cultural Policy and Urban Regeneration: The West European Experience*, Manchester: Manchester University Press.

Parry, N. and Parry, J. (1989) "Meritocrats' last stand", *Times Higher Education Supplement* 15 December: 17.

Patten, D. (2000) Artist's residencies and social exclusion, *Public Art Journal* 1: 41-48.

Peacock, A., Shoesmith, E. and Milner, G. (1984) *Cost Inflation in the Performed Arts*, London: Arts Council of Great Britain.

Pearce, D. (1998) "Tourism development in Paris: public intervention", *Annals of Tourism Research* 5: 457-476.

Pennybacker S. (1989) "'The millennium by return of post': reconsidering London progressivism, 1889-1907", in Feldman, D. and Stedman Jones, G. (eds) *Metropolis London*, London: Routledge: 129-162.

Percival, S. (1991) "Visions of artists and mechanics of funding", in *A Creative City*, London: Greater London Arts/Public Art Development Trust.

Perloff, H. S. (1979) *The Arts in the Economic Life of the*

City of Los Angeles, New York: American Council for the Arts.

Peters, J. (1982) "After the fair: what Expos have done for their cities", *Planning* 18: 13-19.

PHPC (1992) Artists' *Space Journal*, International Edition, no. 6, June, Philadelphia Historic Preservation Corporation.

Pick, J. (1980) *The State of the Arts*, Eastbourne: City Arts/John Offord.

Pick, J. (1985) *The Theatre Industry*, London: Comedia.

Pick, J. (1988) *The Arts in a State: A Study of the Government Arts Policies from Ancient Greece to the Present*, Bristol: Bristol Classical.

Pick, J. (1991) *Vile Jelly: The Birth, Life and Lingering Death of the Arts Council of Great Britain*, Doncaster: Brymill.

Pick, J. (1999) "A critique of the cultural industries", in Roodhouse, S. (ed.) Proceedings of *The New Cultural Map: A Research Agenda for the 21st Century*, Breton Hall: University of Leeds: 5-7.

Pick, J. and Anderton, M. (1996) *Arts Administration* (2nd ed.), London: E & FN Spon.

Pickvance, C. G. (1976) *Urban Sociology: Critical Essays*, London: Tavistock.

Pirenne, H. (1925) "City origins and cities and european civilization", in *Medieval Cities* (trans. Halsey, F.), Princeton: Princeton University Press.

Pomeroy, S. B., Burstein, S. M., Donlan, W. and Tolbert Roberts, J. (1999) *Ancient Greece: A Political, Social, and Cultural History*, New York: Oxford University Press.

Population Reference Bureau (1995) *World Population Data Sheet*, Washington, DC.

Port Authority of New York (1983) *The Arts as an Industry: Their Economic Importance to the New York-New Jersey Metropolitan Region*, New York: PANY/NJ.

Port Authority of New York (1993) *The Arts as an Industry: Their Economic Importance to the New York-New Jersey Metropolitan Region*, New York: PANY/NJ.

Porter, R. (1982) *English Society in the Eighteenth Century*, London: Pelican.

Portsmouth City Council (1991) *The Arts in Portsmouth: A Current Situation Review*, Portsmouth: Portsmouth Arts Museums and Archives Committee.

Potter, R. B. and Lloyd-Evans, S. (1998), *The City in the Developing World*, Harlow: Longman.

Pratt, A. (1997) *The Cultural Industries Sector. Its Definition and Character from Secondary Sources on Employment and Trade, Britain 1984-1991*, London: LSE.

Pratt, A. (1998) "A 'Third Way' for creative industries? Hybrid cultures: the role of bytes and atoms in locating the new cultural economy and society", *International Journal of Communications, Policy and Law*, Issue 1: Web-Doc 4-1-1998.

Punter，J. （1992）"Classic carbuncles and mean streets：contemporary urban design and architecture in central London"，in Thornley，A. （ed.） *The Crisis of London*，London：Routledge：69-89.

Raeburn，M. and Wilson，V. （eds）（1987）*Le Corbusier：Architect of the Century*，London：Arts Council.

Rasmussen，S. E. （1937）*London：The Unique City* [1948]（revd 1982 ed.），Cambridge，MA：MIT Press.

Read，H. （1964）*The Philosophy of Modern Art*，London：Faber & Faber.

Rearick，C. （1985）*Pleasures of the Belle Epoque：Entertainment and Festivity in Turn of the Century France*，New Haven and London：Yale University Press.

Redhead，S. （ed.）（1999）*Rave Off. Politics and Deviance in Contemporary Youth Culture*，Aldershot：Ashgate.

Reich，R. （1991）*The Work of Nations*，New York：Knopf.

Richards，G. （ed.）（1996）*Cultural Tourism in Europe*，Wallingford：CAB International.

Richards，G. and Hall，D. （eds）（2000）*Tourism and Sustainable Community Development*，London：Routledge.

Richie，A. （1998）*Faust's Metropolis：A History of Berlin*，London：Harper Collins.

Rietveld，H. （1999）Living the dream，in Redhead，S. （ed.）*Rave Off. Politics and Deviance in Contemporary Youth Culture*，Aldershot：Ashgate：41-44.

Ritchie, J. R. (1984) Assessing the impact of hallmark e-
vents: conceptual and research issues, *Journal of Travel Re-
search* 23: 2-11.

Ritchie, J. R. and Smith, B. S. (1991) "The impact of a
mega-event on host region awareness: a longitudinal study",
Journal of Travel Research, 27: 3-10.

Roberts, R. (1974) "Planning for leisure", *Building* 15:
98-102.

Robertson, R. (1990) "After nostalgia: wilful nostalgia
and the phase of globalization", in Turner, B. (ed.) *Theory
Culture and Society*, London: Sage: 45-61.

Robins, K. (1993) "Prisoners of the city", in Carter, E.
(ed.) *Space and Place, Theories of Identity and Location*,
London: Lawrence Wishart.

Robins, K. (1996) "Collective emotion and urban culture",
in Brandner, B., Mattl, S. and Ratzenbock, V. (eds) *Kul-
turpolitik und Restrukturierung der Stadt*, Vienna: 73-96.

Rogers, R. and Fisher, M. (1992) *A New London*, Lon-
don: Penguin.

Rojas, E. (1998) "Financing urban heritage conservation in
Latin America", in *Proceedings of the City, Space and Global-
ization Conference*, University of Michigan, Ann Arbor, 26
February-1 March.

Rojas, E. (1999) *Old Cities New Assets. Preserving Latin
America's Urban Heritage*, Washington, DC: Inter-American
Development Bank.

Rolfe，H．（1991）*Arts Festivals in the UK*，London：Policy Studies Institute.

Rosenzweig，R. and Blackmar，E．（1992）*The Park and the People：A History of Central Park*，New York：Cornell University Press.

Rosler，M．（1994）"Place，position，power，polities"，in Becker，C．（ed.）*The Subversive Imagination*，New York：Routledge.

Roth，L．（1998）"The benefits of the European Union Structural Funds for the development of the South of Italy"，unpublished MA dissertation，University of North London.

Rowntree，B. S. and Lavers，G. R．（1951）*English Life and Leisure：A Social Study*，London：Longman，Green & Co.

RSA（1993）*Ideas Across Frontiers*，London：Royal Society for the Encouragement of Arts，Manufactures & Commerce.

Rustin，M．（1994）"Unfinished business：from Thatcherite modernisation to complete modernity"，in Perryman，M．（ed.）*Altered States：Postmodernism）Politics，Culture*，London：Lawrence & Wishart：73-93.

Ryan，R．（2000）"New frontiers"，in *Tate*，Tate Modern Special Issue no. 21，London：90-96.

Ryan，R．（2001）"Urban generations"，in *Tate* no. 24（spring），London：23-31.

Rydell，R（1993）*World of Fairs：The Century-of-Progress Expositions*，Chicago：Chicago University Press.

Rydell，R. W．（1984）*All the World's a Fair*，Chicago：

University of Chicago Press.

Rydin，Y. （1993） *The British Planning System*： *An Introduction*，Basingstoke：Macmillan.

Rykwert，J. （2000） *The Seduction of Place*： *The City in the Twenty-First Century*，London：Weidenfeld & Nicholson.

SAC （1992） *The Social Impact of the Arts in Scotland* （ed. Shaw，P.)，Edinburgh：Scottish Arts Council.

SAC （1995a） *The Social Impact of the Arts*，Edinburgh：Scottish Arts Council.

SAC （1995b） *The Arts in Scotland's Urban Areas*，Edinburgh：Scottish Arts Council.

Sacco，G. （1976） "Morphology and culture of European cities"，in van Hulton，M. （ed.） *Europe 2000*，Project 3，The Hague：Nijhoff：vol. 1，162-187.

Said，E. W. （1978） *Orientalism*： *Western Conceptions of the Orient*，London：Routledge.

Said，E. W. （1994） *Culture and Imperialism*，London：Vintage.

San Francisco Art Commission （1990） *San Francisco Arts Economy*，Joint Study by SF Planning Department and SF State University Public Research Institute，San Francisco：SFAC.

Sassatelli，M. （1999） "Imagined Europe. The European cities of culture and the shaping of a European cultural identity：the case of Bologna"，in *Proceedings of the International Conference on Cultural Policy*，Bergen：593-607.

Sassen，S. （1991） *Global City*： *New York*，*London*，*To-*

kyo，Princeton：Princeton University Press.

Sassen，S.（1994）*Cities in a World Economy*，Thousand Oaks：Pine Forge.

Sassen，S.（1996）"Rebuilding the global city：economy，ethnicity and space"，in King，A.（ed.）*Representing the City：Ethnicity Capital and Culture in the 21st-century Metropolis*，London：Macmillan：23-42.

Sassen，S. and Roost，F.（1999）"The city：strategic site for the global entertainment industry"，in Judd，D. R. and Fainstein，S. S.（eds）The Tourist City，New Haven and London：Yale University Press：143-154.

Scalbert，R.（1994）"Have the *Grands Projets* really benefited Paris?"，*Architect's Journal* 3(200)：20.

SCC（1988）*Southampton Cultural Industries Audit Brief*，Southampton：Economic Development Unit，Southampton City Council.

Schmidjell，R and Gaubinger，R. B.（1980）"Quantifizierung der externen Effekte des Kuntsektors am Beispiel der Salzburger Festspiele"，*Wirtschaftspolitische Blätter* 27：S89-97.

Schouvaloff，A.（ed.）（1970）*Place for the Arts*，North West Arts Association，Liverpool：Seel House.

Schuster，J. M.（1994）"Funding for the arts & culture through dedicated state lotteries—Part 1：The twin issues of additionality and substitution"，*Journal of European Cultural Policy* 1：21-41.

Schuster, J. M. (1995) *Supporting the Arts*; *An International Comparative Study*, Washington, DC: US Government Publishing Office.

Schuster, J. M. (1996) "Thoughts on the art and practice of comparative cultural research", in *Cultural Research in Europe 1996*, Amsterdam: Boeckman Foundation/CIRCLE.

Scott, A. (2000) *The Cultural Economy of Cities*, London: Sage.

SCP (1996) *Social and Cultural Report 1996 The Netherlands*, The Hague: Social and Cultural Planning Office.

Screen Digest (1994a) "UK multiplex cinemas: phase 1 nears maturity", February.

Screen Digest (1994b) "Cinema gross box office", September.

Seabrook, J. (1996) *In the Cities of the South*, London: Verso.

Searle, M. S. and Brayley, R. E. (1993) *Leisure Services in Canada*, Pennsylvania State College: Venture.

Selwyn, T. (1993) "It's not even Londoners who love London", *In Focus*, Roehampton: Tourism Concern: 10-11.

Selwyn, T. (1995) "Landscapes of liberation and imprisonment: towards an anthropology of the Israeli landscape", in Hirsch, E. and O'Hanlon, M. (eds) *The Anthropology of Landscape: Perspectives on Place and Space*, Oxford: Clarendon.

Sennett, R. (1970) *Families Against the City: Middle Class Homes of Industrial Chicago, 1872-1890*, Cambridge,

MA: Harvard University Press.

Sennett, R. (1986) *The Fall of Public Man*, London: Faber & Faber.

Sennett, R. (1994) *Flesh and Stone: The Body and City in Western Civilization*, London: Faber & Faber.

Senter, A. (1998) "Taking the waters: the Sadler's Wells story", in *Sadler's Wells: A Celebration 1683-1998*, London: Sadler's Wells Appeal Fund.

Seregeldin, M. (1999) "Preserving the historic urban fabric in a context of fast-paced change", in *Values and Heritage Conservation*, Los Angeles: Getty Conservation Institute: 51-58.

Serota, N. (2000) *Experience or Interpretation: The Dilemma of Museums of Modern Art*, London: Thames & Hudson.

Shackley, M. (1998) *Visitor Management: Case Studies from World Heritage Sites*, Oxford: Butterworth-Heinemann.

Sharp, D. *et al.* (1992) "Europe now: planning in the European Community", *Building Design* 3 July: 14-18.

Shaw, P. (1989) *The Public Art Report: Local Authority Commissions of Art for Public Places*, London: Public Art Forum.

Shaw, P. (1990a) *The Public Art Report: Commissions by Local Authorities*, London: Public Arts Development Trust.

Shaw, P. (1990b) *Percent for Art: A Review*, London: Arts Council.

Shaw, P. (1996) *Artist's Fees and Payments in the UK*,

November, National Artists Association.

Shaw, P. (1999) *The Arts and Neighbourhood Renewal*: *A Research Report*, Policy Action Team 10, London: Department for Culture, Media and Sport.

Shelton Trust (1986) *Culture and Democracy Manifesto*, London: Comedia; cited in Lewis J. (1990) *Art, Culture and Enterprise*, London: Routledge: 111.

Sherlock, H. (1991) *Cities Are Good For Us*, London: Paladin.

Shore, C. (1993) "Inventing the 'People's Europe': critical perspectives on European Community cultural policy", *Man. Journal of the Royal Anthropological Institute* 28(4): 779-800.

Shurmer-Smith, L. and Burtenshaw, D. (1990) "Urban decay and rejuvenation", in Pinder, D. A. (ed.) *Western Europe: Challenge and Change*, London: Belhaven.

Sillitoe, K. K. (1969) *Planning for Leisure*, London: HMSO.

Sinfield, A. (1989) "Changing concepts of the arts: from the leisure elite to Clause 28", *Leisure Studies* 8: 129-139.

Sitte, C. (1965) *City Planning According to Artistic Principles* (trans. Collins, G. R. and Collins, C. C.), London: Phaidon.

Sjoeberg, G. (1960) *The Pre-Industrial City*, London: Free Press.

Sklair, L. (1991) *Sociology of the Global System*, Hemel Hempstead: Harvester Wheatsheaf.

Cultural Planning: an urban renaissance?

Smith，A. D. F. （1992）"National identity and the idea of a European unity"，*International Affairs* 68：55-76.

Smith，B. （2000）"Modernism in its place"，in *Tate*，Tate Modern Special Issue no. 21，London：79-83.

Smith，M. P. （1991）*City，State and Market. The Political Economy of Urban Society*，Oxford：

Blackwell.

So，F. S. and Getzels，J. （1988）*The Practice of Local Government Planning*，Washington，DC：International City Management Association.

Social Data Research Ltd （1990）*Housing and Workspace Needs of Toronto's Artists and Artisans*，City of Toronto Housing Department.

Social Exclusion Unit （2000）*National Strategy for Neighbourhood Renewal：A Framework for Consultation*，London：Cabinet Office.

Soja，E. W. （2000）*Postmetropolis*，Blackwell：Oxford.

Solesbury，W. （1998）*Good Connections：Helping People to Communicate in Cities*，Working Paper No. 9，Stroud：Comedia/Demos.

Southern Arts Board （1991）*The Arts in All Our Lives：A Strategy for the Arts in the South 1990-1995*，Winchester：SAB.

Southern，R. （1962）*The Seven Ages of the Theatre*，London：Faber & Faber.

SPACE （2000）"Temporary contemporary"，*The Guardian*，

22 June.

Sports Council (1968) *Planning for Sport—Report of a Working Party on Scales of Provision*, London: CCPR.

Sports Council (1972) *Provision for Sport*, *Indoor Swimming Pools*, *Indoor Sports Centres*, *Golf Courses*, London: HMSO.

Sports Council (1977) *Provision for Sport*, *Indoor Swimming Pools*, *Indoor Sports Centres*, *Golf courses* (update from 1972), London: HMSO.

Sports Council (1978) *Provision for Swimming Pools*, *A Guide to Planning*, London: HMSO.

Stadt Köln (1985) *Kulturelle Grossveranstaltungen in Köln 1981-1982*: Cologne: Kölner Statistische Nachrichten.

Stan worth, J., Purdy, D. and Kirby, D. (1992), *The Management of Success in "Growth Corridors"*, Small Firms, Small Business Research Trust, Milton Keynes: Open University.

Stark, P. (1984) *The Unplanned Arts Center as a Base for Planned Growth in Arts Provision*, London: City University.

Stark, P. (1994) *Strengthening Foundations*: *A Report and Proposal from the Voluntary Arts Network* (Officers Draft, December 1993), Newcastle: VAN.

STB (1996) *Tourism 21*: *Vision of a Tourism Capital*, Singapore: Singapore Tourist Board.

Steele, J. (1983a) *Planning for Leisure in London*: *Overview and Annotated Bibliography*, Papers in Leisure Studies

No. 10, ed. Veal, A. J., London: Polytechnic of North London.

Steele, J. (1983b) *Leisure Planning and Information Needs in the London Local Authorities*, Papers in Leisure Studies No. 9, London: Polytechnic of North London.

Stephen-Wells, J. (1991) *A Roof Over the Arts: A Special Study of Issues Pertaining to Facilities, Workspaces and Live/ Work Spaces for the Arts in Metro*, Toronto: MMT.

Stewart, F. (1990) *The Economics of Leisure*, The UK Leisure Property Conference, London 2: 4-24.

Stewart, R. (1987) "The arts, politics, power and the purse", in *Report of an International Conference on the Structure of Arts Funding*, March, London: Arts Council.

Stoker, G. (1995) "Regime theory and urban politics", in Judge, D., Stoker, G. and Wolman, H. (eds) *Theories of Urban Politics*, London: Sage: 54-71.

Stoker, G. and Mossberger, K. (1994) "Urban theory in comparative perspective", *Government and Policy* 12: 195-212.

Stone, C. (1993) "Urban regimes and the capacity to govern: a political economy approach", *Journal of Urban Affairs* 15: 1-28.

Stone, N. (1972) *The Causes of the English Revolution 1529-1642*, London: Routledge.

STTEC (1993) *Research into the Live Entertainment and Mass Communication Sectors in London*, Research Brief, London: South Thames Training & Enterprise Council.

Stungo，N. (1994) "An American in Paris：Frank Gehry's American Center at Bercy"，*The Independent on Sunday*，29 May：18-19.

Stungo，N. (2000) "A return to Victorian values"，*The Observer*，9 January.

Style，S. (2000) "Community regeneration in Chiapas：the Zapatista struggle for autonomy"，*City* 4：263-270.

Sudjic，D. (1993) *The 100 Mile City*，London：Flamingo.

Sudjic，D. (2001) "The city that never sleeps"，*The Observer Review*，4 February：10.

Summerfield，B. (1968) *Business in the Middle Ages*，New York：Cooper Square.

Sunderland City Council (2000) *Local Cultural Strategy：Project Brief*，Sunderland.

Sutcliffe，A. (1970) *The Autumn of Central Paris：The Defeat of Town Planning 1850-1970*，London：Edward Arnold.

Syme，G. T.，Shaw，B. J. and Fenton，D. M. (1989) *The Planning and Evaluation of Hallmark Events*，Aldershot：Avebury.

Symon，P. and Verhoeff，R. (1999) *The New Arts in Birmingham：A Local Analysis of Cultural Diversity*，International Conference on Cultural Policy Research，Bergen，November.

TAC (1988) *No Vacancy：A Cultural Facilities Policy for the City of Toronto*，Toronto：Toronto Arts Council.

Cultural Planning:
an urban renaissance?

TAC (1992a) *Metro's Role in Arts and Culture: A Discussion Paper for the Municipality of Metropolitan Toronto*, Toronto: Toronto Arts Council.

TAC (1992b) *The Arts and Economic Development*, February, Toronto: Toronto Arts Council.

Tate (2001) *The Urban Myth*. Century City Special Issue no. 24, Spring, London: Tate Gallery.

Tauhmann, W. and Behrens, F. (1986) *Economic Impacts of the cultural facilities in Bremen*, Bremen: University of Bremen.

Taylor, R. (1998) *Berlin and its Culture*, New Haven and London: Yale University Press,

Teitz, M. (1968) "Toward a theory of urban public facility location", *Regional Science Association* 21: 35-51.

The Economist (1991) "Let the town halls decide about Mozart", *The Economist*, 20 April: 18.

Theatres Trust (1993) *The Care and Maintenance of Theatres*, Pilot study of the condition of theatres in England 1989/90, March, London: Department of National Heritage.

Thomas, C. J. and Bromley, D. F. (2000) "City-centre revitalisation: problems of fragmentation and fear in the evening and night-time city", *Urban Studies* 37: 1403-1429.

Thomas, M. and Roberts, G. (1997) *The Multimedia Industry in Wales*, Cardiff: WDA.

Thompson, R. (1994) "Opening the door to Europe", *Planning Week*, 26 May: 18.

Thorold, P. (1999) *The London Rich: The Creation of a Great City from 1666 to the Present*, London: Viking.

Thorpe Committee, Ministry of Housing and Local Government (1969) *Thorpe Report of the Environmental Committee of Enquiry into Allotments*, London: HMSO.

Tibbalds, F. (1992) *Making People Friendly Towns*, London: Tibbalds Partnership.

Tietz, M. (1968) "Toward a theory of urban public facility location", *Regional Science Association* 21: 35-51.

Timbart, O. (1984) "The financing of culture in *France*", in *Funding the Arts in Europe*, Strasbourg: Council of Europe.

Titmuss, R. M. (1974) *Social Policy: An Introduction*, London: Allen & Unwin.

Tomkins, A. (1993) "The city cultures of London: renewal or decline?", paper given to the London Arts Conference, South Bank Centre, 31 March, London: LAC.

Tomlinson, J. (1999) *Globalization and Culture*, Oxford: Blackwell.

Towse, R. (1995) *The Economics of Artists' Labour Markets*, London: Arts Council of England.

TRaC (2000) *Social Exclusion and the Provision and Availability of Public Transport*, London: Department for the Environment, Transport and the Regions.

Trevelyan, G. M. (1967) English Social History: *A Survey of Six Centuries, Chaucer to Queen Victoria* [1942], Penguin: Harmondsworth.

Trienekens, S. J. (2000) Cultural diversity in cultural consumption: exploring the separate and spatially divided cultural circuits', paper given at the *Cultural Change and Urban Contexts* Conference, Manchester, September: 62.

TRRU (1979) "Leisure & community development in rural areas", in Arnott, J. and Duffield, B. (eds) *Leisure and Rural Society*, Edinburgh: Tourism and Recreation Research Unit.

Truman, H. (1934) *The Official History of the Royal Society of Arts*, London: RSA.

Tuan, Yi-Fu (1976) "Humanistic geography", *Annals of the Association of American Geographers*, 66: 276.

Tuan, Yi-Fu (1977) *Space and Place: The Perspective of Experience*, Minneapolis: Minnesota University Press.

Tzonis, A. and Lefaivre, L. (1981) "The grid and the pathway. An introduction to the work of Dimitris and Susana Antonakakis", *Architecture in Greece* 15.

Ulldemolins, J. R. (2000) "From 'Chino' to Raval. Art merchants and the creation of a cultural quarter in Barcelona", paper given at the *Cultural Change and Urban Contexts* Conference, Manchester, September: 19.

UNDP (1995) *Human Development Report*, Oxford: Oxford University Press.

UNESCO (1969) *Cultural Policy: A Preliminary Study*, Paris: UNESCO.

UNESCO (1970) *Some Aspects of French Cultural Policy*, Studies and Research Department of the French Ministry of Culture, Paris: UNESCO.

UNESCO (1972) *Convention Concerning the Protection of the World Cultural and Natural Heritage*, Paris: UNESCO.

Unwin, R. (1909) *Town Planning in Practice: An Introduction to the Art of Designing Cities and Suburbs*, London: T. Fisher Unwin.

Urban Cultures Ltd (1994) *Prospects and Planning Requirements of the Creative Industries in London*, London: London Planning Advisory Committee.

URBED (1988) *Developing the Cultural Industries Quarter in Sheffield*, Sheffield: Sheffield City Council.

Urry, J. (1995) *Consuming Places*, The International Library of Sociology, London: Routledge.

Uysal, M., Gahan, L. and Martin, B. (1993) "An examination of event motivations: a case study", *Festival Management and Event Tourism* 1: 5-10.

VAN (1994) *Survey of Local Authorities Arts Audits and Plans*, Arts Business Ltd, Newcastle: Voluntary Arts Network.

Van Eyck, A. (1962) "A step towards a configurative discipline", *Forum* 16: 81-89.

Van Puffelen, F. *et al.* (1986) *More Than One Billion Gilders. The Economic Significance of the Professional Arts in Amsterdam*. Hrsg: Amsterdams Uit-Buro, Stichting voor Economisch Onderzoek der Universiteit van Amsterdam, Amsterdam.

Vasari, G. (1550) *The Lives of Artists* (first published in Italian, enlarged version published in 1568, trans. 1970), London: A. B. Hinds.

Vaughan, D. R. (1990) *The Economic Impact of the Arts & Residents in Portsmouth*, Bournemouth Polytechnic, Winchester: Southern Arts Board.

Vaughan, R. (1992) *The Arts and the Residents of Portsmouth*, Bournemouth Polytechnic, Winchester: Southern Arts Board.

Veal, A. J. (1975) *Recreation Planning in New Communities: A Review of the British Experience*, Research Memo 46. Birmingham: University of Birmingham, Centre for Urban and Regional Studies.

Veal, A. J. (1982) *Planning for Leisure: Alternative Approaches*, Papers in Leisure Studies No. 5, May, Department of Extension Studies, London: Polytechnic of North London.

Veal, A. J. (ed.) (1983) *Planning for Leisure in London: Overview and Annotated Bibliography*, Papers in Leisure Studies No. 10 (Steele, J. ed.), London: Polytechnic of North London.

Veal, A. J. (1993) "Planning for leisure: past, present and future", in Glyptis, S. (ed.) *Leisure and the Environment: Essays in Honour of Professor J. A. Patmore*, London: Belhaven: 85-95.

Venturi, R. (1966) *Complexity and Contradiction in Architecture*, New York: Museum of Modern Art.

Verwijnen, J. and Lehtovuori, P. (1999) *Creative Cities: Cultural Industries, Urban Development and the Information Society*, Helsinki: University of Art and Design Press.

Vickers, G. (1999) *Key Moments in Architecture: The Evolution of the City*, London: Hamlyn.

Vigar, M. (1991) *Cultural Diversity, Cypriot Cultural Interest and Aspirations*, Discussion Document No. 7A, National Arts & Media Strategy, London: Arts Council.

Von Eckardt, W. (1982) *The Good Life: Creating Human Community Through the Arts*, New York: American Council for the Arts.

Wainwright, M. (1993) "London? Just a tiny piece in the...", *The Guardian*, 17 August: 1-2.

Wall, C. (1998) *The Literary and Cultural Spaces of Restoration London*, Cambridge: Cambridge University Press.

Wall, G. and Purdon, M. (1987) *Economic Impact of the Arts in Ontario*, University of Waterloo, Ontario: Ontario Arts Council.

Wall Street Journal (1985) "Old New England city heals itself...", *Wall Street Journal* 1 February.

Wallace, N. (1993) "Introductory paper", given to the Symposium on the Future of London Arts Centres, Drill Hall, 13 September, London: London Arts Board.

Walsh, A. (1986) *Recreation Economic Decisions*, Pennsylvania State College: Venture.

Walvin, J. (1978) *Leisure and Society 1830-1950*, London: Longman.

Walvin, J. (1984) *English Urban Life* (*1776-1851*), London: Hutchinson.

Wangermée, R. (1991) *Cultural Policy in France*, *European Programme for the Appraisal of Cultural Policies*, Council for Cultural Co-operation, Strasbourg: Council of Europe.

Wanhill, S. (1997) "Peripheral area tourism: a European perspective", *Progress in Tourism and Hospitality Research* 3: 47-70.

Ward, B. and Dubos, R. (1972) *Only One Earth*, New York: Norton.

Ward, S. (1998) *Selling Places: The Marketing and Promotion of Towns and Cities 1850-2000*, London: E & FN Spon.

Wasserman, B., Sullivan, P. and Palermo, G. (2000) *Ethics and the Practice of Architecture*, New York: Wiley.

Waters, B. (1987) "Planning: use Class Order 2 Application", *Architect's Journal*, 5 August: 57-59.

Weber, M. (1964) *The Theory of Social and Economic Organisation* (*Wirtschaft und Gesellschaft*), New York: Free Press.

Weightman, G. (1992) *Bright Lights, Big City: London Entertained 1830-1950*, London: Collins & Brown.

Weiner, D. (1989) "The people's palace: an image for East London in the 1880s", in Feldman D. and Stedman Jones G. (eds) *Metropolis London: Histories and Representations Since 1800*, London: Routledge: 40-55.

Werthner, H., Nachira, F., Orests, S. and Pollock, A. (1997) *Information Society Technology for Tourism. Report of the Strategic Advisory Group on the 5th Framework Program on Information Society*, 8 December, Brussels.

White, E. (1969) *Arts Centres in Great Britain*, London: Arts Council of Great Britain.

Wilding, R. (1989) *Supporting the Arts—Review of the Structure of Arts Funding*, London: Office of Arts and Libraries.

Wilkinson, P. F. (1973) "The use of models in predicting the consumption of outdoor recreation", *Journal of Leisure Research* 5: 34-47.

Williams, R. (1958) *Culture and Society 1780-1950*, London: Chatto & Windus.

Williams, R. (1961) *The Long Revolution*, London: Pelican.

Williams, R. (1975) *The Country and the City*, St Albans: Paladin.

Williams, R. (1981) *Culture*, London: Fontana.

Williams, R. (1983) *Towards 2000*, London: Pelican.

Williams, R. H. (1982) *Dream Worlds: Mass Consumption in Late Nineteenth Century France*, Berkeley: University of California Press.

Willis, F. (1948) *101 Jubilee Road. A Book of London Yesterday*, London: Phoenix House.

Willis, P. (1991) *Towards a New Cultural Map*, Discussion Document No. 18, National Arts & Media Strategy, London: Arts Council.

Wilson, D. M. (1989) *The British Museum: Purpose and Politics*, London: BMP.

Wilson, E. (1988) *Politics and Leisure*, London: Unwin Hyman.

Wilson, E. (1991) *The Sphinx in the City: Urban Life, the Control of Disorder, and Women*, London: Virago.

Wislocki, P. (2000) "House of harmonies", *Building Design*, 21 January: 18-19.

Wolff, J. (1981) *The Social Production of Art*, Basingstoke: Macmillan.

Wolmar, C. (1989) "Follow the red brick road", *The Weekend Guardian*, 8 April: 5.

World Bank (1998) *Culture and Development at the Millennium: The Challenge and the Response*, Washington, DC.

Worpole, K. (1988) "The urban desert", *Good Housekeeping*, April: 114-119.

Worpole, K. (1991) "Trading places: the city workshop", in Fisher, M. and Owen, U. (eds) *Whose Cities?*, London: Penguin: 142-152.

Worpole, K. (1992) "Cities: the buzz and the burn", *The Guardian*, 25 May: 21.

Worpole, K. (1994) "The new 'City States'?", in Perryman, M. (ed.) *Altered States*, London: Lawrence & Wishart: 157-173.

Worpole, K. (2000) *Here Comes the Sun: Architecture and Public Space in Twentieth-Century European Culture*, London: Reaktion.

Worpole, K., Curson, T., Evans, G. L. and Shaw, S. (1999) *Interim Report on the Applicability of Standards for Assessing Demand for Open Space in London*, London: CELTS for the London Planning Advisory Committee.

Worpole, K., Curson, T., Evans, G. L. and Shaw, S. (2000) *Report on the Applicability of Standards for Assessing Demand for Open Space in London*, London: W. S. Atkins for the London Planning Advisory Committee.

Worpole, K. and Greenhalgh, L. (1999) *The Richness of Cities: Urban Policy in a New Landscape —Final Report*, Stroud: Comedia/Demos.

Wright, P. (1993) "A train of thought", *The Guardian*, 14 August: 13-14.

WTO (1998) Tourism 2020 Vision: *Executive Summary*, Madrid: World Tourism Organization.

WTO (1999) *Changes in Leisure Time: The Impact on Tourism*, Madrid: World Tourism Organization.

WTO (2000) *Tourist Taxation*, Madrid: World Tourism Organization.

Wu, F. (2000) "The global and local dimensions of place-making: remaking Shanghai as a world city", *Urban Studies* 37: 1359-1377.

Wulf-Mathies, M. (1999) "European Commission support

for culture", *Official Journal of the European Communities* (C182/55) 28 June.

Wynne, D. (1992) *The Culture Industry: The Arts in Urban Regeneration*, Aldershot: Avebury.

Yamada, H. and Yasuda, H. (1998) "The economic impacts of cultural industries mainly in the Tokyo Metropolitan Area: an interregional and interindustrial analysis", paper given at the *Xth International Conference on Cultural Economics*, Barcelona, June.

Yeo, E. and Yeo, S. (1981) *Popular Culture and Class Conflict 1590-1914*, Brighton: Harvester.

Young, K. (1984) "Metropolitan government and the development of the concept of reality", in Leach, S. (ed.) *The Future of Metropolitan Government*, Institute of Local Government Studies, Birmingham: University of Birmingham.

Younge, G. (2000) "Harlem—the new theme park", *The Guardian Saturday Review*. 1-2.

Zallo, R. (1988) *Economica de la communicacion y la cultura*, Madrid: Akal.

Zeidler, E. H. (1983) *Multi-use Architecture in the Urban Context*, New York: van Nostrand Reinhold.

Zelinsky, W. (1992) *The Cultural Geography of the United States* (2nd ed.), Englewood Cliffs: Prentice-Hall.

Zimmer, A. and Toepler, S. (1996) "Cultural policies and the welfare state: the cases of Sweden, Germany and the United States", *Journal of Arts Management, Law and Society* 26:

167-193.

Zimmern, A. (1961) *The Greek Commonwealth：Politics and Economics in Fifth-Century Athens*, London：Oxford University Press.

Zukin, S. (1988) *Loft Living：Culture and Capital in Urban Change*, London：Radius.

Zukin, S. (1995) *The Cultures of Cities*, Cambridge, MA：Blackwell.

Zukin, S. (1996) "Space and symbols in an age of decline", in King, A. D. (ed.) *Re-Presenting the City：Ethnicity, Capital and Culture in the 21st Century Metropolis*, London：Macmillan：43-59.

索　引

（本索引所标页码为英文版页码，参见中文本边码）

224

Cultural Planning:
an urban renaissance?

图书在版编目(CIP)数据

文化规划：一种城市复兴？/(英)格雷姆·埃文斯著；李建盛译.
—北京：北京师范大学出版社，2022.1
（文化与城市研究译丛/李建盛主编）
ISBN 978-7-303-25738-6

Ⅰ.①文… Ⅱ.①格…②李… Ⅲ.①城市文化–研究 Ⅳ.①C912.81

中国版本图书馆 CIP 数据核字(2020)第 036276 号

北京市版权局著作权合同登记号：图字 01-2019-2640

文化规划：一种城市复兴？
WENHUA GUIHUA：YIZHONG CHENGSHI FUXING？

[英]格雷姆·埃文斯　著　李建盛　译

策划编辑：禹明起	责任编辑：冯　倩	
美术编辑：王齐云	装帧设计：王齐云	
责任校对：康　悦	责任印制：赵　龙	

出版发行：北京师范大学出版社	开本：730mm×980mm　1/16	版次：2022 年 1 月第 1 版
印刷：鸿博昊天科技有限公司	印张：38	印次：2022 年 1 月第 1 次印刷
经销：全国新华书店	字数：410 千字	定价：148.00 元

北京师范大学出版社

http://www.bnup.com
北京市西城区新街口外大街 12-3 号
邮政编码：100088
营销中心电话：010-58805602
主题出版与重大项目策划部：010-58805385